Πολίτης χωρίς πόλη

ΓΙΩΡΓΟΣ ΒΟΤΣΗΣ

ΠΟΛΙΤΗΣ ΧΩΡΙΣ ΠΟΛΗ

ΕΚΔΟΣΕΙΣ ΚΑΣΤΑΝΙΩΤΗ
ΑΘΗΝΑ 1994

Εκδόσεις Θ. Καστανιώτη
Ζωοδόχου Πηγής 3, 106 78 Αθήνα
☎ 360.32.34 - 360.13.31

ISBN 960-03-1205-2

ΠΕΡΙΕΧΟΜΕΝΑ

Γ'
Η ΖΩΗ

Δ'
ΤΟ ΠΕΡΙΘΩΡΙΟ

Ε'
Η ΤΡΟΜΟΚΡΑΤΙΑ

ΣΤ'
Η ΑΡΙΣΤΕΡΑ

Στους χαρτοπαίκτες της Τρίτης

ΠΡΟΛΟΓΟΣ
ΔΙΨΑ ΓΙΑ ΑΝΕΞΑΡΤΗΣΙΑ

ΣΥΝΗΘΙΖΟΥΜΕ να λέμε τα τελευταία χρόνια στον τόπο μας ότι οι εφημερίδες μας πλούτισαν σε σελίδες και χρώματα αλλά ότι η ποιότητα της γραφής τους φτώχυνε. Και μερικοί θυμούνται με νοσταλγία τα πολιτικά άρθρα του Γεωργίου Βλάχου, του Κώστα Καραγιώργη, του Θεοφύλακτου Παπακωνσταντίνου (στις προχουντικές του μέρες, τότε στην *Ελευθερία*) και πολλών άλλων. Και ακόμα, τις γλαφυρές πένες του Τίμου Μωραϊτίνη και του Παύλου Παλαιολόγου, ή τις μαχητικές του Δημήτρη Ψαθά και του Σπήλιου.

Όμως, αν ξεφυλλίσεις τις σημερινές εφημερίδες, αν δηλαδή σου μείνει χρόνος να τις ξεφυλλίσεις από την αγχώδη ζωή στην άναρχη πόλη που λέγεται Αθήνα και από την υπνωτιστική «μαγεία» της τηλεόρασης, θα δεις ότι και σήμερα υπάρχουν πολλές υπογραφές που τιμούν και τη γλώσσα μας και τη νοημοσύνη μας.

Τότε οι εφημερίδες είχαν το μονοπώλιο στις ειδήσεις και στην πολιτική αρθρογραφία. Τότε δεν υπήρχε καν το ραδιόφωνο να σου λέει όλη μέρα και όλη νύχτα, λεπτό προς λεπτό, το τι έγινε στο πρωθυπουργικό γραφείο ή στις πλημμύρες των Νέων Λιοσίων. Τότε η ανάγνωση της εφημερίδας ήταν αναγκαία, για όσους ήξεραν γραφή και ανάγνωση, όσο το φαΐ και ο ύπνος. Και οι άνθρωποι που τις έγραφαν ήταν αστέρες, όπως σήμερα ο Χατζηνικολάου και ο Παναγιωτόπουλος στη μικρή οθόνη.

Και δεν ήταν μόνο οι πολιτικοί αρθρογράφοι και οι χρονογράφοι τα μεγάλα ονόματα στις εφημερίδες. Ρεπόρτερς «λαϊκοί» —σαν τον Θόδωρο Δράκο— και «αστυνομικοί» —σαν τον Σπύρο Λεωτσάκο— ξεπερνούσαν σε φήμη τον Χαρδαβέλα και τον Σόμπολο του σημερινού τηλεοπτικού πανθέου.

Κακά τα ψέματα. Οι σημερινές εφημερίδες δεν είναι χειρότερες από τις παλιές. Είναι πλουσιότερες, καλύπτουν όλα τα γεγονότα, ακόμα και αυτά που συμβαίνουν στα πέρατα της Γης, καθώς βοηθάει και η τεχνολογία. Και, θα έλεγα, ότι είναι —οι περισσότερες— λιγότερο φανατικές και μονολιθικές από τις παλιές. Καθώς η πελατειακή τους σχέση με τα κόμματα και την εξουσία αμβλύνεται, χρόνο με το χρόνο, η αρθρογραφία τους γίνεται πιο ψύχραιμη και πιο διεισδυτική. Η ρητορεία του παλιού καιρού δίνει τη θέση της στην εναργέστερη θεώρηση και εκτίμηση των γεγονότων. Η «μαχητικότητα», που πολλές φορές λίγο απείχε από την εξαλλοσύνη, υποχωρεί μπροστά στη διορατικότητα. Είναι βέβαια και οι καιροί διαφορετικοί, τα σημερινά προβλήματα δεν μοιάζουν με τα παλιά, η πίστη στους σωτήρες και στους μεσσίες μας τελείωσε. Τώρα είναι η εποχή τής χωρίς παρωπίδες ενατένισης των τεκταινομένων. Τώρα αναμετρούμε ψύχραιμα «το έχει μας» και προσπαθούμε να δούμε τι κρύβεται πίσω από τα ψεύτικα τα λόγια τα μεγάλα. Τώρα πια δεν μας ξεκουφαίνουν τα ηχούντα χαλκεία και τα αλαλάζοντα κύμβαλα. Τώρα ανιχνεύουμε το μέλλον μας με πιο στέρεα εργαλεία και άλλα ζητούμενα.

Ψάξτε τις σημερινές εφημερίδες και θα βρείτε πολλά τέτοια κείμενα. Πολλοί άξιοι αναλυτές κινούνται σ' αυτή την απροσχημάτιστη γραμμή. Τη χωρίς σκοπιμότητες και αυταπάτες.

Μερικοί, βέβαια, προηγήθηκαν της εποχής τους. Πρώτος και καλύτερος ο Γιώργος Βότσης. Εδώ και δεκαεννέα χρόνια τραβάει το δικό του μοναχικό δρόμο μέσα από τις σελίδες της *Ελευθεροτυπίας*. Γι' αυτό και πολύ νωρίς παρεξηγήθηκε από τους πιστούς των δογμάτων. Τον είπαν αιρετικό, τον βάφτισαν αναρχικό, τον αποκάλεσαν ειρωνικά αντιεξουσιαστή, ακόμα και δεξιό, όπως και τρομοκράτη!

Αλλά εκείνος... ντιπ, καθώς λέει και ο Σαββόπουλος που τόσο του μοιάζει.

Εμείς, στην *Ελευθεροτυπία*, ξέρουμε καλύτερα τι πρόσφερε στο κοινό μας —ένα κοινό απαιτητικό και απαραμύθιαστο— ο Γιώργος Βότσης. Όπως ξέρουμε πολύ καλά και τι τραβήξαμε από τους φανατικούς των κομμάτων, που μας απειλούσαν ακόμα και με αντεκδικήσεις που θυμίζουν εκρήξεις ποδοσφαιρικής κερκίδας...

Και δεν είναι μόνο η τόλμη του και η δίψα του για ανεξαρτησία (ο Γιώργος ποτέ δεν εργάσθηκε σε κρατικό μέσο ή σε γραφείο Τύπου δημόσιας ή ιδιωτικής επιχείρησης), είναι και η ποιότητα της γραφής του. Τα ελληνικά του είναι υποδειγματικά, πράγμα πολύ σπάνιο στις μέρες μας.

Ο τόμος αυτός, που περιλαμβάνει κείμενά του στην *Ελευθεροτυπία* της τελευταίας πενταετίας, αξίζει να διαβαστεί για πολλούς λόγους. Κυρίως γιατί είναι δείγμα σύγχρονου προβληματισμού (η οικολογία, π.χ., παίζει πρωταγωνιστικό ρόλο), αλλά και διδακτική ανάγνωση της πρόσφατης πολιτικής ιστορίας μας «από την ανάποδη». Στις μέρες μας, η «ανάποδη» είναι πιο αποκαλυπτική από την «κανονική». Και ευτυχώς υπάρχουν και πολλοί «ανάποδοι» αναγνώστες στον τόπο μας...

ΣΕΡΑΦΕΙΜ ΦΥΝΤΑΝΙΔΗΣ
Διευθυντής *Ελευθεροτυπίας*

ΣΑΝ ΠΡΟΛΟΓΟΣ
Ο ΠΙΟ ΜΟΝΑΧΙΚΟΣ

Η ΠΟΛΙΤΙΚΗ ΑΡΘΡΟΓΡΑΦΙΑ έχει μια πλούσια —θετική και αρνητική— παράδοση στον τόπο. Και, παράλληλα, μια μεγάλη απήχηση στο εφημεριδόφιλο κοινό που, σε παλαιότερα ιδίως χρόνια, διαμόρφωνε βασικά τις απόψεις του, φανατιζόταν ή και «καθοδηγούνταν» ακόμη από το —κατ' αποκλειστικότητα στην πρώτη σελίδα και σε περίοπτη θέση— κύριο άρθρο.

Χωρίς να λείπουν και σήμερα οι ικανοί πολιτικοί αρθρογράφοι —κάθε άλλο— ο ρόλος τους μοιάζει εν τούτοις να «περιορίζεται» μάλλον στο σχολιασμό των γεγονότων και δεν επεκτείνεται ως τη δημιουργία γεγονότων.

Θα το λέγαμε πιο παραστατικά και τραβώντας το ως την υπερβολή: κανένας αρθρογράφος σήμερα δεν ρίχνει κυβερνήσεις!

Αυτό βέβαια δεν είναι καθαυτό καλό ή κακό. Ανταποκρίνεται σε κάποιο βαθμό ωριμότητας (;) της πολιτικής μας ζωής, αλλά κυρίως σ' ένα μέτρο ευθύνης του ίδιου του αρθρογράφου, που δεν είναι πια ο περί παντός επιστητού γράφων, αλλά έχει επιμερίσει τα ενδιαφέροντά του σε ειδικότερα θέματα, έχει αποκτήσει μια εξειδίκευση που δεν την είχε ο άλλοτε πολυπράγμων, κατά κανόνα, συνάδελφός του.

Ένα άλλο χαρακτηριστικό του σημερινού αρθρογράφου είναι ότι δεν αναλώνεται πια σε καθημερινή βάση (μιλάμε για την επώνυμη αρθρογραφία). Μια φορά τη βδομάδα ή δύο αρκούν για τον αρθρογράφο-σχολιαστή να επιλέξει το θέμα του, να το «δουλέψει» με σχετική άνεση και να δώσει πιο ολοκληρωμένη την προσωπική του εκδοχή. Δεν νομίζω ότι διεκδικεί πια φανατισμένους αναγνώστες. Ορισμένοι όμως διατηρούν ένα πιστό κοινό και έχουν άμεση επικοινωνία μαζί του και γνώση των ενδιαφερόντων και των απαιτήσεών του.

Ο αντικειμενικός αναγνώστης, εκείνος δηλαδή που μπορεί κάποτε να βάζει στην μπάντα τις προσωπικές του προκαταλήψεις και την ιδεολογική του φόρτιση (ακραίο παράδειγμα: εκείνος που τολμά, π.χ., να αναγνωρίσει ότι ο Σάββας Κωνσταντόπουλος υπήρξε, παρά ταύτα, αρθρογράφος ολκής), θα μπορούσε να διακρίνει (με κάπως φλου βέβαια όρια, να εξηγούμαστε) δύο κυρίως τάσεις (ή και σχολές) στη σημερινή μας αρθρογραφία: Την αρθρογραφία-έκθεση ιδεών και την αρθρογραφία-«ψάξιμο» ιδεών.

Τι εννοούμε «έκθεση ιδεών»; Σχεδόν αυτό που μας μάθανε στο σχολείο. Υπάρχει το δοσμένο θέμα, θέμα κατά κανόνα κοινότοπο, γενικής αποδοχής, αβανταδόρικο, δοκιμασμένο, που εκεί πάνω καλούμαστε να γράψουμε την έκθεσή μας, χωρίς να οχλήσουμε τη δεδομένη άποψη του καθηγητή-κριτή, για να μας βάλει καλό βαθμό — στη συγκεκριμένη περίπτωση του κοινού-κριτή που επιδιώκουμε το χειροκρότημά του.

Από θέματα; Άλλο τίποτα! «Η σημασία της εθνεγερσίας της 25ης Μαρτίου», «Η αναγνώριση της εθνικής Αντίστασης», «Η CIA και η ελληνική Δεξιά», «Η αλλαγή πρέπει να προχωρήσει», «Το Πολυτεχνείο ζει» κ.λπ. κ.λπ.

Ο αρθρογράφος ξέρει εκ των προτέρων τις πάγιες απόψεις του κοινού προς το οποίο απευθύνεται. Το κοινό θέλει ν' απολαύσει μια επιχειρηματολογία ήδη γνωστή αλλά από κάποιον που ξέρει και να τη διατυπώνει γλαφυρά, είναι πεπεισμένο για τα εγκλήματα των Αμερικανών αλλά θέλει να τα ξανακούσει, ξέρει πως η Δεξιά ανήκει στο χρονοντούλαπο της Ιστορίας αλλά εναβρύνεται να του το επαναλαμβάνουν. Στο άρθρο του λοιπόν παραθέτει όλη την κονσερβαρισμένη επιχειρηματολογία, με τη δημοσιογραφική του καλλιέπεια που «τσακίζει κόκαλα», για να ξαναπείσει τους ήδη πεισμένους, ντοπάροντάς τους δεόντως.

Στους αντίποδες βρίσκεται ο αρθρογράφος που «ψάχνει».

Αδιαφορεί για την κατάφαση του κοινού του· κάτι περισσότερο: αισθάνεται ηδονή, λες, να το προκαλεί, να αναχαλύπτει στο θέμα του πάντα μια άλλη όψη, μια πλάγια πτυχή, προσπαθεί να προβληματίσει και όχι να κολακέψει, να προκαλέσει ανησυχία και όχι εφησυχασμό.

Δεν θ' αναφερθούμε σε επώνυμα δείγματα όσον αφορά τον τύπο του πρώτου αρθρογράφου. Ο ζητών ευρήσει.

Τυπικό παράδειγμα του δεύτερου ο Γ. Βότσης, που με το πρόσφατο βιβλίο του *Σε μαύρο φόντο* μας δίνει και την αφορμή για τις παραπάνω βιαστικές σκέψεις.

Με τα γραπτά του Γ. Βότση ο αναγνώστης μπορεί να βρίσκεται σε μόνιμη διαφωνία. Να εκνευρίζεται κιόλας ή και ν' αγανακτεί. Αλλά τον κρατούν εν εγρηγόρσει. Του βάζουν σε κίνηση κάποια αδρανή ανακλαστικά. Του αποκαλύπτουν εκδοχές που δεν τις είχε υποπτευθεί ή δεν θέλησε να τις υποπτευθεί. Μπορεί να μη χειροκροτεί, αλλά μαθαίνει ν' ακούει και να σέβεται.

Μέσα σ' αυτό το χώρο —τον οπωσδήποτε αρκετά στενό— ο Γ. Βότσης δεν είναι ασφαλώς ο μόνος. Αλλά είναι ο πιο μοναχικός και ίσως ο πιο επίμονος. Ο αναγνώστης που παρακολουθεί τον κυματισμό της σκέψης του, την κλωστή που ξετυλίγεται χωρίς να κόβεται από άρθρο σε άρθρο —πάλι το ξαναλέω— μπορεί να μη συμφωνεί, να αντιδρά εντόνως, αλλά τουλάχιστον ανακαλύπτει ένα πρόσωπο. Και τούτο νομίζω έχει τη μεγαλύτερη σημασία.

Ίσως η πιο περίεργη «αντίφαση» στον Γ. Βότση είναι ότι, όντας ένα κατ' εξοχήν αντικομφορμιστικό πνεύμα, δίνει μαθήματα διαλεκτικής ευπρέπειας και δημοσιογραφικής δεοντολογίας και, παρά την οξύτητα και την απολυτότητά του, ποτέ δεν καταδέχεται ευτελή σλόγκαν για να πείσει τον αναγνώστη. Πρόθεσή του είναι να ενεργοποιήσει τη σκέψη του, όχι να την καθυποτάξει.

Τα παραδείγματα του είδους, πρέπει να το ομολογήσουμε, δεν αφθονούν.

ΜΑΝΟΛΗΣ ΑΝΑΓΝΩΣΤΑΚΗΣ
Αυγή 31-3-84

Α΄
Η ΔΗΜΟΚΡΑΤΙΑ

ΕΞΟΜΟΛΟΓΗΣΗ ΕΝΟΣ ΑΜΗΧΑΝΟΥ ΑΠΛΟΥ ΠΟΛΙΤΗ

«Οι συνετοί δεν θα έρθουν ποτέ στην εξουσία.
Και, πολύ λιγότερο, οι δίκαιοι».
ΕΡΙΧ ΚΕΣΤΝΕΡ: *Φάμπιαν*

ΚΑΙ ΜΕΣΑ ΣΤΟΝ ΟΡΥΜΑΓΔΟ της ηλεκτρονικής πια ρητορείας έμεινε, λέει, μόνος του να κραυγάζει — χωρίς ντουντούκα:

Εεεε! Εσείς οι περίβλεπτοι, που βιάζεστε να ξαναζεστάνετε τους θώκους. Εσείς, που κορδακίζεστε αυτάρεσκα πως μόνη σας έγνοια είναι ποιος θα μας πρωτοσώσει. Εσείς οι ναρκισσευόμενοι εξουσιομανείς, οι επηρμένοι υποτακτικοί, οι χαζοχαρούμενοι κλακαδόροι, οι αγελαίοι οπαδοί, οι κομπιουτερόπληκτοι καταμετρητές της ανθρώπινης πραμάτειας.

Υπάρχουν και οι *άλλοι* που, ευτυχώς, σας ξεφεύγουν· που βγάζουν ξίκικο το ζύγι, λειψά τα κουκιά τα μετρημένα· που τρελαίνουν τα κομπιούτερ και πονοκεφαλιάζουν τους αναλυτές, τους σφυγμομετρητές, τους δημοσκόπους· που δεν μετριούνται με στρέμματα· που δεν επενδύουν τις ελπίδες τους στις κάλπες, αφού είναι βέβαιο ότι δεν θα καταγράφουν πιστά όσα αισθάνονται οι πολλοί, όσα λέγονται στους δρόμους, γύρω από το οικογενειακό τραπέζι, στο καφενείο, στους χώρους δουλειάς· που δεν προσβλέπουν σε καμία 10η Οκτωβρίου, σαν αφετηρία για καλύτερες μέρες. *Οι αναποφάσιστοι του «ναι», οι πιο αποφασισμένοι του «όχι».*

Υπάρχουν και *οι άλλοι*. Που δεν χωρούν στην ταξινόμηση πράσινοι, κόκκινοι και γαλάζιοι· που παθαίνουν αλλεργία με τα πλαστικά σημαιάκια, τις κακόγουστες αφίσες, τα κάλπικα συνθήματα, τα τηλεοπτικά καραγκιοζιλίκια, την ερτζιανή ηχορύπανση· που δεν εκχωρούν τα οράματά τους στους αβροδίαιτους τεχνικούς της εξουσίας· που δεν τους εξουσιοδοτούν εν λευκώ να ασελγούν στις μνήμες τους, να καπηλεύονται τους αγώνες τους, να εκχυδαΐζουν τις αγωνίες τους, να λεηλατούν τα όνειρά τους, να διαφεντεύουν τη μοίρα τους. *Οι βουβοί και αμέτοχοι.*

Υπάρχουν και *οι άλλοι*. Που δεν αγγίζει καμιά χορδή τους ο ξύλινος λόγος της αχαλίνωτης δημοκοπίας· που ασφυκτιούν με την κομματοκρατία· που θα ήθελαν να διαλυθεί πρώτη απ' όλες η πανίσχυρη συντεχνία των επαγγελματιών της πολιτικής· που δεν τους αρκούν τα εξωραϊστικά μπαλώματα σ' ένα σύστημα αυταρχικό, σάπιο και διεφθαρμένο· που δεν απαλλοτριώνουν το δικαίωμά τους να σκέφτονται, να μετέχουν στις αποφάσεις για την τύχη τους, ν' αναπνέουν και να δρουν ελεύθερα, να δημιουργούν ανεμπόδιστα. *Οι πολίτες χωρίς πόλη.*

Υπάρχουν και *οι άλλοι*. Οι συνειδητά έξω από το εκλογικό πανηγύρι. Που έμειναν χωρίς σημαίες και δίχως ταμπούρλα· που ξέμαθαν πια να λειτουργούν συλλογικά· που ψάχνουν τη χαμένη κοινότητα· που χάνονται και ξαναβρίσκονται, σε κάθε ευκαιρία, να σμίξουν, να ξαναγίνουν πλήθος· που πλημμύρισαν, αίφνης, προχθές το Ηρώδειο στο πανηγύρι της ρωμιοσύνης, σ' ένα ξέσπασμα καταλυτικό για την προεκλογική τύρβη· που ανάσαναν Ελλάδα και Οδυσσέα Ελύτη· που (ξανα)γέμισαν τις φλέβες τους Μίκη Θεοδωράκη· που καθρεφτίστηκαν στο σκαμμένο πρόσωπο, στα υγρά μάτια, στη ζεστή φωνή του Γρηγόρη Μπιθικώτση· που ξέθαψαν μνήμες, αγκάλιασαν τους πλαϊνούς, τραγούδησαν μαζί, έκλαψαν μαζί, έψαλαν μαζί «για να γυρίσει ο ήλιος θέλει δουλειά πολλή». *Οι σημαδεμένοι από τις ωδίνες, οι φορτωμένοι την οδύνη αυτού του τόπου.*

Υπάρχουν λοιπόν και *οι άλλοι*. Κομματικά ανέστιοι, από επιλογή. Δύσπιστοι, από γνώση. Καχύποπτοι, από τα παθήματα. Γυμνοί κι αμήχανοι μπροστά στις κάλπες, όπου δεν θα εκφραστούν, δεν θα καταμετρηθούν — αφού οι ελπίδες τους είναι έξω απ' αυτές.

Χώθηκε και χάθηκε ανάμεσά τους ο επαγγελματίας γραφιάς, ανίκανος να σκαρώσει την εμβριθή ανάλυση, που περιμένει ο πάντοτε απαιτητικός αναγνώστης.

Σε τέτοιες στιγμές, πώς να μεταμφιεστεί ο αμήχανος πολίτης σε νηφάλιο, ουδέτερο παρατηρητή και παντογνώστη δημοσιογράφο; Και ποιον να πείσει, έτσι και το επιχειρήσει;

Αφού εφημερίδες, τηλεοπτικά κανάλια και ραδιοφωνικοί σταθμοί μετέχουν ενεργά στο εκλογικό παιχνίδι, γίνονται φερέφωνα του άλφα ή του βήτα επίδοξου σωτήρα μας, ταυτίζονται με τούτον ή τον άλλο κομματικό μηχανισμό.

Αφού οι δημοσιογράφοι αναπαράγουμε και παπαγαλίζουμε συνθήματα, κομματιζόμαστε αγρίως, γινόμαστε προπαγανδιστές. Τόσο, που ο ταλαίπωρος αναγνώστης να ψάχνει κάποια στοιχειωδώς αμερόληπτη προσέγγιση της εκλογικής αναμέτρησης στις εν περιλήψει αναδημοσιευόμενες ανταποκρίσεις του... ξένου Τύπου. Τόσο, που να ηχεί κοροϊδία κι εμπαιγμός τέτοιες μέρες η ΕΣΗΕΑ να θυμάται και να θυμίζει τη δημοσιογραφική δεοντολογία, χωρίς να λέει ορθά κοφτά: *Άρθρο πρώτο: Ο δημοσιογράφος απαγορεύεται αυστηρώς και διά ροπάλου να κομματίζεται, όσο και να χρηματίζεται.*

Τι μένει λοιπόν;

Να πούμε, εξομολογητικά, κάποιες προσωπικές σκέψεις — κι όποιον ενδιαφέρουν:

Ότι, φερ' ειπείν, δεν βρίσκουμε να χωρίζει αβυσσαλέο χάος τους δυο μονομάχους, που δυναστεύουν επί δεκαετίες την αρχηγική πολιτική σκηνή. Υπάρχει μια μικρή διαφορά: ο ένας ιδρωκοπάει, αποκαλυπτόμενος, όταν ψεύδεται μπροστά στο φακό, ο άλλος ουδέποτε κοκκινίζει όταν ψευδολογεί. Και οι δύο μας εξαπατούν ασύστολα.

Από κει και πέρα:

Στην αντίπερα όχθη ο Μητσοτάκης μπερδεύεται: Το αντίθετο του λαϊκιστή δεν είναι ο *αντιλαϊκός*, του δημαγωγού δεν είναι ο *κυνικός*.

Στο δικό μας, υποτίθεται, γήπεδο ο Παπανδρέου μάς μπερδεύει: Δεν υπάρχει τίποτα που να μην το έχει διακηρύξει μετά πάθους και να μην το έχει αναιρέσει εν ψυχρώ. *Δεν υπάρχει τίποτα που να πιστεύει.*

Ισχύουν οι περισσότεροι από τους χίλιους δυο λόγους, για τους οποίους δεν θα ψηφίσουν Μητσοτάκη οι πολλοί — καθώς υπηρέτησε με συνέπεια τα συμφέροντα των λίγων που πολιτικά εκπροσωπεί. Να προστεθεί κι ένας ακόμα της δικής μας ευαισθησίας: Με τον κάθε Γρυλλάκη ασύδοτο και τον Σκυφτούλη και τη Μίχου στη φυλακή, χωρίς αποδεδειγμένη ενοχή και χωρίς καταδίκη, δεν μπορεί να νιώθει κανείς ελεύθερος μπροστά στην κάλπη.

Υπάρχουν χίλιοι δυο λόγοι να μην ψηφίσεις Παπανδρέου. Θα αρκούσε ο ένας: ότι είναι *αμετανόητος*. Ερωτήθηκε από τον Γ. Καρελιά, λόγου χάρη, ποια λάθη της οκταετίας του έχει συνειδητοποιήσει και δεν θα τα επαναλάβει επανερχόμενος στην εξουσία. Και βρήκε να πει, όλο κι όλο, ότι οι υπουργοί δεν θα λένε πια ο καθένας τα δικά του — θ' αποκτήσουν, δηλαδή, ο Γιαννόπουλος κι ο Σημίτης κοινή γλώσσα... Λες και δεν ζήσαμε την αλαζονεία και τη χυδαιότητα, την ανεπάρκεια και ιδιοτέλεια των μετρίων. Λες και δεν υπάρχει κάποιος Κοσκωτάς στη φυλακή. Λες και ο Τόμπρας ήταν καλύτερος από τον Γρυλλάκη. Λες κι απευθύνεται σε αμνήμονες και λωτοφάγους...

Τι μένει λοιπόν; Φρόντισαν να μην έχουμε οι εκλογείς (ο κυρίαρχος λαός!) τη δυνατότητα να επιλέγουμε από τον μπαξέ των συνδυασμών τούς, κατά την κρίση μας, πιο ικανούς και αδιάφθορους (υπάρχουν κι αυτοί) ανεξαρτήτως ψηφοδελτίου — διαφορετικά, ποιο λόγο υπάρξεως θα είχαν τα κόμματα;

Φρόντισαν ακόμα να μην μπορούμε καν με την ψήφο μας *να τους αποδοκιμάσουμε συλλήβδην όλους*, με ένα *λευκό*, ας πούμε, ψηφοδέλτιο. «Το λευκό είναι γκρίζο», διαλαλούν οι αρθρογράφοι της *Αυγής* και του *Ριζοσπάστη*, αφού, λέει, πριμοδοτεί, όπως και το άκυρο, το δικομματισμό. Τι λέτε, κύριοι; Και πότε η δημοκρατική ευαισθησία σας απαίτησε να θεωρείται *έγκυρο* το λευκό ψηφοδέλτιο, ώστε να μην ενισχύει τα μεγάλα κόμματα και να καταγράφεται ως μια *συνειδητή τάση* του εκλογικού σώματος;

Με τόσα παγιδευτικά διλήμματα και με προγράμματα που ουδείς διαβάζει και παίρνει στα σοβαρά, τι κάνουμε λοιπόν;

Υπάρχει η λογική του Αμερικανού αναρχοσυνδικαλιστή στο Μεσοπόλεμο, που καλούσε να υπερψηφιστούν και οι δημοκρατικοί και οι ρεπουμπλικανοί: «Για να 'χουμε κάποιους να φτύνουμε και να μην τρωγόμαστε μεταξύ μας».

Δεν πείθει, μάλλον.

Και υπάρχει και η συνηθέστατα εφαρμοσμένη λογική του *μικρότερου κακού*: Να μη «σαρώσουν» τα δυο μεγάλα κόμματα. Να μη μοιραστούν το 90% των ψήφων. Να μην *επιβραβευθεί* η βαθιά αντιλαϊκή πολιτική των μεν, να μη *δικαιωθεί* το άθλιο παρελθόν των δε. Να μη μονοπωλήσουν το Κοινοβούλιο, που πρέπει να μείνει πολυφωνικό. Να μην αναδειχθούν από τη λαϊκή ψήφο η αρχηγική απολυταρχία και ο μονοκομματικός αυταρχισμός.

Να καταφανεί, να καταγραφεί επιτέλους και στις δικές μας κάλπες (όπως γίνεται ήδη στην Ιταλία και σιγά σιγά στη Γερμανία) ότι το πολιτικό μας σύστημα είναι αντιδημοκρατικό, διεφθαρμένο και χρεοκοπημένο και ότι υπάρχουν, σε υπολογίσιμο ποσοστό, οι πολίτες που το αμφισβητούν...

Δευτέρα 4 Οκτωβρίου 1993

Η ΞΕΒΡΑΚΩΤΗ «ΔΗΜΟΚΡΑΤΙΑ ΤΟΥ ΤΣΑΜΠΟΥΚΑ»

«Άλλοι σε λέν' Ελλάδα,
άλλοι αλίμονη»
ΠΑΝΤ. ΜΠΟΥΚΑΛΑΣ: *Σήματα λυγρά*

ΔΕΝ ΕΙΧΑΝ, ευτυχώς, δραματική κορύφωση το Σαββατοκύριακο στη Θεσσαλονίκη όσα δημιούργησαν εκρηκτική κατάσταση στο κοινωνικό πεδίο ολόκληρη την περασμένη εβδομάδα.

Την απέτρεψε η *αυτοσυγκράτηση*, κυρίως, της συνδικαλιστικής ηγεσίας και των απεργών — παρ' ότι δεν έλειψαν οι καλοθελητές, που έριχναν ως την τελευταία στιγμή λάδι στη φωτιά.

Και πρώτη πρώτη η κυβέρνηση:

— *Που έκανε* νέα επίδειξη πυγμής, με την αστυνομοκρατία και την απαγόρευση συγκεντρώσεων και διαδηλώσεων. Η γελοία αιτιολόγηση της απαγόρευσης (κακοσκηνοθετημένο το εύρημα των δεκαεφτά «μολότοφ», αποκαλύπτει έλλειψη φαντασίας, αν όχι περιφρόνηση ακόμα και για τα προσχήματα) αφήνει γυμνή την εμμονή της κυβέρνησης και δίνει τη δική της αυθαίρετη ερμηνεία στη νομιμότητα: Προκειμένου να επιβάλει την πολιτική της, μετά την άγρια επίθεση και σε συνταγματικώς κατοχυρωμένα κοινωνικά δικαιώματα, δεν διστάζει να περιστέλλει και τις συνταγματικές συλλογικές ελευθερίες.

— *Που παραμένει* αμετακίνητη αλαζονικά στη *συστηματική υποδαύλιση της κοινωνικής έντασης*. Κάθε άλλο παρά πυροσβεστική η πρωθυπουργική ομιλία στα εγκαίνια της ΔΕΘ, δεν αφήνει περιθώρια αισιοδοξίας. Σε χαμηλούς τόνους, βέβαια, χωρίς έπαρση και αυταρέσκεια, αλλά και δίχως ίχνος αυτοκριτικής, επιμένει στη συνέχιση της ίδιας πολιτικής. Μιας πολιτικής με κύριο χαρακτηριστικό την *κοινωνική αναλγησία και πρόκληση*, αφού:

1. *Μόνο καθολικές* (όπως τις θέλει η κατά κόρον επαναλαμβανόμενη προεδρική σύσταση) δεν είναι οι *θυσίες* για το ξεπέρασμα της κρίσης και τον εκσυγχρονισμό. Όλο και ευρύτερα στρώματα σπρώχνονται στην ανεργία και στην ένδεια, ενώ τα τσακάλια της πλησμονής, τα κοράκια της παραοικονομίας και της φοροδιαφυγής προκαλούν ασύδοτα.

2. *Εδραιώνει*, όλο και πιο ερεθιστικά, την πεποίθηση ότι *οι χορτάτοι ρυθμίζουν τη δοσολογία της κοινωνικής ανέχειας*, αφού από τη σκληρή λιτότητα εξαιρούνται οι μετέχοντες στα κέντρα αποφάσεων, που όφειλαν να δίνουν το παράδειγμα. Στόλοι οι απαστράπτουσες κρατικές λιμουζίνες και του πουλιού το γάλα στις δεξιώσεις, διακοπές μεγιστάνων, πολυδάπανες ακολουθίες και σωματοφύλακες, σμάρι τα τρωκτικά, οι πολυθεσίτες και οι αργόμισθοι περί τον πρωθυπουργό και τους υπουργούς, αδιάκοπο το σκανδαλιστικό αλισβερίσι της πολιτικής ηγεσίας με την ολιγαρχία του πλούτου. Πιο λιανά: Η αργομισθία της Μιράντας Ξαφά είναι το έλασσον, αλλά όχι εξαιρετέο. Τα δύο (ή περισσότερα;) δισεκατομμύρια για το πρωθυπουργικό αεροσκάφος είναι το μείζον, όταν με ένα δισεκατομμύριο θα τελείωνε κάποτε στη δύσμοιρη Ελευσίνα το νοσοκομείο-γεφύρι-της-Άρτας, και όταν κάπου οχτώ δισεκατομμύρια απαιτεί η εγκληματικά αναβαλλόμενη αναδάσωση...

Συνέχιση μιας πολιτικής που ανάγει σε υπ' αριθμόν ένα εχθρό του κοινωνικού συνόλου τους «ταραχοποιούς του πεζοδρομίου» και τις «προνομιούχες συντεχνίες». Κάτω από την ίδια ταμπέλα *σκοπίμως* (αφού ο κεντρικός στόχος είναι να αποδιαρθρωθεί και παταχθεί κάθε εστία κοινωνικής άμυνας και αντίστασης) και αδιακρίτως: οι κρατικοδίαιτοι και κομματικά κατευθυνόμενοι εξ επαγγέλματος *εργατοπατέρες* μαζί με τους *απολυμένους* και τους *άνεργους* της απελπισίας και της απόγνωσης. Στο ίδιο τσουβάλι *σκοπίμως* οι πατρίκιοι των ρετιρέ (υψηλόμισθοι τραπεζών και οργανισμών, μεγαλοδικαστές και στρατηγοί, μεγαλογιατροί, μεγαλοδικηγόροι, μεγαλοδημοσιογράφοι, μεγαλομηχανικοί κ.ά.) και οι πληβείοι των υπογείων (οι σκουπιδιαραίοι χθες, οι απολυμένοι της ΕΑΣ σήμερα)...

Συνέχιση και της ίδιας αντιδημοκρατικής μεθόδευσης για την επιβολή αυτής της πολιτικής: Χωρίς συναινετικές διαδικασίες, χωρίς διαπραγμάτευση, *χωρίς διάλογο*. Με το ευνουχισμένο Κοινοβούλιο σε διατεταγμένη λειτουργία να επενδύει νομοθετικά (συνοπτικές οι διαδικασίες, συντεταγμένες οι ψηφοφορίες) τις κυβερνητικές επιλογές. Με τα ρόπαλα των ΜΑΤ (περισσός ο ζήλος τώρα με τα ασφαλιστικά τους *προνόμια* στο κυβερνητικό νομοσχέδιο... κατά των συνταξιοδοτικών κοινωνικών διακρίσεων) να ανεβοκατεβαίνουν στα κεφάλια που τολμούν να σηκωθούν. Με τον *τσαμπουκά*, κοντολογίς...

Τον τσαμπουκά που δεν μονοπωλείται, φευ, από τον κυβερνητικό αυταρχισμό. Τον επιλέγουν ως μέθοδο επιβολής οι ταγοί όλων των εξουσιαστικών μηχανισμών και τον αντιγράφουν οι οπαδοί τους στο πεζοδρόμιο.

«*Κανένας διάλογος* εκτός Βουλής», κηρύσσει ο αρχηγός της αξιωματικής αντιπολίτευσης. (Και «εντός Βουλής» υποχώρηση με... αποχώρηση αμαχητί και κατά σύστημα.)

Πλειοδοτούν σε εμφυλιοπολεμικό μένος οι εκατόνταρχοι. Μαγκάκης επί Κολωνώ στηλιτεύει μετά βδελυγμίας τον Μητσοτάκη σαν «εσωτερικό εχθρό». Ευάγγελος εν Ταύρω καλούσε προχθές σε παλλαϊκό ξεσήκωμα στη Θεσσαλονίκη και παντού. «Δεν θα χαριστώ σε κανέναν», κραύγαζε. «Αν ζήσουμε, πρώτα ο Θεός, θα πάνε όλοι τους φυλακή...» (οι «μοναρχοφασίστες» και οι «γερμανοντυμένοι» — εκεί έμεινε αυτός...).

Στις παραμονές καταλήψεως των χειμερινών ανακτόρων η, εξ ορισμού, ακροαριστερή αντιπολίτευση εκστασιάζεται ασελγώς σε αχαλίνωτη απεργολαγνεία — με όποιο τίμημα, με όλα τα μέσα.

Στο άλλο άκρο, εμπρηστικά τα κατά των απεργών κηρύγματα αυτοδικίας του Δημητράκη Ρίζου (οι εθισμένοι στις φραστικές υπερβολές, λέει η ιστορία, δεν έχουν αναστολές στις ακρότητες των πράξεων):

«Είναι καιρός πια να οργανωθούν ομάδες πολιτών και να *σπάσουν στο ξύλο* αυτούς τους ασύδοτους αλήτες. Και δεν θα είναι άδικο αν *τους καίνε και τα σπίτια και τα αυτοκίνητά τους...*».

Με τέτοια πρότυπα πολιτικής αντιπαράθεσης και κοινωνικής συμπεριφοράς να παρέχονται από ψηλά, με τόσο απροκάλυπτα τα φασιστικά κηρύγματα αυτοδικίας, είναι συμπτώματα γενικής παραζάλης φαινόμενα όπως:

— *Η κοινωνική αναλγησία*, που χαρακτηρίζει πολυήμερους απεργιακούς αγώνες σε υπηρεσίες κοινής ωφελείας. Χάνει το στόχο του και το δίκιο του αυτός που κατεβάζει το διακόπτη της ΔΕΗ — αδιαφορώντας για τον ετοιμοθάνατο στο χειρουργείο, για τα χαλασμένα εμβόλια που θέτουν σε κίνδυνο παιδικές ζωές, για τα αλλοιωμένα τρόφιμα. Χάνει το δίκιο του και το στόχο του ο απεργός των αστικών συγκοινωνιών που καταδικάζει τον εργαζόμενο συνάνθρωπο σε πολύωρη καθήλωση και ταλαιπωρία μέσα στο νέφος και στο λιοπύρι. Χάνει το στόχο του και το δίκιο του ο απεργός σκουπιδοσυλλέκτης που σωρεύει εστίες μόλυνσης και μικροβίων στις γειτονιές και στους κεντρικούς δρόμους (αντί να μετατρέπει, αν του επιτρέπουν τα κότσια του, σε χωματερές *τις βίλες των κρατούντων* στη Γλυφάδα και στην Εκάλη)...

Ακόμα χειρότερα:

— *Ο τυφλός ακτιβισμός* του πεζοδρομίου, που επιχειρεί με βάρβαρες και εγκληματικές μεθόδους να *υποκαταστήσει θεαματικά* την απούσα (έτσι κι αλλιώς νομιμοποιούμενη, ως απάντηση, αντίσταση και άμυνα στην κρατική τρομοκρατία) *κοινωνική αντι-βία.* Πιο ανατριχιαστική και αποτρόπαιη εκδήλωση αυτού του τυφλού ακτιβισμού ήταν όσα συνέβησαν την περασμένη Τετάρτη με θύτες και θύματα απολυμένους της ΕΑΣ: Αυτή η φασιστικής νοοτροπίας αυτοδικία, αυτό το λιντσάρισμα, ο εξευτελισμός, η διαπόμπευση, η κανιβαλική αγριότητα, το εμφύλιο γδάρσιμο κορμιών και ψυχών με δόντια και με νύχια.

Σε κοινή θέα τα θλιβερά τσίτσιδα κορμιά — να συμβολίζουν παραστατικά την *ξεβράκωτη «δημοκρατία»* του *τσαμπουκά...*

Δεν αγιάζει ο σκοπός τα μέσα — το έλυσε αυτό η ιστορία μια για πάντα.

Οι καθ' έξιν ασχημονούντες με τον τσαμπουκά, κυβερνώντες και κυβερνώμενοι, αφεντικά και απεργοί, συντηρητικοί και ριζοσπάστες, φιλελεύθεροι και κρατικιστές, σοσιαλιστές και ακροδεξιοί, με κοινό παρονομαστή ότι κατέχουν τη μόνη αλήθεια, ότι έχουν πάντοτε δίκιο και διεκδικούν τον απόλυτο λόγο, μόνο με τη δημοκρατία δεν έχουν σχέση.

Διότι δημοκρατία δεν είναι οι τεκμαρτές, τεχνητές ή συγκυριακές πλειοψηφίες που δυναστεύουν μειοψηφίες και κατατροπώνουν αντιφρονούντες.

Διότι *δημοκρατία, πρωτίστως, είναι ο σεβασμός του Άλλου* — της ζωής του, της ελευθερίας του, της γνώμης του, της προσωπικότητάς του.

Διότι δημοκρατία είναι ήθος, είναι πάθος, είναι καθημερινή συμπεριφορά, είναι στάση ζωής. Είναι αναζήτηση, είναι αμφισβήτηση, είναι πάνω απ' όλα *διάλογος.*

Ευαίσθητη, εύθραυστη, ευάλωτη και τρωτή, η δημοκρατία δεν φύεται, δεν ανθεί, δεν καρπίζει μέσα σε γενικό ξεχαρβάλωμα θεσμών και αξιών, μέσα σε παρακμιακή αποσύνθεση, μέσα σε γενικευμένη καχυποψία, ανασφάλεια και φοβία, μέσα σε άγριες αντιθέσεις ένδειας και χλιδής, μέσα σε συνθήκες αυθαιρεσίας και υποταγής. Εκεί καραδοκεί ο αυταρχισμός, ελλοχεύουν οι σωτήρες, επωάζεται ο εμφύλιος σπαραγμός — όπου ο καθένας δαγκώνει όπου φτάσει και, πιο βολικά, το λαιμό του πλαϊνού του.

Παίζουν αφρόνως με τη φωτιά οι εραστές του τσαμπουκά — και το ογκούμενο ρεύμα του Λεπέν στη Γαλλία και των νεοναζί στη Γερμανία είναι απελπιστικά δίπλα μας...

Δευτέρα 14 Σεπτεμβρίου 1992

ΤΑ ΜΟΝΙΜΑ ΕΚΤΡΟΦΕΙΑ ΣΚΑΝΔΑΛΩΝ

«Μπαίνουν με άδεια κοιλιά στο Πρυτανείο
και βγαίνουν με την κοιλιά ταράτσα».
ΑΡΙΣΤΟΦΑΝΗΣ: *Ιππής*

ΔΙΠΡΑΚΤΟ ΤΟ ΕΡΓΟ, μία η αλλαγή του σκηνικού, δύο οι πρωταγωνιστές: ο υπουργός Γεωργίας Χρ. Κοσκινάς και ο υφυπουργός Οικονομικών Αρ. Τσιπλάκος.

Τα μεσάνυχτα της Πέμπτης, στο τηλεοπτικό *Προφίλ* του Π. Παναγιωτόπουλου, οι δυο τους αντεπιτίθενται χαρακτηρίζοντας ελεεινούς συκοφάντες όσους τους κατηγορούν ότι εκμεταλλεύτηκαν το αξίωμά τους για να ευνοήσουν ο ένας τον αδερφό του άλλου. Πολιτικό θρίλερ το έργο διανθίζεται από στιγμές μελό (οι «αυτοδημιούργητοι» αδερφοί Κοσκινά πώς κατακτούν σκαλί σκαλί την οικονομική ευμάρεια και την κοινωνική καταξίωση μέσα και από την κομματική ιεραρχία). Το φιλοθεάμον κοινό, πάντως, παρακολουθεί με κορυφωμένο ενδιαφέρον, σαν κλήρωση του ΛΟΤΤΟ, τον ερεθιστικό χορό εκατομμυρίων και δισεκατομμυρίων:

«Υπόλογος στη Δικαιοσύνη για τα εκκοκκιστήρια βάμβακος ο αδερφός σας (ερωτά τον Τσιπλάκο ο βουλευτής Γ. Δρυς), εμφανίζει στους ισολογισμούς του *μηδέν κέρδη ή ζημίες*. Πώς, λοιπόν, αγοράζει χρεοκοπημένη συνεταιριστική επιχείρηση με ένα *δισεκατομμύριο* δραχμές; Τα οχτακόσια εκατομμύρια είναι, λέει, δάνειο, τα άλλα διακόσια σαράντα πού τα βρήκε;»

Παρεμβαίνει, τηλεφωνικώς, για να απαντήσει αυτοπροσώπως, ο επιχειρηματίας Μιχ. Τσιπλάκος: «Έχω περιουσία τουλάχιστον *έξι δισεκατομμυρίων* εγώ...».

(Άγρυπνος ο εκ των υφυπουργών Οικονομικών κυνηγός φοροφυγάδων Μιχ. Γαλενιανός, θα κατέγραψε, υποθέτω, την περίπτωση *για να ελέγξει τις φορολογικές δηλώσεις*...)

Η δεύτερη πράξη του έργου την Παρασκευή το μεσημέρι στη Βουλή. Το άτρωτο από τον κυβερνητικό ανασχηματισμό υπουργικό δίδυμο χρησιμοποιεί δριμείς χαρακτηρισμούς για να (αντ)επιτεθεί σε βουλευτές της αντιπολίτευσης (όπως ο Ν. Κωνσταντόπουλος, που μίλησε για υπουργούς *«δερβίσηδες της διαφθοράς»*) επικρίνοντες τη σχεδιαζόμενη «αξιοποίηση» από ξένες εταιρείες του Παρνασσού (γιατί όχι και των Δελφών;) και την ανάθεση σε επίσης ξένη εταιρεία της «δασοπυρόσβεσης» (να το το κράτος της ξεφτίλας να ομολογεί τη θλιβερή ανικανότητά του να εκπληρώνει τις, κατά συνταγματική επιταγή, στοιχειώδεις κοινωφελείς υποχρεώσεις του...).

Αν απομονώνουμε αυτό το δίπρακτο από τη σκανδαλολογική ιλαροτραγωδία της πολιτικής σκηνής (με τα σίριαλ των ΕΛΤΑ και των λατομείων, με το πεντελικό «Πολυδύναμο Κέντρο» που ο Παντοδύναμος να βάλει το χέρι του... με την εμπρηστική για την κυβέρνηση «δασοπυρόσβεση» και τα τοιαύτα...), είναι γιατί οι φερόμενοι ως αμοιβαίως ευνοήσαντες τους αδερφούς τους υπουργοί *αυτοπροβάλλονται προκλητικά σαν πρότυπα ήθους και τιμητές.*

Πριν από μερικά χρόνια, θυμάμαι μελαγχολικά, όταν η φουντωμένη σκανδαλολογία επηρέαζε καθοριστικά τις πολιτικές μας εξελίξεις, στην ευδαίμονα Ελβετία *παραιτήθηκε αυθημερόν* η υπουργός Δικαιοσύνης (πού να θυμάμαι το όνομά της, όταν οι ίδιοι οι μακάριοι Ελβετοί αγνοούν ποιοι κάθε φορά υπουργοί απαρτίζουν την κυβέρνησή τους) μόλις ανακατεύτηκε το όνομα του βιομήχανου συζύγου της σε κάποιες ατασθαλίες...

Πανάρχαιο («όσο μίκραινε η περιουσία της πολιτείας τόσο η δική τους μεγάλωνε», παρατηρεί ο Δημοσθένης) και *παγκόσμιο* (τι Ιταλίες, τι Γαλλίες, τι Ιαπωνίες, τι Ηνωμένες Πολιτείες θέλεις για παράδειγμα, μόνο από τα δημοκρατικώς ευνομούμενα κράτη...) είναι το έργο της πολιτικής σκηνής, όπου *η νομή της εξουσίας ταυτίζεται με τη νομή του δημοσίου χρήματος και τη συναλλαγή με την ολιγαρχία του πλούτου.*

Μόνο που στις μέρες μας και στον τόπο μας έχει προσλάβει τη μορφή *καθολικού φαινομένου.* Παλαιότερα, πριν από τη στρατοκρατική δικτατορία ας πούμε, όλο και υπήρχε κάποιος λαμπρός πολιτικός (άφησε όνομα, λόγου χάρη, ο Πλαστήρας) και κάποιος επαρχιώτης βουλευτής που πέθαινε στην ψάθα. Τώρα, όσο κι αν στύβω το μυαλό μου, ψάχνοντας ανάμεσα στους προβεβλημένους του πολιτικού προσκηνίου, σταματώ σε ελάχιστους, που η επαγγελματική ανάμειξή τους στα κοινά τούς έκανε φτωχότερους: ο Λεωνίδας Κύρκος, μόνιμος στόχος της δημοσιογραφικής αγυρτείας, ο Παναγής Παπαληγούρας, που είναι σαν να μη θέλει η παράταξή του να τον θυμάται και να τον θυμίζει, άντε και δυο τρεις άλλοι...

Τροφοδοτούμενη από τις εσωκυβερνητικές έριδες και την αντιπολιτευτική τακτική (σε εναλλασσόμενους ρόλους εγκαλούντος και κατηγορουμένου τα κόμματα εξουσίας) η σκανδαλολογία πλήττει κάποια πρόσωπα με ερεθιστικές λεπτομέρειες, αλλά σπανιότατα προχωρεί στην αναζήτηση των *αιτίων.*

Απαριθμούμε μερικά, που θα μπορούσαν να θεωρηθούν μόνιμα εκτροφεία σκανδάλων:

1. Αδιαφάνεια, πάνω απ' όλα, στα οικονομικά των πολι-

τικών κομμάτων, τα οποία δεν αποδίδουν δημόσια ελεγχόμενο απολογισμό ούτε καν για την κρατική επιχορήγηση. Πολυδάπανοι οργανισμοί πλέον τα κόμματα, είναι προφανές ότι δεν καλύπτουν τα έξοδα λειτουργίας τους μόνο με την κρατική επιχορήγηση. Κοινό μυστικό, έτσι, παραμένει η *συνεχής συναλλαγή* τους με την ολιγαρχία του πλούτου, που σπεύδει αρωγός τους, όχι βεβαίως με το αζημίωτο. Η άνετη πρόσβαση στα πολιτικά σαλόνια ουρανοκατέβατων αετονύχηδων (τύπου Κοσκωτά, Σαλιαρέλη, κ.ά.), η μέχρι χυδαιότητος περιφρονητική αντιμετώπιση των πολιτικών από οικονομικούς παράγοντες (όπως ο «εθνικός ευεργέτης» Λάτσης, στον οποίο όλοι υποκλίνονται, όταν τους αποκαλεί κατά πρόσωπο κλέφτες...) είναι εντυπωσιακά φαινόμενα, που ερεθίζουν τη φαντασία του απλού πολίτη. Από εκεί και πέρα μπαίνουν ψύλλοι στα αυτιά καθενός με τις κραυγαλέα σκανδαλώδεις νομοθετικές ρυθμίσεις, που δίνουν την εντύπωση ότι αποτελούν *εξόφληση γραμματίων* (πρόχειρα παραδείγματα: λατομεία, επέκταση ΠΕΤΡΟΛΑ, το ερεβώδες πέλαγος των πετρελαιοειδών, το πραγματικό «σκάνδαλο του αιώνα» —που έβαλε στα σκαριά το ΠΑΣΟΚ, το επεξέτεινε και το ολοκλήρωσε η ΝΔ— με την «περιουσία» του εκπτώτου Γκλίξμπουργκ, ο οποίος διατηρεί άριστες σχέσεις με το μεγάλο, κυρίως εφοπλιστικό, κεφάλαιο, κ.ά.).

Με τα *«ναρκω-δολάρια»* να τρελαίνουν τα χρηματιστήρια, να φουντώνουν την παραοικονομία και να διαβρώνουν τα κέντρα αποφάσεων διεθνώς (οχτακόσια δισεκατομμύρια δολάρια ετήσιος τζίρος), δεν είναι ήσσονος σημασίας το τελευταίο: Ανατρίχιασαν στη σύνοδο κορυφής του Μάαστριχτ οι Ευρωπαίοι ηγέτες με την τεκμηριωμένη έκθεση ειδικής επιτροπής του Ευρωπαϊκού Κοινοβουλίου για την αυξανόμενη απειλή του λαθρεμπορίου ναρκωτικών. Ένα από τα βασικά μέτρα που εισηγείται ο συντάκτης της Πάτρικ Κούνεϊ, πρώην υπουργός Δικαιοσύνης της Ιρλανδίας, για να αποτραπεί η διαφθορά πολιτικών και η διάβρωση θεσμών, είναι *να δημοσιεύουν τα πολιτικά κόμματα ελεγμένους ισολογισμούς*...

Να συνεχίσουμε με επιγραμματική, αναπόφευκτα, απαρίθμηση των μονίμων εκτροφείων σκανδάλων:

2. Προσχηματική (στάχτη στα μάτια) λειτουργία του θεσμού *«πόθεν έσχες»* (ούτε καν αντιπαράθεση με τις φορολογικές δηλώσεις δεν γίνεται), όταν επιβάλλεται η επέκτασή του και σε άλλους κρατικούς λειτουργούς.

3. Κομματικό φέουδο ο κρατικός μηχανισμός για κάθε κυβέρνηση, που αλώνει —με ανθρώπους της— διευθύνσεις κρατικών υπηρεσιών και διοικήσεις οργανισμών.

4. Αδιαφανής διαχείριση κρατικών εσόδων και κονδυλίων (ο τζόγος των λαχείων, ΠΡΟΠΟ, ΛΟΤΤΟ κτλ., μυστικά κονδύλια, ΕΥΠ, εθνική άμυνα, κρατικές προμήθειες κ.ά.).

5. Νόμος περί ευθύνης υπουργών, που ουσιαστικά διασφαλίζει την *ασυλία* τους στη διασπάθιση του δημοσίου χρήματος (μόνο η πολιτική σκοπιμότητα, όπως το 1989, κινεί τη διωκτική διαδικασία). Από χρόνια έχουμε υποστηρίξει, σ' αυτή τη στήλη, ότι επιβάλλεται η αναθεώρησή του προς δύο, τουλάχιστον, κατευθύνσεις, που πρότεινε χθες (*Καθημερινή*) και ο ποινικολόγος Αλ. Κατσαντώνης: χρόνος παραγραφής όπως και για τους απλούς πολίτες. Και *ιδιώνυμο αδίκημα* για τους υπουργούς, υφυπουργούς και γενικούς γραμματείς υπουργείων η *κατάχρηση* δημοσίου χρήματος και η *συναλλαγή* προς ίδιον πλουτισμόν.

Όλα αυτά τα μόνιμα αίτια σκανδάλων (δεν εξαλείφονται, βέβαια, στο πολιτικό μας σύστημα, που δεν ευνοεί θεσμούς και διαδικασίες κοινωνικού ελέγχου) τα άφησε άθικτα η σημερινή κυβέρνηση, που κατέκτησε την εξουσία ακριβώς με την επαγγελία της κάθαρσης.

Αν προσθέσουμε και τη γιγάντια επιχείρηση της *άκρατης αποκρατικοποίησης*, όπου οι «μίζες» δίνουν και παίρνουν (ιλιγγιώδη τα ποσά: δυόμισι δισεκατομμύρια δραχμές πήγαν ως τώρα σε ξένες εταιρείες μόνο για να υποβοηθήσουν τη διαδικασία εκποιήσεων), όποια πέτρα κι αν σηκώσεις σε λίγο θα ξεφυτρώνουν μικρά και μεγάλα σκάνδαλα. Και το βόρβορο δεν θα τον αντέξει ούτε η σημερινή κυβέρνηση, ακόμα κι αν ξεπεράσει το σκόπελο των Σκοπίων. Κι ενώ ζητούνται οι αναμάρτητοι, θα αναδειχθούν «αρχάγγελοι της κάθαρσης» οι χθεσινοί του εδωλίου. Κι εμείς οι πολλοί θα παθιαζόμαστε σκανδαλοθηρικά σκανδαλολογούντες, οι «γαλαντόμοι του λαϊκισμού» θα εναλλάσσονται με τους «σφιχτοχέρηδες νοικοκυραίους» στην εξουσία κι ο χορός καλά θα κρατεί — για όλους αυτούς...

Δευτέρα 7 Δεκεμβρίου 1992

ΠΟΥ ΤΑ ΒΡΙΣΚΟΥΝ ΤΑ ΚΟΜΜΑΤΑ ΚΑΙ ΣΠΑΤΑΛΟΥΝ;

ΛΕΣ ΚΑΙ ΔΕΝ ΚΑΙΓΕΤΑΙ ΚΑΡΦΙ ΣΕ ΚΑΝΕΝΑΝ για το πόσο *πολυδάπανα* και με *άδηλους πόρους* διεξάγεται και αυτή η εκλογική αναμέτρηση. Ακατάσχετη και πληκτικά επαναλαμβανόμενη, δημοκοπική και λαλίστατη η ρητορεία των εξ επαγγέλματος σωτήρων μας, απλώνει στο προεκλογικό παζάρι την πολύχρωμη πραμάτεια της — με εύκολες απαντήσεις για τα παρελθόντα και μαγικές λύσεις για τα τωρινά και τα μελλούμενα. Ένα μόνο επιμένει ν' αγνοεί, σαν ασήμαντο ή ανύπαρκτο, ένα μόνο παραμένει ταμπού απαραβίαστο:

Πόθεν εισέρρευσε στα κομματικά ταμεία ο *πακτωλός* που ξεχύνεται απ' αυτά;

Βουβά, περισσότερο από ποτέ, τα πλήθη (και αποδεχόμενα παθητικά τη μοίρα τους να μετατρέπονται από άθροισμα ελευθέρων πολιτών σε αγελαίους ψηφοφόρους μπροστά στις κάλπες με τα εκβιαστικά διλήμματα) και να θέλουν, δεν έχουν τρόπο να εκφράσουν, απλοϊκά έστω, τις απορίες τους:

Αφού όλα μαζί τα κόμματα, που εκπροσωπήθηκαν στο Κοινοβούλιο, επιχορηγούνται από το κράτος με τρία δισεκατομμύρια το χρόνο, πώς γίνεται να ξοδεύουν *υπερδεκαπλάσια* μόνο για τις εκλογές;

Από ποιους επιτέλους και με ποια ανταλλάγματα χρηματοδοτούνται πολιτικοί ηγέτες, κομματικοί μηχανισμοί κι επίδοξοι εκπρόσωποι του έθνους — και πώς γίνεται να κομπάζουν όλοι τους ότι θα εξυγιάνουν την πολιτική ζωή και θα σώσουν την κοινωνία μας από τη σήψη και τη διαφθορά;

Με την πρόωρη προσφυγή στις κάλπες ετέθη, ωστόσο, το θέμα κατά τρόπον εκκωφαντικό — όπως, άλλωστε, και το 1989.

Δεν κατέρρευσε, λέει, η κυβέρνηση Μητσοτάκη υπό το βάρος της ανεπάρκειας, της αποτυχίας και των ανομημάτων της: από την αδιέξοδη και κοινωνικά ανάλγητη πολιτική, που επιδεινώνει την παράλυση της οικονομίας και καταδικάζει στην ένδεια και στην ανεργία όλο και ευρύτερα λαϊκά στρώματα· από τη διαβρωτική, συνολικά για την κοινωνία, εξαχρείωση στη διαχείριση της εξουσίας· από την καταστροφική για το περιβάλλον πολιτική, που υποβαθμίζει μέχρις ασφυξίας την ποιότητα ζωής μας· από την υπονομευτική για τη δημοκρατία λειτουργία παρακρατικών μηχανισμών· από τον αυταρχισμό, την ευνοιοκρατία, το νεποτισμό.

Δεν έπεσε, λέει, η κυβέρνηση Μητσοτάκη ούτε από τους χειρισμούς των εθνικών θεμάτων — αυτό είναι βέβαιο· ούτε από τις εσωκομματικές κλίκες και τη διαμάχη φατριών· ούτε από τις σκανδαλώδεις και σκανδαλιστικές δραστηριότητες εμπίστων στρατηγών, τύπου Γρυλλάκη και (αν επιβεβαιωθούν τα καταγγελλόμενα) Νηστικάκη· ούτε, βεβαίως, από τα πυρά μιας δυναμικής αντιπολίτευσης· και, ασφαλώς, ούτε από τους λαϊκούς αγώνες — κατά πώς αστεΐζεται η Αλέκα Παπαρήγα.

Σχοινοβατούσα και παραπαίουσα, μήνες τώρα, η κυβέρνηση Μητσοτάκη δεν έπεσε λοιπόν: *την έριξαν*, λέει, τα «μεγάλα συμφέροντα» — με μοχλό τον Αντ. Σαμαρά...

Το διαλαλεί, σε όλους τους τόνους, ο ίδιος ο Κων. Μητσοτάκης. Το μηρυκάζει ο Β. Μαγγίνας (μηνυθείς ήδη για τη ρήση του «μεγάλα διαπλεκόμενα συμφέροντα καθοδηγούν και υπαγορεύουν τις κινήσεις και αποφάσεις του Αντ. Σαμαρά»). Το διατυμπανίζουν, χωρίς να φείδονται επιθέτων («θηριώδη συμφέροντα», «σκοτεινοί χρηματοδότες», «εξωνημένοι πράκτορες», «αργύρια» κ.ά.) οι δύο όλες κι όλες φιλομητσοτακικές εφημερίδες.

Και το διαδίδουν επιμόνως τα κομματικά στελέχη και το πρωθυπουργικό περιβάλλον — διανθιζόμενο με ποικίλους ισχυρισμούς και υπαινιγμούς: ότι ο Μητσοτάκης είναι ο μόνος πρωθυπουργός που τόλμησε να συγκρουστεί με «τα κατεστημένα συμφέροντα» — γι' αυτό και συσπειρώθηκαν εναντίον του. Ότι οι μεγάλοι κρατικοί οργανισμοί (ΔΕΗ, ΟΤΕ) λειτουργούν αντιπαραγωγικά και είναι μόνιμες εστίες σκανδάλων και διαφθοράς και ανεξάντλητες πηγές άνομου πλουτισμού — γι' αυτό κι επιβάλλεται να ιδιωτικοποιηθούν. Ότι «ο κύβος ερρίφθη» με τον ΟΤΕ, όπου και κρίθηκε η τύχη της κυβέρνησης — και άλλα πολλά...

Βασανιστικά τα ερωτήματα κλωθογυρίζουν στο μυαλό του πολίτη, που δέχεται τον καταιγισμό τόσο ηχηρών όσο και αόριστων καταγγελιών:

1. *Πού φυτρώνουν*, βλαστάνουν και θεριεύουν αυτά τα «άνομα συμφέροντα», αν όχι στο άτρωτο από κυβερνητικές μεταβολές θερμοκήπιο της σκοτεινής αθέμιτης συναλλαγής πολιτικής ηγεσίας και μεγάλου κεφαλαίου;

2. *Εκπροσωπούσα* μια παράταξη από παράδοση συνδεδεμένη με τα «μεγάλα συμφέροντα» η κυβέρνηση Μητσοτάκη, πώς είναι δυνατό να καμώνεται την ξένη και, πολύ περισσότερο, την εχθρική προς αυτό το βορβορώδες θερμοκήπιο;

3. *Πέρα από τους* επιθετικούς προσδιορισμούς («μεγάλα», «άνομα», «διαπλεκόμενα», «θηριώδη» κτλ.) δεν *προ-*

σωποποιούνται αυτά τα οργανωμένα συμφέροντα; Γιατί δεν κατονομάζονται στις καταγγελίες, ώστε να είναι δυνατή η διακρίβωσή τους με ένα στοιχειώδη απολογισμό, με ποια συμφέροντα συγκρούστηκε η κυβέρνηση Μητσοτάκη, ποια υπηρέτησε και σε ποια χαρίστηκε;

Και, επιτέλους,

4. *Ως πότε* πολιτικοί ηγέτες θα παριστάνουν τους Πιλάτους με ερωτήματα του τύπου «ποιος κυβερνά αυτό τον τόπο»; Αν υπάρχουν οργανωμένα συμφέροντα, που ανεβοκατεβάζουν κυβερνήσεις, έχουν μετατραπεί δηλαδή σε *εξωθεσμικούς παράγοντες εξουσίας*, ποιος δικαιούται να αποσιωπά και να καλύπτει αυτή τη *δυσπλασία* στο κορμί της δημοκρατίας;

Μονίμως αφελείς, βρήκαμε την ώρα να προκαλέσουμε συζήτηση για όλα αυτά.

Πάγια η *συνωμοσία συνένοχης σιωπής*, ως προς τις σκοτεινές διασυνδέσεις του πολιτικού κόσμου με τα μεγάλα συμφέροντα, δεν θα σπάσει, βεβαίως, τώρα — ούτε από μεμονωμένες φωνές μέσα στα κόμματα (λόγου χάρη, Κ. Σημίτης και Στ. Μπένος στο ΠΑΣΟΚ, Π. Τατούλης στη ΝΔ, Ν. Κωνσταντόπουλος και Φ. Κουβέλης στο Συνασπισμό) που, κατά καιρούς, συνέκλιναν στη διαπίστωση ότι *η αδιαφάνεια στα οικονομικά των κομμάτων και των πολιτικών είναι η βασική πηγή της πολιτικής διαφθοράς*.

Δεν θα υπάρξει ρήγμα στη σιωπή, ειδικότερα αυτή τη στιγμή, που τα αδηφάγα κομματικά ταμεία λειτουργούν σαν τράπεζες και η αθέμιτη συναλλαγή είναι στο φόρτε της.

Γιατί, τάχα, ο προκαλούμενος Αντ. Σαμαράς υποχρεούται να αποκαλύψει «πόθεν έσχε», ποιοι είναι οι «σκοτεινοί χρηματοδότες» της Πολιτικής Άνοιξης; Επειδή διακηρύσσει —και ποιος δεν το κάνει— ανερυθρίαστα τη «διαφάνεια» και το «νέο πολιτικό ήθος»;

Ποιο άλλο κόμμα αποκαλύπτει τους (κοινούς, συχνά, για όλους!) χρηματοδότες του;

Αυτοπροβαλλόμενη σαν θύμα οργανωμένων συμφερόντων η ΝΔ, πώς καλύπτει τις ανάγκες τής πιο σκληρής και γι' αυτό πιο δαπανηρής εκλογικής αναμέτρησης; Διακρίνονται, τάχα, οι χρηματοδότες σε στυγνούς εκβιαστές και σε αγαθούς χορηγούς;

Και το ΠΑΣΟΚ, θύμα κι αυτό «οργανωμένων συμφερόντων», με τι λεφτά δίνει την εκλογική μάχη; Αφού δεν διαχειρίζεται τώρα το προσφερόμενο για διασπάθιση δημόσιο χρήμα κι αφού ολόκληρη σχεδόν την κρατική επιχορήγηση τη διέθεσε πέρυσι μόνο για την επαναληπτική εκλογή στη Β΄ Αθηνών;

Να περιμένουμε, μήπως, κάποιο φως από το ΚΚΕ; Αλλά η ηγεσία του κρατάει εφτασφράγιστο μυστικό την επιχειρηματική του δραστηριότητα και αρνήθηκε προκλητικά ακόμα και να καταθέσει στους ανακριτές το παραμικρό για την αποκαλυφθείσα εκ Μόσχας χρηματοδότησή του...

Ούτε ο Συνασπισμός τολμά, βεβαίως, να δώσει το παράδειγμα δημοσιεύοντας αναλυτικά τα (ισχνά, άλλωστε) οικονομικά του — με πλήρη στοιχεία πηγών χρηματοδότησης. Δέσμιος στο παιχνίδι της εξουσίας, υποτάσσεται καθωσπρεπικά στους κανόνες του, τους οποίους δεν χάνει ευκαιρία να καταγγέλλει.

Στο ερεβώδες αλισβερίσι, στο πλέγμα εξουσίας, θύματα δεν υπάρχουν — μόνο θύτες.

Θύματα, μόνιμα, η ταλαίπωρη δημοκρατία μας κι όλοι εμείς οι πολίτες, που βαυκαλιζόμαστε ότι πάλι στις κάλπες θα ασκήσουμε το ύψιστο δικαίωμά μας να επιλέγουμε τους κυβερνήτες μας. Όσοι, τουλάχιστον, δεν αντιγράφουμε τα καμώματά τους, δεν τους χρησιμοποιούμε σαν πρότυπα στάσης ζωής και κοινωνικής συμπεριφοράς. Όσοι, μετεκλογικά, μαζί με τις θρυμματισμένες ελπίδες, θα καταμετρούμε, πάλι, τα εξοφλούμενα γραμμάτια...

Δευτέρα 20 Σεπτεμβρίου 1993

ΔΕΝ ΒΛΕΠΟΥΜΕ ΟΣΑ ΓΙΝΟΝΤΑΙ ΣΤΗΝ ΙΤΑΛΙΑ;

ΚΙΝΔΥΝΕΥΟΥΜΕ, ΠΑΛΙ, να σκοντάψει η ματιά μας στο δέντρο και να χάσουμε το δάσος. Ο βόρβορος των αποκαλύψεων περί τις *υποκλοπές* συγκεντρώνει και απορροφά όλα τα ενδιαφέροντα του απλού πολίτη, που βομβαρδίζεται ανηλεώς με όλο και πιο εντυπωσιακά στοιχεία και γαργαλιστικές λεπτομέρειες — και χάσκει μπροστά στη μικρή οθόνη, χαχανίζει ακροώμενος τα ερτζιανά, τέρπεται με τα πολυσέλιδα των εφημερίδων.

Χθες ήταν τα *σκάνδαλα*, προχθές πάλι οι υποκλοπές, αντιπροχθές πάλι τα σκάνδαλα — αδιάκοπο το γαϊτανάκι με τον ίδιο ρυθμό, στο ίδιο μοτίβο, με μόνα τα πρόσωπα να αλλάζουν. Οι *χαφιέδες* να ξεμυτούν από τους υπονόμους και να ανταγωνίζονται ποιος προσφέρει την πιο δυσώδη πραμάτεια, ποιος θα κερδίσει τη διασημότητα και την προβολή, ποιος θα κατακτήσει την πατέντα του κραυγαλέου δημοκράτη.

Οι *πολιτικοί* να διαγκωνίζονται στους εναλλασσόμενους ρόλους κατήγορου και κατηγορούμενου, να καταγγέλλουν και να καταγγέλλονται, να ψελλίζουν, να κομπορρημονούν, να αυτοδιαψεύδονται. Και οι *απλοί πολίτες* να θεώνται αμήχανοι κι ανήμποροι, όλο και λιγότερο έκπληκτοι, όλο και περισσότερο απαθείς, όλο και λιγότερο οργισμένοι, όλο και περισσότερο αδιάφοροι. Άντε, το πολύ πολύ, μέσα στον ορυμαγδό καταγγελιών και αποκαλύψεων να γεννιέται και κάποιος πιο περίπλοκος συλλογισμός. Ούτε λόγος ότι οι υποκλοπές τηλεφωνημάτων, αυτές που αποκαλύπτονται κι ακόμα χειρότερες, γίνονταν, γίνονται και θα γίνονται.

Αλλά γιατί μόνος στόχος το μητσοτακέικο και το «περιβάλλον» του; Ο Πρωθυπουργός φέρει, ασφαλώς, την *κύρια*, τη μέγιστη ευθύνη, αλλά και την αποκλειστική; Γιατί η λοιπή κυβέρνηση κι ολόκληρο το κόμμα παραμένουν εκτός βολής; Μπας και οι *εβερτοδελφίνοι* έβαλαν το δαχτυλάκι τους, έτσι όπως μας είχαν προϊδεάσει ότι περί τον Απρίλιο θα ακουστεί το μπαμ; Μήπως, ακόμα, οι άλλοι, της συγκεντρωτικής υπερεξουσίας των media, βάλθηκαν να ξεμπερδεύουν και με τον Μητσοτάκη, όπως τιμώρησαν τον αλαζόνα Παπανδρέου;

Μ' αυτά και μ' αυτά κρατάμε, τάχα μου, ορθάνοιχτα τα μάτια και τεντωμένα τα αυτιά, ξαναχωριζόμαστε σε πράσινους και βένετους στα καφενεία, προβληματιζόμαστε μπας και οι χθεσινοί κακοί είναι προτιμότεροι από τους σημερινούς κάκιστους και λίγο θέλουμε να βάλουμε γόνυ, να σπρώξουμε το μαγγανοπήγαδο της εναλλαγής στην εξουσία — λες και θα αλλάξει τίποτε αν μετονομαστούν οι Γρυλλάκηδες, οι Μπρατσιώτηδες και οι Μαυρίκηδες.

Κι έχουμε χάσει τη θέα στο δάσος, μας διαφεύγει η ουσία.

Συνοπτικά και περιεκτικά τα είπε από τις στήλες της *Ελευθεροτυπίας* ο συνταγματολόγος καθηγητής Αντ. Μανιτάκης:

—Ότι ο *μέγας κίνδυνος*, για τους θεσμούς, για τη δημοκρατία, είναι η *«αόρατη εξουσία»* — όπως τη συνθέτουν το πολυπλόκαμο παρακράτος με το χαφιεδομάνι και τους τραμπούκους, οι υπόγειοι μηχανισμοί, οι παρακοιμώμενοι και παρατρεχάμενοι πρωθυπουργών και υπουργών, οι κομματάρχες και οι ρουσφετοδίαιτοι, οι σφογγοκωλάριοι και οι εφαψίες, τα *τσιμπούρια της εξουσίας*, όλος αυτός ο ανέλεγκτος συρφετός που έχει ρυθμιστικό ρόλο και λόγο, όλο αυτό το παρασιτικό κηφηναριό που υπονομεύει και συνωμοτεί, ασχημονεί και παρανομεί και δεν δίνει λογαριασμό σε κανέναν.

—Ότι ο *μέγιστος κίνδυνος* είναι ο *εθισμός* του πολίτη να *ανέχεται* το ίδιο το κράτος να παραβιάζει ασύστολα συνταγματικές εγγυήσεις και θεμελιώδη δικαιώματα, τους εκάστοτε διαχειριστές της εξουσίας να αυθαιρετούν, να επιδίδονται σε σκοτεινές συναλλαγές, να πλουτίζουν, να σπαταλούν το δημόσιο χρήμα, να προκαλούν.

Η σήψη και η διαφθορά, η αυθαιρεσία και η παρανομία είναι πλέον συνώνυμα της εξουσίας, όχι μόνο στα απολυταρχικά καθεστώτα, αλλά και στο κοινοβουλευτικό σύστημα, που παρέχει, υποτίθεται, ασφαλιστικές δικλίδες και εγγυήσεις κοινωνικού ελέγχου και σεβασμού της λαϊκής κυριαρχίας.

Η εγγενής παθολογία του δημόσιου βίου μας άφησε να περάσουν από τα μέσα ενημέρωσης περίπου απαρατήρητα και, πάντως, υποτονικά και υποβαθμισμένα, όσα συγκλονιστικά συμβαίνουν στη διπλανή μας Ιταλία.

Ότι εκεί το *απόστημα έσπασε* το ξέρουμε βεβαίως — και κάνουμε χάζι, καθώς οι ως χθες κραταιοί υπουργοί και πρωθυπουργοί, βουλευτές και δήμαρχοι, κρατικοί και κομματικοί αξιωματούχοι, δεξιοί, αριστεροί και κεντρώοι, πιάνονται από το αυτί και οδηγούνται στον ανακριτή και στον εισαγγελέα ως κλέφτες και απατεώνες, ως εκβιαστές και πλαστογράφοι, ως συμπράττοντες με το οργανωμένο έγκλημα, ως ληστές.

Αυτό που δεν προβάλλεται εδώ και δεν σχολιάζεται ανάλογα με τη σημασία του είναι ότι *στην Ιταλία συντελείται τώρα μια ειρηνική επανάσταση παγκόσμιου βεληνε-*

κούς, αφού τίθεται υπό αμφισβήτηση και αναθεώρηση η λειτουργία του κοινοβουλευτικού πολιτεύματος, το ίδιο το αντιπροσωπευτικό σύστημα.

Κορυφαία στιγμή αυτής της ειρηνικής επανάστασης (αφού νομιμοποιεί, με την εκφρασμένη σε συντριπτικά ποσοστά λαϊκή θέληση, τις από εδώ και πέρα διαδικασίες και εξελίξεις) το δημοψήφισμα της 18ης Απριλίου με τρεις κυρίως στόχους:

1. *Να καταλυθεί,* πάνω απ' όλα, η *κομματοκρατία.* Στην Ιταλία, το «πρότυπο του κονιορτοποιημένου πολυκομματισμού» (Θαν. Διαμαντόπουλου: *Το κομματικό φαινόμενο,* «Εκδόσεις Παπαζήση») έμελλε, υπό το φως των συγκλονιστικών αποκαλύψεων στη δικαστική επιχείρηση «Καθαρά Χέρια», κατά της πολιτικής διαφθοράς, να καταστεί κοινή συνείδηση ότι τα πολιτικά κόμματα, που σε μια 150χρονη πορεία συνεχούς ανάπτυξης θεωρήθηκε ότι εξέφραζαν τη λαϊκή θέληση ως βασικοί θεσμοί της δημοκρατίας, εκφυλίστηκαν ήδη σε *σφετεριστές* της. Πολυδάπανοι και πολυπλόκαμοι *ολιγαρχικοί μηχανισμοί* τα κόμματα —εκτροφεία των *επαγγελματιών της πολιτικής*— έχουν ως στόχο περισσότερο την ιδιοτελή νομή της εξουσίας παρά να εκφράσουν τα συμφέροντα κοινωνικών δυνάμεων, διαβρώνουν τη δημοκρατία, δυναστεύουν την κοινωνία και τη μολύνουν ως εστίες εκμαυλισμού και διαφθοράς.

Με παμψηφία σχεδόν οι Ιταλοί απεφάσισαν *να σταματήσει η χρηματοδότηση* των κομμάτων από τον κρατικό προϋπολογισμό, να μη διορίζονται από την κυβέρνηση οι διοικητές τραπεζών και, κυρίως, *να αλλάξει το εκλογικό σύστημα της απλής αναλογικής* (σε πρώτη φάση για τη Γερουσία), που ευνοεί τον κατακερματισμό των πολιτικών δυνάμεων και αποξενώνει τον εντολοδόχο από τον ψηφοφόρο του (υποστηρικτής του βρετανικού μονοεδρικού συστήματος ο ηγέτης του Ριζοσπαστικού Κόμματος Μάρκο Πανέλα, λέει χαρακτηριστικά ότι καιρός είναι «να ψηφίζεται επιτέλους ένα βλέμμα και όχι μια οργάνωση, ένας μηχανισμός»).

2. *Να καταφερθεί* ισχυρό πλήγμα κατά του οργανωμένου εγκλήματος, που αποκαλύφθηκε ήδη ότι είχε διαβρώσει θεσμούς, συνέπραττε με τους πολιτικούς και επηρεάζει σημαντικά την πολιτική, οικονομική και κοινωνική ζωή της Ιταλίας. Η *αποποινικοποίηση της χρήσης των ναρκωτικών* κάθε άλλο παρά είναι άσχετη με τα άλλα θέματα, ως προς το πολιτικό σύστημα, στα οποία εκλήθη να αποφασίσει ο Ιταλός ψηφοφόρος στο δημοψήφισμα. Η Κόζα Νόστρα, πριν επεκταθεί σε νόμιμες εμπορικές και βιομηχανικές επιχειρήσεις με τις πλάτες των πολιτικών συνεργατών της, έγινε πανίσχυρη και παντοδύναμη κυρίως με το λαθρεμπόριο *ναρκωτικών* και *όπλων*. Οι υγιέστερες πολιτικές δυνάμεις της Ιταλίας είχαν ήδη προτείνει να *αποποινικοποιηθεί* η χρήση ναρκωτικών για να αποδυναμωθεί η παράνομη εμπορία τους από τους μαφιόζους (είναι χαρακτηριστικό ότι από τους εκατόν είκοσι βουλευτές, που μετέχουν στη διακομματική επιτροπή για την αποποινικοποίηση, *ούτε ένας* δεν έχει λάβει κλήση προς απολογία στη δικαστική επιχείρηση «Καθαρά Χέρια»).

3. *Να αναδιοργανωθούν* οι υπηρεσίες για την *προστασία του περιβάλλοντος*, που έχει καταστεί ήδη παγκοσμίως (και στην Ιταλία) το πλέον οξύ και επικίνδυνο πρόβλημα.

Το αν θα πετύχει ή όχι το πείραμα της Ιταλίας, κανείς δεν μπορεί να το προβλέψει. Ο έγκυρος σχολιαστής Έντζο Βιάτζι στο *Πανόραμα*, υπενθυμίζει ό,τι είχε πει το 1946 στο δημοψήφισμα κατά της μοναρχίας ο τότε διευθυντής της *Κοριέρε Ντέλα Σέρα*: *«Ό,τι και να γίνει αύριο, αποκλείεται να είναι χειρότερο απ' αυτό που ζούμε τώρα».*

«Το ίδιο θα μπορούσε να λεχθεί και σήμερα», γράφει. Και έχει δίκιο.

Βιάστηκε ο Κων. Καραμανλής, όταν προ διμήνου έλεγε ότι η πολιτική ζωή στην Ιταλία δεν είναι αξιοζήλευτη, αλλά η Δικαιοσύνη της είναι προς μίμηση.

Με το δημοψήφισμα της 18ης Απριλίου οι Ιταλοί πρωτοπορούν με τολμηρές τομές και στο πολιτικό σύστημα. Θα καταδειχτεί, στο κάτω κάτω, *κατά πόσο το αντιπροσωπευτικό σύστημα* (με την κατάρρευση των τυραννικών καθεστώτων του «υπαρκτού σοσιαλισμού» δεν έλειψαν οι θριαμβολογικές αντιπαραθέσεις, που πρόβαλαν τον κοινοβουλευτισμό ως αυταποδείκτως καλύτερο δυνατό σύστημα), που διέρχεται παντού *δεινή κρίση, επιδέχεται γιατρειά με διορθωτικά μέτρα* (εκλογικό σύστημα, αναμόρφωση των πολιτικών κομμάτων και διαφάνεια στα οικονομικά τους, κοινωνικός έλεγχος στα κέντρα αποφάσεων κ.ά.). Διαφορετικά, ο προβληματισμός θα στραφεί αναπότρεπτα προς μορφές της *άμεσης δημοκρατίας*. Εκεί που τολμούν, βεβαίως. Και όχι στη χώρα που τη γέννησε και που βουλιάζει τώρα, πότε στο ΠΑΣΟΚικό και πότε στο νεοδημοκρατικό τέλμα...

Δευτέρα 3 Μαΐου 1993

Η ΙΣΟΝΟΜΙΑ ΚΡΙΝΕΤΑΙ — ΟΣΟ ΚΑΙ Η ΔΙΑΦΘΟΡΑ

ΣΕ ΔΕΙΝΗ ΔΟΚΙΜΑΣΙΑ των θεσμών εξελίσσεται η κορυφαία πράξη της «κάθαρσης», με τη μεγάλη δίκη που αρχίζει σήμερα στο Ειδικό Δικαστήριο.

Αν προχωρήσει, τελικά, η δίκη στην προβλεπόμενη πολύμηνη διαδικασία, είναι αμφίβολο κατά πόσο θα χυθεί άπλετο φως στις σκοτεινότερες πτυχές του *σκανδάλου Κοσκωτά*, που συγκλόνισε τον τόπο κι επέδρασε ως καταλύτης στις πολιτικές εξελίξεις της τελευταίας τριετίας. Αμφισβητούμενο εξ αντικειμένου είναι, επίσης, ότι το εύρος της *πολιτικής διαφθοράς* συρρικνώνεται και προσωποποιείται στους παρόντες και απόντες του εδωλίου.

Αλλά υπάρχουν και στοιχεία περί τη μεγάλη δίκη που δεν επιδέχονται αμφισβήτηση:

1. *Ότι διεξάγεται* σε μια περίοδο που η «κάθαρση» είναι εκτός κλίματος πια, αφού άλλα είναι τώρα τα μεγάλα προβλήματα: Το καζάνι στα Βαλκάνια βράζει, η οικονομία βουλιάζει, η κυβέρνηση πελαγοδρομεί, εγγενώς παθολογική και εσωστρεφής η αντιπολίτευση επιβεβαιώνει το πολιτικό αδιέξοδο, η κοινωνική αναταραχή υποβόσκει, τα κρούσματα αυταρχισμού πολλαπλασιάζονται, τα εθνικά θέματα παραμένουν ορθάνοιχτα.

2. *Ότι, εκ γενετής* πολιτική, η δίκη φορτίζει αποπροσανατολιστικά κι επικίνδυνα το πολιτικό κλίμα και η όποια έκβασή της θα έχει σημαντικές πολιτικές συνέπειες.

3. *Ότι στην ουσία* κρίνεται η *καθολικότητα της νομιμό-*

τητας, η ισονομία. Το καίριο ερώτημα στο οποίο καλείται να απαντήσει το Ειδικό Δικαστήριο, πιστοποιώντας θετικά ή αποφατικά την περιλάλητη ανεξαρτησία της Δικαιοσύνης, είναι αν η πολιτική ηγεσία και συλλήβδην ο πολιτικός κόσμος *απολαύει ασυλίας* κατά τη διαχείριση της εξουσίας — αν δηλαδή η ποινική καταστολή ισχύει για όλους τους πολίτες, πλην των διαχειριστών της εξουσίας, οι οποίοι έχουν διασφαλιστεί στο απυρόβλητο.

Την περασμένη Τρίτη ο Ανδρέας Παπανδρέου εξέφρασε τη «βαθιά πίστη» του ότι «όλοι οι Έλληνες, όποιο αξίωμα κι αν έχουν ή είχαν, είναι ίσοι ενώπιον του νόμου και υπόκεινται στη Δικαιοσύνη της πατρίδας».

Το να δηλώνει ένας πολιτικός ηγέτης πίστη στην ισονομία (θεμελιακή για το δημοκρατικό πολίτευμα συνταγματική επιταγή) θα ήταν απλώς περιττό, αν οι πράξεις του δεν το καθιστούσαν και *υποκριτικό*. Κορυφαίος των κατηγορουμένων, δεν πάει και δεν απολογείται στον ανακριτή, δεν πάει και δεν εκπροσωπείται στο δικαστήριο. Χαρακτηρίζει τη δίκη «κατάληξη της *συνωμοσίας* για τη διάλυση της δημοκρατικής παράταξης», αφήνει τον Τσοχατζόπουλο να μιλάει για «*διατεταγμένη Δικαιοσύνη*» (και οι εκατοντάδες απλοί πολίτες που σύρονται καθημερινά στο εδώλιο και κλείνονται στις φυλακές;) και κηρύσσει, ταυτόχρονα με τη δίκη, διχαστική «εξόρμηση στο λαό».

Αλλά ότι τη σημερινή δίκη *τη γέννησαν πολιτικές σκοπιμότητες* είναι δεδομένο και αδιαμφισβήτητο. Άλλο τόσο, για τους μη τυφλωμένους από κομματικό φανατισμό, είναι δεδομένο ότι η *παραπομπή έγινε κατά την κειμένη νομοθεσία και η διαδικασία εκτυλίσσεται έκτοτε νομότυπα.* Άρα η άρνηση της δίκης (με κυρίαρχο τον πολιτικό χαρακτήρα της, έστω) σημαίνει *άρνηση υποταγής στο νόμο.*

Κι εδώ ακριβώς βρίσκεται η *απύθμενη υποκρισία:*

Την καταγγελλόμενη τώρα «πολιτική δίωξη» όχι απλώς καθιστά αναπότρεπτη, αλλά *επιτάσσει ο εν ισχύι νόμος περί ευθύνης υπουργών* (χουντικός, ξεχουντικός, αυτός ισχύει, αφού δεν τον άλλαξαν και δεν τον αλλάζουν *σκοπίμως* όλες οι μεταδικτατορικές κυβερνήσεις).

Συνεπώς, δύο τινά ισχύουν:

— *Είτε ο νόμος είναι* για όλους σεβαστός — άρα δεχόμαστε ότι *μόνο πολιτική* είναι η δίωξη των υπουργών και για αδικήματα του κοινού ποινικού δικαίου, αφού ένα κατ' εξοχήν πολιτικό σώμα, όπως η Βουλή, με τη συγκυριακή της πλειοψηφία αποφασίζει για την παραπομπή και αφού βουλευτές αναλαμβάνουν εισαγγελικά καθήκοντα.

— *Είτε οφείλουν* οι πολιτικοί μας να μας πουν ορθά κοφτά ότι ο νόμος υπάρχει έτσι για τα μάτια και παραμένει εσαεί σε αχρησία.

Μια τρίτη εκδοχή θα έθετε το νόμο περί ευθύνης υπουργών *στο σκαμνί*, διότι, αντί να καταστέλλει ουσιαστικά, *συγκαλύπτει την πολιτική διαφθορά* (με την πολύπλοκη διαδικασία για τη δίωξη και τη βραχύχρονη παραγραφή). Ενώ το ζητούμενο σε μια ευνομούμενη πολιτεία θα ήταν η θέσπιση *αυστηρής ιδιώνυμης νομοθεσίας* για τους διαχειριστές της εξουσίας και του δημοσίου χρήματος: Η έκπτωση από το αξίωμα, η δήμευση της περιουσίας και η στέρηση εφ' όρου ζωής των πολιτικών δικαιωμάτων θα περιλαμβάνονταν στις συνέπειες για τους παραβάτες της.

Ούτε ο πρώτος ούτε ο τελευταίος πολιτικός ηγέτης διεθνώς είναι ο Ανδρέας Παπανδρέου που δεν φεύγει φτωχότερος από τη διαχείριση της εξουσίας. Θα μπορούσε να αποδειχτεί και στατιστικά ότι η διαχείριση της εξουσίας δεν ικανοποιεί απλώς τη ματαιοδοξία: Είναι και *επικερδέστατο επάγγελμα*, σε όλα τα μήκη και πλάτη του κόσμου.

Όσο κι αν το σκάνδαλο Κοσκωτά έσπασε το απόστημα της πολιτικής διαφθοράς, τα οικονομικοπολιτικά σκάνδαλα ούτε ήταν εφεύρεση του ΠΑΣΟΚ ούτε έφυγαν μαζί του — προϋπήρχαν, υπάρχουν και θα υπάρχουν. Ο συνδυασμός (με αθέμιτα μέσα, συνηθέστατα) χρήματος και εξουσίας δίνει τη δύναμη.

Αλλά όσο εκτεταμένη είναι διεθνώς η πολιτική διαφθορά, άλλο τόσο συνήθης είναι η συγκάλυψή της. Οι πολιτικοί δεν φτάνουν παρά σπανιότατα στο εδώλιο. Δεν χρειάζεται ειδική συναλλαγή γι' αυτό. Ισχύει ντε φάκτο. Είναι μέσα στους απαράβατους κανόνες του πολιτικού παιχνιδιού.

Σ' αυτούς ακριβώς τους άγραφους κανόνες *παρασπόνδησε* ο Κων. Μητσοτάκης και φτάσαμε στη σημερινή δίκη. Γι' αυτό και το ξάφνιασμα. Γι' αυτό και η οργή. Γι' αυτό και οι, εξ οικείων, αντιδράσεις.

Παρασπονδία όχι από προσήλωση στο πολιτικό ήθος· ούτε από σεβασμό στη νομιμότητα· ούτε από προσωπική εμπάθεια. Με τα σκάνδαλα να έχουν αναχθεί τότε στο μεγαλύτερο πολιτικό πρόβλημα, η επαγγελία της «κάθαρσης» ήταν ο *μονόδρομος για την εξουσία.*

Για ψυχρό πολιτικό υπολογισμό πρόκειται, που απέδωσε ήδη καρπούς:

— *Πρώτον*, την κατάκτηση της εξουσίας.

— *Δεύτερον*, την εξουδετέρωση, δίκην ομηρίας, του υπόδικου Ανδρέα Παπανδρέου στην αντιπολίτευση.

— *Τρίτον*, την αποτροπή λαϊκομετωπικών συμπράξεων, αφού η παραδοσιακή Αριστερά συνείργησε στην παραπομπή (και γιατί το ήθος είναι το μόνο που της απέμεινε να πλασάρει στην πολιτική αγορά και γιατί το δέλεαρ της συμμετοχής στην εξουσία ήταν ακατανίκητο και γιατί υπολόγιζε πολιτικά οφέλη από μια διάλυση του ΠΑΣΟΚ).

Αλλά δεν ζούμε πια τις μέρες του '89. Ο «αρχάγγελος

της κάθαρσης» διαχειρίζεται τώρα την εξουσία — υπόλογος για όλα τα ανομήματά της. Το ΠΑΣΟΚ, παρέχοντας τροφή στους κοινωνιολόγους, διατηρεί μολαταύτα ισχυρό λαϊκό έρεισμα. Και η κομματική Αριστερά, που μόνο ως αειπάρθενος δεν μπορεί πια να προβάλλεται, είναι έτοιμη να καταραστεί τις επιλογές της του χθες, για να εξασφαλίσει το πολιτικό της αύριο.

Μέσα στο πλέγμα των νέων σκοπιμοτήτων, η σημερινή πολιτική δίκη είναι εξίσου *πονοκέφαλος για κατηγορούμενους και κατηγόρους.*

Στοιχειώδης σεβασμός στους θεσμούς απαιτεί να αφεθεί το Ειδικό Δικαστήριο στη λειτουργία του απερίσπαστο και ανεπηρέαστο από πολιτικές πιέσεις.

Ό,τι είχαν να πουν και να κάνουν τα πολιτικά κόμματα, για την περιλάλητη «κάθαρση», το είπαν και το έκαναν. Ό,τι χειρότερο θα μπορούσαν τώρα να κάνουν, είναι να προδοτήσουν τα πολιτικά πάθη. Παιδαγωγική για τους πολίτες η συνεισφορά τους, αν προβάλλουν ως θεμελιώδεις και ισοδύναμες τις δύο αρχές: Ότι η ισονομία δεν επιδέχεται εξαιρέσεις. Και ότι ουδείς θεωρείται ένοχος πριν αποδειχθεί και καταλογιστεί δικαστικά η ενοχή του.

Τώρα καλείται να μιλήσει η Δικαιοσύνη — σε μια από τις πιο κρίσιμες στιγμές της, με το κύρος της να διακυβεύεται.

Το λόγο θα έχουν πάλι οι πολιτικοί, μετά την απόφασή της: *Την αμνηστία* θα τη δώσει η Βουλή — αν υπάρξουν καταδίκες...

Δευτέρα 11 Μαρτίου 1991

ΝΑ ΑΠΟΤΡΑΠΟΥΝ ΚΑΙ Η ΠΑΡΩΔΙΑ ΚΑΙ Η ΤΡΑΓΩΔΙΑ

ΤΗΝ ΤΕΛΕΥΤΑΙΑ ΤΟΥΣ, ίσως, ευκαιρία έχασαν την περασμένη Παρασκευή στο Ειδικό Δικαστήριο οι κατήγοροι Ν. Κατσαρός και Κ. Κωνσταντινίδης και, μέσω αυτών, το κυβερνών κόμμα: *Να δείξουν* ότι ούτε οι μικροκομματικές σκοπιμότητες ούτε —πολύ περισσότερο— ο φανατισμός και η εμπάθεια κανοναρχούν τη συμβολή τους στην τελευταία πράξη της περιβόητης «κάθαρσης». *Να καταδείξουν* ότι παραμένουν ευαίσθητοι, ευσυγκίνητοι δηλαδή και ευάλωτοι, μπροστά στο ανθρώπινο πάθος — δεν είχε συμπληρωθεί καν ένα εικοσιτετράωρο που ο Μένιος Κουτσόγιωργας, τσακισμένος, κατέρρευσε μπροστά στα μάτια τους, χαροπαλεύοντας έκτοτε. *Να μην οχυρωθούν*, έτσι, πίσω από αμφιλεγόμενες σοφιστείες ότι το δικαστήριο οφείλει να λειτουργεί «χωρίς συναισθηματική φόρτιση»: Αλίμονο αν στους ναούς της Θέμιδος δεν υπάρχει χώρος για τον ανθρώπινο πόνο — έχουμε τότε δικαστές όχι αδέκαστους, αλλά στυγνούς, έχουμε άτεγκτη, ενδεχομένως, εφαρμογή των νόμων, αλλά όχι και απονομή δικαιοσύνης, η οποία εμπεριέχει ως συστατικό της στοιχείο την ανθρωπιά. *Να αποδείξουν* το σεβασμό τους προς την υψίστη των αξιών, τη ζωή.

Να προτείνουν, κοντολογίς, την ντε φάκτο επιβαλλόμενη πλέον *αναβολή* της μεγάλης δίκης — κι ας αφηνόταν το Ειδικό Δικαστήριο να αποφασίσει με τα δικά του κριτήρια. Αφού γνωρίζουν (οφείλουν, δηλαδή, ως διαθέτοντες τον κοινό νου, να γνωρίζουν) ότι με τις «τσόντες» μόνο του Πέτσου και του Τσοβόλα στο εδώλιο η «δίκη των δικών» εξελίσσεται σε *παρωδία*.

Να εναρμονίσουν τη φωνή τους με τη *σύνεση* του εξ ευωνύμων τους κατηγόρου Ν. Κωνσταντόπουλου, ο οποίος συνεδύασε την ευαισθησία με την πολιτική οξυδέρκεια όταν τόνισε ότι το τραγικό συμβάν δεν πρέπει να πυροδοτήσει εκδηλώσεις *υποκρισίας* και *καπηλείας*.

Να απογυμνώσουν ηθικά και να αφοπλίσουν προκαταβολικά όσους καμώνονται τους συντετριμμένους, ενώ *τρίβουν τα χέρια τους* με την απροσδόκητη δραματική τροπή της δίκης κι αποκαλύπτονται έτοιμοι να εκμεταλλευθούν πολιτικά φωτοστέφανα και μαρτυρολόγια — με τη σιγουριά ότι απευθύνονται σε αμνήμονες. *Να συμβάλουν* όφειλαν οι νεοδημοκράτες κατήγοροι, λέμε όλο κι όλο, ώστε η ατυχέστατη επιχείρηση «κάθαρση» να μην απολήξει σε *πολιτική τραγωδία* — μας φθάνουν δα τόσα πραγματικά δεινά...

Να το πούμε ορθά κοφτά: Όσο πηγαίες και ειλικρινείς είναι οι άναρθρες κραυγές (οργής και θρήνου, τυφλού μίσους κι επικίνδυνου φανατισμού) του Ταυρικού συγκροτήματος, τώρα που χαροπαλεύει ο Μένιος Κουτσόγιωργας, τόσο αποκαλύπτουν απύθμενο φαρισαϊσμό, ανίερο κυνισμό και αδίστακτο αμοραλισμό οι εκδηλώσεις και δηλώσεις δήθεν οδύνης της ηγεσίας του ΠΑΣΟΚ.

Αν ο Μένιος Κουτσόγιωργας είναι μόνο θύμα πολιτικών διώξεων, η κύρια ευθύνη βαρύνει το κόμμα του: Έμπειρος και δοκιμασμένος, με τους πολιτικούς αντιπάλους του θα τα έβγαζε πέρα — *τα εξ οικείων βέλη είναι τα πιο φαρμακερά και καίρια*.

Αν ο Μένιος Κουτσόγιωργας ευθύνεται και για το όργιο των *πραγματικών σκανδάλων* (με κορυφαίο του Κοσκωτά) της ΠΑΣΟΚικής οκταετίας και πάλι είναι η κομματική του ηγεσία που προσωποποίησε σχεδόν αποκλειστικά σ' αυτόν την ευθύνη, που τον πέταξε βορά στους αντιπάλους, που συναπεφάσισε την ποινική δίωξη και παραπομπή του στο εδώλιο.

Αλλά και γενικότερα: Αν η περιβόητη «κάθαρση» έγινε το κύριο όπλο των αντιπάλων του ΠΑΣΟΚ και το εφαλτήριο για την επάνοδο της Δεξιάς στην εξουσία, αν ξεκίνησε από λάθος αφετηρία, εκφυλίστηκε σε σερλοκχολμικής πλοκής αναζήτηση ευρημάτων για τη στοιχειοθέτηση ποινικής διώξεως και κινδυνεύει από ασφυξία στους νομικίστικους και δικονομικούς δαιδάλους, ευθύνεται πρωτίστως το ΠΑΣΟΚ, που ούτε αποτόλμησε ούτε θέλησε, ούτε μπορούσε να επιχειρήσει την *αυτοκάθαρση*.

Δεν τη θέλησε από την υστεροβουλία της αυτοάμυνας — αφού τίποτα ή ελάχιστα θα έμεναν όρθια στην κορυφή της κομματικής ιεραρχίας. Και δεν μπορούσε να επιχειρήσει την αυτοκάθαρση λόγω της εγγενούς παθολογίας του — οργανωτική συγκρότηση, τρόπος λήψεως αποφάσεων και εσωτερική λειτουργία ενός κατ' εξοχήν αρχηγικού κόμματος.

Δεν έμενε, έτσι, παρά ο εύκολος δρόμος της *δαιμονολογίας* και του *μανιχαϊσμού*. Συνήθης, άλλωστε, σε όλη την πορεία του ΠΑΣΟΚ, που, αν και πολυσυλλεκτικός σχηματισμός, ουδέποτε επέτρεψε στους κόλπους του τη λειτουργία συγκροτημένων τάσεων, τη διαπάλη ιδεών, τις συγκρούσεις σε αρχές και προγράμματα.

Αφού δεν υπήρχαν περιθώρια για κριτική και αμφισβήτηση της *πολιτικής* και της *ηγεσίας*, σε κάθε απειλή για την κομματική συνοχή, για κάθε αποτυχία, έπρεπε να αναζητηθούν οι *«κακοί»* — ομάδες ή πρόσωπα. Οι τροτσκιστές και οι Αμυνίτες στο ξεκίνημα. Οι «παλαιοκομματικοί» (της Κοινοβουλευτικής Ομάδας) και, αντιστρόφως, οι «εγκάθετοι της Χαριλάου Τρικούπη», πριν και μετά την κατάληψη της εξουσίας, οι «αυριανιστές» ως τώρα. Και όταν, κατά τη διαχείριση της εξουσίας, άρχισε η κακοδαιμονία, για τον κομματικό μηχανισμό ήταν πρόχειρος ο καταλογισμός ευθυνών σε κάποια περιστασιακά δαιμονικά δίδυμα (Μαρούδας - Κωστόπουλος, Κουτσόγιωργας - Λιβάνης, Τόμπρας - Τσίμας κ.ά.).

Όταν το καλοκαίρι του '88 η δυσωδία από τα σκάνδαλα προσέλαβε απειλητικές, συνολικά για το κόμμα, διαστάσεις, η παμπάλαιη μέθοδος του *αποδιοπομπαίου τράγου* επιστρατεύθηκε για να διασφαλισθεί η κομματική συνοχή και να περιορισθεί όσο γίνεται πιο ανώδυνα η αναζήτηση πολιτικών και ποινικών ευθυνών: Εχθρικός, έτσι κι αλλιώς, για τον κομματικό μηχανισμό ο Πέτσος, προσφερόταν για το δεύτερο σκέλος του διδύμου των αποδιοπομπαίων. Εκτεθειμένος, έτσι κι αλλιώς, από τις αποκαλύψεις ο κραταιός πρωθυπουργεύων Μένιος, έπρεπε να θυσιασθεί. Για να φανεί η, τάχα μου, κομματική γενναιότητα στον καταλογισμό ευθυνών στα *υψηλότερα* κυβερνητικά κλιμάκια — και να *στεγανοποιηθούν στο απυρόβλητο τα ύψιστα*. Παραφράζοντας τη γνωστή γκεμπελική ρήση για τους εβραίους, ο Μένιος Κουτσόγιωργας κι αν δεν υπήρχε, έπρεπε να εφευρεθεί...

«Δεν θα γίνω το μαύρο πρόβατο», έλεγε ο Μένιος Κουτσόγιωργας. Και έγινε. Κατήγγελλε κάθε τόσο ως επιχειρούμενη την «πολιτική, κοινωνική, οικογενειακή *και φυσική* εξόντωσή» του. Και τα έπαθε όλα.

Ας αφήσουν τώρα τις θρηνωδίες και τις επικλήσεις ανθρωπισμού όσοι πρωτοστάτησαν σ' αυτό, όσοι εξάντλησαν στην αντιμετώπισή του όλη την γκάμα αναλγησίας, απανθρωπιάς, ου μην αλλά και αχαριστίας και αγνωμοσύνης.

Νωπά όλα, τι να πρωτοθυμίσουμε στους προσχηματικά αμνήμονες:

Ως χθες μόλις, μόνος, κατάμονος, ο Μένιος στο εδώλιο. Στον ένα μήνα της δίκης ακόμα και οι συγκατηγορούμενοί του μετά βίας αντάλλαξαν μια δυο κουβέντες μαζί του. Ο μόνος που του συμπαραστάθηκε ενεργά, από τα κομματικά και κοινοβουλευτικά στελέχη του ΠΑΣΟΚ, είναι ο Ευάγγελος Γιαννόπουλος.

Μόνος, κατάμονος και στον Κορυδαλλό ο Μένιος κατά την προφυλάκισή του — ούτε οι συγκρατούμενοί του υπόδικοι ή κατάδικοι για σκάνδαλα δεν του μιλούσαν.

Απόβλητος, χωρίς την παραμικρή υποστήριξη, και στις κομματικές συνάξεις — στις συνόδους της Κεντρικής Επιτροπής.

Για να ανατρέξουμε στη δραματική νύχτα της 27ης Σεπτεμβρίου 1989 — τη νύχτα της παραπομπής. Δεν είναι μόνο το μέγα δεδομένο ότι διακόσιοι σαράντα εφτά από τους διακόσιους ενενήντα πέντε παρόντες βουλευτές ψήφισαν την παραπομπή του — δηλαδή *και τα δύο τρίτα* των βουλευτών του ΠΑΣΟΚ· είναι και η όλη εικόνα πριν ανεβεί στο βήμα — για μια δίωρη, φλύαρη, ανερμάτιστη και αγωνιώδη απολογία· όταν, περιμένοντας τη σειρά του, κάθεται στα κατάμεστα έδρανα των κρατικών λειτουργών και των πολιτικών συντακτών και οι δύο θέσεις πλάι του, ένθεν και ένθεν, μένουν κενές, σαν να ήταν λεπρός· όταν απ' όλους τους βουλευτές του ΠΑΣΟΚ *μόνο τρεις* (ο Β. Κεδίκογλου, ο Δ. Δημοσθενόπουλος, τον τρίτο δεν τον θυμάμαι) τον πλησιάζουν για να τον χαιρετήσουν.

Ο Μένιος Κουτσόγιωργας είχε καταδικασθεί *απ' όλους*, πριν φθάσει στο δικαστήριο...

Ουσία της κάθαρσης, χωρίς εισαγωγικά, δεν ήταν και δεν μπορεί να είναι να στιγματισθούν ή και να καταδικασθούν πέντε έξι πολιτικά πρόσωπα — ώστε, εξ αντιδιαστολής, να λάμψει η εντιμότητα όλων των άλλων.

Θα το ξαναπούμε: σύμφυτα της εξουσίας τα σκάνδαλα, ούτε τα γέννησε το ΠΑΣΟΚ, ούτε τα πήρε μαζί του. Προϋπήρξαν, συνεχίζονται από τους σημερινούς διαχειριστές της εξουσίας και θα συνεχισθούν από τους αυριανούς.

Όσο είναι ηθικά αδιανόητη η *ποινική ασυλία* για τους εκάστοτε κυβερνώντες και ύποπτοι όσοι την επικαλούνται και την επιδιώκουν (αναγκαία η παρένθεση: διάτρητος ο νόμος περί ευθύνης υπουργών, διατηρείται συναινετικά σε ισχύ...), άλλο τόσο είναι ατελέσφορη η «κάθαρση» που κατατείνει στην εξόντωση πολιτικών αντιπάλων (με κατηγόρους και κατηγορουμένους, θύτες και θύματα σε εναλλασσόμενους ρόλους), δηλητηριάζει το δημόσιο βίο και αποπροσανατολίζει τους πολλούς από τα μεγάλα προβλήματα.

Για μια πολιτική ηγεσία που αγωνιά για τη χαμένη τιμή και αξιοπιστία της, ουσία της κάθαρσης είναι *να θεσμοθετηθούν η διαφάνεια και ο κοινωνικός έλεγχος* στη διαχείριση των κοινών.

Όσο τέτοιοι θεσμοί δεν υπάρχουν, ας διασφαλίσουμε, τουλάχιστον, τους ισχύοντες. Και το κύρος της Δικαιοσύνης διακυβεύεται: Δίκη για το σκάνδαλο Κοσκωτά με το μεγαλοαπατεώνα στο Σάλεμ, με τον Ανδρέα Παπανδρέου πολιτικά αμνηστευμένο (προκαταβολικά, στη συγκυβέρνηση της «Οικουμενικής») και τον Μένιο Κουτσόγιωργα απόντα από το εδώλιο, δεν νοείται...

Δευτέρα 15 Απριλίου 1991

ΤΟ ΖΗΤΟΥΜΕΝΟ ΠΑΡΕΜΕΙΝΕ ΣΤΑ ΑΖΗΤΗΤΑ

«Όλα τα δόγματα κατασκευάζουν υποκριτές
Αυτόκλητοι ιερείς
Παραπλανούν το ευσεβές εκκλησίασμα...»
ΣΤΕΛΙΟΣ ΓΕΡΑΝΗΣ

ΑΝ ΔΕΝ ΠΕΡΙΣΣΕΥΕ η υποκρισία σ' αυτό τον τόπο, θα ήταν *κοινή* η διαπίστωση ότι οι πολλοί δέχθηκαν με *ανακούφιση* την απόφαση του Ειδικού Δικαστηρίου. Ότι μια *εκ γενετής πολιτική* δίκη είχε, φυσιολογικά, μέσα από τη δικονομική δολιχοδρομία, μια κατ' εξοχήν *πολιτική απόληξη*. Ότι η Δικαιοσύνη ούτε τυφλή, ούτε κουφή είναι — για να την αφήσουν ανεπηρέαστη η ζοφερή εθνική, κοινωνική και πολιτική συγκυρία, τα κηρύγματα «εθνικού διχασμού», το ντοπάρισμα της κοινής γνώμης, ένθεν και ένθεν, από τον κομματικό φανατισμό, η χλεύη και η λοιδορία των θεσμών από τα παραδικαστήρια. Ότι οι κριτές ούτε εξωγήινοι, ούτε υπεράνω πάσης υποψίας ήταν, αφού η ανάδειξη στην ύπατη βαθμίδα της δικαστικής ιεραρχίας υπαγορεύεται και επιβάλλεται *θεσμικά* και από πολιτικές σκοπιμότητες.

Αν δεν περίσσευε η υποκρισία σ' αυτό τον τόπο, θα ήταν κοινή η παραδοχή, ότι στον ευαίσθητο ζυγό της Δικαιοσύνης, στις συνθήκες της συγκεκριμένης στιγμής, βάρυνε *η αρχή του μικρότερου κακού*. Ότι η απόφαση του Ειδικού Δικαστηρίου δεν διακρίνεται από την ευθυκρισία, αλλά από τη *σύνεση*. Ότι δεν πυροδότησε, αλλά *καταλάγιασε* τα πολιτικά πάθη — αφού δεν αφήνει περιθώρια ούτε για θριαμβολογίες, ούτε για αναθέματα, ούτε κυρίως για εμπρηστικά κηρύγματα και κατευθυνόμενες ή αυθόρμητες λαϊκές κινητοποιήσεις. Ότι, συνεπώς, ανταποκρίνεται στις επιταγές των περιστάσεων για πολιτική ευρυθμία, κοινωνική συνοχή και εθνική ομοψυχία. Ότι δικαίωσε την ευλόγως παρεξηγήσιμη (και εξηγήσιμη μέσα στη γενική πολιτική *αμετροέπεια*) πρωθυπουργική πρόβλεψη, πως «η απόφαση του Ειδικού Δικαστηρίου θα συμβάλει στην αποκατάσταση της πολιτικής ομαλότητας». Ότι, αν δεν ανέδειξε άτρωτο, τουλάχιστον δεν κατέστησε πιο ευάλωτο το κύρος της Δικαιοσύνης. Ότι, κοντολογίς, λειτούργησε έτσι ώστε να έχουμε και το σκύλο χορτάτο και την πίτα ολόκληρη...

Αν δεν περίσσευε η υποκρισία, θα αποτελούσαν κοινό τόπο ορισμένες επισημάνσεις και διαπιστώσεις. Όπως, λόγου χάρη, ότι:

— *Ούτε η ακροαματική* διαδικασία ούτε η απόφαση του Ειδικού Δικαστηρίου λειτούργησαν *καθαρτήρια*. Και δεν ήταν δυνατό να λειτουργήσουν, αφού η αντιμετώπιση της *διαφθοράς* στον πολιτικό κόσμο δεν είναι, πρωτίστως, θέμα της Δικαιοσύνης. Με *πολιτική αφετηρία και στόχους* η επιχείρηση «*κάθαρση*» απέδωσε πολιτικά τα επιδιωκόμενα: Το ΠΑΣΟΚ έχασε την εξουσία και η ηγεσία του, με τη δικαστική εκκρεμότητα, βρέθηκε εξουδετερωμένη δυόμισι χρόνια, σε κατάσταση ιδιότυπης *ομηρίας*.

— *Η ανειλικρίνεια* των διακηρύξεων για *κάθαρση* προβάλλει τώρα πλέον γυμνή, αφού είναι δεδομένο ότι κανένα απολύτως μέτρο για την *πάταξη της πολιτικής διαφθοράς* δεν έχει ληφθεί, κανένα από τα γενεσιουργά αίτια φαινομένων τύπου Κοσκωτά δεν έχει εξαλειφθεί. Η συχνότατα αθέμιτη συναλλαγή πολιτικής ηγεσίας και ολιγαρχίας του πλούτου συνεχίζεται αδιατάρακτη. Καμιά διαφάνεια και έλεγχος στα οικονομικά των επιχορηγουμένων από το κράτος κομμάτων. Καμιά διαφάνεια (και κοινωνικός έλεγχος) στη διαχείριση της εξουσίας και του δημόσιου χρήματος. Ακόμα και ο διαβόητος πλέον νόμος περί ευθύνης υπουργών, που ουσιαστικά *συγκαλύπτει* την πολιτική διαφθορά (με την πολύπλοκη *πολιτική* διαδικασία για τη δίωξη και τη βραχύχρονη παραγραφή), διατηρείται, συναινετικά, αναλλοίωτος.

Εκλήθη, έτσι, η Δικαιοσύνη να σηκώσει τις αμαρτίες της πολιτικής ηγεσίας, να βγάλει τα κάστανα από τη φωτιά. Και, βεβαίως, δεν επέβαλε, ούτε ήταν δυνατό να επιβάλει κάθαρση. Και, βεβαίως, η απόφαση του Ειδικού Δικαστηρίου αφήνει στα αζήτητα *το κατ' εξοχήν ζητούμενο* σε μια ευνομούμενη πολιτεία: Την *ισονομία*, που δεν αφήνει στο απυρόβλητο του ποινικού κολασμού τα εγκλήματα *πολιτικής διαφθοράς* — αν δεν τα καθιστά ιδιώνυμα.

Αν δεν περίσσευε η υποκρισία και η λόγω κομματικού φανατισμού αμβλυωπία, θα ήταν τώρα καθολική η πεποίθηση ότι:

— *Οι τελευταίοι* που εδικαιούντο να κραυγάζουν για «σκευωρία» και «διατεταγμένη Δικαιοσύνη» και να απειλούν «εθνικό διχασμό», είναι οι κυρίως υπεύθυνοι για το βόρβορο των σκανδάλων, που εξέτρεψε (και εναντίον τους) τη φορά των πολιτικών εξελίξεων.

— *Οι τελευταίοι* που εδικαιούντο να αναμένουν καταδικαστική απόφαση για τον Ανδρέα Παπανδρέου, είναι όσοι επεδίωξαν —με την (παγκόσμιας πρωτοτυπίας) παραπομπή του, πρωτίστως— την *πολιτική* εξόντωσή του.

— *Οι τελευταίοι* που δικαιούνται να πανηγυρίζουν για την αθώωσή του (άλλη παγκόσμια πρωτοτυπία: να έχει πολιτικός ηγέτης δικαστικά επιβεβαιωμένη την εντιμότητά του...), είναι όσοι ξέρουν καλά, από πρώτο χέρι, πόσο δύσκολο είναι για τέτοια αδικήματα να μετατραπούν οι (έστω πασιφανείς και λογικά εδραιωμένες) *ενδείξεις* σε δικαστικά χειροπιαστές και *ακλόνητες αποδείξεις* — *αν δεν σπάσει κάποιος κρίκος στην αλυσίδα της συνενοχής*.

— *Οι τελευταίοι* που δικαιούνται να επικαλούνται σφυγμομετρήσεις και να μιλούν για «ένορκο λαό» με σχηματισμένη κρίση από την τηλεοπτική παρακολούθηση της ακροαματικής διαδικασίας, είναι όσοι θέλουν να λησμονούν ότι ο ατυχής Μένιος Κουτσόγιωργας (στον οποίο ο Ανδρέας Παπανδρέου οφείλει, εφ' όρου ζωής, ν' ανάβει κερί) έφυγε νωρίς...

— *Οι τελευταίοι* που δικαιούνται να καυχησιολογούν, ότι υπηρετούν την αλήθεια, είναι οι *μεγαλοεκδότες*, οι οποίοι ασφαλώς συνέβαλαν αποφασιστικά στην αποκάλυψη του σκανδάλου (όταν ο δαιμόνιος μεγαλοαπατεώνας πάτησε απειλητικά τα χωράφια τους), αλλά στο δικαστήριο (αφού είχε τιμωρηθεί αρκούντως η παπανδρεϊκή αλαζονεία και είχε κερδηθεί το πανίσχυρο *ολιγοπώλιο στην πληροφόρηση* με την ιδιωτική τηλεόραση) εμφανίσθηκαν σαν να είχαν βγει από το ίδιο φροντιστήριο.

Αν δεν περίσσευε η υποκρισία, θα δεχόμασταν όλοι κάποια απλά πράγματα. Όπως ότι:

— *Η εκτονωτική* απόφαση του Ειδικού Δικαστηρίου άφησε ατιμώρητους όσους από την πολιτική ηγεσία *όλου του φάσματος*, και κυρίως από τους τότε κυβερνήσαντες, συνείργησαν και εξέθρεψαν το σκάνδαλο Κοσκωτά.

— *Η εκτονωτική* απόφαση δεν ξεφεύγει από τον κανόνα ότι η ποινική καταστολή *λειτουργεί επιλεκτικά*. Έτσι, την πλήρωσαν μόνο: ένας από τους μη πλουτίσαντες της ΠΑΣΟΚικής οκταετίας, ο απρονοήτως προκλητικός, έστω, Δημ. Τσοβόλας και ο αποδιοπομπαίος στην παράταξή του Γ. Πέτσος.

Η Δικαιοσύνη έκανε (όπως, έστω, την έκανε) τη δουλειά της — και ας περιφρουρήσουν το κύρος της όσοι επιτέλους νοιάζονται για τους δημοκρατικούς θεσμούς σ' αυτό τον τόπο.

Τώρα είναι ξανά η σειρά της πολιτικής ηγεσίας να μιλήσει: Στοιχειώδες χρέος της είναι η *απονομή χάριτος*, για να μην τρωθεί βάναυσα το περιλάλητο κοινό περί δικαίου αίσθημα και για να κλείσει οριστικά πια αυτό το δυσώδες κεφάλαιο της πολιτικής μας ιστορίας.

Δευτέρα 20 Ιανουαρίου 1992

Η ΚΕΡΚΥΡΑ ΜΑΣ ΔΕΙΧΝΕΙ ΤΟ ΔΡΟΜΟ

«Να 'χαμ' ένα βασιλιά
δράκο με χοντρόλαιμο
σέρτικο κι αράθυμο
για να κάνει πόλεμο!»
Κ. ΒΑΡΝΑΛΗΣ

ΣΤΙΣ 28 ΑΠΡΙΛΙΟΥ να γίνουμε όλοι Κερκυραίοι. Όταν θα εκδικαστεί η αίτηση του Κωνσταντίνου Γκλίξμπουργκ (δια χειρός ναυάρχου Μ. Σταυρίδη, διαχειριστή της «βασιλικής περιουσίας») για ασφαλιστικά μέτρα κατά του Δήμου Κερκυραίων, διότι άνοιξε στο λαό τις πύλες του Μον Ρεπό, να μη βρεθούν οι Κερκυραίοι να διαδηλώνουν μόνοι τους. Καλή και χρήσιμη η επιτροπή προσωπικοτήτων, που συνεκρότησε ο Δήμος Κερκυραίων για να ενισχύσει τον αγώνα του — αλλά δεν αρκεί. Αξιέπαινη και η κινητοποίηση των ξενιτεμένων Κερκυραίων — αλλά δεν πρόκειται μόνο για κερκυραϊκό θέμα.

Από μια άποψη είναι ευτύχημα ότι λίγους μήνες μετά τη *σκανδαλώδη* νομοθετική ρύθμιση, το θέμα της «βασιλικής περιουσίας» φθάνει στα δικαστήρια στην πιο *αιχμηρή* και *προκλητική* μορφή του: να επιδιώκεται να απαγορευτεί, με δικαστική απόφαση, στους Έλληνες πολίτες η πρόσβαση, το προσκύνημα σε μνημεία της πολιτιστικής μας κληρονομιάς, σε αρχαιολογικό χώρο ανεκτίμητης αξίας (για την Παλαιόπολη πρόκειται, την πρωτεύουσα των Φαιάκων, με τους ναούς του Απόλλωνα και της Ήρας), γιατί, τάχα μου, είναι «βασιλική περιουσία», ανύπαρκτων βασιλέων.

Ίσως έτσι συναισθανθούμε την *προσβολή*. Ίσως αφυπνιστούμε. Ίσως *ντραπούμε* γιατί δεχθήκαμε παθητικά και αδιάφορα να γίνονται αντικείμενα παζαριών και αθέμιτης συναλλαγής, να εκχωρούνται με αυθαίρετες νομοθετικές ρυθμίσεις, να μετατρέπονται κυνικά από την κίβδηλη εθνικοφροσύνη σε «ιδιοκτησίες» τα ιστορικά μας μνημεία (δεν είναι μόνο η Παλαιόπολη — και το «βασιλικό κτήμα» του Τατοΐου στον αρχαίο δήμο της Δεκέλειας κείται...). Ίσως έτσι προσλάβει η 28η Απριλίου *συμβολική* σημασία και ξεσηκωθούμε· όχι ασφαλώς για να φορτώσουμε στις αδύναμες πλάτες κάποιου χαμηλόβαθμου δικαστή την ευθύνη να περισώσει την *εθνική τιμή*.

Το θέμα *δεν είναι στενά νομικό* — να ερευνηθεί η γνησιότητα και η ισχύς κάποιων τίτλων κυριότητας. Είναι *πάνω και από πολιτικό* — με δεδομένες τις ιστορικές ευθύνες όλων των κυβερνήσεων από τη Μεταπολίτευση κι εντεύθεν: της κυβέρνησης Καραμανλή, που αμέσως μετά το δημοψήφισμα του 1974 δεν προχώρησε στη *δήμευση* της κινητής και ακίνητης λεγόμενης «βασιλικής περιουσίας»· της κυβέρνησης Παπανδρέου, που άρχισε τα παζάρια με τον έκπτωτο· και, κυρίως, της κυβέρνησης Μητσοτάκη, που ολοκλήρωσε αυτά τα παζάρια με το γνωστό «ανφέαρ», με προκλητικό και σκανδαλώδη τρόπο. Το θέμα έχει *πολιτειακές* και *εθνικές* διαστάσεις.

Τρώγοντας έρχεται η όρεξη. Αφ' ότου έδεσε το γάιδαρό του, με την εξασφάλιση της «περιουσίας του», ο Κωνσταντίνος Γκλίξμπουργκ, επικουρούμενος από γηγενείς και ξένους καλοθελητές, άρχισε να κλιμακώνει τις προκλήσεις του:

— «*Ουδέποτε παραιτήθηκα* από τα δικαιώματα στο θρόνο μου...», είπε θρασύτατα το Φεβρουάριο στη γνωστή συνέντευξη στον ΑΝΤΕΝΝΑ. (Ώστε δεν παραιτήθηκε, ε;

Κι όταν το Δεκέμβριο του 1967, μετά το οπερετικό πραξικόπημα, το 'σκασε στη Ρώμη, αφήνοντας το «λαό του» και τη «χώρα του» στο έλεος της δικτατορίας, τι άλλο έκανε;)

— «*Γεννήθηκα* και μεγάλωσα για να βασιλεύω...» είπε το Μάρτιο, υπερφίαλα, στο βρετανικό τηλεοπτικό σταθμό SKY NEWS. Και δεν δυσκολεύτηκε να χαρακτηρίσει το δημοψήφισμα του 1974, που έθεσε μια για πάντα τέρμα στην ξενόφερτη βασιλεία, σαν *«συνταγματικό πραξικόπημα»* (αυτός δα κι αν ξέρει από πραξικοπήματα: γόνος μιας ξένης δυναστείας, που μόλυνε και διατάρασσε συνεχώς την πολιτική ζωή της χώρας με συνταγματικές εκτροπές, εθνικούς διχασμούς, αυταρχισμό, αυθαιρεσίες και ίντριγκες, πρόλαβε, στα τρία μόλις χρόνια που βασίλευσε, να διαπράξει ένα πραξικόπημα, στα Ιουλιανά του 1965, και να νομιμοποιήσει αυθημερόν την κατάλυση του δημοκρατικού πολιτεύματος από τους συνταγματάρχες, τον Απρίλιο του 1967...).

— *Την περασμένη Κυριακή* ξεσπάθωσε από τις στήλες της λονδρέζικης *Σάντεϊ Εξπρές*: Με ανησυχίες, τάχα, για τη «χώρα του» και το «λαό του», επέκρινε την πολιτική ηγεσία για την πολιτική της στα Βαλκάνια, στην Κύπρο και στα ελληνοτουρκικά και αυτοπροβλήθηκε σαν *εκφραστής του αλυτρωτισμού* για τη Βόρειο Ήπειρο...

Αν στα καμώματα του Κ. Γκλίξμπουργκ είναι αυταπόδεικτη η γελοιότητα, οι τελευταίες κινήσεις του δεν είναι για γέλια... Όσο κι αν θεωρείται, δεν είναι ηλίθιος ο Κωνσταντίνος Γκλίξμπουργκ — εκφυλισμένοι βιολογικά, άλλωστε, οι αιμομείκτες γαλαζοαίματοι δεν χρειάζονταν, ανέκαθεν, να διακρίνονται για την ευφυΐα τους.

Γνωρίζει ότι στην κοινή συνείδηση είναι πια ξένο σώμα για τη χώρα και ανεπιθύμητος: είτε ως *αμετανόητος*, άρα μόνιμη απειλή και πληγή ανωμαλίας, άρα *επικίνδυνος*, είτε ως προσωποποίηση θεσμού *ξενόφερτου, αντιδημοκρατικού* και *αναχρονιστικού*, είτε ως (μαζί με το σόι του και την αυλή του) *πολυδάπανο κηφηναριό* — περιττό και γελοίο άρα ψιμύθιο στο χάλι μας.

Γνωρίζει πολύ καλά ότι το 30% των ψήφων, που συγκέντρωσε η βασιλεία το 1974, έχει πια εκμηδενιστεί σε ποσοστό λαϊκής επιρροής κάτω του 5%. Και, βεβαίως, γνωρίζει ότι *δεν υπάρχει οδός επιστροφής* γι' αυτόν στο πλαίσιο της δημοκρατικής, της συνταγματικής νομιμότητας.

Μια προοπτική μόνο συντηρεί τα όνειρά του: ο *πόλεμος*! Να γενικευθεί η ανάφλεξη στα Βαλκάνια και να εμπλακεί σ' αυτήν και η χώρα μας προσδοκά ο Κ. Γκλίξμπουργκ. Συρράξεις, καταστροφές, μακελέματα και αίματα θέλει. Γι' αυτό και τσοντάρει το κατά δύναμιν τα εθνικιστικά κηρύγματα.

Γι' αυτό και αυτοπροβάλλεται σαν πιο Έλληνας από τους Έλληνες — αυτός που δεν έχει σταγόνα ελληνικού αίματος στις φλέβες του. Γι' αυτό και το παίζει αυτόκλητος εκφραστής και θεματοφύλακας των «εθνικών δικαίων». Μπας και ξεσπάσει η μπόρα και κληθεί να μας... σώσει.

Αλλά —όπως έγραφε στην *Καθημερινή* το 1935 ο Γ. Α. Βλάχος— «ημπορεί να πωματισθή ο κρατήρ ενός ηφαιστείου με έναν *εστεμμένον φελλόν;*»

Οι εκδηλώσεις του Κ. Γκλίξμπουργκ «πρέπει να πνίγονται στην περιφρονητική αδιαφορία όλων μας», συνέστησε εσχάτως ο κοινοβουλευτικός εκπρόσωπος του ΠΑΣΟΚ Αν. Πεπονής.

Καμία αντίρρηση. Υπό μία προϋπόθεση όμως: *ότι θα του κοπεί μια για πάντα ο βήχας*, η βεβαιότητα ότι βαραίνει ακόμα ο λόγος του, το θράσος του να απειλεί και να υπονομεύει, ο κυνισμός του να καραδοκεί σαν το λύκο να χαρεί στην αναμπουμπούλα.

Και γι' αυτό ένας και μόνο τρόπος υπάρχει: *να ξαναχάσει όσα σκανδαλωδώς απέκτησε* και απεθρασύνθη. Να δεσμευτεί ορθά κοφτά η αντιπολίτευση, το ΠΑΣΟΚ, από τώρα, ότι ως κυβέρνηση *θα δημεύσει* τη «βασιλική περιουσία» — θα την αποδώσει δηλαδή εκεί που πραγματικά ανήκει: στο ελληνικό Δημόσιο, στους πολίτες αυτού του τόπου.

Η *28η Απριλίου*, με το λαό της Κέρκυρας ξεσηκωμένο για ν' αντιμετωπίσει την ιταμή πρόκληση, προσφέρεται για κατηγορηματικές και δεσμευτικές διακηρύξεις. Προσφέρεται για παροτρύνσεις, να ευαισθητοποιηθούν, να τεθούν σε ετοιμότητα οι πολίτες, για να περιφρουρήσουν από τώρα *ακόμα και με αυτοδικία*, όπως στην Κέρκυρα, κάθε απόπειρα του Γκλίξμπουργκ να συνεχίσει το πλιάτσικο, ν' αρχίσει να εκποιεί τη δήθεν «βασιλική περιουσία».

Και προσφέρεται για να παραδοθούν στην κοινή χλεύη αν κομπάζουν, στη λαϊκή οργή αν προκαλούν, όσοι ενυπνιάζονται πορφύρες και λοφία, αυλές και ανακτοβούλια. Σ' αυτό τον τόπο δεν υπάρχει και δεν θα υπάρξει χώρος για βασιλιάδες — παρά μόνο για τις καρικατούρες τους στο σκάκι και στην τράπουλα...

Μ. Δευτέρα 12 Απριλίου 1993

ΜΕ ΤΗΝ «ΠΕΡΙΟΥΣΙΑ» ΘΑ ΚΟΠΕΙ Ο ΒΗΧΑΣ ΤΟΥ Κ. ΓΚΛΙΞΜΠΟΥΡΓΚ

«Το χρονικό της περιουσίας των Γκλίξμπουργκ στην Ελλάδα, όταν καταγραφεί, θα αποτελέσει τη Μαύρη Βίβλο της πολιτικής διαφθοράς...».

ΚΥΡ. ΣΙΜΟΠΟΥΛΟΣ: *Η διαφθορά της εξουσίας*

ΜΗΠΩΣ ΤΟ ΠΑΡΑΚΑΝΑΜΕ με τον Γκλίξμπουργκ και παίξαμε, τελικά, το παιχνίδι του;

Μια εβδομάδα αφ' ότου τερματίστηκε η δεκαπενθήμερη «τουριστική» περιοδεία στην Ελλάδα του Κ. Γκλίξμπουργκ με την πολυμελή φαμίλια του, μπορούμε ν' αναλογισθούμε νηφάλια κατά πόσο αντιδράσαμε συνετά.

Όχι, βέβαια, οι αμετανόητοι νοσταλγοί και οι αδίστακτοι καιροσκόποι, που προετοίμασαν συστηματικά την επανεμφάνιση και προσπάθησαν να της προσδώσουν διαστάσεις σημαντικού πολιτικού και εθνικού γεγονότος. Όχι τ' απομεινάρια του εσμού των αυλοκολάκων. Όχι οι δουλόφρονες με τα χαμερπή καμώματα — ακόμα και μέσα στη Βουλή και μέσα σε ναούς. Και όχι ασφαλώς η κυβέρνηση που καμωνόταν με σπασμωδικές, θορυβώδεις και πολυδάπανες κινήσεις ότι συμμαζεύει τ' ασυμμάζευτα κι επί της ουσίας έκανε την πάπια στη λερωμένη φωλιά της.

Εμείς, όλοι οι άλλοι, λέω. Κόμματα, πολιτικοί αρχηγοί, εφημερίδες, ραδιόφωνα και τηλεοράσεις, πανεπιστημιακοί δάσκαλοι και δημοσιογράφοι, βουλευτές και απλοί πολίτες — όλοι εμείς, οι πολλοί, με την ξεκάθαρη θέση ότι *η μοναρχία τερμάτισε το βίο της μια για πάντα σ' αυτό τον τόπο.* Όλοι εμείς, που με ξόρκια, κραυγές και αναθέματα *γιγαντώσαμε το καλοστημένο νταβαντούρι.* Που βάλαμε στην άκρη, δύο ολόκληρες εβδομάδες, τα φοβερά πραγματικά μας προβλήματα, για να παρακολουθούμε και να προβάλλουμε κάθε κίνηση και κάθε λέξη του Γκλίξμπουργκ. Που αποκαλύψαμε, έτσι, κάποιον *ενδόμυχο φόβο* ότι θέμα παλινόρθωσης εξακολουθεί να υπάρχει — έστω σαν κίνδυνος και απειλή. Και που, επιτέλους, δεν εκμεταλλευτήκαμε την ευκαιρία για να *διδάξουμε* με αδιάσειστα στοιχεία στα ανυποψίαστα και χωρίς τα δικά μας βιώματα παιδιά μας, όσα, από την ιστορία του νεοελληνικού κράτους, δεν μαθαίνουν, δυστυχώς, ακόμα στα σχολεία:

Ότι το ηρωικό ξεσήκωμα του 1821 δεν έγινε για ν' αλλάξει ο τύραννος στον τόπο μας — βασιλιάς αντί του σουλτάνου. Ότι και στα τρία Συντάγματα της Επανάστασης, από τα πιο δημοκρατικά και φιλελεύθερα της εποχής, βασιλιάδες δεν έχουν θέση. Ότι *την ξενόφερτη μοναρχία την επέβαλαν οι Μεγάλες Δυνάμεις για να διατηρούν υπό συνεχή κηδεμονία το νεοελληνικό κράτος.* Ότι οι *«εστεμμένοι φελλοί»* (τις πρώτες δεκαετίες ο Βαυαρός Όθων Βίτελσμπαχ και, από το 1863, η εκ Δανίας δυναστεία των Γκλίξμπουργκ) δεν κουβάλησαν καμιά προίκα σ' αυτό το δύσμοιρο τόπο: *τον καταλήστεψαν.* Ότι οι ξενόφερτοι μονάρχες στην Ελλάδα έχουν συνδέσει τη βασιλεία τους με πρακτόρευση ξένων συμφερόντων, απεμπόληση εθνικών δικαίων, εσχάτη προδοσία, φαύλη κι απολυταρχική διακυβέρνηση, στρατιωτικά κινήματα και πραξικοπήματα, δικτατορίες και εκμαυλισμό του δημόσιου βίου. Ότι, κοντολογίς, *η μοναρχία στην Ελλάδα υπήρξε συνώνυμη με τη δεσποτική απολυταρχία, την καταλήστευση του εθνικού πλούτου, τη φαυλότητα, την πολιτική ανωμαλία και την εθνική ταπείνωση...*

Μέσα στο μέγα νταβαντούρι κατά την «ιδιωτική» (λες και θα μπορούσε να είναι τίποτε άλλο...) επίσκεψη των Γκλίξμπουργκ, όπου ο μέχρι γελοιότητος ανταγωνισμός των ΜΜΕ και η μικροκομματική αμετροέπεια έδωσαν τον τόνο της υπερβολής, υπήρξαν και φωνές συνετές, που συνιστούσαν *«πλήρη αδιαφορία και αποφυγή κάθε κίνησης που θα έδειχνε "αμυντική" ανασφάλεια και θα έβαζε τον Κωνσταντίνο στο κέντρο της επικαιρότητας και του πολιτικού διαλόγου»*. (Ν. Μουζέλης: *Τέσσερις λόγοι για να αγνοούμε τον τέως*, *Το Βήμα* 15-8-93).

Και, βεβαίως, υπήρξε την περασμένη Δευτέρα και η πολυσήμαντη δήλωση του Προέδρου της Δημοκρατίας Κων. Καραμανλή — του ανθρώπου επιτέλους που η Ιστορία θα τιμήσει (και) για το δημοψήφισμα του 1974:

«Κάποτε πρέπει *να τεθεί οριστικά τέρμα στην ιστορία αυτή*, για να μην υπάρξουν στο μέλλον υποτροπές, οι οποίες, χωρίς να απειλούν τη δημοκρατία μας, γελοιοποιούν τη χώρα».

Να τερματιστεί, λοιπόν, αυτή η ιστορία — πολύ περισσότερο που ο αναθαρρημένος Κ. Γκλίξμπουργκ μας απειλεί με νέες επισκέψεις και σύντομα. Αλλά πώς;

Αν, συνολικά, οι *κοσμοπολίτες απάτριδες πρώην εστεμμένοι* άρχισαν να θυμούνται τις «πατρίδες τους» και τους «λαούς τους» και να πλάθουν όνειρα παλινορθώσεων, με τη χαώδη κατάσταση που δημιούργησε η κατάρρευση των καθεστώτων της Ανατολικής Ευρώπης, ο Κων. Γκλίξμπουργκ, για να μας υπενθυμίσει την ύπαρξή του, χρειάστηκε πρώτα *«να δέσει το γάιδαρό του»* — κατά πώς είναι μαθημένος από τους προγόνους του: να διασφαλίσει την κινητή και ακίνητη «βασιλική περιουσία».

Αφ' ότου το πέτυχε, άρχισε, επικουρούμενος από καλοθελητές, να *προκαλεί* και να *αποθρασύνεται*.

Άρα, ο βήχας θα του κοπεί μια για πάντα, όταν θα αποσαφηνιστεί οριστικά και θα θεσμοθετηθεί τελεσίδικα ότι δεν υπάρχει βασιλική περιουσία χωρίς βασιλιά.

Φιλοχρήματη κι αρπακτική, όπως όλη η φάρα των γαλαζοαίματων, η δυναστεία των Γκλίξμπουργκ (ο παππούς του σημερινού, Κωνσταντίνος, κατά την τρίχρονη —1917-1920— παραμονή του στη Ζυρίχη, όταν δεν μηχανορραφούσε, δεν συνωμοτούσε και δεν *πρόδιδε* την Ελλάδα, ασχολιόταν κυρίως με το πώς θα αυξήσει τη μυθώδη περιουσία τους —Π. Ενεπεκίδης: *Βασιλική Ανταρσία*) έβρισκε ανέκαθεν στην πολιτική ηγεσία πρόθυμους συνεργούς στην καταλήστευση του εθνικού πλούτου. Εξαιρετικά γαλαντόμοι με τον εθνικό πλούτο («φιλαναλωταί αλλοτρίων», κατά Πλάτωνα) οι εκάστοτε πρωθυπουργοί (Κυρ. Σιμόπουλος: *Η διαφθορά της εξουσίας*):

Το 1874, όταν ο ελληνικός λαός λιμοκτονούσε, ο Δημ. Βούλγαρης (ο «τζουμπές») προσφέρει με νόμο ειδική χορηγία στον ηλικίας έξι χρόνων (!) διάδοχο Κωνσταντίνο. Το 1887 ο Χαρίλαος Τρικούπης προσφέρει στο διάδοχο Κωνσταντίνο, ως δώρο για την ενηλικίωσή του, απέραντο δημόσιο κτήμα στη Μανωλάδα Ηλείας. Το 1924 ο Αλ. Παπαναστασίου πρότεινε στον Γεώργιο Β΄ και στην οικογένειά του μυθώδη ποσά και τα «βασιλικά κτήματα», για να παραιτηθούν από τα «δικαιώματά τους» στο θρόνο. (Ευτυχώς η Δ΄ Συντακτική Συνέλευση, «έχουσα προ οφθαλμών τα δεινά που επεσώρευσεν εις το έθνος η δυναστεία των Γκλίξμπουργκ», τα απαλλοτρίωσε όλα...)

Όλους τους προηγούμενους τους ξεπέρασε σε γαλαντομία το 1992 ο Κων. Μητσοτάκης (άντε να ξέρεις ποια γραμμάτια εξοφλώντας...): με την *γκαγκστερική* νυχτερινή *αρπαγή* και μεταφορά στο εξωτερικό με νταλίκες της κινητής περιουσίας — που περιλάμβανε εθνικά κειμήλια και πίνακες ανεκτίμητης αξίας. Και με το νόμο πριν από έναν ακριβώς χρόνο, που επικυρώνει τη σκανδαλώδη και εθνικά μειωτική *συμφωνία* με τον Κ. Γκλίξμπουργκ για τη «βασιλική περιουσία» στο Τατόι, στο Πολυδένδρι και στην Παλαιόπολη. Συμφωνία που, σε γενικές γραμμές, είχαν καταρτίσει βεβαίως οι κυβερνήσεις του ΠΑΣΟΚ, το οποίο, παρά τους σημερινούς εκ του ασφαλούς λεονταρισμούς, στην οκταετία του δεν έκανε τίποτα για να τερματιστεί «αυτή η ιστορία» με τη δυναστεία Γκλίξμπουργκ...

Επειδή από παχιά λόγια χορτάσαμε και οι ηχηρές αντιβασιλικές... κορόνες δεν δεσμεύουν κι επειδή ο Κων. Καραμανλής δεν τόλμησε να αντιταχθεί και να αποτρέψει το πιο αποτρόπαιο σκάνδαλο, η πρότασή μας είναι απλή και σαφής:

Η λεγόμενη «βασιλική περιουσία» να είναι από τα κύρια θέματα που θα απασχολήσουν τους πολίτες στις επόμενες κάλπες. Τα κόμματα, που δεν διακηρύσσουν υποκριτικά αλλά πιστεύουν πραγματικά ότι η μοναρχία τερματίστηκε μια για πάντα, να δεσμευτούν *με συγκεκριμένες προγραμματικές θέσεις κι όχι με αόριστες υποσχέσεις* ότι η «συμφωνία» με τον Γκλίξμπουργκ *θα ακυρωθεί*, ότι όλα ανεξαιρέτως τα πρώην «βασιλικά» κτήματα *θα περιέλθουν στο Δημόσιο*, στο οποίο και ανήκουν, και ότι θα επιδιωχθεί με όλα τα μέσα η επιστροφή των εθνικών θησαυρών από τη *διαρπαγείσα* κινητή «περιουσία».

Όταν όλα αυτά τεθούν σε εφαρμογή και ολοκληρωθούν, θα έχουμε ξεμπλέξει οριστικά με την ξενόφερτη δυναστεία Γκλίξμπουργκ. Αν θέλει ακόμα τότε (γιατί να θέλει;) ο Κων. Γκλίξμπουργκ να θεωρείται πολίτης αυτής της χώρας, θα απογυμνωθεί και από όλα του τα ψιμύθια: Ούτε «τέως», ούτε «έκπτωτος», ούτε σκέτος «Κωνσταντίνος». Θα έχει επώνυμο — έστω αυτό το κακόηχο που φέρει σήμερα. Θα έχει κανονικό διαβατήριο. Θα έχει φανερά και δηλωμένα προς φορολόγηση εισοδήματα. Τα παιδιά του θα πάνε φαντάροι. Και θα μπορεί ακόμα και να πολιτευθεί, αν θέλει.

Τότε κάθε του επίσκεψη, κάθε του κίνηση, κάθε του δήλωση θα περνάει «μονόστηλη» στον Τύπο — ούτε καν για «τροφή» στον Χάρρυ Κλυνν και στον Λάκη Λαζόπουλο θα προσφέρεται...

Δευτέρα 30 Αυγούστου 1993

ΥΠΟΚΛΟΠΕΣ, ΟΤΕ ΚΑΙ ΧΑΦΙΕΔΙΣΜΟΣ «ΟΙΚΟΥΜΕΝΙΚΟΣ»

ΔΕΝ ΕΚΛΕΙΣΕ, ακόμα, χρόνος, που οι «φάκελοι», τόνοι ολόκληροι, παραδόθηκαν στην εξαγνιστική (για τους θύτες) πυρά για να γιορτασθεί, με πυρρίχιους συμβολισμούς, το γκρέμισμα του εμφύλιου τείχους, η εθνική συμφιλίωση και ο τερματισμός μιας άγριας και σκοτεινής περιόδου αυταρχισμού και αυθαιρεσίας, διώξεων και διακρίσεων.

Κι ωστόσο, τα φακελώματα και οι ταξινομήσεις των πολιτών, σε πρώτη και δεύτερη κατηγορία, σε μιάσματα και υπεράνω πάσης υποψίας, *συνεχίζονται.*

Δεν πέρασαν παρά μόνο έξι μήνες αφότου η Βουλή, με αριστεροδεξιά πλειοψηφία, αποφάσισε να καθίσουν στο σκαμνί, να λογοδοτήσουν στη Δικαιοσύνη, ένας πρώην πρωθυπουργός και οι «μπιστικοί» του στην ΚΥΠ (ΕΥΠ) και στον ΟΤΕ, για το αποδεδειγμένο όργιο υποκλοπής τηλεφωνημάτων.

Κι ωστόσο, η υποκλοπή τηλεφωνημάτων, που δεν ήταν εφεύρημα του ΠΑΣΟΚ αλλά κρατική λειτουργία κοινή για όλες τις κυβερνήσεις, *συνεχίζεται.*

Μόνη, και καθόλου παρήγορη, διαφορά ότι ταξινομήσεις πολιτών και υποκλοπές τηλεφωνημάτων δεν γίνονται πια από μηχανισμούς μονοκομματικούς, αλλά *διακομματικούς*, διαπαραταξιακούς, «οικουμενικούς». Και μια δεύτερη, καθόλου αμελητέα, διαφορά ότι κανείς πια δεν μιλάει γι' αυτά.

Σε έξι μέρες στήνονται, για τρίτη φορά σ' ένα χρόνο, οι

κάλπες, ο προεκλογικός πυρετός έφθασε στο ζενίθ και οι μπαλκονάτοι αρχηγοί μας, με τη σιγουριά ότι απευθύνονται σε αμνήμονες, δεν νοιάζονται καθόλου να εναρμονίσουν όσα λένε τώρα με εκείνα που έλεγαν τον περασμένο Νοέμβριο ή τον Ιούνιο. Αφού αποδείχθηκε ότι δεν φέρνουν ψήφους, αφαιρέθηκαν από την εκλογική ρητορεία σκάνδαλα και καθαρτήριες διαδικασίες, αυταρχισμοί και χαφιεδισμοί.

Έτσι κι αλλιώς, αυτονομημένη από την κοινωνία και δυνάστης της, η πολιτική ορίζει κάθε φορά τι αφορά, τι ενδιαφέρει, τι συγκινεί, παρακινεί και παρασύρει ένα λαό λωτοφάγων. Πνιγόμαστε από το φονικό *νέφος* οι Αθηναίοι, θα κορακιάσουμε από τη *δίψα* και θα σαπίσουμε μέσα στα *σκουπίδια* μας, αλλά οφείλουμε να παθιαζόμαστε και να ψηφίζουμε για αυτοδυναμίες και μη, για μονοεδρικές ασελγείς περιπτώσεις, για συγκλίσεις σε προοδευτική (τρομάρα μας) κατεύθυνση, για εκσυγχρονιστές και λαϊκιστές. Οδεύουμε, χειροπόδαρα δεμένοι, σε *κηδεμονία* Διεθνών Νομισματικών Ταμείων και ξένων κέντρων αποφάσεων, και παραληρούμε, ως ανυποψίαστοι Αρειανοί, στο Πεδίον του Άρεως, όταν ο *εκ των υπολόγων* γι' αυτό το χάλι και *υπόδικος* για ένα σωρό άλλα, κορδακίζεται ότι στις 9 Απριλίου θα ξαναείναι πρωθυπουργός...

Εξ όνυχος τον λέοντα. Στον ΟΤΕ λοιπόν των φουσκωμένων λογαριασμών και της ταλαιπωρίας, μπορεί να πέθανε ο Φάνης Τόμπρας, αλλά ο τομπρισμός ζει και βασιλεύει. Εκτός των άλλων, εκδηλώνεται με δύο τινά:

1. Με την απρόσκοπτη λειτουργία της κακόφημης Υπηρεσίας Απορρήτων, η οποία, σε συνεργασία πάντοτε με την ΕΥΠ, συνεχίζει τις παρακολουθήσεις με υποκλοπές τηλεφωνημάτων. Το διαβόητο συνεργείο του Γιαννιώτη διαλύθηκε, βέβαια. Και επί κυβερνήσεως Τζαννετάκη η

υπηρεσία επανδρώθηκε με τεχνικούς που όρισαν η ΝΔ και ο Συνασπισμός — αργότερα και το ΠΑΣΟΚ, που αρνήθηκε αρχικά, έστειλε δικούς του. Αποκλειστική δουλειά αυτού του *διακομματικού συνεργείου* είναι να υποβοηθά τεχνικά την ΕΥΠ, για υποκλοπές τηλεφωνημάτων, ως εξής:

Η ΕΥΠ, που διατηρεί ευθείες γραμμές με τον ΟΤΕ, δίνει τις εντολές. Οι τεχνικοί της Υπηρεσίας Απορρήτων τις εφαρμόζουν με τους *κατανεμητές* κάθε περιοχής — συνήθως πιάνουν δουλειά μετά τις δέκα το βράδυ (οι βρώμικες δουλειές νύχτα γίνονται...). Υποτίθεται ότι οι υποκλοπές διαπράττονται για «εθνικούς λόγους» (αντικατασκοπεία, τρομοκρατία κτλ.). Αλλά το διακομματικό συνεργείο του ΟΤΕ *δεν γνωρίζει* σε ποια τηλέφωνα κάνει τις υποκλοπές — οι εντολές δίνονται με κωδικούς αριθμούς. Το γνωρίζουν μόνο οι εντολείς και «ωτακουστές» της ΕΥΠ — όπου το άβατο εξακολουθεί να ισχύει και ο αλληλοσπαραγμός ΝΔ και ΠΑΣΟΚ για τον έλεγχό της δεν εγγυάται, βέβαια, την αποτροπή σκοτεινών δραστηριοτήτων, όπως απεκάλυψε και η περίεργη «Ταυρομαχία» του Υμηττού, που οδήγησε στην αποπομπή του αρχηγού της δυσώδους υπηρεσίας.

2. Οι τεχνικοί του ΟΤΕ εξακολουθούν να *φακελώνονται* και, με βάση τα φρονήματά τους, να *χωρίζονται* σε εθνικώς υπόπτους και σε υπεράνω υποψίας. Απόδειξη: Σε όλες ανεξαιρέτως τις στρατιωτικές μονάδες υπάρχουν ειδικές καταστάσεις τεχνικών του ΟΤΕ, με βάση τις οποίες σε άλλους επιτρέπεται ελεύθερα να καταπιάνονται με τηλεπικοινωνιακά προβλήματα των στρατιωτικών μονάδων, άλλοι μπορούν να εργασθούν μόνο *υπό συνοδεία* και σε άλλους *απαγορεύεται εντελώς* (ακόμα και σε στρατιωτικά νοσοκομεία!).

Επιφορτισμένη να καταρτίζει (και να ανανεώνει κάθε

χρόνο τη σχετική λίστα — πράγμα που σημαίνει ότι τα φακελώματα συνεχίζονται) είναι η ΠΣΕΑ του ΟΤΕ (*Πολιτική Σχεδίαση Έκτακτης Ανάγκης*, ειδική υπηρεσία που υπάρχει σε όλα τα υπουργεία και τους κρατικούς οργανισμούς και ουδείς ευαίσθητος περί τον εκδημοκρατισμό έχει ασχοληθεί ποτέ με τι ακριβώς ασχολείται...).

Ο εν χρήσει κατάλογος, που *ανανεώθηκε αναλλοίωτος επί «οικουμενικής» κυβερνήσεως για το 1990*, φέρει τα στοιχεία ΣΧΕΤ. 791/ΕΠ 980/30-12-1988/ΠΣΕΑ προς υπηρεσίες Α2 του ΓΕΣ, του ΓΕΑ και του ΓΕΝ.

Σ' αυτό τον καταρτισμένο *επί σοσιαλιστικής κυβερνήσεως ΠΑΣΟΚ* κατάλογο, *διακόσιοι ενενήντα οχτώ τεχνικοί του ΟΤΕ είναι στη «μαύρη λίστα»* και μερικές εκατοντάδες άλλοι επιτρέπεται, ως ημιύποπτοι, να εργάζονται σε στρατιωτικές μονάδες *μόνο υπό συνοδεία*.

Κατά τις πληροφορίες μας, αυτές τις μέρες θα καταγγελθεί στον Τύπο η λειτουργία *χαφιέδικων μηχανισμών* στον ΟΤΕ από την παράταξη της Πανελλήνιας Ένωσης Τεχνικών ΟΤΕ *«Συνδικαλιστική Συσπείρωση»*, στελέχη της οποίας περιλαμβάνονται στη «μαύρη λίστα» (όπως ο Ηλ. Παπαδόπουλος με αύξοντα αριθμό 212 και ο Στ. Φασάκης υπ' αριθμόν 278 εθνικώς ύποπτος...).

Περιμένουμε τις αντιδράσεις τουλάχιστον του προέδρου του Οργανισμού, Τάσου Μήνη, με το εγνωσμένο ήθος και την αποδεδειγμένη δημοκρατική ευαισθησία.

Πριν από μερικούς μήνες η πολιτικά υποτονική Ελβετία αναστατώθηκε από την καταγγελία ότι ο μεγαλοδικηγόρος Χανς Κόοπ διευθύνει λιβανέζικη εταιρεία, που «ξεπλένει» δολάρια προερχόμενα από εμπόριο ναρκωτικών. Υπουργός Δικαιοσύνης η σύζυγός του Ελίζαμπετ Κόοπ, παραιτήθηκε αυθωρεί. Και συνεστήθη Κοινοβουλευτική Επιτροπή, η οποία, ερευνώντας τις αρχές ασφαλείας και τις μυστικές υπηρεσίες, έβγαλε κι άλλο «λαβράκι». Ότι κάπου εννιακόσιες χιλιάδες πολίτες (οι μισοί απ' αυτούς ξένοι) είναι *φακελωμένοι*.

Χαμός στους πολιτικά υποτονικούς Ελβετούς (συνήθως ψηφίζουν μόνο οι μισοί και κάτι λιγότερο από τους μισούς γνωρίζουν ποιος είναι ο πρωθυπουργός της χώρας): Πρώτο θέμα στις εφημερίδες, στην τηλεόραση και στο ραδιόφωνο. Με πρωτοβουλία διανοουμένων συγκροτήθηκε «*Επιτροπή εναντίον του κράτους των χαφιέδων*», που οργάνωσε δυναμικές διαδηλώσεις με δεκάδες χιλιάδες πολίτες. Και κάπου ένα εκατομμύριο Ελβετών υπέβαλε νομοτύπως αιτήσεις, ζητώντας από τις υπηρεσίες ασφαλείας τους φακέλους τους.

Εμείς δεν είμαστε πολιτικά άχρωμοι και αδιάφοροι Ελβετοί· είμαστε υπερπολιτικοποιημένοι Βαλκάνιοι· που οι δύο στους τρεις μας βλαστημάμε στα καφενεία όλα τα κόμματα και την πολιτική ηγεσία, κι ωστόσο θα τους δώσουμε την Κυριακή το 95% των ψήφων μας· που δεν ιδρώνει τ' αυτί μας από παρακολουθήσεις, χαφιεδισμούς και υποκλοπές τηλεφωνημάτων: οι τέσσερις στους δέκα θα ξαναψηφίσουμε αρειμανίως τους υπόδικους και ως ωτακουστές μας...

Δευτέρα 2 Απριλίου 1990

ΔΙΑΚΟΜΜΑΤΙΚΗ Η ΕΥΘΥΝΗ ΚΑΙ Η ΥΠΟΚΡΙΣΙΑ

ΚΑΤΑ ΤΗΝ ΚΑΖΑΝΤΖΑΚΕΙΟ προτροπή, ο καλύτερος τρόπος να αντιμετωπίσεις τον πειρασμό είναι να ενδώσεις. Έτσι, παρά την προσωπική απέχθεια για το *δυσώδες θέμα των υποκλοπών* (και τις ενστάσεις για τον τρόπο με τον οποίο προβάλλεται από τα μέσα ενημέρωσης, εκτοπίζοντας από τα ενδιαφέροντα του πολίτη άλλα, πολύ σημαντικά, προβλήματα της επικαιρότητας), θα ξανασχοληθούμε σήμερα μ' αυτό, σε μια προσπάθεια:

— *Να θέσουμε* ορισμένα απλά και καίρια, κατά τη γνώμη μας, ερωτήματα, στα οποία δύσκολα βρίσκει απάντηση ο υφιστάμενος αυτό τον ανελέητο καταιγισμό εντυπωσιακών αποκαλύψεων (και γι' αυτό πελαγωμένος) απλός πολίτης.

— *Να καταδείξουμε*, όσο γίνεται πιο νηφάλια μέσα σ' αυτό τον ορυμαγδό και χωρίς να μετριάζονται όσα δικαιολογημένα καταλογίζονται στους σημερινούς διαχειριστές της εξουσίας και *προσωπικά στον Πρωθυπουργό*, ότι η ευθύνη για τη συνεχιζόμενη και επιδεινούμενη *βάναυση καταπάτηση συνταγματικών εγγυήσεων* με τις υποκλοπές τηλεφωνημάτων είναι *διακομματική* — όπως διάχυτη σε όλο τον πολιτικό κόσμο είναι και η *υποκρισία*, κάθε φορά που βγαίνει στην επιφάνεια ο βόρβορος από την ανέλεγκτη και εγκληματική λειτουργία του παρακράτους.

Σε ανύποπτο (;) χρόνο (2-4-90, παραμονές εκλογών) δημοσιεύσαμε, από αυτή τη στήλη, ένα άρθρο υπό τον τίτλο *Υποκλοπές, ΟΤΕ και χαφιεδισμός «οικουμενικός»*, στο οποίο, επικαλούμενοι συγκεκριμένα στοιχεία για την ΕΥΠ και τον ΟΤΕ, υποστηρίζαμε και τα εξής:

«... Η υποκλοπή τηλεφωνημάτων, που δεν ήταν εφεύρημα του ΠΑΣΟΚ αλλά κρατική λειτουργία κοινή για όλες τις κυβερνήσεις, *συνεχίζεται*. Μόνη, και καθόλου παρήγορη, διαφορά ότι οι υποκλοπές τηλεφωνημάτων δεν γίνονται πια από μηχανισμούς μονοκομματικούς, αλλά *διακομματικούς*, διαπαραταξιακούς, "οικουμενικούς". Και μια δεύτερη, καθόλου αμελητέα, διαφορά ότι κανείς πια δεν μιλάει γι' αυτά...».

Έκαναν την πάπια, όντως, για το αποκαλυπτικό δημοσίευμα όλα τα κόμματα της «οικουμενικής» συγκυβέρνησης. Κάποιοι πονηροί, πάντως, παρέσυραν τον (εξαίρετου ήθους, ασφαλώς, και αδιαμφισβητήτως δημοκρατικό και έντιμο) τότε πρόεδρο του Διοικητικού Συμβουλίου του ΟΤΕ Τάσο Μήνη να εκτεθεί με μια απάντηση, στην οποία υπεστήριζε:

«... Η στελέχωση της Υπηρεσίας Απορρήτων έχει γίνει από προσωπικό που επελέγη με τη σύμφωνη γνώμη της ΟΜΕ-ΟΤΕ και *διαπαραταξιακή εκπροσώπηση*. Σημαντική, εξάλλου, είναι η προβλεπόμενη διαδικασία, σύμφωνα με την οποία κανένας εργαζόμενος δεν θα παραμένει στην Υπηρεσία Απορρήτων περισσότερο από είκοσι τέσσερις μήνες. Με αυτή την απόφαση δεν δημιουργούνται "στεγανά" και "κυκλώματα", που ενδεχομένως δημιουργούν *υποψίες* για αδιαφάνεια λειτουργίας. Μετά απ' όλα αυτά νομίζουμε ότι κάθε καλόπιστος αναγνώστης, αλλά κι εσείς, θα έχετε πεισθεί περί του *διαφανούς και δημοκρατικού τρόπου λειτουργίας της Υπηρεσίας Απορρήτων με τον αποφασιστικό ρόλο των εργαζομένων (ΟΜΕ-ΟΤΕ)*. Και θα πρέπει να έχει κατανοηθεί ότι η σημερινή λειτουργία της ευαίσθητης αυτής υπηρεσίας δεν έχει καμιά σχέση με το παρελθόν...».

Αφελείς και παραπλανητικές διαβεβαιώσεις από έναν υπεύθυνο, ωστόσο, άνδρα του αναστήματος Μήνη, τότε ακριβώς που, όπως αποκαλύπτεται σήμερα, *οργίαζαν* οι υποκλοπές τηλεφωνημάτων *και από την Υπηρεσία Απορρήτων* και από τους Γρυλλάκηδες, Μαυρίκηδες και Βολιωνιτάκηδες.

Πάμε παρακάτω:

Με διαπαραταξιακή (διακομματική) σύνθεση η διοίκηση της Ομοσπονδίας Εργαζομένων ΟΤΕ (ΟΜΕ-ΟΤΕ) *απορρίπτει επανειλημμένα και ασυζητητί* προτάσεις μη κομματικών συνδικαλιστών (όπως της *Αγωνιστικής Συσπείρωσης Εργαζομένων*: Να μην αναμιγνύεται η ΟΜΕ-ΟΤΕ στα κυκλώματα παρακολουθήσεων, υποκλοπών και συνεργασίας με μυστικές και εξωελληνικές υπηρεσίες (ΕΥΠ, ΝΑΤΟ, TREVI κ.ά.). Και, για να σπάσει ο μηχανισμός παρακολουθήσεων, να συγκροτηθεί μια μη ελεγχόμενη από την κυβέρνηση, τα κόμματα και τη διοίκηση του ΟΤΕ Επιτροπή Τεχνικών, που θα ελέγχει την Υπηρεσία Απορρήτων και τους κατανεμητές και θα πληροφορεί κάθε πολίτη που παρακολουθείται.

Αντί αυτών, διεκδικώντας παγκόσμια συνδικαλιστική πρωτοτυπία, η διοίκηση της ΟΜΕ-ΟΤΕ επεξεργάστηκε και εισηγήθηκε στη Γενική Διεύθυνση του ΟΤΕ, με τετρασέλιδο πόνημα (Αρ. Πρωτ. 300, 27-8-90), *τη διαδικασία με την οποία πρέπει να δίνονται οι εντολές για παγίδευση τηλεφωνικών και τηλετυπικών ανταποκρίσεων.*

Και χρειάστηκε να περάσει ένας ολόκληρος χρόνος (25-4-91) για να στείλει την επιστολή με τις καταγγελίες του για παρακρατικά κυκλώματα ο εκ της Αριστεράς προερχόμενος Θ. Κορρές και με το δελτίο Τύπου η ΟΜΕ-ΟΤΕ να «δηλώσει δημόσια» (3-5-91) ότι «οι συγκεκριμένες εξελίξεις δεν μας δίνουν τη δυνατότητα και το δικαίωμα να διαβεβαιώσουμε την κοινή γνώμη ότι ο Οργανισμός μας μπορεί να εγγυηθεί για τη διασφάλιση του απορρήτου των τηλεφωνικών συνδιαλέξεων».

Παρ' όλα αυτά και όσα έκτοτε απεκαλύφθησαν, η ΟΜΕ-ΟΤΕ εξακολουθεί και σήμερα να έχει εκπροσώπους της στην ΥΕΣΔΑ (Υποτομέας Ειδικών Συνδέσεων και Διασφάλισης Απορρήτου) και, ανάμεσα σ' αυτούς, προερχόμενους από κόμματα και παρατάξεις της αντιπολίτευσης (Ντούφης, Σίμος, Τζακίνης κ.ά.)...

Με αυτά τα δεδομένα, που μας επιτρέπουν ευλόγως να αναζητούμε τον *αναμάρτητο* στους πολιτικούς σχηματισμούς και υπό το φως των αποκαλύψεων, επί τρεις εβδομάδες τώρα, ας επιχειρήσουμε να διατυπώσουμε ορισμένα απλά ερωτήματα, που απασχολούν τον πολίτη, αποτολμώντας μαζί και κάποια απάντηση:

1. *Γιατί* ο Μητσοτάκης και το περιβάλλον του εμφανίζονται αιφνιδιαζόμενοι από τις αποκαλύψεις και ψευδόμενοι ασυστόλως, ενώ είχαν προϊδεασθεί (και από τον Έβερτ για το υπόμνημα Μαυρίκη, αλλά και από τις ραδιοφωνικώς μεταδιδόμενες κασέτες);

Διότι παραδοχή και ομολογία της *σκαστής παρανομίας* θα έπρεπε να συνοδευτεί από *παραίτηση* — και, βεβαίως, δεν το 'χει σκοπό. Και διότι ελπίζει ότι ο θόρυβος θα καταλαγιάσει και ότι το σκάνδαλο των υποκλοπών θα θαφτεί στις δικαστικές και κοινοβουλευτικές διερευνήσεις και στη διευρυνόμενη πεποίθηση ότι δεν έκανε τίποτα χειρότερο απ' ό,τι οι προκάτοχοί του.

2. *Γιατί* ο Μητσοτάκης διατηρεί ακόμα πλάι του τον καταγγελλόμενο ως εγκέφαλο του παρακρατικού κυκλώματος στρατηγό Γρυλλάκη; *Διότι* την πάτησε κι αυτός,

όπως ο ίδιος ελεεινολογούσε το 1989 τον Ανδρέα Παπανδρέου («όλοι παρηκολουθούντο από το κέντρο ή όλοι κινδύνευαν να παρακολουθηθούν. Και τελικά απωλέσθη ο έλεγχος και παρακολουθούσαν τον παρακολουθούντα τα όργανα τα οποία είχε ορίσει...»). Ο παρακρατικός μηχανισμός, δηλαδή, έγινε τόσο ισχυρός ώστε να *αυτονομηθεί* και να *εκβιάζει*.

3. *Γιατί* ο Μητσοτάκης, αμυνόμενος, κι έχοντας *όλες* τις πληροφορίες στα χέρια του, δεν αποκαλύπτει *πώς, από ποιους* και *γιατί τώρα* στήθηκε η φάμπρικα των συνταρακτικών αποκαλύψεων, που τον εκθέτουν προσωπικά και ανεπανόρθωτα; *Διότι* θα έριχνε λάδι στη φωτιά και θα ερχόταν σε, εκ των προτέρων χαμένη, κατά μέτωπο σύγκρουση με τους πανίσχυρους μεγιστάνες των μέσων ενημέρωσης (αυτή την *ανεξέλεγκτη υπερεξουσία*), με τους οποίους διατηρεί και αυτός σχέσεις αθέμιτης συναλλαγής.

4. *Γιατί*, τουλάχιστον, η κυβέρνηση δεν «τυλίγει σε μια κόλλα χαρτί» και δεν εξουδετερώνει μια για πάντα τρόφιμους των μυστικών υπηρεσιών, που εμφανίζονται σαν κραυγαλέοι δημοκράτες και πρωτοστατούν στη σκανδαλοθηρία; *Διότι* ισχύει αυτό που είπε το 1975 (όταν δεχόταν ανάλογες προσωπικές επιθέσεις) ο Τάκης Λαμπρίας: «Ξέρεις κανένα κράτος που να αποκαλύπτει τους χαφιέδες του;»

5. *Πώς* και «βάζουν το κεφάλι τους στον τορβά», διακινδυνεύοντας να κλειστούν στη φυλακή για τις παρανομίες τους, που *ομολογούν και αποδεικνύουν*, οι Μαυρίκηδες των παρακρατικών κυκλωμάτων; *Διότι*, κατά την επικρατέστερη εκδοχή, «τα 'πιασαν χοντρά». Και, κατά την επικουρική εκδοχή, πείστηκαν ότι ο Μητσοτάκης είναι πρωθυπουργός υπό προθεσμία κι αναζητούν νέα αφεντικά.

6. *Γιατί* το ΠΑΣΟΚ παραμένει υποτονικό και δεν ζητεί,

για το φοβερό θέμα των υποκλοπών, να παραιτηθεί εδώ και τώρα ο Μητσοτάκης; *Διότι* έχει *αγρίως λερωμένη τη φωλιά του* με τις υποκλοπές. Ακόμα και αν αποδειχθεί «η πλεκτάνη του 1989» (ότι δηλαδή η ΝΔ εξαγόρασε το πρωτοπαλίκαρο του Θ. Τόμπρα στις υποκλοπές Ν. Γιαννιώτη κι άλλαξε κάποιες καρτέλες), δεν αναιρείται το αδιαμφισβήτητο γεγονός ότι παρακρατικό κύκλωμα υποκλοπών είχε στήσει και ο Ανδρέας Παπανδρέου.

7. *Γιατί* η κοινοβουλευτική Αριστερά, έστω, δεν διαχωρίζει τη θέση της καθαρά και ξάστερα; Γιατί δεν αποσύρει τους ανθρώπους της από την κακόφημη Υπηρεσία Απορρήτων του ΟΤΕ; Γιατί δεν προτείνει *αυστηρό διαχωρισμό του ΟΤΕ από την ΕΥΠ και ξένες υπηρεσίες* και αρκείται στο «διακομματικό έλεγχο», που είδαμε πώς λειτουργεί στην πράξη; Γιατί δεν ζητεί *να διαλυθεί η ΕΥΠ* που, μισό αιώνα τώρα, είναι συνδεδεμένη μόνο με παρακρατικά κυκλώματα, εκτροπές κι ανωμαλίες; *Διότι* γλυκάθηκε το 1989-90 με την εξουσία, αυτοπαγιδεύτηκε στις φαντασιώσεις της και το παίζει ακόμα εξουσία — άλλωστε κι εκεί όπου ομοϊδεάτες της διαχειρίστηκαν την εξουσία, στηρίχθηκαν σε ακόμα χειρότερους μηχανισμούς παρακολούθησης.

8. *Έχει δυνατότητες* κι ελπίδες ο πολίτης να γλιτώσει απ' αυτό το βάναυσο βιασμό της προσωπικότητάς του με τις υποκλοπές των τηλεφωνημάτων και τα (ηλεκτρονικά τώρα) φακελώματα; *Καμιά απολύτως* στο συγκεκριμένο πολιτικό σύστημα και κοινωνικό θεσμικό πλαίσιο και με δεδομένο τον *ολοκληρωτισμό της τεχνολογίας*. Ας μην ξεχνάμε, στο κάτω κάτω, ότι οι υποκλοπές είναι, κατά βάση, *νόμιμες* (από την ΕΥΠ για λόγους δήθεν «εθνικής ασφαλείας» και με εισαγγελική εντολή, κατά τον αντιτρομοκρατικό νόμο, στη διερεύνηση όλο και περισσότερων ε-

γκλημάτων και ποινικών αδικημάτων) και *ημινόμιμες* με τους ασύδοτους ιδιωτικούς «ντετέκτιβ» (πληρώνουν είκοσι πέντε χιλιάδες δραχμές κατά «κοριό», όποιον τεχνίτη του ΟΤΕ δέχεται να τα «κονομήσει»...).

Και, τότε, τι μένει; Τι να μείνει; Η *τύφλα* μας και η ανημπόρια μας. Σε κάποιους, όλο και περισσότερους, μένει ακόμα η *γνώση* σ' αυτό που λέει, καλή του ώρα, ο Κυριάκος Σιμόπουλος (στο βιβλίο του *Η διαφθορά της εξουσίας*):

Ότι η διαφθορά (και ο αυταρχισμός και οι σκοτεινοί παρακρατικοί μηχανισμοί, θα προσθέταμε) «δεν αποτελεί περιστασιακό φαινόμενο. *Δεν πρόκειται για μια ιάσιμη λοίμωξη*. Είναι διαχρονικό φαινόμενο *συμφυές* με την άσκηση της εξουσίας...».

Δευτέρα 17 Μαΐου 1993

ΓΙΑ ΠΟΙΑ ΛΟΙΠΟΝ ΔΙΚΑΙΟΣΥΝΗ ΚΟΚΟΡΟΜΑΧΟΥΝ;

ΕΚΘΕΤΗ στην τύρβη της πολιτικής αντιδικίας πάλι η Δικαιοσύνη — και πώς να γίνει διαφορετικά, αφού τα τελευταία χρόνια η πολιτική ζωή διαμορφώνεται συνηθέστερα στα δικαστήρια παρά στο Κοινοβούλιο.

Για την ανεξαρτησία της Δικαιοσύνης κόπτονται, με περισσή υποκρισία, κυβέρνηση και αντιπολίτευση, αλληλοκατηγορούμενες για δημόσιες και παρασκηνιακές παρεμβάσεις στο έργο της.

Την αφορμή, αυτή τη φορά, έδωσαν *οι προκλητικές διώξεις* (με δυσμενείς μεταθέσεις και πειθαρχικό έλεγχο) δικαστών, που τόλμησαν (!) να κρίνουν την υπόθεση Μαρίνου - Σκυφτούλη κατά τρόπο διάφορο από τις δεδηλωμένες κυβερνητικές επιδιώξεις.

Με έναν Πρωθυπουργό *υποτροπιάζοντα καθ' έξιν* στην προεξόφληση δικαστικών αποφάσεων και με Υπουργείο Δικαιοσύνης ουσιαστικά *ακέφαλο*, η κυβέρνηση προσπαθεί να εξηγήσει τ' ανεξήγητα:

— *Δημοσίως*, με επιθετικές δηλώσεις του ασκούντος και χρέη υπουργού Δικαιοσύνης Ι. Βαρβιτσιώτη (όταν και αν το επιτρέπει ο φόρτος εργασίας στο Υπουργείο Αμύνης) ότι παρεμβαίνουν στα εσωτερικά της Δικαιοσύνης «οι δήθεν υπερασπιστές της ανεξαρτησίας της», που δεν σέβονται τις αποφάσεις του Ανωτάτου Δικαστικού Συμβουλίου.

— *Παρασκηνιακά*, τροφοδοτώντας ποικίλα δημοσιεύματα του φιλικού της Τύπου: Ότι η δυσμενώς μετατεθείσα στην Τρίπολη πρωτοδίκης Δ. Μπιτζούνη, είναι η πασίγνωστη «πράσινη ανακρίτρια» και ιδού ο «φάκελός» της. Ότι οι διωκόμενοι δικαστές είναι τουλάχιστον ανεπαρκείς υπηρεσιακά. Ότι έχουν προκύψει επαρκέστατα στοιχεία ενοχής για τους Χρ. Μαρίνο και Επ. Σκυφτούλη, αλλά ο θόρυβος που ξεσηκώθηκε εμποδίζει τη δικαστική διαλεύκανση της υπόθεσης, αφού τρομοκρατούνται μάρτυρες, ανακριτές και δικαστές...

Από την πλευρά της η (αξιωματική) αντιπολίτευση αρκείται στο να καταγγέλλει ότι η επιχειρούμενη «χειραγώγηση της Δικαιοσύνης από την εκτελεστική εξουσία συνιστά μέγα κίνδυνο για τους θεσμούς» (Ανδρέας Παπανδρέου 3-11-92).

Από τα διασταυρούμενα πυρά της πολιτικής αντιδικίας παραμένουν άθικτα καίρια και χρόνια προβλήματα, συναφή με την ουσιαστική ανεξαρτησία των δικαστών και τη στοιχειωδώς επαρκή, για μια ευνομούμενη πολιτεία, δικαιοδοτική τους λειτουργία, όπως:

1. *Η επιλογή* της κορυφής του δικαστικού σώματος από την εκάστοτε κυβέρνηση, που αυτομάτως καθιστά τη Δικαιοσύνη υποχείρια της εκτελεστικής εξουσίας και την αφήνει έκθετη στον *κομματισμό* και στη λειτουργία με βάση τη συγκυριακή πολιτική σκοπιμότητα.

2. *Ο τρόπος επιλογής* συνολικά των δικαστών, ώστε η υψηλότερη και πιο δύσκολη λειτουργία σ' ένα κράτος δικαίου να είναι στα πιο κατάλληλα χέρια — να γίνονται δηλαδή δικαστές οι πλέον καταρτισμένοι, οι νουνεχείς, κοινωνικά ευαίσθητοι και ηθικά αδιάβλητοι και όχι οι εκ των πτυχιούχων της Νομικής (ανάμεσά τους και ηλίθιοι και εμπαθείς και μισάνθρωποι και φιλοχρήματοι και πολιτικά φιλόδοξοι και κομπλεξικοί) που αδυνατούν να δικηγορήσουν.

3. *Η διασφάλιση* συνθηκών που ευνοούν την ανεξαρτη-

σία και ευθυκρισία των δικαστών και αποτρέπουν, κατά το δυνατόν, την κακοδικία (αποποινικοποίηση σημαντικού μέρους της παραβατικότητας, που θα αποσυμφορήσει τη δικαστηριακή λειτουργία, αποσαφηνιστική αναθεώρηση και κωδικοποίηση της νομοθεσίας, πινάκια που να επιτρέπουν χρονικά άνετη και εξαντλητική διερεύνηση των υποθέσεων, αξιοπρεπείς αποδοχές και αξιοκρατική ανέλιξη, καταπολέμηση κυκλωμάτων διαφθοράς και επηρεασμού της δικανικής κρίσης κ.ά.).

Και, πάνω απ' όλα,

4. *Θεσμοί και μέτρα* για να αναστηλωθεί το κύρος της Δικαιοσύνης στην κοινή συνείδηση — ως κοινωνικά αναγκαία δικαιοδοτική λειτουργία και όχι κατευθυνόμενο όργανο των κρατούντων εις βάρος των αδυνάτων και όχι προέκταση του κατασταλτικού μηχανισμού για την άσκηση της κρατικής βίας.

Αυτό που φαίνεται να μην ενδιαφέρει παντελώς την κυβέρνηση και την (αξιωματική) αντιπολίτευση και ευκαιριακά μόνο απασχολεί τον Τύπο είναι το μέγα θέμα: ποιος πληρώνει τα σπασμένα από μια *επιλεκτική* (ταξικά, βεβαίως) λειτουργία της ποινικής καταστολής, ποια είναι τα *θύματα* της λειτουργίας της Δικαιοσύνης στις σημερινές συνθήκες, που γεννούν αναπόφευκτα την *κακοδικία*. Ποιοι και πώς, δηλαδή, κλείνονται στις φυλακές, πώς «σωφρονίζονται» σ' αυτές και ποιοι απ' αυτούς μπορούν να τρέφουν ελπίδα να ξαναζήσουν ελεύθεροι στην κοινωνία.

Όνειρο ήταν κι έσβησε η στιγμή που ο υπουργός Δικαιοσύνης Αθ. Κανελλόπουλος δεχόταν στο γραφείο του εκπροσώπους των εξεγερμένων κρατουμένων και συμπαραστάτες τους (καθηγητές πανεπιστημίου και δικηγόρους) και διαπραγματευόταν «ευεργετικά» μέτρα για τους φυλακισμένους — που μπορεί και να σημαίνει απλή εφαρμογή της νομιμότητας. Όσα γεννήθηκαν τότε, για όσα (νομοσχέδια, σχέδιο νόμου Σωφρονιστικού Κώδικα) *δεσμεύθηκε δημοσίως* η κυβέρνηση, ουδείς λόγος γίνεται πλέον εδώ και δύο ολόκληρα χρόνια.

Ψιλά γράμματα όλα αυτά για μια κυβέρνηση που αφήνει το Υπουργείο Δικαιοσύνης ακέφαλο, σε υποτονική λειτουργία. Άλλο τόσο για την (αξιωματική) αντιπολίτευση που, κατά τα άλλα, δεν δέχεται μύγα στο σπαθί της ως προς τη σχολαστική τήρηση της νομιμότητας (εύγλωττο το παράδειγμα: Δύο φορές επισκέπτεται τις φυλακές Λάρισας ο τοπικός βουλευτής του ΠΑΣΟΚ Γ. Αδαμόπουλος. Την πρώτη, τον περασμένο Μάιο, βλέπει *όσα θέλει να του δείξει ο διευθυντής* και αρκείται σε κάποιες βελτιωτικές προτάσεις, που ελάχιστη δημοσιότητα έχουν. Τη δεύτερη κερδίζει επιτέλους τα πρωτοσέλιδα: Μέγας ο θόρυβος για τις καταγγελίες ότι ανακρίθηκε από την αντιτρομοκρατική υπηρεσία ένας κρατούμενος που επανειλημμένα έχει επιδιώξει τον ντόρο γύρω από το όνομά του...).

Μεγάλη δημοσιότητα, βεβαίως, έχουν και οι συνεχιζόμενες έρευνες των αντεισαγγελέων του Αρείου Πάγου Δ. Τσεβά και Αν. Φλούδα για περιπτώσεις *ιδιοτελούς κακοδικίας* σε υποθέσεις εμπορίας ναρκωτικών. Και αν ακόμη αυτές οι έρευνες απολήξουν στην αποκάλυψη κρουσμάτων (και όχι κυκλωμάτων) διαφθοράς, ουσιαστικά λειτουργούν *εκφοβιστικά* για τους δικαστές, αφού αφορούν αποκλειστικά σε περιπτώσεις *επιεικούς* εφαρμογής των νόμων. Ουδείς ερευνά με ποια κακοδικία, με ποια προκατάληψη και υπέρμετρη αυστηρότητα γέμισαν ασφυκτικά οι φυλακές με «πρεζόνια» και άλλους χρήστες-θύματα, ακριβώς, των εμπόρων ναρκωτικών.

Και, βεβαίως, κανείς εισαγγελέας του Αρείου Πάγου και κανείς βουλευτής δεν ασχολείται με τον ισοβίτη Χάρη

Τεμπερεκίδη, ας πούμε, που γεννήθηκε από πολιτικούς πρόσφυγες στην Πολωνία και την πατρίδα γνώρισε μόνο στις φυλακές, όπου πέρασε τη μισή ζωή του (*είκοσι ένα ολόκληρα χρόνια* και οι αιτήσεις του για αποφυλάκιση, με βάση το άρθρο 105 Π.Κ. σε συνδυασμό με το νόμο 2058/52, απορρίπτονται η μια μετά την άλλη)...

Αφού, λοιπόν, ουδείς ασχολείται μαζί τους και ελάχιστα ακούγεται η φωνή τους (ξανα)δίνουμε το λόγο στους ίδιους τους φυλακισμένους. Από *τριάντα δύο κρατουμένους* στις φυλακές Αγίου Στεφάνου Πατρών υπογράφεται η ανοικτή επιστολή προς τον αντεισαγγελέα του Αρείου Πάγου Δ. Τσεβά, με αφορμή το «μανιφέστο» του.

Τα κύρια σημεία της επιστολής (οι υπογραμμίσεις δικές της):

«... Στο σημείο που αναφέρεστε στα της Δικαιοσύνης, θα μας επιτρέψετε να έχουμε το λόγο, αφού για μας είναι ένας χώρος τόσο οικείος... Πολύ σωστά επισημαίνετε ότι "η Δικαιοσύνη βάλλεται, αμφισβητείται και οι δικαστικοί λειτουργοί υβρίζονται".

»Θα θέλαμε όμως να σας ερωτήσουμε ευθέως:

»*Πώς είναι δυνατό να είναι σεβαστή η Δικαιοσύνη, όταν συστηματικά και απροκάλυπτα παραβιάζονται από τους ίδιους τους λειτουργούς της οι νόμοι που η Πολιτεία εθέσπισε;*

»Δεν αναφερόμαστε εδώ στην ελλιπέστατη εφαρμογή, αν όχι πλήρη περιφρόνηση των μισών διατάξεων του Σωφρονιστικού Κώδικα... Στις διατάξεις *περί αναστολής* θα επιμείνουμε.

»Γνωρίζετε πολύ καλά ότι:

»— Πρόκειται για θεμελιώδεις διατάξεις, που διέπουν κάθε πολιτική που θέλει να αποκαλείται σωφρονιστική και ως θεσμός ισχύει παντού — με μοναδική ίσως εξαίρεση τη χώρα μας.

»— Για την εφαρμογή τους *είχε δεσμευθεί ο πρώην υπουργός Δικαιοσύνης, όταν προβλήθηκε ως ένα από τα κύρια αιτήματα στις προ διετίας αιματηρές αναταραχές,* σε όλα σχεδόν τα σωφρονιστικά καταστήματα.

»Όταν οι ίδιοι οι εφαρμοστές του νόμου περιφρονούν το νόμο είναι τουλάχιστον υποκριτικό, εκ μέρους της Πολιτείας, να απαιτεί από τους πολίτες της σεβασμό των νόμων.

»Διότι αυτό ακριβώς συμβαίνει:

»Είτε πρόκειται περί απροκάλυπτης αυθαιρεσίας, είτε για ακατανόητη επίδειξη πυγμής, είτε για ευθυνοφοβία, οι αιτήσεις αναστολής απορρίπτονται σωρηδόν με γελοία έως βλακώδη σκεπτικά, του τύπου "... ο σωφρονισμός (του αιτούντος) αν και επετεύχθη πλήρως, είναι απόρροια της αναγκαστικής συμβίωσης με τους συγκρατούμενούς του..."!

»Μία από τις συνέπειες είναι και η στο έπακρο συμφόρηση όλων ανεξαιρέτως των σωφρονιστικών καταστημάτων, που πολύ σύντομα θα "φιλοξενούν" κρατούμενους ακόμα και στα μαγειρεία.

»Θα το επαναλάβουμε για μια ακόμα φορά:

»*Δεν ζητάμε τίποτα περισσότερο από το να πάψουν οι λειτουργοί της Δικαιοσύνης να αυθαιρετούν σε βάρος μας περιφρονώντας το νόμο...*

»... Λειτουργοί της Δικαιοσύνης που δεν εφαρμόζουν το νόμο, δεν μπορούν να είναι σεβαστοί. *Δικαιοσύνη που δεν σέβεται τον εαυτό της, δεν μπορεί να είναι σεβαστή από τους πολίτες.* Απλώς φοβίζει. Και ο φόβος δεν δημιουργεί "σώφρονες, συνετούς και (πρωτίστως) ελεύθερους πολίτες".

»Εμείς, κύριε αντισαγγελεύ, πήραμε το μήνυμά σας για τους κινδύνους που απειλούν την κοινωνία μας.

»*Αφουγκρασθείτε τη δική μας κραυγή* προς κάθε αρμόδιο.

»Κάντε μια αρχή από τον τόσο γνώριμο σε σας χώρο της Δικαιοσύνης, που κατά τα λεγόμενά σας είναι "η βάση της νομικής και ηθικής τάξης". Θα αποτελέσει και την έμπρακτη απόδειξη αυτού που κι εσείς επισημαίνετε, ότι δηλαδή "*δεν αρκεί να διακηρύττεις, αλλά και να βιώνεις τις ιδέες σου· οφείλεις να καταστείς η ζωντανή έκφραση των αρχών σου· μόνο τότε πείθεις για το ποιόν σου*"...».

Ζητούνται ευήκοα ώτα γι' αυτή την κραυγή απελπισίας των δεσμωτών. Εις μάτην;

Δευτέρα 9 Νοεμβρίου 1992

ΠΟΙΟΙ ΘΕΛΟΥΝ ΑΝΕΞΑΡΤΗΤΗ ΤΗ ΔΙΚΑΙΟΣΥΝΗ;

«Ἄθλιος παρ' ἀθλίου, δι' ἀθλίου πρός ἄθλιον».
ΔΙΟΓΕΝΗΣ

ΑΝΤΙ ΝΑ ΚΡΥΒΟΥΜΕ τις πομπές μας, τις διαλαλούμε; Η κρατική, κυρίως, τηλεόραση (με πρώτο το κατ' εξοχήν κατευθυνόμενο κανάλι της ΕΤ-2) μεταδίδει, ξανά και ξανά, όσα φοβερά και αδιανόητα διαδραματίστηκαν στο δικαστήριο την περασμένη Παρασκευή. Για να μη μείνει ούτε ένας πολίτης σ' αυτή τη δύσμοιρη χώρα να μη διαπιστώσει ιδίοις όμμασιν το απερίγραπτο χάλι μας:

Να γίνεται γήπεδο ένα ανώτερο δικαστήριο — τέμενος ιερό, υποτίθεται, της Δικαιοσύνης (υψίστη, θεωρητικά, των αρετών σε μια ευνομούμενη κοινωνία). Βουλευτές και δικηγόροι, κομματάρχες και πολιτευόμενοι, εγκάθετοι και κατηγορούμενοι να γαβριάζουν, να βιαιοπραγούν, να ασχημονούν. Η απόφαση, με τις εξοντωτικές ποινές, να ψελλίζεται, μέσα στον ορυμαγδό, από περιδεείς δικαστές, που εγκαταλείπουν έντρομοι την έδρα, προπηλακιζόμενοι και υβριζόμενοι. Τα μικρόφωνα να θρυμματίζονται, τα όργανα της τάξεως να χάνουν τα πηλήκια, οι βαρυποινίτες του εδωλίου να απάγονται με το χέρι ψηλά στο σήμα της νίκης... Να καταρρακώνεται και να καταλύεται, κοντολογίς, κάθε έννοια νομιμότητας.

Και ο πολίτης-τηλεθεατής άναυδος να απορεί: Υπάρχει το κράτος, εφαρμόζονται οι νόμοι, λειτουργεί η Δικαιοσύνη *πού, πότε και για ποιους;*

Αμείλικτο το ερώτημα για τους εξοικειωμένους, κυρίως, με τη δικαστηριακή καθημερινότητα και πρακτική — από την οποία και το (πραγματικό) παράδειγμα, παρενθετικά: Στο εδώλιο τρεις νέοι, στην πρώτη μετεφηβική ηλικία, τρόφιμοι αναμορφωτηρίου, συνήθη δηλαδή θύματα της ποινικής καταστολής. Κλοπή αυτοκινήτων το αδίκημα. Φυλάκιση *δυόμισι χρόνων* η ποινή. Μετά την απαγγελία της απόφασης ο εισαγγελεύς παρακαλεί να του ξαναδοθεί ο λόγος. Με ύφος κατηχητή («αγαπητά μου παιδιά...») προσπαθεί να πείσει τους νεαρούς του εδωλίου ότι το δικαστήριο τους στέλνει στη φυλακή για να γίνουν «καλοί άνθρωποι και έντιμοι πολίτες». Ο φερόμενος ως αρχηγός από τους καταδικασθέντες τον διακόπτει άγρια: «Τι λες, ρε π...; Έχεις πάει ποτέ φυλακή;» Αυθωρεί η νέα δίκη: φυλάκιση *τριών χρόνων* για προσβολή του δικαστηρίου... Κλείνει η παρένθεση.

Το χειρότερο από τις αθλιότητες της Παρασκευής δεν είναι ότι εκδηλώθηκε και στα δικαστήρια ο τροφοδοτούμενος από τον τυφλό φανατισμό *τραμπουκισμός* — μάθαμε, φευ, να συμβιώνουμε μ' αυτόν. Το χειρότερο είναι ότι ο κατεξευτελισμός της Δικαιοσύνης συνετελέσθη *ατιμωρητί*. Γι' αυτό και η επαναληπτική τηλεοπτική μετάδοση μπορεί να υπηρετεί την ευτέλεια και μικρόνοια της κυβερνητικής προπαγάνδας, αλλά σίγουρα δεν προσφέρεται για φρονηματισμό των πολλών.

Δεδομένα τα τρωτά μιας Δικαιοσύνης, που είναι ταγμένη να υπηρετεί το δίκαιο των ισχυρών. Αλλά αυτοί που υφίστανται τις συνέπειες, τα θύματά της, που δικαιούνται να την καταγγέλλουν, δεν έχουν φωνή.

Ελάχιστοι και σπανίως ασχολούνται με θέματα στοιχειώδη για μια εύρυθμη, επαρκή και ηθικά αδιάβλητη λειτουργία της Δικαιοσύνης. Όπως, λόγου χάρη:

— *Με ποια κριτήρια* επιλέγονται οι δικαστές.

— *Κατά πόσον ισχύει* ή φαλκιδεύεται, μέσα στη διάκριση των εξουσιών, η ανεξαρτησία της Δικαιοσύνης.

— *Αν η ισονομία* βρίσκει την έκφρασή της στη δικαστηριακή πρακτική και όλοι οι πολίτες είναι όντως ίσοι απέναντι στη δικαστική έδρα.

— *Αν τα υπερφορτωμένα* πινάκια επιτρέπουν ουσιαστική διερεύνηση των υποθέσεων.

— *Τι επηρεάζει* ή παρεμποδίζει την αδιάβλητη δικανική κρίση κ.ά.

Μέγας θόρυβος, αντιθέτως, ξεσηκώνεται συνηθέστατα, όταν η πολιτική ζωή προεκτείνεται και στα δικαστήρια, όταν ποινικοποιείται η πολιτική δραστηριότητα, όταν οι δικαστικές αποφάσεις έχουν πολιτικό αντίκτυπο — όταν δηλαδή η Δικαιοσύνη μπλέκεται στις συμπληγάδες των πολιτικών σκοπιμοτήτων.

Το ζήσαμε, επί δεκαετίες, με τις πολιτικές διώξεις, τις πολιτικές καταδίκες και τους πολιτικούς κρατούμενους.

Το βιώνουμε, τρία χρόνια τώρα, με την επιχείρηση «κάθαρση». Που μετέτρεψε τη δημόσια ζωή σ' ένα διαρκές δικαστήριο. Που μετέφερε στις πλάτες των δικαστών τις αμαρτίες των πολιτικών. Που έθεσε τη Δικαιοσύνη στο επίκεντρο των κομματικών αντιπαραθέσεων και της πολιτικής διαμάχης. Που εξελίχθηκε σε δεινή δοκιμασία των θεσμών. Και που έχει το ακριβώς αντίθετο, από το ζητούμενο, αποτέλεσμα: Αντί να επικροτείται από την καθολική παραδοχή το αυτονόητο, ότι η *ισονομία δεν επιδέχεται εξαιρέσεις*, να διεκδικείται συλλογικά (από μία παράταξη που αισθάνεται διωκόμενη) η *ποινική ασυλία* των διαχειριστών της εξουσίας...

Οι τελευταίοι που δικαιούνται να καταγγέλλουν τη Δικαιοσύνη ως *διατεταγμένη* ή να καμώνονται ότι υπεραμύνονται της *ανεξαρτησίας της* είναι όσοι μας κυβέρνησαν και μας κυβερνούν, οι εναλλασσόμενοι στη διαχείριση της εξουσίας.

Χιλιοπαιγμένο το έργο, θα έπρεπε να μην πείθει κανέναν πια: Στην αντιπολίτευση τα κόμματα να προβληματίζονται, τάχα, κατά πόσο το να επιλέγουν οι κυβερνήσεις την ηγεσία του δικαστικού σώματος υπονομεύει την ανεξαρτησία της Δικαιοσύνης. Και όταν γίνονται κυβέρνηση, να αφήνουν αναλλοίωτο το ισχύον καθεστώς.

Η ουσία είναι ότι η περίφημη διάκριση των εξουσιών είναι πλέον δυσδιάκριτη, αν όχι ανύπαρκτη, αφού η *εκτελεστική εξουσία έχει ήδη ευνουχίσει τη νομοθετική και επιδιώκει μονίμως να έχει υποχείρια τη δικαστική.*

«Είναι προφανές ότι ο καθένας θέλει τη Δικαιοσύνη ανεξάρτητη από τους άλλους και εξαρτημένη απ' αυτόν», έλεγε χθες (στο *Έψιλον*) ο πρόεδρος της Ένωσης Δικαστών και Εισαγγελέων Π. Κωστάκος.

Είναι γι' αυτό ακριβώς που οι αθλιότητες της περασμένης Παρασκευής οφείλουν να προβληματίσουν περισσότερο, παρά να ρίξουν λάδι στη φωτιά της πολιτικής διαμάχης.

Αλίμονο αν έχουμε να επιλέξουμε ανάμεσα σε κομματικά εγκάθετους ή τρομοκρατημένους δικαστές.

Αλίμονο αν, μέσα στη γενική κρίση θεσμών και αξιών, παραδοθεί και η Δικαιοσύνη έκθετη στη γενική ανυποληψία και χλεύη. Δεν θα μείνει τίποτα πια όρθιο σ' αυτό τον τόπο...

Δευτέρα 20 Απριλίου 1992

ΣΥΛΛΟΓΙΚΗ ΛΕΙΤΟΥΡΓΙΑ ΚΑΙ ΕΥΘΥΝΗ

Η ΤΕΛΕΥΤΑΙΑ δημοσιογραφική ερώτηση προς τον πρωθυπουργό Ανδρέα Παπανδρέου, μετά τη συνεδρίαση του υπουργικού συμβουλίου την Παρασκευή, ήταν:

«Πότε, κ. πρόεδρε, θα συνεδριάσει πάλι το υπουργικό συμβούλιο;»

«Δεν ξέρω», απάντησε έκδηλα ενοχλημένος.

Η ενόχληση, πιθανότατα, οφείλεται στο ότι υπήρξαν στον Τύπο *επικριτικά σχόλια* (και του γράφοντος) διότι, μετά την πανηγυρική πρώτη συνεδρίαση, οπότε ο Πρωθυπουργός ανακοίνωσε ότι το υπουργικό συμβούλιο θα συνέρχεται ανά δεκαπενθήμερο, πραγματοποιήθηκε *μία*, όλη κι όλη, συνεδρίαση, η προχθεσινή, ύστερα από έναν ολόκληρο μήνα.

Σ' αυτό τον πρώτο μήνα, κατά τον οποίο ούτε η Βουλή συνεδρίασε, ελλείψει νομοσχεδίων, δημοσιεύματα και του φιλοκυβερνητικού ακόμα Τύπου διέχεαν την αίσθηση ότι η νέα κυβέρνηση του ΠΑΣΟΚ «βραδυπορεί», «ολιγωρεί», πάσχει από «αρρυθμία» και «δυσλειτουργία» και αποκαλύπτεται ανέτοιμη να αντιμετωπίσει επείγοντα και τρομακτικά προβλήματα. Την εικόνα επιδείνωσαν, βεβαίως, οι πρώτες και έντονες δημόσιες διαφωνίες και συγκρούσεις υπουργών.

Τόσο, ώστε να μην ηχεί πειστικά η συχνά επαναλαμβανόμενη διαβεβαίωση του κυβερνητικού εκπροσώπου ότι «η κυβέρνηση λειτουργεί συλλογικά και ενιαία».

Τόσο, ώστε να χρειαστεί, μετά την προχθεσινή συνεδρίαση, ο Πρωθυπουργός να επαναλάβει ότι «οι διαφωνίες υπουργών θα πρέπει να εκφράζονται *μόνο στα όργανα* και όχι δημοσίως».

Αλλά το μόνο θεσμικό συλλογικό όργανο στο οποίο μετέχουν οι υπουργοί, είναι η ίδια η κυβέρνηση. Οι διαφωνίες τους, άρα, κατά την πρωθυπουργική σύσταση, πρέπει να εκφράζονται στις συνεδριάσεις του υπουργικού συμβουλίου, που οφείλουν —κι όχι μόνο γι' αυτό— να είναι *τακτές και συχνές*.

Δεν δικαιούται ο Πρωθυπουργός να λέει «δεν ξέρω» πότε θα ξανασυνεδριάσει το υπουργικό συμβούλιο, ούτε να ορίζει τις συνεδριάσεις του κατά το δοκούν — σπανιότατα, όποτε δεν μπορεί να το αποφύγει ή για να τηρούνται απλώς τα προσχήματα. Δεν του το επιτρέπουν οι πολιτειακοί μας κανόνες.

Ο συντακτικός νομοθέτης θέλει *συλλογική τη λειτουργία και ευθύνη της κυβέρνησης*, στην οποία «από το κοινοβουλευτικό σύστημα ανατίθεται ο ηγετικός ρόλος στην Πολιτεία» (Δ. Τσάτσος):

«*Η κυβέρνηση καθορίζει και κατευθύνει τη γενική πολιτική* της χώρας...», ορίζει το Σύνταγμα (άρθρο 82) και, βεβαίως, «την κυβέρνηση αποτελεί το Υπουργικό Συμβούλιο, που απαρτίζεται από τον Πρωθυπουργό και τους Υπουργούς» (άρθρο 81).

Κατά το Σύνταγμα, επίσης, «η *κυβέρνηση* οφείλει να έχει την *εμπιστοσύνη της Βουλής*» (άρθρο 84) και «τα μέλη του Υπουργικού Συμβουλίου, καθώς και οι υφυπουργοί είναι *συλλογικώς υπεύθυνοι* για τη γενική πολιτική της κυβέρνησης» (άρθρο 85).

Με δεδομένο το δεσπόζοντα ρόλο του Πρωθυπουργού, αφού αυτός σχηματίζει την κυβέρνηση και «κατευθύνει τις ενέργειές της» (παράγραφος 2 του άρθρου 82), το Σύνταγμα επιτάσσει τη συλλογική λειτουργία και ευθύνη της κυβέρνησης ως *«θεσμικό αντίβαρο»* (Αρ. Μάνεσης) στον ενδεχόμενο και εν δυνάμει *πρωθυπουργικό αυταρχισμό.* Και το «αντίβαρο» αυτό διατηρείται και μετά την αναθεώρηση του Συντάγματος (1986), που θεσμοθετεί την «πρωθυπουργική παντοδυναμία» και καθιστά πρωθυπουργικοκεντρικό το πολιτικό μας σύστημα.

Συλλογική λειτουργία και ευθύνη της κυβέρνησης σημαίνει, βεβαίως, ότι το υπουργικό συμβούλιο δεν συνεδριάζει περιστασιακά για να ακούσει συστάσεις και οδηγίες του Πρωθυπουργού, ούτε για να μπορούν οι υπουργοί να εκφράζουν «στα όργανα» τις διαφωνίες τους και, ασφαλώς, *ούτε για να επικυρώνει απλώς αποφάσεις ειλημμένες αλλού:* Αποτελεί *θεσμικά το ύψιστο κέντρο αποφάσεων,* όπου (πρέπει να) συζητείται, να υφίσταται συλλογική επεξεργασία, να χαράσσεται και να κατευθύνεται η κυβερνητική πολιτική.

Επανελθών στην εξουσία, δεν θα πρωτοτυπήσει ο Ανδρέας Παπανδρέου αν, όπως φαίνεται, παραμερίσει το υπουργικό συμβούλιο από το συνταγματικό ρόλο του και υποκαταστήσει τη λειτουργία του με *εξωθεσμικά παράκεντρα* αποφάσεων και *άτυπες* διυπουργικές επιτροπές. Το ίδιο έκανε και κατά την προηγούμενη οκταετή διακυβέρνηση της χώρας από το ΠΑΣΟΚ (με εξαίρεση τους πρώτους μήνες μετά την άνοδο στην εξουσία, το 1981, οπότε το υπουργικό συμβούλιο συνεδρίαζε μια φορά την εβδομάδα).

Ούτε, άλλωστε, είναι ο πρώτος διδάξας: το υπουργικό συμβούλιο δεν συνεδρίαζε τακτικά και είχε παραμερισθεί ως συλλογικό κέντρο αποφάσεων και επί πρωθυπουργίας (μετά το 1974) Κων. Καραμανλή και Γ. Ράλλη.

Με την *απονέκρωση,* ακριβώς, του υπουργικού συμβουλίου κατά τη δεκαπενταετία 1974-1989 ασχολείται, διεξοδικά και τεκμηριωμένα, ο αναπληρωτής καθηγητής του Συνταγματικού Δικαίου Αν. Λοβέρδος, στη μελέτη του *Κυβέρνηση Συλλογική Λειτουργία και Πολιτική Ευθύνη* («Εκδόσεις Αντ. Σάκκουλα», 1991).

Από τα στοιχεία που παραθέτει και τις παρατηρήσεις του σταχυολογούμε ενδεικτικά:

— *Στην οκταετία* των κυβερνήσεων Κ. Καραμανλή και Γ. Ράλλη φέρεται το υπουργικό συμβούλιο να έχει πραγματοποιήσει περίπου τριακόσιες πενήντα συνεδριάσεις (μία ανά εφτά ως δέκα ημέρες). Οι περισσότερες απ' αυτές δεν ήσαν πραγματικές συνεδριάσεις, αλλά τυπικές, με τη *«διά περιφοράς»* επικύρωση αποφάσεων. Έτσι, το 1977 λόγου χάρη, από τις τριάντα μία «συνεδριάσεις» μόνο οι *εφτά* (μία ανά δίμηνο δηλαδή) δεν έγιναν «διά περιφοράς».

— *Στην οκταετία* των κυβερνήσεων Ανδρέα Παπανδρέου οι συνεδριάσεις του υπουργικού συμβουλίου γίνονται ακόμα πιο σπάνιες και ολιγόωρες (εξαντλούνται σε ενημερωτική ομιλία του Πρωθυπουργού και επικύρωση αποφάσεών του). Έτσι, το 1987, έγιναν είκοσι τρεις συνεδριάσεις, από τις οποίες ούτε οι μισές πραγματικές. Είναι χαρακτηριστικό ότι ακόμα και η πρόταση για *αναθεώρηση του Συντάγματος*, το 1985, *δεν συζητήθηκε στο υπουργικό συμβούλιο...*

Για καταστρατήγηση του Συντάγματος «στο πιο νευραλγικό σημείο του, στη θεμελιώδη αρχή του πολιτεύματος, *τη δημοκρατική αρχή*», κάνει λόγο ο συγγραφέας.

Γράφει, συμπερασματικά:

«... Ο πρωθυπουργός της δεκαπενταετίας 1974-1989, απονεκρώνοντας το Υπουργικό Συμβούλιο, *λειτουργούσε αυταρχικά*, δηλαδή εκτός των ορίων της νομιμότητας που καθορίζει το άρθρο 26 παράγραφος 2 και εξειδικεύει το άρθρο 82 παράγραφος 1 του Συντάγματος. Με τη συμπεριφορά του αυτή υπερέβη και το ρόλο του ως primus solus μεταξύ των μελών της κυβέρνησης. Ρόλο που απορρέει από τη φύση του αξιώματός του στο σύγχρονο κοινοβουλευτικό πολίτευμα, όπως αυτό συγκεκριμενοποιείται στο πλαίσιο της ελληνικής έννομης τάξης τόσο από το συνταγματικό κείμενο και από τις διατάξεις της κοινής νομοθεσίας όσο και από την εφαρμογή του πολιτεύματος αυτού στην πράξη. Κατ' αυτόν τον τρόπο μετατοπίστηκε το κέντρο λήψης της κυβερνητικής απόφασης πέραν από τα συνταγματικώς καθοριζόμενα όριά του. Τελικός δέκτης αυτής της *αντισυνταγματικής μετατόπισης*, της αρμοδιότητας για τη χάραξη και την άσκηση της πολιτικής της χώρας, ήταν η *δημοκρατική αρχή*, η οποία αποτελεί τη θεμελιώδη αρχή της οργάνωσης και, μέσω αυτής, της προστασίας του λαού ως φορέα κυριαρχίας...».

Κάποια βελτίωση, ως προς τη λειτουργία του υπουργικού συμβουλίου κατά τις συνταγματικές επιταγές, διαπιστώνει ο Αν. Λοβέρδος για τη μετά το 1989 περίοδο:

— *Στην ολιγόμηνη* θητεία των *πολυκομματικών* κυβερνήσεων Τζαννετάκη και Ζολώτα «η λειτουργία του υπουργικού συμβουλίου προσέλαβε συλλογικό, ή έστω συλλογικότερο χαρακτήρα».

— *Με τη μονοκομματική* κυβέρνηση της ΝΔ επαναπροσδιορίζεται η λειτουργία του υπουργικού συμβουλίου (και με το νέο κανονισμό λειτουργίας του ΠΥΣ 50/30). Λειτουργία «η οποία —κατά το συγγραφέα— αντιστοιχεί στην *τυπολογία* του Συντάγματος, αλλά και περίπου ευθυγραμμίζεται με τη λειτουργία των ευρωπαϊκών κοινοβουλευτικών κυβερνήσεων...».

(*Σημ. συντ.:* Η προσαρμογή αυτή στην τυπολογία του Συντάγματος δεν εμπόδισε, βεβαίως, την υπερσυγκεντρωτική άσκηση της εξουσίας από τον Κ. Μητσοτάκη και τη λειτουργία γύρω του εξωθεσμικών κέντρων αποφάσεων).

Ο κίνδυνος να επανέλθουμε στη *συστηματική υποβάθμιση* του υπουργικού συμβουλίου ως συλλογικού κέντρου αποφάσεων, και, συνεπώς, στην *πρωθυπουργική απολυταρχία*, είναι υπαρκτός.

Περιέργως, ουδείς φαίνεται ν' ανησυχεί και ουδείς (ούτε καν στον Τύπο) ασχολείται με το θέμα. Κι ωστόσο, δεν είναι «περί όνου σκιάς» ο λόγος. Για την ομαλή λειτουργία του πολιτεύματος πρόκειται και για το στοιχειώδη *σεβασμό στο Σύνταγμα*, που, κατά την ακροτελεύτια διάταξή του, αποτελεί «θεμελιώδη υποχρέωση όλων των Ελλήνων» — και, πρωτίστως, των κυβερνώντων, υποθέτω...

Δευτέρα 15 Νοεμβρίου 1993

ΚΑΙ ΟΤΑΝ ΛΕΜΕ ΙΣΟΒΙΑ, ΕΝΝΟΟΥΜΕ ΕΙΚΟΣΙ ΧΡΟΝΙΑ...

ΜΙΑ ΑΞΙΟΣΗΜΕΙΩΤΗ παρασκηνιακή συναλλαγή υποκρύπτεται πίσω από την τελική απόφαση της νεοφασιστικής ΕΠΕΝ να κατεβεί με συνδυασμούς της στον εκλογικό στίβο, ελπίζοντας, αυτή τη φορά, να εκπορθήσει και το εθνικό, εκτός από το ευρωπαϊκό Κοινοβούλιο.

Πρωταγωνιστής στο ξεκίνημά της ο Μένιος Κουτσόγιωργας — όχι επειδή τώρα, στο θλιβερό ρόλο του αποδιοπομπαίου, τα ρίχνουν όλα πάνω του, αλλά έτσι έγινε... Ως υπουργός Δικαιοσύνης λοιπόν διεμήνυσε (μέσω του αρχηγεύοντος της ΕΠΕΝ, τέως ευρωβουλευτή Χρ. Δημητριάδη) στους έγκλειστους του Κορυδαλλού «πρωταίτιους» της δικτατορίας, ότι θα αποφυλακιστούν σταδιακά όλοι, με τη μέθοδο της «ανηκέστου βλάβης». Και ως αντάλλαγμα ζήτησε την αυτόνομη κάθοδο των χουντικών στις εκλογές — ώστε να αποσπάσουν κάποιο ποσοστό ψήφων από τη ΝΔ.

Την προσφορά απέρριψε τότε, για λογαριασμό και των άλλων, ο Γ. Παπαδόπουλος, αντιπροτείνοντας τη χορήγηση αμνηστίας, και μάλιστα προεκλογικά.

Δεν είναι γνωστό πώς ακριβώς συνεχίστηκε το παζάρι, αλλά η κάθοδος της ΕΠΕΝ στις εκλογές, ύστερα από ταλαντεύσεις και εμφύλιο σπαραγμό, είναι ήδη δεδομένη και ανακοινώθηκε προχθές.

Άλλο τόσο είναι βέβαιο ότι δεν θα ανοίξουν οι πόρτες της φυλακής ως τις εκλογές για όσους από τους βαρυποινίτες χουντικούς παραμένουν φυλακισμένοι (εννέα όλοι κι όλοι απέμειναν, γιατί η «ανήκεστος βλάβη» έκανε τη δουλειά της αθόρυβα τα τελευταία χρόνια: Παπαδόπουλος, Παττακός, Μακαρέζος, Ιωαννίδης, Κ. Παπαδόπουλος, Ντερτιλής, Καραμπέρης, Θεοφιλογιαννάκος και Χατζηζήσης).

Ο πρόεδρος της ΝΔ Κ. Μητσοτάκης, που ρωτήθηκε από τον γράφοντα, διέψευσε πληροφορίες κατά τις οποίες και από την ηγεσία του κόμματός του υπήρξαν βολιδοσκοπήσεις προς την κατεύθυνση Ν. Μακαρέζου — για να μην εκπροσωπηθεί στις εκλογές η χουντική Ακροδεξιά. Αυτή την εβδομάδα θα δούμε, πάντως, πόσοι χουντικοί θα περιληφθούν στους εκλογικούς συνδυασμούς της ΝΔ...

Με την ίδια υποκρισία που επέδειξε η πολιτική ηγεσία κατά τη Μεταπολίτευση, ως προς τις διώξεις των χουντικών (θεωρία του «στιγμιαίου», «πρωταίτιοι», καταδίκη τριών όλων κι όλων βασανιστών κ.ά.), αντιμετωπίζει και τώρα το υπαρκτό θέμα της αποφυλάκισης όσων από τα στελέχη της εφτάχρονης στρατοκρατικής τυραννίας έχουν μείνει πια στις φυλακές δεκαπέντε ολόκληρα χρόνια: Από την ευθεία, ανοιχτή, έντιμη και υπεύθυνη πολιτική τοποθέτηση προτιμούν το παρασκηνιακό παζάρι και τη σκοτεινή συναλλαγή.

Με τη βεβαιότητα ότι θα γίνει στόχος έντονων (ακόμα και καλοπροαίρετων) επικρίσεων, ο υπογράφων θα εκφράσει, χωρίς περιστροφές, κάποιες σκέψεις του πάνω στο θέμα — και μακάρι να δώσουν αφορμή για μια δημόσια συζήτηση.

Σκέψεις που ο υπογράφων έχει συχνά κουβεντιάσει (και τις επιδοκιμάζουν ή εκφράζουν παραπλήσιες) με στενούς επί δεκαετίες φίλους του, γνωστούς αγωνιστές της Αριστεράς, όπως: ο δικηγόρος Μήτσος Καράμπελας, ο δημοσιογράφος Δήμος Μαυρομμάτης, ο συγγραφέας Περικλής Κοροβέσης (με το βιβλίο του *Ανθρωποφύλακες* και τη μαρτυρία του συνέβαλε όσο λίγοι στην καταδίκη της χούντας στο Συμβούλιο της Ευρώπης για τα βασανιστήρια) κ.ά. Σε πεντακάθαρες σχέσεις όλοι τους με το δικτατορικό καθεστώς: το πολέμησαν όσο μπορούσαν και διώχθηκαν αγρίως από αυτό.

Για μας, λοιπόν, που καμαρώσαμε τον Αλέκο Παναγούλη κι ευχόμασταν να πετύχει ως τυραννοκτόνος· που θα θέλαμε (και παλέψαμε γι' αυτό) μια λαϊκή εξέγερση να ανατρέψει το στρατοκρατικό καθεστώς και να κρεμάσει στην πλατεία Συντάγματος τους δικτάτορες· για μας που επικροτούσαμε την άποψη του Ζαν Πολ Σαρτρ —ότι η θανατική καταδίκη έπρεπε να εκτελεστεί «γιατί οι δικτάτορες είναι φορείς του φασισμού, φορείς του θανάτου»— τα πράγματα είναι απλά και καθαρά:

Καιρός είναι να πάνε στα σπίτια τους να πεθάνουν εκείνοι από τους χουντικούς, τους οποίους οι πολιτικές σκοπιμότητες κρατούν ακόμα έγκλειστους στον Κορυδαλλό — και να παραμείνει η ισόβια στέρηση των πολιτικών δικαιωμάτων του ς, ως *εσαεί ατίμωση και στιγματισμός τους.*

Δεκαπέντε χρόνια στη φυλακή *είναι πολλά* — όποια απάντηση κι αν δίνει κανείς στο καίριο ερώτημα (υπό συζήτηση μονίμως στους κόλπους της Διεθνούς Αμνηστίας) αν τα ανθρώπινα δικαιώματα είναι σεβαστά και γι' αυτούς (όπως οι δικτάτορες και οι βασανιστές) που τα παραβίασαν ωμά, συστηματικά και στυγνά. Ο ουμανισμός δεν γνωρίζει εξαιρέσεις.

Δεκαπέντε χρόνια στη φυλακή είναι πολλά. Δικαιούνται σ' αυτό τον τόπο να το πουν όσοι διατηρούν την ευαισθησία τους για το τι σημαίνει φυλακή, γι' αυτή την (κατά Φουκό) «τεράστια αποτυχία της ποινικής δικαιοσύνης», γι' αυτό τον αποτρόπαιο μηχανισμό απανθρωποποίησης, το συστηματικό εκτροφείο εγκληματιών, το εργαστήρι αργού θανάτου, που χρησιμεύει μόνο ως *άλλοθι* για την απενοχοποίηση μιας υπόλογης κοινωνίας και ως *μοντέλο* πειθαρχημένης (δηλαδή υποταγμένης) διαβίωσης στους κόλπους της.

Η φυλακή *είναι μύθος* ότι λειτουργεί, ακόμα και στα συλλογικά εγκλήματα, *παραδειγματικά*, ότι διαπαιδαγωγεί και αποτρέπει όποιους επίδοξους μιμητές: Ένα ελάχιστο ποσοστό (μόλις 10% έγραφε χθες στο *Βήμα* η καθηγήτρια της Παντείου Φωτεινή Τσαλίκογλου) της εγκληματικότητας γίνεται γνωστό και φτάνει στην ποινική καταστολή. Κι αν αυτό νομιστεί θεωρητική κατασκευή, το παράδειγμα των *εννέα* κατ' επιλογήν εγκλείστων στον Κορυδαλλό είναι εύγλωττο — για όσα εγκλήματα διέπραξε επί εφτά χρόνια ένα στρατοκρατικό καθεστώς.

Είναι μύθος η δήθεν *κοινωνική προστασία*: Σε βαθιά κρίση η κοινωνία μας, σε συνεχή δοκιμασία οι δημοκρατικοί θεσμοί, δεν κινδυνεύουν τώρα από τα ραμολιμέντα του Κορυδαλλού — ο αυταρχισμός κορυφώνεται ή και γελοιογραφείται, αλλά δεν εκφράζεται μόνο από τα δικτατορικά καθεστώτα.

Και ως δαχτυλοδεικτούμενα *σύμβολα* οι έγκλειστοι στον Κορυδαλλό χρησιμεύουν μόνο για να συντηρείται και να αναπαράγεται ιδεολογικά ο *μύθος* που θέλει να εμφανίζει τη στρατιωτική δικτατορία όχι ως γέννημα κι εναλλακτική λύση, αλλά ως απόφυση κι εκτροπή του αστικού καθεστώτος — ως έργο, τάχα, μιας δράκας «επίορκων αξιωματικών», «συνωμοτών και πρακτόρων», «στενόμυαλων και μωροφιλόδοξων», ου μην αλλά και άξεστων περί την τεχνική της εξουσίας.

Και επιτέλους ο κύκλος της *Μεταπολίτευσης* και ο μεγαλύτερος και οδυνηρότερος *του Εμφυλίου* οφείλει να κλείσει — με τα έσχατα κατάλοιπά τους. Κι όχι εν ονόματι της ιδιοτελώς κηρυσσόμενης «λήθης του παρελθόντος»: οι λαοί που ξεχνούν, δεν έχουν μέλλον...

Καιρός λοιπόν να πάει στα σπίτια του το μουσειακό δείγμα της εφτάχρονης δικτατορίας. Αλλά πώς;

Τα δεκαπέντε χρόνια στη φυλακή δεν είναι πολλά μόνο για τους χουντικούς. Είναι για όλους τους κολασμένους: για τον Πετρόπουλο, τον Τεμπερεκίδη, τον Ρούσσο, τον Ψωφάκη, τον Τσουβαλάκη, τον Παπαδόπουλο — και όσους ανώνυμους σαπίζουν στις φυλακές.

Για τους πενήντα περίπου ισοβίτες, που έχουν καταδικαστεί σε ένα μόνο βαθμό — και κανείς από τους παράγοντες της ευνομούμενης πολιτείας μας δεν τους θυμήθηκε όταν θεσμοθετήθηκε ο δεύτερος βαθμός και για τα κακουργήματα. Για τα σημερινά και αυριανά θύματα της ποινικής καταστολής.

Αν οι χουντικοί ευνοήθηκαν ως κρατούμενοι, υπό ειδικές προνομιακές συνθήκες, είναι πρόκληση να ευνοηθούν (μόνοι αυτοί απ' όλους τους κολασμένους) και στην αποφυλάκισή τους — με τη χορήγηση, λόγου χάρη, αμνηστίας.

Η μόνη λύση, ευθεία, έντιμη, υπεύθυνη και προοδευτική, προκύπτει αν παραλλάξουμε τη γνωστή φράση του Κωνσταντίνου Καραμανλή:

Και όταν λέμε ισόβια, εννοούμε *είκοσι χρόνια* — γενικά και για όλους τους κατάδικους.

Είκοσι χρόνια και *αυτόματη* (χωρίς δηλαδή γνωμάτευση του διευθυντή των φυλακών και απόφαση του Συμβουλίου Πλημμελειοδικών — μηχανισμών ευνοιοκρατίας, χρηματισμού και παραγωγής καταδοτών και χαφιέδων) αποφυλάκιση μετά την έκτιση των δύο τρίτων της ποινής.

Τα ισόβια, ως ισχύουν, έρχονται σε βάναυση σύγκρουση

με τη θεμελιώδη (υποκριτική, έστω) σωφρονιστική αρχή, ότι η ποινή και η φυλάκιση κατατείνουν στην αναπροσαρμογή και *επανακοινωνικοποίηση* του παραβάτη. Και σε προοδευτικές νομοθεσίες δυτικοευρωπαϊκών χωρών έχουν ήδη μετατραπεί σε είκοσι χρόνια (Ολλανδία, Νορβηγία, αν δεν απατώμαι) και σε δεκαπέντε χρόνια (Σουηδία).

Ευθεία λοιπόν η πρόκληση για την πολιτική ηγεσία, όλων των σχηματισμών. Αντί να καταφεύγει στα υπόγεια της σκοτεινής συναλλαγής, αντί να κρατάει στο χέρι τη μεζούρα των πολιτικών σκοπιμοτήτων, ας το βάλει στην καρδιά και ας μιλήσει τώρα ανοιχτά, καθαρά και έντιμα...

Δευτέρα 15 Μαΐου 1989

ΣΤΗΝ ΠΡΟΚΛΗΣΗ ΔΕΝ ΑΠΑΝΤΑΣ ΜΕ ΥΠΟΚΡΙΣΙΑ

«Μόνον έτσι, εσφραγισμένου του μνήματος του Εμφυλίου πολέμου, η ζωή εκ τάφου ανέτειλας, Ελλάς αποφράς και γελάς».

ΚΩΣΤΑΣ ΖΟΥΡΑΡΙΣ: *ΓΕΛΑΣ ΕΛΛΑΣ ΑΠΟΦΡΑΣ — Στοιχεία και στοιχειά στην ρωμέηκη αρχιβασίην* («Εκδόσεις Αρμός»)

Η ΥΠΕΡΒΟΛΗ, σε μια κλίμακα αποχρώσεων από τη δραματοποίηση ως τη γελοιότητα, χαρακτήρισε πολλές από τις αντιδράσεις στη χονδροειδή κυβερνητική απόπειρα να απονεμηθεί χάρη, τις χρονιάρες μέρες, στο έγκλειστο στον Κορυδαλλό μουσειακό δείγμα της εφτάχρονης στρατιωτικής δικτατορίας.

Σε μια περίοδο ζοφερή και έκρυθμη, που κυριολεκτικά δεν ξέρουμε τι μας ξημερώνεται, με τα φίδια να μας ζώνουν απ' όλες τις πλευρές, η αντιπολίτευση —αξιωματική και υπαξιωματική— τα παραμέρισε όλα, προτάσσοντας, με ιερή αγανάκτηση, τη βάναυση προσβολή της δημοκρατικής ευαισθησίας της. Και κάκιωσε τόσο πολύ και τόσο θεαματικά, ώστε δεν παρέστη στη... δοξολογία της Πρωτοχρονιάς και απειλεί να θέσει τέρμα στα ειδυλλιακά τετ-α-τετ των πολιτικών αρχηγών.

Αλλά να που ήρθε να μας προσγειώσει ανώμαλα στους ερεβώδεις διαδρόμους του πολιτικού παρασκηνίου ο πρόεδρος του ακροδεξιού «Εθνικού Κόμματος» Χρ. Δημητριάδης, με τη συνέντευξή του της περασμένης Πέμπτης. Όπου απεκάλυψε, ως πρωταγωνιστής, ότι η αποφυλάκιση των χουντικών υπήρξε, τα τελευταία χρόνια, *αντικείμενο συναλλαγής* με κορυφαία στελέχη κομμάτων όλου του πολιτικού φάσματος.

Ισχυρισμοί που παραμένουν αναπόδεικτοι, ασφαλώς, και είναι υστερόβουλοι ενδεχομένως — ως προς το εύρος της συναλλαγής. Αλλά η συναλλαγή, τουλάχιστον με τη ΝΔ στην πορεία της προς την εξουσία και με το ΠΑΣΟΚ ως κυβέρνηση (με τον Μένιο Κουτσόγιωργα, υπουργό Δικαιοσύνης) *είναι δεδομένη*.

Γνωστή, άλλωστε, στους αναγνώστες αυτής της στήλης: Τις παραμονές των εκλογών του Ιουνίου είχε καταγγελθεί με λεπτομέρειες από τον υπογράφοντα, σε άρθρο του (15-5-89) υπό τον τίτλο *Και όταν λέμε ισόβια, εννοούμε είκοσι χρόνια* — άρθρο το οποίο, παραποιούμενο, έγινε έκτοτε αντικείμενο αμφίπλευρης προπαγανδιστικής εκμετάλλευσης.

Άλλο τόσο γνωστή στους αναγνώστες μας ήταν και η πρόθεση της κυβέρνησης Μητσοτάκη να απονείμει χάρη στους μετρημένους στα δάχτυλα χουντικούς, που απέμειναν στις φυλακές (οι περισσότεροι έχουν ήδη αποφυλακισθεί κυρίως επί ΠΑΣΟΚ, με τη μέθοδο της «ανηκέστου βλάβης»). Στις 2 Ιουλίου 1990, σε άρθρο υπό τον τίτλο *Δεύτερη φάση της «εθνικής συμφιλίωσης»*, την προαναγγέλλαμε:

«Για την αποφυλάκισή τους —γράφαμε τότε— (με την εξαίρεση, ενδεχομένως του Ιωαννίδη) θα χρησιμοποιηθεί ως μέθοδος *η απονομή χάριτος* — ώστε να συμπρωταγωνιστήσει στη δεύτερη φάση της "εθνικής συμφιλίωσης" και ο Κων. Καραμανλής, ο οποίος λέγεται ότι από καιρό έχει αναθεωρήσει την παροιμιώδη φράση του "και όταν λέμε ισόβια, εννοούμε ισόβια"...»

Κατά τις πληροφορίες μας, τότε, η δεύτερη φάση της «εθνικής συμφιλίωσης» θα είχε, συνδυασμένα, ως πρώτο και βασικό σκέλος τη χορήγηση *αμνηστίας* σε όλους τους καταδικασμένους για σκάνδαλα της ΠΑΣΟΚικής οκταετίας — άρα τοποθετείται χρονικά μετά την ολοκλήρωση των δικών.

Η άχαρη και άκομψη επίκληση κειμένων του παρελθόντος, από το συντάκτη τους, γίνεται όλο κι όλο για να υποστηρίξουμε ότι οι εξελίξεις, που προκάλεσαν τόσο σάλο, ήταν γνωστές και αναμενόμενες.

Δεν ήταν αιφνιδιαστική, συνεπώς, η κυβερνητική πρωτοβουλία. Ήταν *άκαιρη, αδέξια* και, κυρίως *προκλητική* — ως προς τη *διαδικασία* που επελέγη για την αποφυλάκιση των χουντικών.

Δεν είναι δυνατόν, από όλους τους φυλακισμένους, να έχουν *προνομιακή μεταχείριση* οι βαρυνόμενοι με τα μεγαλύτερα εγκλήματα. Δεν είναι δυνατό να βγουν από τις φυλακές οι πρωτεργάτες και πρωταίτιοι της εφτάχρονης τυραννίας με το κεφάλι ψηλά, σαν ήρωες, αρνούμενοι να υποβάλουν αιτήσεις, τυπικά αναγκαίες στη διαδικασία αποφυλάκισης κάθε καταδίκου. Δεν τους ζητείται δα δήλωση μετανοίας...

Σ' αυτή την κυβερνητική πρόκληση, που δεν αμβλύνει η προσχηματική επίκληση λόγων ανθρωπισμού, η καλύτερη απάντηση ασφαλώς και δεν είναι η ψιλικατζίδικη πολιτική, οι άναρθρες κραυγές και η, εξίσου προκλητική, υποκρισία.

— *Και είναι υποκρισία* να συντηρούμε ακόμα *τη μυθοπλασία ως προς το εύρος της αντίστασης* στη στρατιωτική δικτατορία — έτσι όπως, από τη Μεταπολίτευση και δώθε βγήκαμε, οψίμως, εκ του ασφαλούς και εκ του πονηρού, όλοι αντιστασιακοί και τόσο μεγαλύτεροι όσο περισσότερο διαλαλούμε τη δημοκρατικότητά μας. *Αν όλοι όσοι ξεχείλισαν τώρα από οργή για τη μεθοδευμένη αποφυλάκιση των χουντικών, είχαν τότε* (εκείνες τις ζοφερές μέρες της συντριβής και του απελπισμένου μοναχικού αγώνα, για τους λίγους, αλλά και της εκμαυλιστικής ευμάρειας ή έστω της παθητικής αναμονής, για τους πολλούς) *κουνήσει το δαχτυλάκι τους, ούτε το πραξικόπημα θα περνούσε ούτε η νύχτα της τυραννίας θα κρατούσε εφτά ολόκληρα χρόνια.*

— *Και είναι υποκρισία* να ανεχόμαστε ακόμα τους άκαπνους να παριστάνουν τους πολέμαρχους και τους βολεμένους, τους εφαψίες ή και τους χειροκροτητές της δικτατορίας να λοιδορούν έναν Μίκη Θεοδωράκη, από τον οποίο προήλθε το πρώτο σάλπισμα της αντίστασης, μέσα και έξω από τα σύνορα — όταν οι περισσότεροι από τους πολιτικούς μας είχαν συλληφθεί με τις πιτζάμες.

— *Και είναι υποκρισία* να πλαστογραφούμε τα ιστορικά δεδομένα για τον Κων. Καραμανλή, ο οποίος σιώπησε στη διάρκεια της δικτατορίας, αλλά θεμελίωσε στέρεα τη Μεταπολίτευση. Έχει δίκιο ο Πότης Παρασκευόπουλος, όταν γράφει στο τελευταίο βιβλίο του (*Ο Καραμανλής στα χρόνια 1974-1985*) ότι «ήταν, ίσως, ο μόνος πολιτικός εκείνη την περίοδο, που μπορούσε ομαλά και χωρίς αντιστάσεις να περάσει τη χώρα από τη δικτατορία στην αστική κοινοβουλευτική δημοκρατία...». Να το κάνουμε λιανά: *Χωρίς τον Καραμανλή ούτε με το παλάτι θα είχαμε ξεμπλέξει ούτε οι δικτάτορες θα ήταν στη φυλακή* — και αυτό ασφαλώς δεν σημαίνει ότι είναι προσωπική του υπόθεση η αποφυλάκισή τους.

— *Και είναι υποκρισία*, βεβαίως, να προβάλλεται η μήνις κατά της απονομής χάριτος στους χουντικούς τού —άνευ εισαγωγικών— αντιστασιακού Χρ. Σαρτζετάκη, χωρίς να σημειώνεται, παράλληλα, ότι η συνταγματική προνομία του Προέδρου της Δημοκρατίας είχε ατονήσει επί της θητείας του, αφού δεν την άσκησε *ούτε μία φορά.*

— *Και είναι, τέλος, υποκρισία* αυταπόδεικτη να διαγράφονται με μία μονοκοντυλιά ως «γελοία μυθεύματα» οι αποκαλύψεις του Χρ. Δημητριάδη για την παρασκηνιακή συναλλαγή, αφού οι καρποί της είναι δεδομένοι: οι περισσότεροι από τους κατάδικους πραξικοπηματίες είναι ήδη στα σπίτια τους, με την παλαιότατη (και όχι σημερινό εφεύρημα) μέθοδο της «ανηκέστου βλάβης».

Να το ξεκαθαρίσουμε ορθά κοφτά: Για το συντάκτη αυτών των γραμμών (και, ευτυχώς, όχι μόνο) πρόκληση συνιστά η αποπειραθείσα διαδικασία και όχι η ουσία. Δεκαέξι χρόνια στη φυλακή είναι πολλά — ακόμα και για δικτάτορες.

Θα επαναλάβουμε αυτολεξεί όσα γράφαμε σ' αυτές τις στήλες πριν ενάμιση χρόνο (15-5-89): «Καιρός είναι να πάνε στα σπίτια τους να πεθάνουν εκείνοι από τους χουντικούς, τους οποίους οι πολιτικές σκοπιμότητες κρατούν ακόμα έγκλειστους στον Κορυδαλλό — και να παραμείνει η ισόβια στέρηση των πολιτικών δικαιωμάτων τους *ως εσαεί ατίμωση και στιγματισμός τους*».

Και ν' αφήσουμε τα εκ του πονηρού εξυπνακίστικα: Η μόνη καθαρή, έντιμη και δίκαιη διαδικασία για την αποφυλάκισή τους είναι αυτή που προβλέπεται, *για όλους ανεξαιρέτως τους ισοβίτες κρατούμενους*, στο υπό συζήτηση και ψήφιση νομοσχέδιο του Υπουργείου Δικαιοσύνης, με βάση το οποίο στοιχειοθετείται, ύστερα από δεκαέξι χρόνων φυλάκιση, το δικαίωμα αιτήσεως για αποφυλάκιση.

Η δημοκρατία μας περισσότερο κινδυνεύει πια από τους πατενταρισμένους απολογητές της, παρά από τις καρικατούρες των ομολογημένων εχθρών της.

Και επιτέλους (το ξαναλέμε) ο οδυνηρός κύκλος του Εμφυλίου οφείλει να κλείσει — με τα έσχατα κατάλοιπά του...

Δευτέρα 7 Ιανουαρίου 1991

ΜΕ ΤΟΥΣ ΘΥΤΕΣ Ή ΜΕ ΤΑ ΘΥΜΑΤΑ ΟΙ ΑΣΤΥΝΟΜΙΚΟΙ;

ΛΑΘΟΣ ΣΤΙΓΜΗ επέλεξαν αυτοί που εμπνεύσθηκαν το διαφημιστικό τηλεοπτικό σύνθημα της Ελληνικής Αστυνομίας *«πίσω από κάθε στολή βρίσκεται ένας άνθρωπος»* — αν προσπαθούν μ' αυτό να γεφυρώσουν το χάσμα της αμοιβαίας καχυποψίας και εχθρότητας της αστυνομίας με το κοινωνικό σώμα και να εξουδετερώσουν τον πεζοδρομιακό *ρατσισμό* τού «μπάτσοι, γουρούνια, δολοφόνοι».

Διότι συνέπεσε με τις ύποπτες κραυγές «λύστε τα χέρια της αστυνομίας» και τις πληροφορίες ότι η κυβέρνηση σχεδιάζει να οπλίσει με *έκτακτες εξουσίες* τους αστυνομικούς — με αφορμή (και πρόσχημα) την τελευταία τρομοκρατική επίθεση της «17 Νοέμβρη» στη Χαριλάου Τρικούπη, με τραγικό θύμα έναν εικοσιπεντάχρονο αστυνομικό και τη συμπλοκή των Σεπολίων, όπου οι απαίδευτοι, άπραγοι και ανίκανοι αστυνομικοί έγιναν εύκολος στόχος αγνώστων (κατά πάσα πιθανότητα τρομοκρατών).

Διότι συμπίπτει με τη γενικευόμενη κοινωνική αναταραχή από την αντιλαϊκή κυβερνητική πολιτική («λιτότητα», απολύσεις, ανεργία), όπου η αστυνομία καλείται να παίξει —και παίζει— τον παραδοσιακό της ρόλο: *αιχμή της κρατικής βίας*, ρόπαλο και κουμπούρι του κατασταλτικού μηχανισμού, τρομοκρατική προέκταση του κυβερνητικού αυταρχισμού.

«Λύστε τα χέρια της αστυνομίας» και «έκτακτες εξουσίες στην αστυνομία» (διάφοροι φασιστοειδείς ενθαρρύνουν και τη συγκρότηση στους κόλπους της εγκληματικών *ομάδων αυτοδικίας*, κατά τα βραζιλιάνικα πρότυπα) σημαίνει:

Ακόμα πιο ασύδοτα κουμπούρια (δεν θα κουρασθούμε να επαναλαμβάνουμε ότι από τις αστυνομικές σφαίρες έχουμε περισσότερα θύματα απ' όσα από την τρομοκρατία). Ακόμα πιο πολλά ανοιγμένα κεφάλια διαδηλωτών και απεργών. Ακόμα μεγαλύτερη αυθαιρεσία στις συλλήψεις και προσαγωγές υπόπτων. Ακόμα πιο κτηνώδη βασανιστήρια στα κρατητήρια. Ακόμα περισσότερες χαλκευμένες μαρτυρίες, ομολογίες και κατηγορίες στην προανάκριση.

Σημαίνει, κοντολογίς, λιγότερο σεβασμό στα ατομικά δικαιώματα, λιγότερες ελευθερίες για τον πολίτη, λιγότερη δημοκρατία. Άρα και ασίγαστη εχθρότητα της κοινωνίας για την αστυνομία, που κανένα τηλεοπτικό σύνθημα, του τύπου «πίσω από κάθε στολή βρίσκεται ένας άνθρωπος», δεν μπορεί να πραΰνει και, πολύ περισσότερο, να εξαλείψει.

Γόνοι μη προνομιούχων, κοινωνικά, στην ολότητά τους οι αστυνομικοί, εξουσιαζόμενοι αγρίως οι ίδιοι, είναι τεταγμένοι να επιδίδονται σε μια *σχιζοειδή άσκηση εξουσίας* — από τους διαχειριστές της εξουσίας που, γαντοφορεμένοι, παίρνουν τις μεγάλες αποφάσεις, αλλά και δεν λερώνουν τα χέρια τους.

Πληβειακής καταγωγής οι αστυνομικοί (οι περισσότεροί τους σίγουρα θα προτιμούσαν τα κολέγια και τα πανεπιστήμια από τη στολή, το κλομπ και το κουμπούρι) είναι και *οι πιο αδικημένοι* από τους εργαζόμενους, αφού *δεν προστατεύονται από καμιά εργατική νομοθεσία* και δεν τους αφήνεται κανένα περιθώριο να διεκδικήσουν καλύτερες συνθήκες δουλειάς.

Με τους *θύτες* ή με τα *θύματα* λοιπόν, κοινωνικά, οι αστυνομικοί;

Όταν έχεις δοκιμάσει στο κορμί σου την κτηνώδη αστυνομική βία, όταν μια ζωή πληθαίνουν γύρω σου τα δείγματα αστυνομικής αυθαιρεσίας, χρειάζεται το καθαρό μυαλό, η ωριμότητα και το σθένος ενός Πιερ Πάολο Παζολίνι για την κατάφαση στο δεύτερο σκέλος.

Συχνά πυκνά ο γράφων γίνεται δέκτης καταγγελιών και παραπόνων από (επώνυμους πάντοτε) αστυνομικούς (στις 15-7-91 μάλιστα είχαμε παραχωρήσει αυτές τις στήλες για να φιλοξενηθεί ολόκληρη η πολυσέλιδη επιστολή-«κραυγή ενός ανήσυχου αστυφύλακα»).

Αφού οι άλλοι μιλούν μόνο γι' αυτούς και η δική τους φωνή ποτέ δεν ακούγεται, φιλοξενούμε και σήμερα μερικές παραγράφους από την τελευταία επιστολή ενός «από τους εναπομείναντες ευσυνείδητους αστυνομικούς», που παρουσιάζει μια εικόνα «διάλυσης και αποσύνθεσης», «ευνοιοκρατίας και κομματισμού», «σήψης και διαφθοράς» σε όλες τις υπηρεσίες της Ελληνικής Αστυνομίας:

— *Ουδέποτε* —γράφει— έχει δει το φως της δημοσιότητας ότι σε κάθε υπηρεσία, μικρή ή μεγάλη, υπάρχει ένας αριθμός αστυνομικών που κάνουν οτιδήποτε άλλο εκτός από εκείνα που ανάγονται στην υπηρεσία τους: ταξιτζήδες, υδραυλικοί, ελαιοχρωματιστές, ξυλουργοί, ηλεκτρολόγοι, φανοποιοί, μηχανικοί αυτοκινήτων και παντός είδους τεχνίτες, που φροντίζουν και τα σπίτια των προϊστάμενων τους, παίρνοντας και τιμητική άδεια.

— *Ουδέποτε* έχει γραφεί ότι στην Ελληνική Αστυνομία υπηρετούν ανενδοίαστα, κομματιζόμενοι με τους εκάστοτε κυβερνώντες, λουφατζήδες, ανεύθυνοι, βολεψάκηδες, οσφυοκάμπτες, αρουραίοι, κόλακες και σαλίγκαροι, που επιτυγχάνουν τοποθέτηση σε προνομιούχες θέσεις, να εργάζονται άλλοι γι' αυτούς και να προάγονται κατ' εκλογήν σε βάρος ικανοτέρων συναδέλφων τους.

— Δεν έχει δημοσιευτεί ποτέ και ούτε διερωτήθηκε κανείς γιατί πολλοί ανώτατοι, ανώτεροι και κατώτεροι αξιωματικοί δεν θέλουν να μετακινηθούν (ακόμα και με προαγωγή!) από ορισμένες υπηρεσίες της ΓΑΔΑ (Γενική Αστυνομική Διεύθυνση Αθηνών) — γιατί απλούστατα εκεί έχει μίζα, μάσα και προβολή.

Ο επιστολογράφος συνεχίζει με ονομαστικές καταγγελίες ευνοιοκρατίας, με προτάσεις για το πώς θα δουλέψουν πιο αποτελεσματικά η Άμεση Δράση και οι άλλες υπηρεσίες, αφού αναδιαρθρωθούν, και πώς θα σταματήσει η ασυδοσία στην κίνηση των υπηρεσιακών αυτοκινήτων «από τους επίδοξους Ρίνγκο και Πουαρό», για να καταλήξει με την έκκληση στον υπουργό Δημόσιας Τάξης Θ. Αναγνωστόπουλο «να απαλλαγεί το συντομότερο από τις έχιδνες της λεωφόρου Αλεξάνδρας».

Αλλά είναι δυνατό να έχουμε μια αστυνομία διαφορετική απ' αυτή που ξέρουμε, μια αστυνομία σε ειρηνική αποστολή, μια αστυνομία *υπηρέτη και όχι δυνάστη* της κοινωνίας;

Ναι, απαντούν οι ίδιοι οι αστυνομικοί — θέτοντας ως αναγκαίες προϋποθέσεις τη δημοκρατική εσωτερική λειτουργία της, την αξιοκρατική ιεράρχησή της, την αποστρατιωτικοποίησή της, την εξάλειψη του κομματισμού και της ευνοιοκρατίας, τις αξιοπρεπείς συνθήκες δουλειάς και αμοιβής, την καλύτερη επιλογή και εκπαίδευση, τον ελεύθερο συνδικαλισμό.

Στην απόφασή του το έκτο Πανευρωπαϊκό Συνέδριο Αστυνομικών Σωματείων, που συνήλθε πριν από τρεις εβδομάδες στο Ζάππειο (οι εργασίες του δεν έτυχαν ιδιαίτερης προβολής στα ελληνικά μέσα ενημέρωσης), τονίζει και τα εξής:

— Μόνο μια αστυνομία απόλυτα ενσωματωμένη σε μια

δημοκρατική κοινωνία, *μια αστυνομία που συμμερίζεται τις αξίες της δημοκρατικής κοινωνίας*, είναι σε θέση να προσφέρει στην κοινωνία τις αναγκαίες απαντήσεις στην αναζήτηση της ασφάλειας.

— Η αστυνομία σε καμιά περίπτωση δεν πρέπει να είναι εξουσία επί του πολίτη, αλλά μάλλον εξουσία του πολίτη.

— Το Ευρωπαϊκό Συμβούλιο Αστυνομικών Συνδικάτων δεν δέχεται να υιοθετείται το στρατιωτικό μοντέλο στην οργάνωση και στη λειτουργία της αστυνομίας κάθε δημοκρατικού κράτους, διότι αυτό *δεν αποτελεί εγγύηση ούτε για τα δικαιώματα ούτε για τις ελευθερίες των πολιτών, ατομικές και συλλογικές*.

Υπερασπιζόμενος, με σοβαρή επιχειρηματολογία, το δικαίωμα για ελεύθερη συνδικαλιστική οργάνωση και δράση στα Σώματα Ασφαλείας, ο καθηγητής Αλέξης Μητρόπουλος γράφει (στο τελευταίο του βιβλίο *Νεο-φιλελευθερισμός και υποβάθμιση της εργασίας*):

«Η αναγνώριση της αστυνομικής υπηρεσίας ως ειρηνικής, κοινωνικής, πολιτικής λειτουργίας, θα αποτρέψει υπαναχωρήσεις σε παρωχημένες αντιλήψεις, *θα τη συμφιλιώσει με τον δικαιολογημένα δύσπιστο Έλληνα πολίτη* και θα συμβάλει στην ποιοτικά καλύτερη και δημοκρατικότερη εκπλήρωση του έργου της».

Και θα καταστήσει —να προσθέσουμε— περιττά τα εύκολα τηλεοπτικά συνθήματα ότι «πίσω από κάθε στολή βρίσκεται ένας άνθρωπος»...

Δευτέρα 2 Δεκεμβρίου 1991

ΑΣΥΜΒΙΒΑΣΤΑ: ΚΟΜΜΑΤΙΣΜΟΣ ΚΑΙ ΔΗΜΟΣΙΟΓΡΑΦΙΑ

Η ΩΜΗ ΚΥΒΕΡΝΗΤΙΚΗ ΠΑΡΕΜΒΑΣΗ στα συνδικαλιστικά των δημοσιογράφων δεν είναι ίσως η κορυφαία των εκδηλώσεων αυταρχισμού, αλλά σίγουρα είναι η πλέον αποκαλυπτική σ' αυτό το ανελέητο θερινό «μπαράζ»:

Σε μια έξαρση προκλητικού ετσιθελισμού η κυβέρνηση, με μια μονοκοντυλιά (τροπολογιούλα μερικών αράδων σε άσχετο νομοσχέδιο), επέβαλε ένα *μεικτό εκλογικό σύστημα* στην ΕΣΗΕΑ (αιφνιδιαστικά και εσπευσμένα, καθ' ότι επίκεινται αρχαιρεσίες τον Οκτώβριο), καταργώντας την απλή αναλογική που είχε θεσπίσει με ανάλογη μεθόδευση το ΠΑΣΟΚ το 1982, γενικά για τα συνδικάτα και το πλειοψηφικό, που προβλέπεται στο καταστατικό του μεγαλύτερου δημοσιογραφικού σωματείου.

Χρειάστηκε γι' αυτό:

— *Να βυθιστεί* σε θερινό λήθαργο το (σε μόνιμη υπνηλία) κατευθυνόμενο από τη Ρηγίλλης προεδρείο της ΕΣΗΕΑ, στη διοίκηση της οποίας ο οριακός συσχετισμός δυνάμεων (έξι προς πέντε) άλλαξε εσχάτως εις βάρος της κυβερνητικής παρατάξεως. Ενάμιση μήνα είχε να συνεδριάσει το διοικητικό συμβούλιο, που συνεκλήθη τελικά την περασμένη Τρίτη, τέσσερις ημέρες *μετά* την ψήφιση της τροπολογίας (οι έξι από τους εννέα παρόντες καταδίκασαν έντονα την κυβερνητική παρέμβαση, αλλά και δεν τόλμησαν να επιδιώξουν δυναμικότερη κινητοποίηση των δημοσιογράφων για ανατροπή των τετελεσμένων...).

— *Να γράψει* η κυβέρνηση στα παλιά της τα παπούτσια τα διαβήματα της πλειοψηφίας του Διοικητικού Συμβουλίου της ΕΣΗΕΑ (με αίτημα να μην ψηφισθεί η τροπολογία, αλλά να παραπεμφθεί το θέμα στην ολομέλεια της Βουλής, οπότε θα είχε εκδηλωθεί, σε έκτακτη γενική συνέλευση, η θέληση των μελών του σωματείου) και την αντίδραση της Διεθνούς Ομοσπονδίας Δημοσιογράφων.

— *Να αποκαλυφθεί* ο κυνικός κυβερνητικός αυταρχισμός στη Βουλή, όπου δύο υπουργοί απέκρουσαν την ομόθυμη επίθεση της αντιπολίτευσης (για «χειρουργική επέμβαση χωρίς αναισθησιολόγο» μίλησε παραστατικά ο βουλευτής του Συνασπισμού Αλ. Σεβαστάκης) και προσπάθησαν να δικαιολογήσουν τα αδικαιολόγητα: Ο υπουργός Προεδρίας Σωτ. Κούβελας ψευδολογών (πώς το 'παθε...) ασυστόλως: «... Αποκαθιστούμε —είπε— τη θέληση (;) των μελών της ΕΣΗΕΑ και λέμε ότι θα ισχύσει το καταστατικό της (!) ...». Και ο υπουργός Εργασίας Αρ. Καλαντζάκος, επικουρούμενος από τον πρώην πρόεδρο της ΕΣΗΕΑ και νυν βουλευτή Επικρατείας της ΝΔ Β. Κοραχάη, που ύμνησαν ως άψογο το εκλογικό σύστημα που ίσχυσε στην ΕΣΗΕΑ επί εξήντα οχτώ χρόνια αδιατάρακτα (μέσα στον αιώνα των κοσμογονικών αλλαγών).

Και, βεβαίως,

— *Από τις κομματικές* αντιδράσεις στη βάναυση κυβερνητική προσβολή κάθε έννοιας δημοκρατικότητας (ξανα)πληροφορήθηκε ο πολίτης ότι κάμποσοι από τους δημοσιογράφους, που καμώνονται τους αδέσμευτους και ανεξάρτητους, έχουν αναζητήσει θαλπωρή στις *κομματικές στρούγκες* («κλαδικές», «κινήσεις», «κόβες» και τα τέτοια...) και ότι ο *κομματικός φατριασμός* οργιάζει στους κόλπους της ΕΣΗΕΑ και γεννοβολάει (με παρασκηνιακές ίντριγκες ή απροκάλυπτες επεμβάσεις) συμπολιτεύσεις και αντιπολιτεύσεις στις διοικήσεις της...

Αλλά αν είναι απαράδεκτη κι εκφυλιστική για τους δημοκρατικούς θεσμούς η μετατροπή γενικά των συνδικάτων σε κομματικά παραρτήματα, είναι *αδιανόητη* και *επικίνδυνη* όταν εκδηλώνεται ειδικά σε δημοσιογραφικά σωματεία: *Δημοσιογραφία και κομματισμός είναι έννοιες ασυμβίβαστες.*

— *Διότι ο πολίτης* (όφειλε να) απαιτεί να παραμένουν οι δημοσιογράφοι *απέναντι* από τους εξουσιαστικούς μηχανισμούς, *έξω* από κομματικούς ανταγωνισμούς και διαμάχες, *μακριά* από (μικρο)κομματικές σκοπιμότητες.

— *Διότι οι δημοσιογράφοι* οφείλουν να είναι έντιμοι, ευσυνείδητοι, επαρκείς και απροκατάληπτοι μεταφορείς των πληροφοριών, που δεν (έπρεπε να) είναι εμπόρευμα ή μέσον προπαγάνδας, αλλά κοινόν τοις πάσι κοινωνικό αγαθό.

— *Διότι ο πολίτης* έχει εμπιστευθεί την ενημέρωσή του στους αδέσμευτους, υποτίθεται, δημοσιογράφους και όχι σε κομισάριους, που αναπαράγουν και προβάλλουν σαν ντουντούκες τα κομματικά παραμύθια, και όχι σε αυλητρίδες ή επίδοξους επιβήτορες της εξουσίας.

Να γιατί είναι σύμπτωμα της γενικής κοινωνικής μας παθολογίας ότι δεν προκαλούν καθολική κατακραυγή και ξεσήκωμα ιδιαίτερα των δημοσιογράφων, όχι μόνο η θρασύτατη κυβερνητική επέμβαση στην ΕΣΗΕΑ, αλλά και:

Ο *γαλάζιος* Κούβελας, όταν περιπαίζει ιταμά την ανοχή και τη νοημοσύνη μας: «Προσπαθούμε —είπε στη Βουλή αιτιολογώντας την κυβερνητική επέμβαση— να αποκαταστήσουμε το δικαίωμα της αυτόνομης (!) διαχείρισης της ΕΣΗΕΑ».

Ο *πράσινος* Κακλαμάνης, όταν καταγγέλλει ότι η κυβέρνηση επιδιώκει να υποτάξει τους δημοσιογράφους και θέλει να ξεχάσουμε το δικό τους μαζικό εκμαυλισμό των δημοσιογράφων, με τη μετατροπή της ΕΡΤ σε τροφείο των κλαδικαρίων, με τα μυστικά κονδύλια και τις αργομισθίες, με την κολυμβήθρα του Σιλωάμ που μεταμόρφωνε χουντίσαντες και ΚΥΠατζήδες σε πατενταρισμένους δημοκράτες και κραυγαλέους υμνωδούς της «Αλλαγής».

Και ο *κόκκινος* Μήτσος, που τον έπιασε ξαφνικά ο πόνος για την αυτονομία του δημοσιογραφικού συνδικαλισμού, ενώ πριν από λίγους μήνες συνυπέγραφε την ντιρεκτίβα, ότι οι κομματικοί δημοσιογράφοι, όπου κι αν εργάζονται, δεν μπορούν να εκφράζονται εκτός κομματικών θέσεων...

Αρχαιρεσίες, λοιπόν, τον Οκτώβριο στην ΕΣΗΕΑ, το μεγαλύτερο δημοσιογραφικό σωματείο. Τη σφραγίδα της θα διεκδικήσουν:

Από τη μια μεριά η κυβερνητική παράταξη, ενιαία κι αδιάσπαστη όπως πάντα και με νέο όπλο της το εκλογικό σύστημα. Εκλογική νίκη της σημαίνει να παραταθεί άλλα δύο χρόνια ό,τι ισχύει ως τώρα επί δεκαετίες. Με πρόεδρο απόλυτο μονάρχη και κομματικά κατευθυνόμενο. Με συνελεύσεις καρικατούρα. Με μέλη παθητικά, απαθή και υπνώττοντα, που σκιρτούν μόνο σ' ένα εκπληκτικής ομοψυχίας πρασινοκοκκινογαλάζιο συναγέλασμα, έτσι και τα ερεθίσει κάποιο εκμαυλιστικό δέλεαρ. Με συνδικαλιστική, πολιτική και κοινωνική παρουσία ανύπαρκτη και σε κρίσιμα θέματα: Όταν, λόγου χάρη, συγκροτείται το *ολιγοπώλιο στην πληροφόρηση*· και όταν η σκόπιμη έλλειψη αυτοδεσμευτικής δεοντολογίας μετατρέπει την «τέταρτη», στην πιο ασύδοτη, ανέλεγκτη και ασχημονούσα εξουσία...

Από την άλλη μεριά, προϊόν παρασκηνιακής κομματικής συναλλαγής, το μωσαϊκό της «προοδευτικής» συμπαράταξης, με τωρινό συνδετικό κρίκο την αντίσταση στο κυβερνητικό πραξικόπημα — ώσπου να 'ρθουν οι δικοί μας στα πράγματα, για να κάνουν τα δικά τους...

Αλίμονο στον πολίτη — τι καλό μπορεί να προκύψει;

Δευτέρα 31 Αυγούστου 1992

ΟΙ ΝΕΟΙ ΣΤΗΛΙΤΕΣ ΤΗΣ ΔΗΜΟΣΙΟΓΡΑΦΙΚΗΣ ΤΡΟΜΟΛΑΓΝΕΙΑΣ

«Ο φασισμός, στην ουσία, δεν άφησε ούτε αμυχή στην ψυχή του ιταλικού λαού· ο καινούριος φασισμός μέσα από τα νέα μέσα ενημέρωσης και ειδικότερα την τηλεόραση (...) την έγδαρε, την εβίασε, την κατέστρεψε μια για πάντα...».

ΠΙΕΡ ΠΑΟΛΟ ΠΑΖΟΛΙΝΙ (9-12-73)

ΑΥΤΗ ΤΗ ΦΟΡΑ, με τα ετήσια βραβεία της, η Ακαδημία Αθηνών έκανε διάνα, όταν ένα από αυτά το απένειμε σε μας τους δημοσιογράφους (δια του σωματείου μας, της ΕΣΗΕΑ) για τη *συνολική προσφορά* μας, λέει, *στην ελληνική κοινωνία.*

Πότε; Αυτές τις γιορτινές ημέρες της οικογενειακής θαλπωρής, της αγάπης και της ανθρωπιάς, που οι δημοσιογράφοι, ακριβώς, συμβάλαμε τα μέγιστα για να μετατραπούν σε *ημέρες φρίκης*, κανιβαλισμού, δαιμονοπληξίας και μαζικής παράκρουσης.

Πότε; Τη στιγμή, ακριβώς, που η *νέα εξουσία* των πανίσχυρων μέσων «ενημέρωσης» και, πρωτίστως, της τηλεόρασης πρόβαλε γυμνό, ακάλυπτο από ψιμύθια και μάσκες, το *αποτρόπαιο πρόσωπό της·* που δεν άφησε σπίτι ακο ύρσευτο και ψυχή αμόλευτη και στην πιο απόμακρη γωνιά της ελληνικής γης· και που η ελληνική δημοσιογραφία έφθανε στο *έσχ ατο σημείο εξαχρείωσης* και αποκαλυπτόταν μέγιστος δημόσιος κίνδυνος.

Είχαν προηγηθεί, μια εβδομάδα πριν, άλλα εύσημα: Η δικαστική έρευνα για τα περιβόητα μυστικά κονδύλια του

Υπουργείου Εξωτερικών δεν βρήκε, λέει, δημοσιογράφους-τρωκτικά (ασήμαντη λεπτομέρεια ότι εκ του νόμου τα παραστατικά και λοιπά αποδεικτικά στοιχεία *καταστρέφονται*). Και ανασάναμε και πανηγυρίσαμε — έχοντες πλέον ανάγκη πιστοποιητικών εντιμότητος...

Έτσι, πολίτες υπεράνω πάσης υποψίας (ούτε καν αργυρώνητοι ως επαγγελματίες), *κοινωνικοί λειτουργοί δαφνοστεφείς* από το ανώτατο πνευματικό ίδρυμα της χώρας, ακαταπόνητοι σταυροφόροι της αλήθειας, βάλαμε πλώρη για νέα τρόπαια:

Μας καταγγέλλουν ως *ολετήρες* — θα αποδειχθούμε οι *σωτήρες* της κοινωνίας, *ανατόμοι* με το νυστέρι βαθιά στο σάπιο κορμί της, *θεραπευτές* με τα πιο δραστικά φάρμακα. Όπως, λόγου χάρη, οι πλέον ρυπογόνες βιομηχανίες, που έρχονται πρώτες και σε προϊόντα αντιρύπανσης...

Ενεός ο υποψιασμένος πολίτης μπροστά στο σχιζοφρενικό τραγέλαφο: Δημοσιογράφοι τηλεοπτικοί αστέρες, που πριν από λίγες ημέρες πλειοδοτούσαν στη δαιμονολογία και στον κανιβαλισμό, να τοι τώρα οι ίδιοι να συντονίζουν «σοβαρές» συζητήσεις για το «τις πταίει» — με υπουργούς και δικαστές, ψυχιάτρους και εγκληματολόγους, παιδαγωγούς και αστυνόμους.

Δημοσιογράφοι να υποδαυλίζουν τη μαζική κτηνωδία του *λιντσαρίσματος* και να εξωθούν σε *αυτοδικία*, με θύματα υπό αυτονόητη, υποτίθεται, κρατική προστασία, όπως οι δέσμιοι νεαροί «σατανιστές» και ο άθλιος κατηγορούμενος ως παιδοκτόνος και δημοσιογράφοι να καυτηριάζουν το φαινόμενο.

Δημοσιογράφοι να σκηνοθετούν τελετές μαύρης μαγείας κι επιδείξεις αποκρυφισμού και δημοσιογράφοι να προτείνουν (προλαβαίνοντας το ρέκτη Στ. Παπαθεμελή) *ιδιώνυμη ποινική καταστολή* για τους «σατανιστές».

Δημοσιογράφοι να εγκωμιάζουν μία από τις ευτυχέστερες στιγμές του ελληνικού Κοινοβουλίου, όταν, πριν από ένα μήνα, κατάργησε επιτέλους και τυπικά τη *θανατική ποινή*. Και δημοσιογράφοι να προλειαίνουν το έδαφος στην Άννα Ψαρούδα-Μπενάκη (την είχαμε και υπουργό Δικαιοσύνης, τρομάρα μας) για να ονειρεύεται φωναχτά αγχόνες, λαιμητόμους και εκτελεστικά αποσπάσματα και παράλληλα (μαζί πάνε αυτά) να επιδίδεται σε κηρύγματα *κοινωνικού ρατσισμού* εις βάρος των υπόλοιπων παιδιών του φερόμενου ως παιδοκτόνου, τα οποία επέζησαν από την πατρική κτηνωδία, για να τα κατακρεουργήσει, να τα καταξεσκίσει ο τηλεοπτικός φασισμός και η κοινωνική υποκρισία.

Δημοσιογράφοι των εφημερίδων να καταγγέλλουμε (γενικά, όχι ονομαστικά) τους δημοσιογράφους της τηλεόρασης — και τούμπαλιν. Και όλοι μαζί να συστεγαζόμαστε αρμονικά υπό κοινή συνδικαλιστική ομπρέλα, που διασφαλίζει την επαγγελματική αλληλεγγύη — και αδιατάρακτη συνενοχή. Και να έχουμε *κοινά αφεντικά* σε κανάλια και εφημερίδες, τα οποία μένουν πάντα πίσω απ' τις κουίντες, δεν λερώνουν τα χέρια τους, το παίζουν και δεξιά και αριστερά και προοδευτικά και συντηρητικά και νεωτεριστικά και παραδοσιακά, ώστε να ικανοποιούνται όλοι οι πελάτες και όλα τα γούστα.

Συλλογική η ευθύνη μας; Ασφαλώς, ναι. Όσο ανεχόμαστε ανάμεσά μας, κανακεύουμε και αναπαράγουμε κάποια ανθρωποειδή σαρκοβόρα — για ύαινες μιλάμε, για όρνια, για ιαγουάρους, για κανίβαλους, για βρικόλακες, που τρέφονται με πτώματα και αίμα· για χυδαία και χαμερπή, πωρωμένα και αδίστακτα, κομπλεξικά και διεστραμμένα ανθρωπάρια, που κάνουν τα απωθημένα τους θέαμα καταναγκαστικά αναλώσιμο και επιβραβεύονται για να δηλητηριάζουν την κοινωνία.

Τι να κάνουμε λοιπόν;

Να αντισταθούμε, όσοι νιώθουμε την ανάγκη, όσοι ξεχειλίσαμε από ντροπή και αηδία, όσοι συνειδητοποιούμε τις ευθύνες μας.

Από την άλλη άκρη του κόσμου, δημοσιογράφοι πάλι, παρέχουν το *παράδειγμα συλλογικής αντίστασης:* Όταν οι αρχές στο Μεξικό θέλησαν να αποκρύψουν τις θηριωδίες τους και να δώσουν πλαστή εικόνα (α λα CNN στον Περσικό Κόλπο) στην καταστολή των εξεγερμένων Ζαπατίστας, οι δημοσιογράφοι *αρνήθηκαν* — κατέβασαν τις πένες και τις κάμερες.

Εδώ ούτε ένα δείγμα ατομικής αντίστασης, μια παραίτηση, λέμε, από προσωπική ευαισθησία και αξιοπρέπεια, ένα «άει σιχτίρ, καθίκι» στον εκδοροσφαγέα, που ντύθηκε σπουδαιοφανής διευθυντής ή αρχισυντάκτης δελτίου ειδήσεων.

Τι να κάνουμε λοιπόν;

Η διοίκηση της ΕΣΗΕΑ «αισθάνεται την ανάγκη να παρέμβει και να καταδικάσει την *αθλιότητα της τρομολαγνείας*» με μία ανακοίνωση, με διακηρύξεις και υπενθυμίσεις, ότι «οι δημοσιογράφοι οφείλουν να... έχουν ύψιστο χρέος να...», διαφορετικά «η ελληνική δημοσιογραφία κινδυνεύει να γίνει συνεργός στην αποσύνθεση του ιστού της ελληνικής κοινωνίας, πράγμα που η ΕΣΗΕΑ *με κάθε μέσον* θα προσπαθήσει να αποτρέψει...».

Το *«με κάθε μέσον»* μας επιτρέπει να εισηγηθούμε κάποια μέτρα (μερικά για πολλοστή φορά):

1. *Με βραχύχρονη* διαδικασία συλλογικού προβληματισμού να θεσμοθετηθεί επιτέλους αυτοδεσμευτικός *κώδικας δημοσιογραφικής δεοντολογίας.*

2. *Να πρωτοστατήσει* η ΕΣΗΕΑ στη συγκρότηση (όχι μόνο από δημοσιογράφους που δεν έχουν πια την έξωθεν

καλή μαρτυρία) *Συμβουλίου Τύπου*, αυτόνομου, για να εποπτεύει την τήρηση αυτού του κώδικα, με δυνατότητα επιβολής κυρώσεων.

3. *Ως τότε* (δηλαδή εδώ και τώρα) να καθιερώσει η ΕΣΗΕΑ τη *στηλίτευση* — όπως γινόταν στην αρχαιότητα και ξανάγινε το 1874 με τους βουλευτές «βίας και νοθείας» του «τζουμπέ» Δ. Βούλγαρη: Σε ανακοίνωση της ΕΣΗΕΑ, μια φορά το μήνα, που θα υποχρεώσει όλα τα μέσα ενημέρωσης να τη μεταδίδουν, *να καταγγέλλονται ονομαστικά οι στηλίτες* — όσοι δημοσιογράφοι στη διάρκεια του μηνός παραβιάζουν κατάφωρα τη στοιχειωδώς κατοχυρωμένη και σήμερα καταστατικά επαγγελματική δεοντολογία. Το ίδιο να *στηλιτεύονται* και τα συγκεκριμένα μέσα ενημέρωσης που ασχημονούν. Ο κατά συρροήν στηλίτης *να διαγράφεται* από το επαγγελματικό σωματείο.

Εξυπακούεται ακόμα ότι η ΕΣΗΕΑ οφείλει:

Να συντρέξει κάθε προσπάθεια να βελτιωθεί η *κρατική τηλεόραση* στην ποιοτική αντιπαράθεσή της με τα ιδιωτικά κανάλια.

Να ταρακουνάει την κυβέρνηση στο τεράστιο θέμα να υπάρξουν κρατικές και διακρατικές προστατευτικές για τον πολίτη ρυθμίσεις στη λειτουργία των οπτικοακουστικών μέσων.

Να γρηγορεί και να αντιστέκεται σε κάθε τάση για ολιγοπωλιακό συγκεντρωτικό έλεγχο των μέσων ενημέρωσης και ασύδοτη «*μιντιοκρατία*».

Αυτά από τη μεριά μας ως δημοσιογράφοι — δηλαδή κατ' εξοχήν υπεύθυνοι για την πληροφόρηση του πολίτη και τη λειτουργία των μέσων ενημέρωσης επ' αγαθώ της κοινωνίας. Που είναι άθλια υποκρισία να επικαλούμαστε την αναγνωσιμότητα, τη θεαματικότητα και την ακροαματικότητα για να υποστηρίξουμε «αυτά θέλει ο κόσμος, αυτά του δίνουμε». Εμείς, εν πολλοίς, διαμορφώνουμε την περιβόητη *«κοινή γνώμη»* που, έτσι κι αλλιώς, ανέκαθεν ήταν και παραμένει (κατά την καυστική πένα του Μπαλζάκ) «η πιο βιτσιόζα απ' όλες τις πόρνες».

Από εκεί και πέρα υπάρχουν κι άλλοι, πολλοί άλλοι, να αναλάβουν τις ευθύνες τους...

Δευτέρα 10 Ιανουαρίου 1994

ΜΕ... ΓΡΑΒΑΤΑ Ο ΚΛΕΙΣΘΕΝΗΣ, ΝΑ ΜΑΣ ΜΟΙΑΣΕΙ...

«Ἁπάντων γάρ αὐτός αὐτόν πεποίηκεν ὁ δῆμος κύριον, καί πάντα διοικεῖται ψηφίσμασιν καί δικαστηρίοις, ἐν οἷς ὁ δῆμος ἐστίν ὁ κρατῶν. Καί γάρ αἱ τῆς βουλῆς κρίσεις εἰς τόν δῆμον ἐληλύθασιν. Καί τοῦτο δοκοῦσι ποιεῖν ὀρθῶς· εὐδιαφθορώτεροι γάρ ὀλίγοι τῶν πολλῶν εἰσίν καί κέρδει καί χάρισιν».

ΑΡΙΣΤΟΤΕΛΗΣ: *Αθηναίων Πολιτεία*

ΕΓΙΝΕ ΚΙ ΑΥΤΟ. Οι νεοέλληνες γιορτάσαμε, λέει, (ποιος εντός κι εκτός των συνόρων μας το πήρε χαμπάρι;) τα 2.500 χρόνια από τη μεταρρύθμιση του Κλεισθένη, τα (συμβατικά) γενέθλια της Αθηναϊκής Δημοκρατίας — της *μοναδικής*, στην ιστορία της ανθρωπότητας, αυθεντικής δημοκρατίας.

Και δεν ήχησαν βροντερές οι σάλπιγγες — πριν από δύο χρόνια, στο Παρίσι, ο Φρ. Μιτεράν χάλασε κόσμο με τις εκδηλώσεις για τα διακόσια χρόνια της γαλλικής επανάστασης, τόσο, που κατηγορήθηκε ότι το παίζει αυτοκράτορας και Λουδοβίκος. Δεν αφιερώθηκε ολόκληρο το 1991 στη μεγάλη γιορτή. Δεν μετατρέψαμε το Φεστιβάλ Αθηνών, λόγου χάρη, από τουριστική ατραξιόν σε *παγκόσμιο προσκύνημα* στο μεγαλούργημα της Αθηναϊκής Δημοκρατίας, με παραστάσεις ολόκληρο το καλοκαίρι αποκλειστικά αρχαίου δράματος, από ξένους και δικούς μας ερμηνευτές — στο Ηρώδειο και στην Επίδαυρο, στους Δελφούς και στη Δωδώνη. Δεν αρπάξαμε την ευκαιρία (και τι άλλο έχουμε οι έρμοι να πλασάρουμε διεθνώς...) να καλέσουμε απ' όλο τον κόσμο ελληνιστές, που μαζί με τους δικούς μας μύστες θα μιλούσαν εξαντλητικά για τη δημοκρατία, σε «συμπόσια» όχι μόνο στην Αθήνα, αλλά κι εκεί που μας πονάει: στην Κομοτηνή και στα Γιάννενα, στη Μυτιλήνη και στη Φλώρινα... Δεν επιβάλαμε *σε όλα ανεξαιρέτως τα σχολεία* από μια επίσκεψη στην Πνύκα, με ομιλίες εκεί από φωτισμένους (τώρα, μάλιστα...) δασκάλους για τα *διαχρονικά μηνύματα* της αρχαίας Αθήνας και τη σημασία τους ιδιαίτερα σήμερα. Δεν ενισχύσαμε ειδικές εκδόσεις βιβλίων, δεν ανοίξαμε όλα τα media στον προβληματισμό για την Αθηναϊκή, την τωρινή και την αυριανή δημοκρατία. Δεν κάναμε κοινωνούς τους πολλούς σε βασικές έννοιες, όπως τι *οπαδός* και τι *πολίτης*...

Γιορτάσαμε την επέτειο της Αθηναϊκής Δημοκρατίας κατά πώς μας πρέπει στη σημερινή κατάντια, σε πλήρη αρμονία με τα σημερινά μας σουσούμια:

— *Η κυβέρνηση*, παρ' ότι δεν της έλειψαν εγκαίρως και τεκμηριωμένες οι προτάσεις, κατάφερε να μας παρουσιάσει... γραβατοφορεμένο τον Κλεισθένη, εξαντλώντας τις άρπα κόλλα εκδηλώσεις σε κοσμικές δεξιώσεις κι επίσημες τελετές — σε στενό κύκλο και με καμιά πενηνταριά εκπροσώπους ευρωπαϊκών κοινοβουλίων μόνους κεκλημένους. (Και πώς να γινόταν διαφορετικά; Μπορεί να ανακατεύτηκαν στην οργάνωση και προετοιμασία των εκδηλώσεων ποικίλες υπηρεσίες, αλλά το γενικό συντονισμό είχε ο... ΕΟΤ. Και μπορεί να είναι καλός μάνατζερ ο πρόεδρός του Μάριος Ραφαήλ, αλλά γιατί να είναι ευαίσθητος στην αρχαία ελληνική δημιουργία;)

— *Η αντιπολίτευση*, υπνώττουσα και ομφαλοσκοπούσα, συνέβαλε απλώς στο ντεκόρ, εκπροσωπούμενη υποτονικώς στις κοσμικές δεξιώσεις και τελετές.

— *Με αρχαιολάτρη* δήμαρχο τον Αντ. Τρίτση ο Δήμος Αθηναίων περιέργως εσιώπησε — ίσως γιατί παραγκωνίστηκε, ίσως γιατί μας επιφυλάσσει «ρεβάνς» το 1993...

— *Τα μέσα ενημέρωσης* αδιαφόρησαν προκλητικά — και αποκαλυπτικά.

— *Τα πανεπιστήμια* προσαρμόστηκαν στο κυβερνητικό πνεύμα και πρόγραμμα. Δεν ξέρουμε τι ακριβώς έγινε στη Θεσσαλονίκη, στα Γιάννενα και στο Ηράκλειο — αν γινόταν κάτι σημαντικό, θα το μαθαίναμε. Στο Πανεπιστήμιο Αθηνών έλαβε χώρα διήμερο «συμπόσιο» με ξένους και Έλληνες εισηγητές και τον υπουργό Παιδείας Γ. Σουφλιά να κηρύσσει την έναρξή του. Με προσκλήσεις η είσοδος — ούτε καν για τους φοιτητές ανοιχτές οι πόρτες. Σαράντα περίπου οι εισηγητές, καμιά τριανταριά οι ακροατές — τα έλεγαν αυτάρεσκα μεταξύ τους. Έτσι, καλύτερα που ούτε σκέφθηκαν ούτε διανοήθηκαν οι οργανωτές να καλέσουν έναν Κορνήλιο Καστοριάδη, εξοικειωμένο όσο ελάχιστοι με το θέμα ή επιτέλους τον P. Vidal-Naquet, που μαζί με τον P. Leveque συνέγραψαν τη μελέτη *Κλεισθένης ο Αθηναίος* (ελληνική έκδοση «Ευρύαλος»).

— *Ο λαός*, βεβαίως, αγνοήθηκε παντελώς και αγνόησε την, υποτίθεται, *γιορτή του*.

Από ανικανότητα και ολιγωρία όλα αυτά;

Ο καλός μας Αντρέας Γεωργίου, που κατέθεσε την προσωπική του συνεισφορά, κυκλοφορώντας αυτές ακριβώς τις ημέρες το βιβλίο του (*Ο ΒΙΑΣΜΟΣ ΤΗΣ ΘΕΑΣ 2.500 χρόνια από τη γέννηση της δημοκρατίας*, «Εκδόσεις Γλάρος»), είμαι βέβαιος ότι θα έλεγε πως οι σημερινοί «σφετεριστές της λαϊκής εξουσίας» το έκαναν επίτηδες.

Και θα είχε δίκιο. Γιατί δεν είναι μόνο οι γραβάτες, είναι και οι επίσημες ομιλίες. Λάστιχο οι, έτσι κι αλλιώς, καταταλαιπωρημένες έννοιες «δημοκρατία», «λαϊκή κυριαρχία», «ισονομία», «ισηγορία» κτλ. — τις τραβάμε απ' εδώ, τις τεντώνουμε απ' εκεί, ώσπου να έρθουν κουτί στα μέτρα μας.

Άνθρωπος του μέτρου και με γνωστή προσήλωση ειδικά στον Αριστοτέλη (άρα, υποθέτουμε, έχει μελετήσει εμβριθώς και την *Αθηναίων Πολιτεία*) ο Κων. Καραμανλής, στο χαιρετισμό του στην Πνύκα, παρουσίασε τη σημερινή (αντιπροσωπευτική, κοινοβουλευτική) δημοκρατία ως συνέχιση και φυσιολογική (με προσαρμογή στις σύγχρονες συνθήκες) εξέλιξη της αθηναϊκής *άμεσης* δημοκρατίας:

«Ύστερα από παλινδρομήσεις και περιπέτειες αιώνων —είπε— η δημοκρατία στην εποχή μας εθριάμβευσε. Οι αγώνες για τη δημοκρατία και την ελευθερία έχουν βρει σήμερα τη δικαίωσή τους σε παγκόσμια κλίμακα...».

Αλλά ποια δημοκρατία εθριάμβευσε;

Από πού κι ως πού η ταύτιση μέσα στην αφηρημένη έννοια της «δημοκρατίας»;

Τότε τις αποφάσεις για όλα τις έπαιρναν *όλοι* οι (άρρενες και ελεύθεροι, έστω) πολίτες. Τώρα οι πολλοί παραμένουν αμέτοχοι, αδρανείς, παθητικοί, αποξενωμένοι από την εξουσία, που τη διαχειρίζονται όλο και πιο αυτόνομα οι λίγοι, οι πολιτικοί, οι «αντιπρόσωποι». Τότε κάθε ελεύθερος πολίτης μπορούσε να αναδειχθεί (με κλήρο κατά κανόνα, με εκλογές κατ' εξαίρεση, για περιορισμένο χρόνο, με ειδική αρμοδιότητα και ανακλητότητα) σε κάθε αξίωμα. Τώρα τα αξιώματα είναι για τους ειδικούς, τους εκλεκτούς, τους ελάχιστους. Τότε νομοθετούσαν και δίκαζαν όλοι. Τώρα οι πολλοί υφίστανται τους νόμους των λίγων και τη δικαιοσύνη των ειδικών...

Διάστικτη από συγχύσεις εννοιών και ιστορικές ακροβασίες ήταν και η —υμνητική για τη δημοκρατία, κατά τα άλλα— ομιλία του προέδρου της Βουλής Αθ. Τσαλδάρη:

— Στη μεταρρύθμιση του Κλεισθένη, λόγου χάρη, βλέπει «τον *άριστο συνδυασμό της αμέσου και της εμμέσου δημοκρατίας*» (και πού την ανακάλυψε στην Εκκλησία του Δήμου, τάχα, την έμμεση, δηλαδή την αντιπροσωπευτική, δημοκρατία;).

— «Η δημοκρατία της Ρώμης —είπε σε άλλο σημείο— είχε ως πρότυπό της την ελληνική πόλη». Αλλά, ω θεοί, για τους Αθηναίους «άνδρες γαρ πόλις» (Θουκυδίδης). Και «η Ρώμη, από την αρχή ως το τέλος, έμεινε μια *ολιγαρχία*», επιμένει ο Καστοριάδης στην περίφημη διάλεξή του το 1985 στο Λεωνίδιο (*Η αρχαία ελληνική δημοκρατία και η σημασία της για μας σήμερα*, «Εκδόσεις Ύψιλον»).

Και ο πρόεδρος της Βουλής μας κατέληξε, απευθυνόμενος στους εκπροσώπους των ευρωπαϊκών κοινοβουλίων: «Εσείς εκφράζετε σήμερα τη δημοκρατία στην πράξη. Στα κοινοβούλια κρίνεται η εφαρμογή των δημοκρατικών δικαιωμάτων, εκεί ασκείται η αυστηρή κριτική προς την εκτελεστική εξουσία, εκεί θεσπίζονται οι νόμοι, οι οποίοι συμπληρώνουν σε κάθε χώρα τους βασικούς θεσμούς της δημοκρατίας».

Οι κοινοβουλευτικές δημοκρατίες είναι *«φιλελεύθερες ολιγαρχίες»*, θα του απαντούσε ο Καστοριάδης, αν, απρονοήτως, τον είχαν καλέσει στην Πνύκα.

Τερματίζοντας το χαιρετισμό του στο «συμπόσιο» του Πανεπιστημίου Αθηνών, ο υπουργός Παιδείας Γ. Σουφλιάς είπε:

«Το μήνυμα της ελληνικής δημοκρατίας είναι πράγματι *καίριο* και *επίκαιρο* για κάθε κοινωνία και για κάθε εποχή. Περισσότερο παρά ποτέ είναι καθοριστικό για την κοινωνία του κόσμου που πάει να διαμορφωθεί σήμερα».

Αλλά αυτός ακριβώς ο προβληματισμός είναι που έλειψε στις ευτελείς, μέσα στην πολυτέλεια των τελετών, εκδηλώσεις για την Αθηναϊκή Δημοκρατία.

Δευτέρα 30 Σεπτεμβρίου 1991

Β΄
Η ΕΙΡΗΝΗ

Ο ΡΟΛΟΣ ΤΩΝ ΜΜΕ ΣΤΟΝ ΠΟΛΕΜΟ ΚΑΙ ΣΤΗΝ ΕΙΡΗΝΗ

ΝΑ ΔΙΕΚΤΡΑΓΩΔΕΙΣ τα δεινά του πολέμου και να εκθειάζεις τα αγαθά της ειρήνης είναι εύκολο — για όλους. Τόσο πιο εύκολο μάλιστα όταν ζεις, σε ειρηνική περίοδο, τυλιγμένος στη θαλπωρή της *αυταπάτης* ότι ο πόλεμος είναι κάτι *ξένο* για σένα, πολύ μακρινό για να σε αγγίξει, ακόμα και σαν απειλή. Μιας αυταπάτης, που δεν την κλονίζουν τα τηλεοπτικά δελτία ειδήσεων, τα γεμάτα, καθημερινά σχεδόν, με εικόνες από τη φρίκη του πολέμου, κάπου στη γη. Μιας αυταπάτης άτρωτης από λογικά επιχειρήματα για τους κινδύνους τού αύριο όσο και από τα αδιάσειστα στοιχεία τού χθες — όπως αυτά, λόγου χάρη, που περιέλαβε στην περσινή έκθεσή του στο Συμβούλιο Ασφαλείας του ΟΗΕ ο Μπούτρος Γκάλι: ότι στο μισό αιώνα από τη λήξη του μεγάλου πολέμου οι *πάνω από εκατό συρράξεις* ανά τον κόσμο άφησαν πίσω τους *είκοσι εκατομμύρια νεκρούς*.

Εύκολο, επίσης, για μας τους δημοσιογράφους ειδικά, είναι να προβάλλουμε τους νεκρούς και τους τραυματίες πολεμικούς ανταποκριτές, για να καταδείξουμε την εγρήγορση και την αυταπάρνηση που χαρακτηρίζουν την επαγγελματική μας οικογένεια. Είναι εύκολο να βραβεύουμε, σαν τους καλύτερους ανάμεσά μας, αυτούς που με ευσυνειδησία και αυτοθυσία έστειλαν τα πιο συγκλονιστικά ρεπορτάζ, μπαρουτοκαπνισμένοι από τα πεδία των μαχών. Προθυμότατα ακόμα σπεύδουμε να στηλιτεύσουμε, σαν *ακρότητες* ξένες προς την επαγγελματική μας δεοντολογία και ηθική, ενέργειες όπως του Τούρκου δημοσιογράφου, ας πούμε, που πριν από ένα μήνα περιέγραψε με κομπασμό πώς, στη σπαρασσόμενη Βοσνία, σημάδεψε και, με τη βοήθεια του Αλλάχ, σκότωσε έναν Σέρβο. Ή των άλλων που «έστηναν» εκτελέσεις αιχμαλώτων στο Βιετνάμ και στη Λατινική Αμερική, για να απεικονίσουν οι κάμερες, όσο γίνεται πιο ερεθιστικά, την επιθανάτια αγωνία των θυμάτων.

Το δύσκολο, για μας τους δημοσιογράφους, είναι να δούμε *αυτοκριτικά* κατά πόσο σήμερα, στην εποχή του γιγαντισμού των μέσων ενημέρωσης, στην εποχή της επικοινωνιακής επανάστασης, δίνουμε συνειδητά και κερδίζουμε αποτελεσματικά τη μάχη για την πιστή καταγραφή και μετάδοση των γεγονότων, για την έντιμη και επαρκή πληροφόρηση του πολίτη. Και ακόμα δυσκολότερο για μας τους δημοσιογράφους είναι να αναλογιστούμε τη συμβολή και τις ευθύνες μας στην παγίωση ή την υπονόμευση της *όλο και πιο εύθραυστης ειρήνης*, στην υποδαύλιση ή στην αποτροπή του μονίμως επερχόμενου πολέμου.

Πριν από 2.500 χρόνια ο Θουκυδίδης, ο κατά γενική παραδοχή θεμελιωτής της ιστορικής επιστήμης και, για ορισμένους, πατέρας και της δημοσιογραφίας, διεπίστωνε ότι οι περισσότεροι είναι απρόθυμοι να υποβάλλονται σε κόπο προς αναζήτηση της αλήθειας και τρέπονται προς ό,τι βρίσκουν έτοιμο.

Και το έλεγε για να δείξει πόσο επίπονη ήταν η προσπάθειά του, τη μακρινή εκείνη εποχή, με τα υποτυπώδη μέσα επικοινωνίας, να διασταυρώνει τις πηγές του, ώστε να παρέχει «σαφή αντίληψη των γεγονότων» και να συγγράψει ιστορία «κτήμα εσαεί» της ανθρωπότητας.

Σήμερα, περισσότερο ίσως από ποτέ, μπορούμε να εκτιμήσουμε τη σημασία της απλής και μεγάλης αυτής αλήθειας. Διότι σήμερα, παντού στον κόσμο, το *μέγιστο ποσοστό των πληροφοριών παρέχεται από επίσημες πηγές*, τις οποίες οι δημοσιογράφοι και να θέλουμε αδυνατούμε να διασταυρώσουμε, και από διεθνή πρακτορεία που δεν γίνεται να ελέγξουμε. Η συστηματική *παραπληροφόρηση* είναι, έτσι, δεδομένη και η δημοσιογραφία, συνηθέστατα, παίζει το ρόλο *θεραπαινίδος σκοπιμοτήτων* και μηχανισμού προπαγάνδας και ιδεολογικής χειραγώγησης.

Πριν από πενήντα χρόνια ο Άρθουρ Κέστλερ παρατηρούσε ότι *«η συνείδησή μας υποχωρεί ευθέως ανάλογα προς τη διάδοση και επέκταση των μέσων επικοινωνίας»*.

«Το σκυλί που το πάτησε ένα αυτοκίνητο —έγραφε— μας αναστατώνει ψυχικά και μας χαλάει τη χώνεψη. Τα τρία εκατομμύρια εβραίων που σκοτώθηκαν στην Πολωνία, μας προκαλούν μια μέτρια δυσφορία. Τ α στατιστικά στοιχεία δεν αιμάσσουν. Η λεπτομέρεια είναι που βαραίνει...».

Λίγο πριν καταρρεύσει το Γ΄ Ράιχ, εννέα στους δέκα Αμερικ ανούς δεν πίστευαν και απέδιδαν σε προπαγάνδα τις θηριωδίες των *ναζί*. Και χρειάστηκε να φτάσουμε στον Χρουστσιόφ και στον Γκορμπατσόφ για να παραδεχθούμε οι πολλοί, και όχι μόνο οι κομουνιστές, ότι εκατομμύρια άνθρωποι εξοντώθηκαν στα κολαστήρια των *«γκουλάγκ»*.

Όταν ο Κέστλερ μιλούσε για επέκταση των μέσων επικοινωνίας, που αμβλύνει την ευαισθησία και συρρικνώνει τη συνείδηση, δεν υπήρχε βέβαια η παντοκρατορία της τηλεόρασης, που μετατρέπει ισοπεδωτικά τον κόσμο σε *θέαμα* και όλους εμάς τους πολίτες σε παθητικούς και όλο πιο αδιάφορους θεατές.

Δεν υπήρχε το παντοδύναμο CNN με τις επιλεκτικές κάμερες, που απεικονίζει έναν καταστροφικό πόλεμο, όπως αυτός στον Περσικό Κόλπο, σαν χολιγουντιανή κινηματογραφική υπερπαραγωγή, όπου η φαντασμαγορία των μοντέρνων όπλων πνίγει τον ανθρώπινο πόνο, εξωραΐζει τη φρίκη του πολέμου, εξαφανίζει τον άνθρωπο.

Παράδοση αιώνων ταύτισε τη δημοσιογραφία με την ελευθερία, την ανεξάρτητη σκέψη, τον ουμανισμό και τη δημοκρατία — άρα και με την ειρήνη.

Όχι μόνο με τα μεγάλα ονόματα-σύμβολα: τον Εμίλ Ζολά στον αγώνα κατά του ρατσισμού· τον Ζαν Ζορές κατά της λαίλαπας του πρώτου μεγάλου πολέμου με τα πέντε εκατομμύρια νεκρούς· τον Έρνεστ Χέμινγουεϊ, τον Τζωρτζ Όργουελ, τον Άρθουρ Κέστλερ κατά του φασισμού και του ολοκληρωτισμού. Με τις στρατιές των ανώνυμων λειτουργών του ο Τύπος υπήρξε —και εν πολλοίς παραμένει— *απαντοχή* για τους αδύναμους, τους αδικημένους, τους καταπιεσμένους, όπου γης.

Στους αγχώδεις καιρούς μας, των μεγάλων ανακατατάξεων και των πλανητικών διαστάσεων προβλημάτων, με πρώτο και μέγιστο την ίδια την επιβίωση της ανθρωπότητας από την οικολογική καταστροφή ή τον πυρηνικό όλεθρο, έχει περιέλθει και η δημοσιογραφία σε δεινή θέση άμυνας. Το δίλημμα και γι' αυτή δεν είναι πια ο καπιταλισμός ή ο σοσιαλισμός. Ο στόχος δεν είναι η ανατροπή, η επανάσταση. Το πρόβλημα είναι «*αν θα διασώσουμε μερικές από τις αξίες της δημοκρατίας και του ανθρωπισμού ή θα τις χάσουμε όλες*». Και για να μη συμβεί αυτό —θα 'λεγε πάλι ο Κέστλερ— «ο καθένας μας οφείλει να προσκολληθεί περισσότερο από κάθε άλλη φορά στο καταρρακωμένο λάβαρο της *ανεξάρτητης σκέψης*».

Ειδικά στο χώρο μας, στη γειτονιά μας, σ' αυτή την καταραμένη κι ευλογημένη από τους θεούς γωνιά της Ευρώπης, στα «παράξενα Βαλκάνια», θα 'λεγε ο Ισμαήλ Κανταρέ, σ' αυτό το πλούσιο, αλλά κι εκρηκτικό μείγμα πολιτισμών, θρησκειών και εθνοτήτων, σ' αυτή τη συνεχώς ταραγμένη περιοχή, όπου *ποτίσαμε με πολύ αίμα την ελευθερία και δεν χορτάσαμε ποτέ τη δημοκρατία*, ο ρόλος του δημοσιογράφου προβάλλει εξαιρετικά σημαντικός τώρα που η πυρκαγιά του πολέμου απλώνεται απειλητικά για όλους μας.

Είναι θλιβερό να διαπιστώνουμε ότι είναι και δημοσιογράφοι που κανακεύουν και αναπαράγουν αφρόνως την εθνικιστική ρητορεία των πολιτικών· που υποδαυλίζουν το θρησκευτικό φανατισμό και καλλιεργούν το ρατσισμό· που τσαλαβουτούν στην Ιστορία για να αντλήσουν ιδεολογήματα και να τα μετατρέψουν σε κηρύγματα μισαλλοδοξίας· που τυφλώνουν και παρασύρουν τα πλήθη· που αποσιωπούν ή υπερτονίζουν γεγονότα, παραποιούν κατά το δοκούν καταστάσεις, ερμηνεύουν αυθαιρέτως τα διεθνή νόμιμα, επιδίδονται συστηματικά στην παραπληροφόρηση.

Οι δημοσιογράφοι δεν αυτοαναιρούνται στον κοινωνικό ρόλο τους μόνο όταν μετατρέπονται απροκάλυπτα σε προπαγανδιστές, σε εμπρηστές της ειρήνης, σε υπηρέτες σκοπιμοτήτων. Αλλά και όταν παθητικά υποβαθμίζουν τους μεγάλους κινδύνους.

Ο εθνικισμός, ο θρησκευτικός φανατισμός και ο ρατσισμός δεν είναι ένα ασήμαντο εξάνθημα, ένα σπυράκι στο εύρωστο κορμί της δημοκρατίας. Είναι πανούκλα.

Στη μεταβατική εποχή μας, των κοσμογονικών αλλαγών, σύμπτωμα της γενικότερης παθολογίας είναι η μετατροπή των ΜΜΕ από απαντοχή κι ελπίδα της ανθρωπότητας σε θανάσιμη απειλή εναντίον της. Δεν ξέρω αν θα ζήσουμε τον οργουελικό εφιάλτη. Αυτό που ήδη ζούμε είναι η τρομακτική μεταλλαγή των media από ασφαλιστική δικλίδα και σύστημα κοινωνικού ελέγχου, στον αυταρχισμό της εξουσίας, σε γιγάντιο μηχανισμό ιδεολογικής χειραγώγησης. Από αντι-εξουσία σε υπερ-εξουσία, ασύδοτη, αφού δεν λογοδοτεί πουθενά. Ένα Ταμπίρ Σεράι, του Ισμαήλ Κανταρέ, κρατικό ή ιδιωτικό, σε κάθε χώρα, να φιλτράρει την πληροφόρηση και να ρυθμίζει τη δοσολογία ανεκτής δημοκρατίας κι ελευθερίας. Και, με καταργημένα ήδη τα σύνορα, την πολυπλόκαμη «μιντιοκρατία» να απλώνεται σε παγκόσμια κλίμακα, πάνω από πολιτιστικές ιδιαιτερότητες, απειλητικά, ισοπεδωτικά.

Να η μεγάλη αγωνία στο κατώφλι του εικοστού πρώτου αιώνα, όπου τις μεγάλες συγκρούσεις δεν τις έχουμε πίσω μας: *Έρχονται*, καθώς τα πέντε δισεκατομμύρια των πεινασμένων σήμερα θα γίνουν δεκαπέντε πολύ σύντομα, σε μια μόλις γενιά.

Ιδού και η μεγάλη πρόκληση για τους αθεράπευτα ρομαντικούς μιας δημοσιογραφίας ταγμένης στην υπηρεσία της κοινωνίας, συνώνυμης της ελευθερίας, της ειρήνης, της κοινωνικής δικαιοσύνης και της δημοκρατίας: Να παραμείνουν λειτουργοί της, έστω και ως *αντιφρονούντες*.

Στο κάτω κάτω με συνειδητές μειοψηφίες έκανε πάντοτε βήματα προόδου η ανθρωπότητα...

Δευτέρα 15 Μαρτίου 1993

ΕΝΑ ΛΙΟΤΡΙΒΙ ΟΝΕΙΡΕΥΕΤΑΙ Η ΧΕΙΜΑΡΡΑ

«Μα ο τόπος δεν έχει μέλι, λάδι, ψωμί, γλυκά νερά. Πικρίζουν περνώντας από τα ίδια πετρώματα που αναβλύζει και το δάκρυ».

ΒΑΣ. ΓΚΟΥΡΟΓΙΑΝΝΗΣ: *Το ασημόχορτο ανθίζει*

ΑΝΤΑΜΑ κόλαση και παράδεισος, να συνυπάρχουν στον ίδιο χώρο, στον ίδιο χρόνο, γίνεται; Έτσι και βρεθείς, ανυποψίαστος, στην απομονωμένη απ' όλο τον κόσμο βορειοηπειρωτική Χειμάρρα θα δεις πως γίνεται.

Να 'ναι λιόγερμα — με τους ιριδισμούς να κάνουν πιο προκλητική μια πεντακάθαρη πρασινογάλαζη θάλασσα. Απέραντες ακρογιαλιές, απάτητες λες, παρθένες, με κάτασπρη σπυρωτή άμμο και βότσαλο. Θαλασσοσπηλιές — μια απ' αυτές του Κύκλωπα, έχουν να λένε, γι' αυτό και Οδυσσέας το συνηθέστερο όνομα εδώ. Σε λοφίσκους οι οικισμοί, με τα πέτρινα σπίτια σκαρφαλωμένα ως πάνω στο βενετσιάνικο κάστρο. Κάμπος με λιόδεντρα. Και πίσω, προστατευτικά, με θηλυκές καμπύλες, τ' Ακροκεραύνια Όρη.

Και ξάφνου χάνεται, εξαφανίζεται η παραδείσια φύση. Αργόσυρτες σκιές, σκουροντυμένοι οι άνθρωποι πλησιάζουν. Περισσεύουν οι γέροι — οι νέοι σκαπέτισαν, πήραν τα μάτια τους... Στεγνά, σκαμμένα πρόσωπα, δύσπιστα, ερευνητικά μάτια, ζεστή φιλόξενη φωνή. Από κοντά τα σπίτια, τα περισσότερα ρημαγμένα, μόνο γραφικά δεν είναι. Αποπνέουν στέρηση, ανέχεια, ερήμωση, θάνατο.

Πρόσωπα βουβά, βλέμματα χωρίς επιθετικότητα και

φθόνο — εγκαρτέρηση ανάμεικτη με περηφάνια. Δεν μιλούν πρώτοι — απαντούν άμα τους ρωτήσεις. «Έχει ο Θεός... Έχουμε περάσει και χειρότερα...». (Ανοιχτές ακόμα οι πληγές, νωπές οι μνήμες, οι πολύχρονες φυλακίσεις κι εξορίες. Βαρύ αδίκημα το να μιλάς τη γλώσσα σου. Ούτ' εκκλησιά, ούτε σχολειό. Απαγορευμένη ακόμα και μια βάρκα στη λαχταριστή θάλασσα...).

Δεν ζητούν τίποτα — και να 'θελαν, τι να πρωτοζητήσουν; Τους λείπουν όλα: η δουλειά, το φαΐ — ύποπτα μελανό το ψωμί και αυτό λιγοστό, άντε να βρεις με τι το φτιάχνουν εκεί στην Αυλώνα. (Άκου τώρα ιστορία: έστειλε, λέει, στη Χειμάρρα ένα ηλεκτροκίνητο φούρνο το με βαρύγδουπο όνομα και σεβαστό προϋπολογισμό Εθνικό Ίδρυμα Υποδοχής και Αποκατάστασης Παλιννοστούντων Ομογενών Ελλήνων. Και, κοτζάμ επίσημη υπηρεσία του Υπουργείου Εξωτερικών, τα μπέρδεψε με τη νομότυπη διαδικασία, βρήκαν πρόσχημα οι αλβανικές αρχές και τον κατέσχεσαν...). Τα σχολεία. Η συγκοινωνία — ούτε ένα λεωφορείο! Ένα όλο κι όλο τηλέφωνο. Κανένα νοσοκομείο — κάποιο κέντρο υγείας υπολειτουργεί χωρίς γιατρούς και στοιχειώδη εξοπλισμό. Νερό άφθονο, αλλά λείπει το υδραυλικό σύστημα, δεν φτάνει στα σπίτια...

Υπάρχει, ωστόσο, το ανομολόγητο και φανερό, το πιο μεγάλο όνειρο, συγκεκριμένο και χειροπιαστό, άπιαστο και χιμαιρικό για τη Χειμάρρα και τα εφτά γύρω χωριά: *Ένα λιοτρίβι.* Έδεσε ο καρπός στα λιόδεντρα και προβλέπεται καλή σοδειά. Αλλά, χωρίς ελαιοτριβείο, θα σαπίσει — και θα μείνουν πάλι τα σπίτια, αλβανικά και ελληνικά, χωρίς σταγόνα λάδι.

Πόσο επιτέλους κοστίζει ένα λιοτρίβι;

Και το πιο σύγχρονο κι αποδοτικό, υποθέτω, θα κοστίζει λιγότερο απ' όσα θα δαπανηθούν αυτή τη βδομάδα στο Τορόντο μόνο για το επίσημο δείπνο στο συνέδριο της Πανηπειρωτικής Ομοσπονδίας ΗΠΑ-Καναδά-Αυστραλίας. Το δείπνο, όπου θα μιλήσει ο μη εξαιρετέος και ως κήρυκας του αλυτρωτισμού Νίκολας Γκέιτζ με θέμα «*Πώς θα σωθεί ο Ελληνισμός της Βορείου Ηπείρου* και θα του αποδοθούν όλα τα δικαιώματα, περιλαμβανομένου και του δικαιώματος της *αυτονομίας*, όπως προβλέπεται από το πρωτόκολλο της Κέρκυρας του 1914».

Πώς, αλήθεια, θα σωθεί ο Ελληνισμός της Βορείου Ηπείρου;

Όχι, πάντως, με στρουθοκαμηλική επίσημη πολιτική, που καμωνόταν επί δεκαετίες ότι το θέμα είναι είτε ανύπαρκτο είτε λυμένο και κάθε ανακίνησή του ύποπτη.

Όχι ασφαλώς τονώνοντας την ακατανίκητη, ιδιαίτερα για τους νέους, τάση φυγής, τώρα που μισάνοιξαν τα σύνορα για τους στερημένους κι *αδειάσαν πόλεις και χωριά.*

Και σίγουρα όχι με παχιά λόγια κίβδηλου υπερπατριωτισμού εκ του ασφαλούς. Όχι με τυχοδιωκτικά σχέδια, που εκπονούν χορτάτοι πολιτικάντες και αδίστακτοι έμποροι του ανθρώπινου πόνου.

Δεν είναι πειραματόζωα οι άνθρωποι, δεν προσφέρονται για σφαχτάρια.

Για να κρατηθούν στον τόπο που τους γέννησε πρέπει να μπορούν να ζήσουν εκεί. Και οι ανάγκες τους είναι στοιχειώδεις, ζωτικές, πιεστικές, αδυσώπητα επιτακτικές. Στη συμβολή για την αντιμετώπισή τους κρίνεται ο πατριωτισμός, δοκιμάζεται η ευαισθησία για την τύχη του Ελληνισμού της Βορείου Ηπείρου, που φθίνει συνεχώς, αιμορραγεί ακατάπαυτα.

Από τα σύνορα κιόλας ανεβαίνει ο κόμπος στο λαιμό, σφίγγεται η καρδιά τού για πρώτη φορά επισκέπτη. Εκεί στην Κακαβιά. Τη μεγάλη πύλη, που ενώνει τη στέρηση με την κοινωνία της αφθονίας. Την πύλη της αυταπάτης, των χαμένων προσδοκιών, των προδομένων ελπίδων. Λιπόσαρκα κακοντυμένα πλήθη, φορτωμένα τεράστιους μπόγους, σ' ένα αέναο πήγαιν' έλα. Η ελεύθερη αγορά στις έσχατες ακρότητές της: μαύρη αγορά, λαθρεμπόριο, ανθρωποπάζαρο, δουλεμπόριο. Στα παραμεθόρια χωριά μας αγοράζουν στη μισή τιμή ελληνικά τσιγάρα, μακαρόνια, ζάχαρη — όλα από τη «βοήθεια», που απολήγει στους καπάτσους μαυραγορίτες. Είκοσι τρεις τελωνοφύλακες όλοι κι όλοι, δουλεύουν νυχθημερόν, τι να σου πρωτοκάνουν; «Ποιοι Αλβανοί μαφιόζοι; Οι δικοί μας αετονύχηδες τους ανοίξανε τα μάτια — λένε. Ο άλλος με το βυτίο έφερνε, τάχα, είκοσι πέντε τόνους βενζίνη — και οι είκοσι ήταν νερό. Ο άλλος αντί για ελαιόλαδο είχε σπορέλαιο. Αδίστακτοι οι κερδοσκόποι πέσαν σαν τα κοράκια στους φουκαράδες...».

Είναι και οι ξυπόλυτοι Γαβριάδες με τις βρώμικες φατσούλες και τα πανέξυπνα μάτια. Βορειοηπειρωτόπουλα, γυφτάκια, Αλβανάκια ενωμένα στη δυστυχία. Σμάρι σμάρι σε κυκλώνουν, γαντζώνονται πάνω σου, τιτιβίζουν με εναλλασσόμενη πονηριά και ικεσία: «ρε θείο, κατοστάρικο δώσει εμένα. Δώσει κατοστάρικο, ρε θείο, εμένα φουκαρά. Κατοστάρικο δώσει, ρε θείο, μαλάκα...».

Άνυδρος σκόπιμα (το σταλινικό καθεστώς εξέτρεψε την κοίτη του ποταμού) ο κάμπος της Δρόπολης. Και άδεντρος — αφού τα δέντρα τα πετσοκόβουν παντού στην Αλβανία για θέρμανση. Φυτρώνουν μόνο αχαμνές καλαμποκιές και τσιμεντένια πολυβολεία... Και πάλι καλά —λένε— στα καμπίσια χωριά Γεωργουτσάτι, Γράψη, Γοραντζί, Δούβλιανη, Δερμητσάνη. Απέναντι στα, σκαρφαλωμένα στα βουνά, ρημαγμένα χωριά του Πωγωνίου απέμειναν μόνο οι βάβες...

Στη Δερμητσάνη επιτέλους λειτουργεί ηλεκτροκίνητος φούρνος — καλό το ψωμί, λαχταριστό και χορταστικό. Δωρεά της οργάνωσης «Αρμονία στον Κόσμο», που έπιασε τόπο. «Πλατεία Κωνσταντίνου Μητσοτάκη» η κεντρική, απ' όπου αρχίζει η «οδός Αντώνη Σαμαρά», σε περιπαικτική συνύπαρξη. «Θα τις ξηλώσουμε τις ταμπέλες — λένε. Τον ένα δεν τον πιστεύουμε πια, ό,τι και να πει. Ο άλλος μας χόρτασε λόγια...».

Επιβλητικό και μέσα στην ξεπεσμένη αρχοντιά του, στη φτώχεια του και στις συστηματικές προσπάθειες αφελληνισμού του το Αργυρόκαστρο. Καταμεσήμερο. Οι κεντρικοί δρόμοι γεμάτοι — κανένας δεν δουλεύει. Τα ράφια στις άθλιες βιτρίνες άδεια.

Βουρκωμένη με πλησιάζει νεαρή συνάδελφος από τη Δράμα — μετέχει σε αποστολή με βοήθεια:

«Μη στέλνετε τρόφιμα και ρούχα», μας είπαν. «Δεν φτάνουν σε μας. Τ' αρπάζουν, τα κλέβουν, τα εμπορεύονται. Δουλειά θέλουμε. Και έργα να πιάνουν τόπο...».

Ευτυχώς που βρέθηκε τσίπουρο στη Δερμητσάνη και στο Αργυρόκαστρο. Ευτυχώς που πλάι μου, στην τελευταία θέση του λεωφορείου, κάθισαν η Μαρία, η Ανθούλα, η Ελένη, δασκάλες και καθηγήτριες, «Τζαβέλλαινες» — οργανώνουν από χωριό σε χωριό τη νέα βορειοηπειρωτική οργάνωση γυναικών. Και πιάσαμε τα δικά μας τα πολυφωνικά: «... Ἐκούγω τον άνεμο κι αχάει, μωρέ παπά, ντελή παπά...».

Αλλιώς δύσκολα θα 'βγαινε αυτή η διαδρομή τρεισήμισι ώρες ως τη Χειμάρρα. Μέσα από την κοιλάδα του Βούρκου με τους καμένους αμπελώνες (μόλις κατέρρευσε το τυραννικό καθεστώς, οι καταπιεσμένοι κατέστρεφαν ό,τι έβρισκαν εμπρός τους. Ακόμα και το κοινό βιος). Θλιβερά απομεινάρια τα καψαλισμένα κλήματα, στηριγμένα σε τσιμεντένιες κολόνες με μια... λόγχη καθεμιά στην κορφή της (για να καρφώνονται πάνω οι... αλεξιπτωτιστές του εχθρού, έλεγαν οι θεομπαίχτες του Χότζα). Και με μια ηλίθια, φιδίσια κακοτράχαλη παράκαμψη στο τέλος, πάνω από δέκα χιλιόμετρα, στα Ακροκεραύνια, με τους γκρεμούς να χάσκουν και τους τροχούς να γλείφουν τρομακτικά το χείλος τους — για να μην περάσει ο δρόμος, λέει, από μια βάση... υποβρυχίων (δυο κινέζικα υποβρύχια σκουριάζουν, λένε, εκεί μέσα, ακίνητα επί δεκαετίες)...

Μ' αυτά και μ' αυτά, με τα μάτια θολά και την καρδιά σφιγμένη, άντε να βάλεις σε μια σειρά τις σκέψεις που κλωθογυρίζουν στο μυαλό. Ποια κυβέρνηση και ποια αντιπολίτευση; Εγκληματικά ανύπαρκτη μια σταθερή πολιτική στις σχέσεις μας με την Αλβανία και τον Ελληνισμό της Βορείου Ηπείρου βολοδέρνει στις αντιφάσεις, στις αναστολές και στους αυτοσχεδιασμούς.

Ποιος πατριωτισμός και ποιο εθνικό φιλότιμο που, τάχα μου, δεν σηκώνει μύγα στο σπαθί του; Με τις μισές κινητοποιήσεις απ' όσες έγιναν τα δυο τελευταία χρόνια για τα Σκόπια, θα ήταν σήμερα σε πολύ καλύτερη θέση οι Βορειοηπειρώτες αδερφοί («Αδέρφια μάς λέτε εδώ, όσοι ερχόσαστε — θα πει πικρόχολα ο δήμαρχος της Χειμάρρας, ηθοποιός, οικοδόμος και ποιητής Οδυσσέας Γκόρος. Μόλις διαβούμε τα σύνορα είμαστε Αλβανοί μαφιόζοι και μας περιμένει το αστυνομικό κλομπ, η ρατσιστική βία και η εκμετάλλευση...»).

Ευτυχώς που υπάρχουν και κάποιοι που γρηγορούν. Όποιοι και να 'ναι. Από τον ακρίτα μητροπολίτη Σεβαστιανό — πέτα τα ακραία κηρύγματά του στο ποτάμι και κράτα το κοινωφελές έργο του για τους Βορειοηπειρώτες και τους Αλβανούς και από τις δυο πλευρές των συνόρων. Τον ιεράρχη προκαθήμενο της Ορθόδοξης Εκκλησίας Αν. Γιαννουλάτο, που μοχθεί αθόρυβα ανάμεσα στο ποίμνιό του στην Αλβανία, με μύριες αντιξοότητες και δυσκολίες.

Κάποια σκόρπια σχολεία στην Αθήνα, στο Βόλο, στη Θεσσαλονίκη, που με εμπνευσμένους δασκάλους, προφανώς, υιοθέτησαν αντίστοιχα σχολεία στα ρημαγμένα χωριά της Βορείου Ηπείρου. Το Ριζάρειο Ίδρυμα που φιλοξενεί στο Μονοδένδρι Ζαγορίου και εκπαιδεύει στη χειροτεχνία εξήντα κορίτσια από τη Βόρειο Ήπειρο. Ως τον Γιάννη Λάτση, βεβαίως, που χρηματοδοτεί το Ίδρυμα Αποκαταστάσεως Ομογενών εξ Αλβανίας (σε λαμπρές εγκαταστάσεις στην Πωγωνιανή φοιτούν σε Γυμνάσιο και Λύκειο και εκπαιδεύονται επαρκώς σε τεχνικές σχολές εκατόν σαράντα Βορειοηπειρωτόπουλα, που τα Σαββατοκύριακα δρασκελούν τα καταργημένα σύνορα και φτάνουν με τα πόδια στα χωριά τους. Έστειλε ακόμα τριάντα τρία τρακτέρ σε μειονοτικές κοινότητες, ιατροφαρμακευτικό υλικό, ενισχύει βιοτεχνικές μονάδες, εκδίδει ελληνοαλβανικό λεξικό, χορηγεί υποτροφίες κ.ά.). Άμποτε να τον μιμηθούν κι άλλοι λεφτάδες, πασχίζοντας να σώσουν μ' αυτό τον τρόπο την αμαρτωλή ψυχή τους — με τόσο μεγαλύτερες προσφορές, όσο πιο βαριά τα ανομήματα...

Χωρίς στοιχειώδη υποδομή στους οικισμούς, χωρίς ευκαιρίες για δουλειά, χωρίς την έγνοια και τη φροντίδα μας, ο Ελληνισμός της Βορείου Ηπείρου, που άντεξε τις στερήσεις, τις διώξεις, την καταπίεση και τις κακουχίες τόσων αιώνων, δεν σώζεται.

Πόσα, αλήθεια, κοστίζει ένα λιοτρίβι στη Χειμάρρα; Όχι περισσότερα, πάντως, απ' όσα ξοδεύονται σε μια βραδιά σ' ένα «σκυλάδικο» ή σε μια υπουργική δεξίωση...

Δευτέρα 21 Ιουνίου 1993

ΠΡΩΤΟ ΘΥΜΑ ΤΟΥ ΠΟΛΕΜΟΥ Η ΕΝΗΜΕΡΩΣΗ

ΣΤΟΥΣ ΤΗΛΕΟΠΤΙΚΟΥΣ ΔΕΚΤΕΣ ΜΑΣ οι εκπρόσωποι του Πενταγώνου, στην προχθεσινή συνέντευξη Τύπου, ενημερώνουν υπεύθυνα για την πορεία του μεγάλου πολέμου, την τρίτη μέρα αφ' ότου ξέσπασε. Ο στρατηγός Κέλι (;) υποστηρίζει ότι οι συμμαχικές αεροπορικές επιδρομές στο Ιράκ σημείωσαν εξαιρετική επιτυχία, αφού έπληξαν κατά 80% τους στόχους τους.

«Μπορείτε να μας δώσετε συγκεκριμένα στοιχεία για όλ' αυτά;» ερωτήθηκε. «Έχουμε όλη την καλή διάθεση να σας πιστέψουμε, αλλά μόνο με στοιχεία θα πεισθούμε».

«Δυστυχώς, ο κακός καιρός στο Ιράκ δεν επιτρέπει ακόμη ασφαλή διερεύνηση, ακριβείς εκτιμήσεις και ολοκληρωμένο απολογισμό...».

«Αλλά, τότε, πώς διακινδυνεύετε αυτό το ποσοστό 80% επιτυχίας;»

«... ... ...».

Ταυτόχρονα, περίπου, στην από εδώ πλευρά του Ατλαντικού, στις Βρυξέλλες, εκπρόσωποι του ΝΑΤΟ έκαναν στους δημοσιογράφους ανάλογες εκτιμήσεις για την εξέλιξη των πολεμικών επιχειρήσεων.

«Γιατί δεν μας λέτε συγκεκριμένα τους στόχους που επλήγησαν στο Ιράκ;» επέμειναν οι δημοσιογράφοι.

«Δεν είναι σκόπιμη η μετάδοση πληροφοριών που μπορεί να παραβλάψει τις πολεμικές επιχειρήσεις».

Να μη μάθει δηλαδή ο εχθρός, το Ιράκ, τους *δικούς του*

στόχους, που επλήγησαν — ο παραλογισμός στην αποθέωσή του.

Δύο εύγλωττα δείγματα από την έγκυρη, υποτίθεται, ενημέρωση, που μας παρέχεται, για το νέο καταστροφικό πόλεμο, τις εξελίξεις και διαστάσεις του οποίου κανείς ακόμα δεν μπορεί να προδιαγράψει με βεβαιότητα.

Πέμπτη ημέρα του πολέμου — τι, πραγματικά, ξέρουμε για τον πόλεμο;

Για πρώτη φορά στην ιστορία της η ανθρωπότητα ολόκληρη παρακολουθεί (*θεάται*, ακριβέστερα), λεπτό προς λεπτό, γιγάντιες πολεμικές επιχειρήσεις την ώρα ακριβώς που εκτυλίσσονται. Η επιχείρηση «Καταιγίδα» συνοδεύεται και από έναν καταιγισμό πληροφοριών και μηνυμάτων. Χίλιοι δημοσιογράφοι απ' όλο τον κόσμο (οι τριακόσιοι από αυτούς Αμερικανοί), διάσπαρτοι στο περί τον Περσικό Κόλπο αχανές πεδίο των μαχών, δίνουν τις δικές τους μάχες για την ενημέρωση. Μέσα σε σκληρές και άγριες συνθήκες. Με αυταπάρνηση και αυτοθυσία, διακινδυνεύοντας την ίδια τη ζωή τους. Με ζήλο που εξαντλεί τα όρια της ανθρώπινης αντοχής. Η δημοσιογραφία ζει τις μεγάλες στιγμές της.

Ο πρώτος λόγος και ρόλος στην τηλεόραση. Σε εικοσιτετράωρη βάση σκορπίζει στα πέρατα της οικουμένης ένα συναρπαστικό στην αγριότητά του θέαμα: Πύραυλοι στη φονική διαδρομή τους. Βόμβες που πλήττουν το στόχο τους. Μηχανικά θηρία, εναέρια και επίγεια, που ξερνούν θάνατο. Χειροπιαστά τα θαύματα της ηλεκτρονικής, η τεχνολογία στην πιο φρικαλέα εφαρμογή της — η πρόοδος... Επιτελεία και χαρακώματα. Ρομποτοποιημένα ανθρώπινα κορμιά. Αντιασφυξιογόνες μάσκες και παγερά προσωπεία...

Ο απλός άνθρωπος, ο πολίτης, όπου γης, ξημεροβραδιάζεται καθηλωμένος μπροστά στους τηλεοπτικούς δέκτες. Προνομιούχος κι εκμηδενισμένος. Καταναλώνει αδηφάγα τα πάντα: Αερομαχίες και μηνύματα ηγετών. Συναγερμούς και αναλύσεις ειδικών. Πυραύλους και προσευχές. Φύρδην μίγδην όλα, το φρικτό και το φαιδρό, το ανούσιο και το σημαντικό, το φαντασμαγορικό και το πληκτικό, η λεπτομέρεια και το μοναδικό. Ζει την ψευδαίσθηση της συμμετοχής, αναζητεί άπληστα όλο και περισσότερα, χαίρεται απομυθοποιημένα τα μυστικά της επιστήμης, το απρόσιτο μεγαλείο της τεχνολογίας αιχμαλωτίζει τη φαντασία του, αποθηκεύει κακοχωνεμένα μηνύματα, δεν προλαβαίνει να συνειδητοποιήσει τη σχιζοφρενική διχοστασία του. (Ποιους να θαυμάσει, τους ράμπο ή τους βομβαρδισμένους; Με ποιους να ταχθεί; Ποιοι οι θύτες και ποιοι τα θύματα;) Νιώθει τη μηδαμινότητα της ανθρώπινης ζωής, εξοικειώνεται με τον πόλεμο που είναι μακριά, με την κόλαση που δεν ζει, με το θάνατο που δεν είναι ο δικός του.

Η υπερπληροφόρηση είναι πληροφόρηση ή αποπληροφόρηση;

Το θέαμα είναι ενημέρωση;

Ο Ισραηλινός στρατιωτικός εκπρόσωπος ενημέρωσης Ναχμάν Σάι (μεταδίδει από το Τελ Αβίβ η Ντίνα Βαγενά) κατέστησε σαφές στους ξένους δημοσιογράφους ότι πρέπει να υποβάλλουν τις ανταποκρίσεις τους (κείμενα, εικόνες και φωτογραφίες) σε λογοκρισία, «αν δεν θέλουν να αυτοκτονήσουν».

Ανάλογοι περιορισμοί, για λόγους στρατιωτικής και πολιτικής ασφάλειας, έχουν τεθεί στην πληροφόρηση από τη διοίκηση των πολυεθνικών δυνάμεων με το ξέσπασμα του πολέμου.

Στην αντίπερα όχθη ο Σαντάμ Χουσεΐν έχει επιβάλει

απόλυτη λογοκρισία και οι ξένοι δημοσιογράφοι εξαναγκάσθηκαν να εγκαταλείψουν τη Βαγδάτη.

Οι πληροφορίες, που στηρίζονται στις επίσημες ανακοινώσεις, ελάχιστα πείθουν πλέον. Η συσκότιση όλο και περισσότερο περιβάλλει τον πιο προσιτό στην απεικόνιση πόλεμο.

Αλλά *όπου υποχωρεί η ενημέρωση, κερδίζει έδαφος ο μεγαλύτερος εχθρός της, η προπαγάνδα, δηλαδή η παραπληροφόρηση.*

Ενώ βομβαρδιζόταν ακατάπαυτα και ανηλεώς η Βαγδάτη, οι τρεις, μέσα σ' ένα εικοσιτετράωρο, «λαθεμένοι» (!) συναγερμοί έστρεψαν τους προβολείς της δημοσιότητας στο απειλούμενο Ισραήλ, που επλήγη ήδη δύο φορές από ιρακινούς πυραύλους, αλλά είχε ελάχιστα θύματα — μερικούς τραυματίες, λιγότερους κι από μια διαδήλωση στην Αθήνα.

Και παραμένει ακόμη ανεξήγητο πώς ο Σαντάμ Χουσεΐν επέτρεψε αποκλειστικά στους τρεις απεσταλμένους του CNN να αποτυπώσουν στις κάμερες τη μεγάλη στιγμή της κήρυξης του πολέμου, να μεταδώσουν ανά τη Γη τους πρώτους βομβαρδισμούς της Βαγδάτης.

Ζώντας αυτές τις ιστορικές ημέρες μέσα στο «οικουμενικό χωριό» της ηλεκτρονικής επικοινωνίας, που προφήτεψε ο Μάρσαλ Μακ Λούαν, η παγκόσμια απόλυτη μονοκρατορία του ιδιωτικού αμερικανικού δικτύου CNN αποπνέει *τη φρίκη της οργουελικής σύλληψης.*

Κάθε ενασχόληση, έτσι, με τα επικοινωνιακά του δικού μας μικρόκοσμου (ότι, λόγου χάρη, την κρίσιμη νύχτα το MEGA κανάλι πιάστηκε σε μέγκα ύπνο, ενώ η κρατική τηλεόραση και ιδιαίτερα η ΕΤ-1 έδωσε ρέστα — και τα τέτοια...) αποτελεί ομφαλοσκοπική ασημαντολογία.

Το μέγα θέμα είναι ότι ο θρίαμβος της τεχνολογίας,

στην πολεμική εφαρμογή της, συμβαδίζει με την επικοινωνιακή επανάσταση στην πιο αποκρουστική μορφή της: *Η ανθρωπότητα βομβαρδίζεται με μηνύματα εκπορευόμενα από ένα, κυρίως, κέντρο, λογοκρινόμενο και πειθήνιο στις κυρίαρχες σκοπιμότητες.*

Ο πολυκεντρισμός, η πολυφωνία και η ελευθερία στην πληροφόρηση τινάχθηκαν στον αέρα μαζί με την ειρήνη.

Η λογοκρισία αναδεικνύεται συστατικό στοιχείο της *νέας τάξης πραγμάτων*, που προαναγγέλλουν οι κυρίαρχοι του κόσμου ότι θα αναδυθεί μέσα από τις στάχτες και τα ερείπια ενός ακόμα μεγάλου καταστροφικού πολέμου.

Κι ωστόσο, το δικαίωμα στην πληροφόρηση (η ελευθερία του πολίτη να πληροφορείται και να πληροφορεί) ήταν και παραμένει μη διαπραγματεύσιμο...

Δευτέρα 21 Ιανουαρίου 1991

ΤΑ ΑΥΤΟΝΟΗΤΑ ΥΠΟΝΟΜΕΥΟΝΤΑΙ ΔΙΕΚΔΙΚΟΥΜΕΝΑ

ΤΩΡΑ που οι μυριόστομες ιαχές καταλάγιασαν και ο σκεπτικισμός διαδέχεται τα ρίγη εθνικής εξάρσεως, ν' απαντήσουμε νηφάλια στο απλό ερώτημα:

Ο αχός του παμμακεδονικού συλλαλητηρίου να έφθασε, τάχα, στη μακρινή Λισαβόνα, ώστε ενισχυμένος ο υπουργός Εξωτερικών Αντ. Σαμαράς να δώσει σήμερα τη σκληρή μάχη για την κοινοτική θέση απέναντι στα Σκόπια;

Δύσκολη η κατάφαση. Δεν είναι τα συλλαλητήρια (και τα πιο εντυπωσιακά σε όγκο και παλμό) που επηρεάζουν τα διεθνή «φόρα» και τα κοινοτικά κέντρα αποφάσεων — έλεγε πολύ σωστά ο επί τιμή πρέσβης Κ. Ζέπος, στη σχετική τηλεοπτική συζήτηση της Παρασκευής (MEGA), ενώ ακόμα «κρατούσαν οι χοροί» στην πλατεία Αριστοτέλους.

Αλλά οι συνετές φωνές κινδυνεύουν να ηχούν φάλτσα μέσα στο καλλιεργούμενο κλίμα *πανηγυριώτικης εθνολαγνείας*, που τείνει να προσλάβει τη μορφή υστερίας, θέτοντας αυτομάτως στο περιθώριο σαν εθνικό μίασμα κάθε αντιφρονούντα. Ξεσήκωσε, έτσι, γενική κατακραυγή η απόφαση του ΚΚΕ (δικαίωμά του, διάβολε...) να μη μετάσχει στο συλλαλητήριο — ενώ την ίδια στιγμή περνούσε ασχολίαστα, «στο ντούκου», η προκλητική εκτίμηση της Αλέκας Παπαρήγα ότι η απόφαση της 5ης Ολομέλειας του 1949 για τη Μακεδονία είναι απλό ιστορικό «πλημμέλημα»...

Είναι ευτύχημα, βεβαίως, ότι στο παλλαϊκό συλλαλητήριο δεν κανονάρχησε *εθνικιστική ρητορεία*, όσο κι αν το προσπάθησαν οι ρασοφόροι του μικροφώνου, που λίγο έλειψε να ταυτιστούν με τις εμπρηστικές προκηρύξεις («τσεκούρι και φωτιά στα γυφτοσκοπιανά σκυλιά...») της προβοκατόρικης «εθνικοφροσύνης».

Αλλά κι έτσι είναι αναγκαίο να διαλογιστούμε, απολογιστικά, αν το παμμακεδονικό συλλαλητήριο, στη σύλληψη και στους στόχους του, υπήρξε *λάθος*.

«Όταν διεκδικείται το αυτονόητο, *υπονομεύεται...*».

Την ιστορική αυτή διδαχή επικαλείται εκ Θεσσαλονίκης, για να συνοψίσει τις ενστάσεις του, ο οικείος στους αναγνώστες της *Ελευθεροτυπίας* ψυχίατρος και συγγραφέας Κλ. Γρίβας.

Εκφράζοντας την ανησυχία του για τις εφιαλτικές διαστάσεις που μπορεί να προσλάβει, πυροδοτούμενος, ένας *αντιεθνικιστικός εθνικισμός* στα εύφλεκτα Βαλκάνια, υπενθυμίζει και μια δεύτερη ιστορική διδαχή. Ότι:

«Η σύγκρουση δύο εθνικισμών στην πρώτη φάση είναι ιδεολογική. Στη δεύτερη είναι *ένοπλη...*».

Αλλά και χωρίς αυτούς τους εν δυνάμει κινδύνους, το να ξεσηκώνεις ένα παλλαϊκό συλλαλητήριο για να διακηρύξεις την *ελληνικότητα της Μακεδονίας*, μπορεί να έχει τα ακριβώς *αντίθετα*, από τα επιδιωκόμενα, αποτελέσματα.

Διότι το *ακλονήτως αυτονόητο* (η ιστορική ελληνικότητα της Μακεδονίας, που, γεωγραφικά, επεκτείνεται και στα γειτονικά κράτη των Σκοπίων και της Βουλγαρίας) ανοήτως προβάλλεται διεθνώς, περιβαλλόμενο από την αχλύ της σύγχυσης, της αβεβαιότητας, της αμφισβήτησης. Γίνεται δηλαδή *θέμα εθνικιστικών ανταγωνισμών και συσχετισμού δυνάμεων*.

Τι θα λέγαμε, αίφνης, αν, απαντώντας στο συλλαλητήριο της Θεσσαλονίκης, ξεσηκώνονταν, υποκινούμενοι, εκατό χιλιάδες στα Σκόπια, κραδαίνοντας τα γνωστά πλακάτ με το χάρτη του «κράτους της Μακεδονίας» και διακόσιες χιλιάδες στη Σόφια, με σύνθημα ότι «η Μακεδονία είναι βουλγαρική»; Ότι στο δικό μας συλλαλητήριο πήραν μέρος πάνω από ένα εκατομμύριο;

Ας είμαστε σοβαροί. Μισό, περίπου, αιώνα εθελοτυφλούσαμε ως πολιτική ηγεσία και *λουφάζαμε* ως λαός, που ο Τίτο κάρφωσε στα σύνορά μας σαν βραδυφλεγή βόμβα την αυτοσχέδια «Λαϊκή Δημοκρατία της Μακεδονίας». Αυτή η *ολιγωρία δεκαετιών* δεν αναπληρώνεται τώρα με πολεμοχαρείς ιαχές και πεζοδρομιακές επιδείξεις «εθνικού μεγαλείου».

Δεν χάθηκαν δα τα πραγματικά ερεθίσματα να εκδηλωθούν και με συλλαλητήρια τα πατριωτικά μας αισθήματα και η εθνική μας ευαισθησία: οι προκλήσεις του *τουρκικού επεκτατισμού* συνεχίζονται, η μισή Κύπρος παραμένει υπό κατοχή, του κλότσου και του μπάτσου οι Βορειοηπειρώτες εις μάτην προσδοκούν την αδελφική αλληλεγγύη...

Με τις κραυγές για την ιστορική ελληνικότητα της Μακεδονίας κινδυνεύουμε να την πάθουμε, όπως με ένα άλλο *αυτονόητο*:

Είμαστε (όπως εύστοχα επισήμανε ο ευρωβουλευτής Μιχ. Παπαγιαννάκης, στην προχθεσινή εκδήλωση της Εταιρείας για τα Δικαιώματα των Μειονοτήτων) η πλέον *ομοιογενής εθνικά* χώρα της Ευρώπης με τα κράτη-μωσαϊκά εθνοτήτων. Και καταφέραμε το σχεδόν ανύπαρκτο θέμα μειονοτήτων να εξελιχθεί σε *αγκάθι* της εξωτερικής μας πολιτικής — σε βαθμό ώστε να διαμαρτυρόμαστε ή ν' απολογούμαστε διεθνώς και ν' αναμένουμε εναγωνίως τις ετήσιες επί του θέματος εκθέσεις του Στέιτ Ντιπάρτμεντ...

Δεν ήταν δύσκολο να μιλάμε για τις μειονότητες *από θέσεως ισχύος*, αν:

— *Επισήμως αναγνωρίζαμε* ότι υπάρχουν και στη χώρα μας μειονότητες εθνικές, θρησκευτικές και γλωσσικές (στο *ασήμαντο* δα ποσοστό του 1-2% του συνολικού πληθυσμού). Ότι έχουμε, δηλαδή, Τούρκους, Αρμένιους, Κούρδους, μουσουλμάνους, εβραίους, καθολικούς, πομάκους, τσιγγάνους, σλαβόφωνους κ.ά.

— *Δεν διογκώναμε* ηλιθίως, υπό τη γενική ετικέτα *μουσουλμανική*, τις μειονότητες στη δυτική Θράκη, ταυτίζοντας τους Τούρκους, τους πομάκους και τους τσιγγάνους.

— *Διασφαλίζαμε* για όλες τις μειονότητες (και της δυτικής Θράκης) συνθήκες πλήρους *ισονομίας* και *ισοπολιτείας* (από πέρυσι, μόλις, άρχισαν να διορθώνονται εγκληματικά λάθη δεκαετιών...).

Και, βεβαίως,

— *Δεν στρουθοκαμηλίζαμε* ως προς τους σλαβόφωνους της βορειοδυτικής Μακεδονίας. Ασήμαντος ο αριθμός τους, αλλά υπαρκτός — δεν γίνεται με εξορκισμούς να εξαφανισθεί. Και δεν θ' αποτελούσε πρόβλημα ακόμα κι αν επιτρεπόταν η επιστροφή στα πάτρια και των *σλαβοφώνων πολιτικών προσφύγων* (ομόθυμα τους εξαίρεσε και τους εξαιρεί η πολιτική ηγεσία μας). Το αίσθημα της αδικίας είναι ακριβώς που δημιουργεί το πρόβλημα, καθώς εύκολα γίνονται πια ενεργούμενα των εθνικιστών στα Σκόπια και όποιων άλλων συντηρούν το «μακεδονικό».

Αν κάτι θετικό προέκυψε από το συλλαλητήριο της περασμένης Παρασκευής, πέρα από την αποτυχία όσων επεδίωξαν να του προσδώσουν τον τόνο εθνικιστικού παραληρήματος, είναι ότι, σε κρίσιμες στιγμές, κατέδειξε ότι ο λαός μας, ως προς τα εθνικά θέματα, *επαγρυπνεί* και *ομονοεί.*

Μήνυμα προειδοποιητικό για τους πολιτικούς μας ηγέτες, που επιτέλους συσκέπτονται αύριο με στόχο τη σύγκλιση στην εξωτερική πολιτική, τη διαμόρφωση μιας *εθνικής στρατηγικής*. Μήνυμα ότι τα εθνικά μας θέματα δεν προσφέρονται για κομματικές αντιδικίες, και ότι κάθε απόπειρα μικροκομματικής δημοκοπίας θ' απομονώσει όσους την επιχειρήσουν.

Μήνυμα ιδιαίτερα προς εκείνους που καμώνονται ότι λησμονούν ή παραβλέπουν την απλή αλήθεια: Ότι ο κύριος παράγοντας ασφάλειας και σταθερότητας της χώρας μας, μέσα στα επικινδύνως ταραγμένα Βαλκάνια, είναι η *ενσωμάτωσή της στην Ενωμένη Ευρώπη*. Για την οποία πάσχισε ο προεδρεύων στην αυριανή αρχηγική σύσκεψη Κων. Καραμανλής, που οραματιζόταν κι έβαζε το λιθαράκι του στην Ευρωπαϊκή Συμπολιτεία όταν οι πολλοί κραυγάζαμε «Έξω η ΕΟΚ των μονοπωλίων» και «ΕΟΚ και ΝΑΤΟ ίδιο συνδικάτο»...

Δευτέρα 17 Φεβρουαρίου 1992

ΕΚΤΟΣ ΠΑΙΔΙΑΣ Η ΕΞΩΤΕΡΙΚΗ ΠΟΛΙΤΙΚΗ ΜΑΣ

ΠΡΙΝ ΚΛΕΙΣΕΙ ΜΗΝΑΣ από την πρώτη σύσκεψη (18-2-92) των πολιτικών αρχηγών υπό τον Πρόεδρο της Δημοκρατίας, θα κριθεί αναγκαίο να πραγματοποιηθεί και *δεύτερη*. Κάθε άλλο παρά ενθαρρυντικές οι εξελίξεις περί τα εθνικά μας θέματα, επιβάλλουν, παράλληλα με την προσπάθεια για τη χάραξη *εθνικής στρατηγικής*, την επανεξέταση και τον αναπροσδιορισμό των *τακτικών χειρισμών* στο εγγύς μέλλον:

— *Η επιδείνωση*, που διαπιστώνει τώρα ο Πρωθυπουργός, στα ελληνοτουρκικά και στο Κυπριακό έχει ήδη εξατμίσει την κυβερνητική ευφορία μετά το Νταβός και δημιουργεί νέα δεδομένα για την προοπτική του ελληνοτουρκικού διαλόγου.

— *Στα Βαλκάνια* οι εστίες πολέμου αναζωπυρώνονται (Βοσνία-Ερζεγοβίνη) και διαγράφεται άμεση η απειλή για τη δημιουργία νέων, στα σύνορά μας, με την εξέγερση των πεινασμένων στην παραλυμένη Αλβανία.

Και, κυρίως,

— *Εκεί που τα κάναμε* θάλασσα είναι στο θέμα των Σκοπίων. Η πρώτη σύσκεψη των πολιτικών αρχηγών στο προεδρικό μέγαρο πραγματοποιήθηκε μόλις μια μέρα μετά τη σύνοδο του συμβουλίου υπουργών Εξωτερικών της ΕΟΚ στη Λισαβόνα. Όπου ο Αντ. Σαμαράς κατάφερε να αναβληθεί η λήψη της οριστικής κοινοτικής θέσης για τα Σκόπια, μέχρις ότου ολοκληρωθεί η διερευνητική μεσολαβητική προσπάθεια της Πορτογαλίας. Μέσα σ' αυτό το κλίμα οι πολιτικοί αρχηγοί *συνέπεσαν* στους ακολουθούμενους χειρισμούς (καμία υποχώρηση ως προς την ονομασία της αυτόκλητης «Δημοκρατίας της Μακεδονίας»), αλλά και δεν προχώρησαν να αναζητήσουν και το *επόμενο βήμα* μας στην (πιθανότατη) περίπτωση που οι κοινοτικοί μας εταίροι δεν στέρξουν να αποδεχθούν τις ελληνικές θέσεις.

Δυσκολότερα τα πράγματα θα είναι για τον υπουργό Εξωτερικών Αντ. Σαμαρά σήμερα στις Βρυξέλλες. Η συζήτηση και η απόφαση για τα Σκόπια το πιθανότερο είναι να αναβληθούν για την επόμενη σύνοδο του συμβουλίου υπουργών Εξωτερικών (6 Απριλίου). Αλλά στις δύο εβδομάδες που μεσολάβησαν από τη σύνοδο στη Λισαβόνα, οι συνθήκες έγιναν δυσμενέστερες για μας μέσα στο κοινοτικό κογκλάβιο:

Εξασθενημένος και από την εσωκυβερνητική αμφισβήτηση ή και αποδοκιμασία των χειρισμών του ο Αντ. Σαμαράς, θα βρεθεί *απολογούμενος* σε αιτιάσεις ότι η χώρα μας υπονομεύει συστηματικά την κοινοτική συνοχή και αποτελεί μόνιμη εστία προβλημάτων για τον κοινοτικό χώρο.

Στο ρόλο του κατηγόρου (άλλο που δεν ήθελαν) οι άσπονδοι φίλοι μας Τζιάνι ντε Μικέλις και Βαν Ντερ Μπρουκ αναμένεται να θέσουν ωμά το θέμα του *μποϊκοτάζ* ιταλικών και ολλανδικών προϊόντων, σαν απειλή να δημιουργήσει το ελληνικό παράδειγμα κακό προηγούμενο στα κοινοτικά πλαίσια.

Οι εξηγήσεις ότι το μποϊκοτάζ δεν είχε κυβερνητική υποκίνηση ή ενθάρρυνση, αλλά ήταν αυθόρμητο ξέσπασμα ενός λαού που δέχεται συνεχή πλήγματα η εθνική του ευαισθησία, μπορεί να θεωρηθούν ικανοποιητικές για κάποιους (τους πιο καλοπροαίρετους) από τους εταίρους μας· για άλλους θα αποτελούν απλό πρόσχημα.

Η ουσία είναι ότι από παρορμητική αφέλεια ή μυωπική θεώρηση των πραγμάτων, με το μποϊκοτάζ προσθέσαμε *άλλο ένα μέτωπο στα ήδη ορθάνοιχτα.* Και μάλιστα εκεί ακριβώς όπου οφείλαμε να το αποφύγουμε: στους κόλπους της ΕΟΚ. Τη στιγμή που πανθομολογείται ότι η συμμετοχή μας σ' αυτήν, κυρίως, προσδίδει στη χώρα μας κάποια σταθερότητα, ισχύ και ασφάλεια μέσα στα πυρακτωμένα Βαλκάνια.

Στο βαθμό που μπορεί να εκληφθεί (και να χρησιμοποιηθεί προπαγανδιστικά από τους κακοπροαίρετους) σαν *αντικοινοτική εκδήλωση*, είναι άστοχη και η σημερινή διαδήλωση των Ελλήνων στις Βρυξέλλες — και ίσως επιδεινώσει αντί να ενισχύσει τη θέση του Αντ. Σαμαρά μέσα στο συμβούλιο των υπουργών Εξωτερικών.

Η αφύπνιση της εθνικής ευαισθησίας, η εγρήγορση και ετοιμότητα του Ελληνισμού, μέσα στους κινδύνους που μας περιβάλλουν, είναι ασφαλώς θετικά στοιχεία. Και καλώς ξεσηκώνονται για να διαδηλώσουν, έστω καθυστερημένα, την ελληνικότητα της Μακεδονίας οι ομογενείς μας στη Μελβούρνη της Αυστραλίας και στην Οτάβα του Καναδά — όπου η συστηματική και αποτελεσματική προπαγάνδα των Σκοπίων έμεινε επί δεκαετίες ουσιαστικά αναπάντητη.

Οι μεγάλοι κίνδυνοι ελλοχεύουν όπου χάνεται η αίσθηση του μέτρου.

Κινδυνεύουμε, έτσι, να δημιουργήσουμε διεθνώς την εντύπωση μιας χώρας που κατατρύχεται από αθεράπευτο σύνδρομο καταδιώξεως, που ασταμάτητα διαμαρτύρεται και συνεχώς καταγγέλλει ότι την επιβουλεύονται. Κινδυνεύουμε να πιστέψουμε οι ίδιοι ότι για την κακοδαιμονία μας πάντοτε κάποιοι ξένοι μάς φταίνε.

Κινδυνεύουμε, κυρίως, από την αυταπάτη ότι ασκούμε επιθετική πολιτική προβάλλοντας την αδυναμία και μιζέρια του διωκόμενου, μέσα από παρορμητικές εκδηλώσεις και παροξυσμό εθνικιστικών εξάρσεων.

Κινδυνεύουμε όταν και όπου υποχωρεί η λογική στο θυμικό. Παράδειγμα κραυγαλέο το μποϊκοτάζ των ιταλικών και ολλανδικών προϊόντων, όπου τον αρχικό ενθουσιασμό διαδέχεται ήδη ο σκεπτικισμός για τα πιθανά, ακριβώς αντίθετα, από τα επιδιωκόμενα αποτελέσματα.

Καμάρι μας το εθνικό φιλότιμο, αλλά δεν είναι εξαγώγιμο προϊόν — προς εκείνες μάλιστα τις κατευθύνσεις όπου εκλαμβάνεται σαν ασίκικο ζορμπαλίκι και γραφικό φολκλόρ.

Εθνική ευαισθησία ναι, αλλά όχι εθνική υστερία — τα εθνικά θέματα δεν είναι νερό του Καματερού να προσφέρονται για μαζική ψύχωση.

Εκτός παιδιάς η εξωτερική πολιτική, ασφαλώς και δεν ασκείται από τα ερτζιανά ή στο πεζοδρόμιο...

Το κατ' εξοχήν ζητούμενο στην αναγκαία δεύτερη σύσκεψη των πολιτικών αρχηγών είναι να ξεκαθαρίσει οριστικά η θέση μας (κοινή, διακομματική, εθνική) απέναντι στα Σκόπια.

«Με την ως τώρα πολιτική μας κινδυνεύουμε να μείνουμε εκτός... Βαλκανίων», διαπίστωνε, σε μια προχθεσινή συζήτησή μας, ο γνωστός για τη σύνεση και τη μετριοπάθειά του ευρωβουλευτής του ΠΑΣΟΚ Γ. Ρωμαίος.

Δικαιολογημένα έντονη η αντίδρασή μας στην οικειοποίηση της ονομασίας Μακεδονία από τους Σκοπιανούς, έγινε πολύ καθυστερημένα για να είναι αποτελεσματική.

«Η άποψη πως δεν πρέπει να αναγνωριστεί η "Δημοκρατία της Μακεδονίας" μόνο και μόνο γιατί λέγεται Μακεδονία, ή η απαίτηση να αλλάξουν το όνομά τους, δεν μου φαίνεται δικαιολογημένη, ούτε σωστή», έλεγε χθες (στην *Κυριακάτικη Ελευθεροτυπία*) ο εκ των θεωρητικών του γερμανικού Σοσιαλδημοκρατικού Κόμματος Πέτερ Γλοτς, εκφράζοντας την κυρίαρχη, δυστυχώς, αντίληψη στην Ευρώπη και διεθνώς.

Η χωρίς εναλλακτικές προτάσεις εμμονή μας στο θέμα της ονομασίας ανήγαγε το θέμα των Σκοπίων στο πιο αιχμηρό, αυτή την περίοδο, πρόβλημα της εξωτερικής πολιτικής μας.

Αποτέλεσμα: Περιήλθε σε δεύτερη μοίρα, υποβαθμιζόμενη, η επιτακτικά αναγκαία άσκηση μιας *καλώς νοουμένης επιθετικής πολιτικής μας στα Βαλκάνια*, στο διπλωματικό και στο οικονομικό επίπεδο. Και, επιπλέον, κατέστησε επικίνδυνα προβληματική τη θέση της Ελλάδας στους κόλπους της ΕΟΚ, που (επαναλαμβάνουμε) αποτελεί και το μέγα πλεονέκτημά της έναντι των άλλων βαλκανικών χωρών.

Μέσα σ' αυτό το αδιέξοδο ελάχιστη και δυσανάλογη με τη σημασία της προσοχή δόθηκε στην πρόταση που κατέθεσε την περασμένη εβδομάδα προς συζήτηση το *«φόρουμ για μια ριζοσπαστική ομάδα»* του Συνασπισμού:

Να αποκαλείται το κράτος των Σκοπίων, όπως και πριν την ανεξαρτητοποίησή του, *«Γιουγκοσλαβική Μακεδονία»* ή (κατά μία παραλλαγή τού, εκ των στελεχών του «φόρουμ», ευρωβουλευτή Μιχ. Παπαγιαννάκη) *«Βόρεια Μακεδονία»*.

Έτσι, η χρήση του ονόματος Μακεδονία από τους Σκοπιανούς θα έχει παγιωμένη διεθνώς *γεωγραφική* μόνο (και όχι εθνική) έννοια.

Είναι μία από τις προτάσεις που επιβάλλεται να εκτιμηθούν από την κυβέρνηση (και στη νέα σύσκεψη των πολιτικών αρχηγών) κατά πόσο προσφέρουν έναν *τακτικό ε-λιγμό*, ασφαλώς προτιμότερο από μια *άτακτη υποχώρηση*, επιβαλλόμενη από μια κοινοτική απόφαση δυσμενή για τις ελληνικές θέσεις.

Δευτέρα 2 Μαρτίου 1992

ΞΑΝΑ ΔΙΑΚΡΙΣΗ
Σ' «ΕΘΝΙΚΟΦΡΟΝΕΣ» ΚΑΙ «ΜΙΑΣΜΑΤΑ»;

«Θέλω να πολεμήσω τουλάχιστον με λόγια κι αν ευτυχήσω και με έργα όλους όσους καταπολεμούν τη σκέψη...».

ΛΟΡΔΟΣ ΜΠΑΪΡΟΝ: *Δον Ζουάν*

ΝΑ ΒΑΛΕΙ Ο ΘΕΟΣ ΤΟ ΧΕΡΙ ΤΟΥ και να πάνε όλα κατ' ευχήν με τα Σκόπια, τώρα που ο κόμπος έφτασε στο χτένι. Διαφορετικά, αλίμονό μας...

Το χειρότερο δεν είναι αυτό, που ήδη έχουμε πάθει, με τους «λανθασμένους χειρισμούς»: Ότι τόσους μήνες τώρα χάσαμε πολύτιμο χρόνο κι αποπροσανατολιστήκαμε. Ότι αναζητούμε το μέγιστο εχθρό σε κάποιους από τους ομόρους φουκαράδες του βορρά, όταν η εξ ανατολών απειλή παραμένει μόνιμη και δεδομένη. Ότι απολογούμαστε κάθε τόσο, ενώ θα μπορούσαμε να πρωτοστατούμε, ως κατήγοροι, διεθνώς για τα δικαιώματα των μειονοτήτων. Ότι λουφάξαμε με τη γενοκτονία των Κούρδων, που όφειλε να κρατάει αμετακίνητα στο εδώλιο της διεθνούς κοινότητας την Τουρκία. Ότι ρίξαμε στο περιθώριο την ανοιχτή πληγή της Κύπρου. Ότι αντί να είμαστε, σε πρωταγωνιστικό ρόλο, παράγων σταθερότητας στα Βαλκάνια και φυσιολογική γέφυρά τους προς την Ευρώπη, ρίχνουμε λάδι στη φωτιά, διακινδυνεύοντας να γενικευθεί το ηφαίστειο και να επεκταθεί και προς νότο. Ότι, ότι...

Το χειρότερο το έχουμε μπροστά μας: Μια δυσμενής για μας εξέλιξη στο θέμα των Σκοπίων στα κέντρα αποφάσεων της Δύσης, που λειτουργούν βεβαίως με τον ψυχρό υπολογισμό του κομπιούτερ και όχι με το σεβασμό στην ηθική και στην ιστορία, θα μπορούσε να εκληφθεί, μέσα στο κλίμα που έχει καλλιεργηθεί, σαν *εθνική συμφορά*. Και, σε μια κοινωνία σε καθολική κρίση, οι συνέπειες θα είναι φοβερές. Μία απ' αυτές, ίσως η πιο επικίνδυνη, είναι ότι θα βρει πρόσφορο έδαφος να αναπτυχθεί σε απειλητικές διαστάσεις η *δημοκοπία*, που θα αναζητεί διεξόδους στον *εθνικιστικό παραλογισμό*: Με τα Σόφια-Σκόπια είναι τ' όνειρό μας· με τη γαλανόλευκη στην Κορυτσά· με το μαρμαρωμένο βασιλιά και την Κόκκινη Μηλιά...

Γιατί τα λέμε όλ' αυτά; Γιατί είναι ήδη απτά τα πρώτα σημάδια ότι κάποιοι επιδίδονται συστηματικά στο παιχνίδι με τη φωτιά, εκμεταλλευόμενοι τη δικαίως οξυμένη εθνική ευαισθησία.

Μέσα στην τρυφηλή απραξία του ο έκπτωτος Γκλίξμπουργκ ξανάδε τα οράματα του Όθωνα (1844) να μπει έφιππος και να στεφθεί αυτοκράτορας στην Πόλη. Πατενταρισμένοι χουνταίοι, υπόλογοι για *εθνική αναξιότητα* με το μέγα έγκλημα της Κύπρου, βρήκαν την ευκαιρία να ξεμυτίσουν και κανοναρχούν τον εθνικό οίστρο. Κουμάσια του πολιτικού υποκόσμου, αμερικανοτραφή τρωκτικά και απόντες σε όλες τις εθνικά κρίσιμες στιγμές, λανσάρονται τώρα σαν υπερπατριώτες και συναγωνίζονται σε εμπρηστικά κηρύγματα. Ο *μεγαλοϊδεατισμός* δίνει και παίρνει στις τηλεοπτικές οθόνες, στα σχολεία, στους άμβωνες — κι εσχάτως στα δικαστήρια. Υψηλότονη η πατριδοκαπηλεία απειλεί να μας ξαναδιχάσει σε *«εθνικόφρονες»* και *«μιάσματα»*, σε «υγιώς σκεπτόμενους» και «αντεθνικώς δρώντες».

Και καθώς φωνάζει ο κλέφτης, κινδυνεύει να τρομάξει

ο νοικοκύρης. Σπρώχνονται, ολοένα και περισσότερο, στο περιθώριο απλές αλήθειες, όπως:

— *Ότι ο πατριωτισμός* (όπως και η εθνική, η δημοκρατική και η κοινωνική ευαισθησία) δεν εκδηλώνεται περιστασιακά, με εξάρσεις. Είναι καθημερινή συμπεριφορά, είναι, με συνέχεια και συνέπεια, *στάση ζωής*.

— *Ότι, στον αντίποδα* του πατριωτισμού, ο εθνικιστικός μεγαλοϊδεατισμός λειτούργησε καταστροφικά στην ιστορία του νεοελληνικού κράτους, το οποίο μάτωσαν για να ελευθερώσουν και θεμελιώσουν οι Κολοκοτρώνηδες και οι Καραϊσκάκηδες και όχι οι Μαυροκορδάτοι και οι Κωλέττηδες.

Γιατί τα λέμε όλ' αυτά; Για να προκαλέσουμε την εισαγγελέα της έδρας στο Τριμελές Πλημμελειοδικείο Αθηνών, που πρότεινε πριν από μια εβδομάδα να καταδικαστούν σε *τετράχρονη φυλάκιση χωρίς αναστολή* τέσσερις φοιτητές (Μ. Καλογεροπούλου, Β. Σωτηροπούλου, Χ. Τσαμουρά και Σ. Μπουρνάζος), γιατί μοίραζαν προκηρύξεις κατά του κλίματος πολέμου, κατά του ρατσισμού και της εθνικιστικής υστερίας. Την εισαγγελέα που υποστήριξε από έδρας ότι τα δικαιώματα των μειονοτήτων είναι σεβαστά μόνο «βάσει αμοιβαιότητος». Την εισαγγελέα που χαρακτήρισε «εθνεγερτικό κάλεσμα για την προώθηση των εθνικών μας δικαίων» κηρύγματα ακροδεξιών εντύπων για «προσάρτηση τώρα της Βορείου Ηπείρου».

Τα λέμε για να προκαλέσουμε τους δικαστές του συγκεκριμένου δικαστηρίου (καταδίκασε τελικά τους τέσσερις νέους σε φυλάκιση δεκαεννέα μηνών για διασπορά ψευδών ειδήσεων, πρόκληση σε διχόνοια και διατάραξη φιλικών σχέσεων με ξένα κράτη...), με την υπενθύμιση ότι οι *δίκες σκοπιμότητας* ανήκουν στο παρελθόν· ότι δεν είναι φρόνιμο να προκαλούν τις μνήμες (σε κάθε σκοτεινή περίοδο της Ιστορίας μας η κατάλυση των ελευθεριών και της δημοκρατικής νομιμότητας πέρασε και μέσα από τα δικαστήρια)· ότι εκθέτουν ως θεσμό τη Δικαιοσύνη, που δεν μπορεί να λειτουργεί επιλεκτικά· και ότι, θεματοφύλακες αυτοί της νομιμότητας, όφειλαν πρωτίστως να προασπίζουν με τις αποφάσεις τους, ως θεμελιώδες δικαίωμα, την *ελευθερία του λόγου*.

Τα λέμε για να προκαλέσουμε τον Τύπο και γενικά τα μέσα ενημέρωσης, που έπνιξαν στα μονόστηλα της γενικής αδιαφορίας την εξόχως σημαντική αυτή δίκη (εξαίρεση ο ολοσέλιδος «Ιός» της *Ελευθεροτυπίας* 7-5-92), αν δεν επιδόθηκαν σε ασύστολη παραπληροφόρηση ότι οι τέσσερις νέοι καταδικάστηκαν για μια προκήρυξη «με φιλοσκοπιανό περιεχόμενο».

Τα λέμε πάνω απ' όλα για να επισύρουμε την προσοχή των πολιτών:

Ανάλογες ή και βαρύτερες (κατά το εισαγγελικό κατηγορητήριο) απόψεις, απ' αυτές που υποστηρίζουν οι τέσσερις νέοι της «Αντιπολεμικής Αντιεθνικιστικής Συσπείρωσης», έχουν εκφράσει και διατυπώσει επανειλημμένα πολιτικοί (όπως οι Γ. Παπανδρέου, Κ. Σημίτης, Φ. Κουβέλης, Μιχ. Παπαγιαννάκης, Αλέκα Παπαρήγα), δημοσιογράφοι (όπως οι Ριχ. Σωμερίτης, Τάκης Μίχας, ο υπογραφόμενος), επιστήμονες, πανεπιστημιακοί δάσκαλοι κ.ά. Η φάμπρικα των δικαστικών διώξεων *αντιφρονούντων* (ως προς την επίσημη πολιτική και τις κυρίαρχες αντιλήψεις) μπορεί να άρχισε με περιθωριακούς της πολιτικής ζωής (χθες η ΟΑΚΚΕ, σήμερα η «Αντιπολεμική Αντιεθνικιστική Συσπείρωση», αύριο η ΟΣΕ). Αλλά *δεν θα σταματήσει εκεί* αν δεν καταγγελθεί, δεν αποθαρρυνθεί, δεν ξεσηκώσει κατακραυγή.

Το θέμα δεν είναι αν συμφωνείς με φιλειρηνικά και διεθνιστικά κηρύγματα ή, αντιθέτως, τα θεωρείς αφελή ή και εθνικά επιζήμια αυτή την ώρα. Ούτε αν έχεις τη γενναιότητα να αναγνωρίζεις αρετές (την τόλμη, λόγου χάρη, να πηγαίνουν κόντρα στο ρεύμα) στους αντιφρονούντες.

Είναι να προστατεύεις τα θύματα του φανατισμού και της μισαλλοδοξίας. Και είναι, κυρίως, να υπερασπίζεσαι εν παντί τον ελεύθερο στοχασμό, τη διαπάλη των ιδεών, το δικαίωμα στη διαφορά, την ελευθερία του λόγου — την ουσία δηλαδή της δημοκρατίας.

Διδάσκει η Ιστορία, όταν διδάσκεται και διαβάζεται.

Από τις αρχές του αιώνα μας το μέγα ιστορικό προηγούμενο:

Καλοκαίρι του 1914, παραμονές της μεγάλης ανθρωποσφαγής του Α΄ Παγκοσμίου Πολέμου, στο Παρίσι, που κυριαρχείται από πολεμική και εθνικιστική υστερία, δολοφονείται ο Ζαν Ζορές, ο ταλαντούχος πολιτικός, ο φλογερός ειρηνιστής και ουμανιστής, ο κήρυκας της δημοκρατίας, της ελευθερίας και του σοσιαλισμού.

Δημοσιογράφος ο ίδιος (διευθυντής της *Ουμανιτέ*) είχε γίνει στόχος, για την αντιπολεμική αρθρογραφία του, άγριων δημοσιογραφικών και πολιτικών επιθέσεων (κάθαρμα, προδότη και πράκτορα των Γερμανών τον αποκαλούσαν), ακόμα και διαδηλώσεων με σύνθημα «θάνατος στον Ζορές».

Ο δολοφόνος (κάποιος ασήμαντος άεργος, ονόματι Ραούλ Βιγέν, τυφλωμένος από φανατισμό), απλώς πάτησε τη σκανδάλη. Τον Ζαν Ζορές εξόντωσε η *εθνικιστική ψύχωση και η πολιτική εμπάθεια*, που αθώωσαν, πέντε χρόνια αργότερα, τον Ραούλ Βιγέν, με μια απόφαση-σκάνδαλο για τα παγκόσμια δικαστικά χρονικά.

Ιστορικά ο πατριωτισμός του Ζαν Ζορές από κανέναν

πια δεν αμφισβητείται. Και οι Γάλλοι τον τιμούν — με τα οστά του στο Πάνθεον. Αλλά χρειάστηκε να κυλήσουν τα ποτάμια αίματος, που ο ίδιος είχε προφητέψει και είχε αγωνιστεί να αποτρέψει...

Δευτέρα 11 Μαΐου 1992

ΑΥΤΟΠΑΓΙΔΑ Η ΟΝΟΜΑΣΙΑ ΤΩΝ ΣΚΟΠΙΩΝ

ΘΕΜΑ ΒΡΑΧΥΤΑΤΟΥ ΧΡΟΝΟΥ είναι, κατά τις συγκλίνουσες πληροφορίες, η αναγνώριση του κράτους των Σκοπίων από τη διεθνή κοινότητα με ονομασία που δεν θα ικανοποιεί τις ελληνικές επιδιώξεις. Στην Ουάσιγκτον πληθαίνουν οι ενδείξεις ότι ο πρόεδρος Τζωρτζ Μπους θα προχωρήσει προς αυτή την κατεύθυνση, και αν ακόμα δεν επανεκλεγεί, στο μεσοδιάστημα ως την εγκατάσταση του Μπιλ Κλίντον στο Λευκό Οίκο. Και στις Βρυξέλλες εδραιώνεται πλέον η πεποίθηση ότι επίκειται η ανατροπή των αποφάσεων της Λισαβόνας: Αν δεν σημειωθεί το Δεκέμβριο στο Εδιμβούργο, θα είναι από τα πρώτα μελήματα της («σκληρότερης» από τη βρετανική) προεδρίας της Δανίας.

Αν όντως έτσι έχουν τα πράγματα (και η πολιτική ηγεσία μας ασφαλώς έχει εγκυρότερες από τις δημοσιογραφικές πληροφορίες), το θέατρο του παραλόγου που παίζεται στην Αθήνα, με τις δραματικές εξάρσεις των τελευταίων ημερών, γίνεται ακόμα πιο ακατανόητο.

«Εν πλήρει συγχύσει αθώος» ο απλός πολίτης, ευλόγως διερωτάται:

— *Με μια «εθνική συμφορά»* (όπως μάθαμε να το θεωρούμε εδώ κι ένα χρόνο) επί θύραις, πώς γίνεται η πολιτική ηγεσία μας, κυβέρνηση και αντιπολίτευση, να συνεχίζει αμέριμνα το χαβά της, που έχει μεταθέσει το θέμα των Σκοπίων από το επίκεντρο της εξωτερικής πολιτικής μας στη δίνη των διχαστικών κομματικών ανταγωνισμών και των εσωκομματικών διενέξεων;

— *Πώς είναι δυνατόν* η κυβέρνηση να αρκείται σε ένα πλατωνικό ψήφισμα της κοινοβουλευτικής της ομάδας, δηλωτικό μόνο της (εκβιαστικά διασφαλισμένης) κομματικής συνοχής; Πώς δεν καλεί σε συστράτευση τις άλλες πολιτικές δυνάμεις, πώς δεν επιζητεί να συμμεριστούν κι αυτές τις ευθύνες τής από δω και πέρα πορείας; Γιατί *συνδέει τη μοίρα της με την αποκλειστική ευθύνη* μιας υπερτονισμένων διαστάσεων διπλωματικής ήττας;

— *Η αξιωματική* αντιπολίτευση πιστεύει ή δεν πιστεύει ότι οδεύουμε σε «εθνική συμφορά»; Κι αν ναι, γιατί δεν καλεί σε εθνική συνέγερση; Γιατί, τουλάχιστον, δεν προκαλεί μια νέα και *ιστορικής σημασίας* αρχηγική σύσκεψη, αλλ' αντιθέτως ο αρχηγός της δηλώνει επιφυλακτικός για τη συμμετοχή του, εάν άλλοι πάρουν την πρωτοβουλία για σύγκλησή της; Κι αν όντως πιστεύει ότι η κυβέρνηση έχει πάρει τον κατήφορο της «εθνικής μειοδοσίας», γιατί δεν προσπαθεί να αποτρέψει τους κινδύνους, γιατί δεν την *εγκαλεί*, εδώ και τώρα, στο εθνικό Κοινοβούλιο με μια *πρόταση μομφής*; Τι επιτέλους προέχει: Το κομματικό ή το εθνικό συμφέρον;

— *Ο Αντ. Σαμαράς* πιστεύει πράγματι ότι η ακολουθούμενη κυβερνητική πολιτική στο θέμα των Σκοπίων μάς οδηγεί σε «εθνική τραγωδία»; Αν ναι, γιατί αρκείται να επιδείξει συνέπεια στις αρχές του και αξιοπρέπεια και δεν κάνει τ' αδύνατα δυνατά να αποτραπεί ο όλεθρος; Γιατί δηλαδή δεν παραιτείται και δεν επιδιώκει, με τους ομοφρονούντες και πιστούς του βουλευτές, να *ανατρέψει* μια κυβέρνηση *εθνικά επικίνδυνη* — με όποιες συνέπειες για την παράταξή του; Τι, τέλος πάντων, βαραίνει στην πλάστιγγα της εθνικής ευαισθησίας, την οποία επιμένει να μονοπωλεί: *Το πολιτικό μέλλον του ή το εθνικό χρέος;*

Κι επειδή δεν δίνονται απαντήσεις στα απλά αυτά ερωτήματα, πληθαίνουν οι υπόνοιες μήπως και βλέπουμε με παραμορφωτικό φακό τα πράγματα. Μήπως και δεν είναι πολύ λογικό ότι η διεθνής κοινότητα γέμισε ξαφνικά μισέλληνες και ανθέλληνες, που συνωμοτούν εναντίον μας και μας επιβουλεύονται. Μήπως και δεν επίκεινται εθνικές συμφορές και τραγωδίες, δεν είμαστε στο χείλος του γκρεμού. Μήπως και η ηχηρή κινδυνολογία και η συνθηματολογική κενολογία καλύπτουν απλούστερες αλήθειες:

1. *Ότι, μπροστά* στα ορθωμένα τώρα αδιέξοδα, όλο και περισσότεροι προβληματίζονται κατά πόσο η πολιτική μας στο θέμα των Σκοπίων ήταν εξ αρχής *ένα πελώριο και ολέθριο λάθος*. Καθώς *αυτοπαγιδευτήκαμε* ανάγοντας την ονομασία του νεοσύστατου ομόρου κράτους σε κορυφαίο εθνικό μας πρόβλημα. Καθώς χάσαμε πολύτιμο χρόνο και αποπροσανατολίσαμε τους στόχους της εξωτερικής πολιτικής μας. Καθώς (ξανα)ξεχάσαμε την κατοχή της μισής Κύπρου και τη μόνιμη τουρκική απειλή και ανοίξαμε νέα μέτωπα, προσθέσαμε κι άλλους εχθρούς. Καθώς από παράγων σταθερότητας στα ταραγμένα Βαλκάνια τείνουμε να δημιουργήσουμε νέες εστίες ανάφλεξης, ρίχνουμε λάδι στη φωτιά των εθνικιστικών συγκρούσεων. Καθώς βουτηχτήκαμε ως το λαιμό στον παραλογισμό: Αντί να σπεύσουμε, με μία καλώς νοούμενη διπλωματική και οικονομική επίθεση, αρωγοί, συμπαραστάτες και φυσιολογικοί σύμμαχοι στους αναξιοπαθούντες γείτονες (οπότε και το πρόβλημα της ονομασίας θα λυνόταν ευκολότερα), αυτοπροβληθήκαμε σαν *θανάσιμη απειλή* για την ύπαρξή τους. Καθώς ακολουθούμε μια ηλίθια πολιτική ως προς τις μειονότητες, ως μη οφείλαμε (αφού είμαστε η ευρωπαϊκή χώρα με τη μεγαλύτερη εθνική ομοιογένεια). Και καθώς, αντί να πείθουμε για τα εθνικά μας δίκαια, απομονωνόμαστε όλο και περισσότερο διεθνώς.

2. *Ότι από την κυβέρνηση* λείπει η γενναιότητα της παραδοχής του λάθους, ενώ η (αξιωματική) αντιπολίτευση καραδοκεί, με μικροκομματική ιδιοτέλεια, να επωφεληθεί από την κυβερνητική αποτυχία. Ιδρώνει και ξεϊδρώνει ο Μητσοτάκης για να εξηγήσει τα ανεξήγητα: Ότι δεν μπορεί να έκανε μόνο του κεφαλιού του στις 16-12-91 στις Βρυξέλλες ο Σαμαράς, αφού, αμέσως μετά, μαζί θριαμβολογούσαν για την «εθνική επιτυχία». Και ότι από φόβο μήπως μειωθεί η επιρροή του (επ' ωφελεία των εσωκομματικών αντιπάλων) σε μια επιρρεπή στα εθνικιστικά κηρύγματα κομματική βάση, όταν απέπεμψε τον Σαμαρά, συνέχισε φαινομενικά την ίδια πολιτική και προσπάθησε ανεπιτυχώς να κρύψει τις διαφορετικές επιλογές του στα άδυτα της *μυστικής διπλωματίας* (με τα υπομνήματα, τις επιστολές και τα «νον πέιπερς»...). Αγέρωχος από την πλευρά του ο Παπανδρέου, ρίχνει όλη την ευθύνη για το σημερινό αδιέξοδο στην κυβερνητική πολιτική. Και δεν αισθάνεται την ανάγκη να εξηγήσει γιατί οι αρχηγικές συσκέψεις εξαντλήθηκαν στην *ομοφωνία σε αδιάλλακτους και ανέφικτους* (όπως αποδεικνύεται) *στόχους* και δεν υπήρξε πρόταση ή αναζήτηση *εναλλακτικής λύσης* και κοινά αποδεκτών σημείων υποχωρήσεως. Επιπλήττει δημόσια κάποιους συνετούς και νουνεχείς στο χώρο του (Βάσω Παπανδρέου, Γ. Μπούτος), αλλά ποτέ τα εθνικιστικά κηρύγματα (Στ. Παπαθεμελής) για «πολιτική δυνάμεως και πυγμής». Ακόμα χειρότερα: Συναγωνίζεται τον Σαμαρά σε ακραίες θέσεις (διακοπή διπλωματικών σχέσεων με τα Σκόπια, οικονομικός αποκλεισμός τους κ.ά.), χωρίς να δείχνει ότι αναλογίζεται τις συνέπειες. Ότι κάποιοι άλλοι θα επωφεληθούν (στα σκαριά ήδη, με κοινοτική υποστήριξη, η οδική αρτηρία, αποκαλούμενη «φίδι», Κωνσταντινούπολη - Σόφια - Σκόπια - Δυρράχιο), ότι είναι άκρως επι-

κίνδυνη σε συνθήκες κοινωνικής κρίσης η υποδαύλιση του εθνικιστικού παροξυσμού και ότι παίζει με τη φωτιά μια τέτοια πολιτική, που δεν αποκλείει τον πόλεμο και εμπεριέχει τη σύγκρουση με την ΕΟΚ.

«Κάνουμε, δυστυχώς, εξωτερική πολιτική στο... εσωτερικό», διαπίστωνε μελαγχολικά ο ευρωβουλευτής Γ. Ρωμαίος στους διαδρόμους της Βουλής, ενώ συνεχιζόταν, σε εκρηκτική ατμόσφαιρα, η συνεδρίαση της Κοινοβουλευτικής Ομάδας της ΝΔ. Από τις (ελάχιστες, φευ) συνετές φωνές ο ευρωβουλευτής του ΠΑΣΟΚ, που βιώνει στο Στρασβούργο και στις Βρυξέλλες το δυσμενέστατο για τη χώρα μας ευρωπαϊκό κλίμα, είχε εγκαίρως προειδοποιήσει (άρθρο στο *Βήμα* το Σεπτέμβριο 1991) ότι είναι χαμένη, όπως τη δίνουμε, η μάχη για την ονομασία των Σκοπίων.

Πιο τολμηρά ο ευρωβουλευτής του Συνασπισμού Μιχ. Παπαγιαννάκης πρότεινε μια ονομασία, που θα προσδιορίζει γεωγραφικά ποια Μακεδονία περιλαμβάνει. Κάποιοι δημοσιογράφοι (Στ. Λυγερός, Σακ. Σκουμπουρδής, ο υπογραφόμενος κ.ά.) διερωτώνται γιατί το όνομα «Σλαβομακεδονία» δεν συζητείται, αφού δεν αφήνει περιθώρια σύγχυσης ως προς κάποια μακεδονική εθνότητα και για παραχάραξη της Ιστορίας.

Ποιος τους ακούει; Όχι, πάντως, οι διαγκωνιζόμενοι για τη διατήρηση, την ανάκτηση ή την κατάκτηση της εξουσίας πολιτικοί ηγέτες. Ούτε «εθνικοί μειοδότες», όπως καταγγέλλονται, ούτε αυτόκλητοι υπερπατριώτες — ανεπαρκέστατοι, απλώς, για κρίσιμες περιστάσεις όπως οι σημερινές.

Δευτέρα 26 Οκτωβρίου 1992

ΠΡΙΝ ΗΧΗΣΟΥΝ ΤΑ ΤΥΜΠΑΝΑ ΤΟΥ ΠΟΛΕΜΟΥ

ΤΟΝ ΚΙΝΔΥΝΟ έξαρσης του εθνικισμού στην Ελλάδα επισημαίνει εμπιστευτική έκθεση της εδώ πρεσβείας των ΗΠΑ προς το Στέιτ Ντιπάρτμεντ, που είδε το φως της δημοσιότητας στα βασικά σημεία της το Σαββατοκύριακο (*Επενδυτής*).

Οι συντάκτες της, προφανώς, δεν τεκμηριώνουν τις διαπιστώσεις τους με μεμονωμένα και σποραδικά κρούσματα, όπως λόγου χάρη:

— Η εκπληκτική δήλωση του διαιτητή στην τηλεοπτική κάμερα (ΑΝΤΕΝΝΑ) μετά το ντέρμπι Ολυμπιακού-ΠΑΟ: «Η λύση είναι μία: σύνορα με τη Σερβία».

— Η νέα καταδικαστική απόφαση (φυλάκιση ενός έτους στο δεκαεφτάχρονο μαθητή Λυκείου Μιχ. Παπαδάκη) για *διέγερση σε διχόνοια* — με μια κακότεχνη προκήρυξη αντιεθνικιστική, που αμφισβητεί τον εκπολιτιστικό ρόλο και τον... ανδρισμό του στρατηλάτη Μεγάλου Αλεξάνδρου.

— Τα ξεθαμμένα από άλλες εποχές εμβατήρια και ορισμένα χουλιγκανικού στιλ συνθήματα («θα γ... Σκοπιανό, θα τον κάψω ζωντανό») από σχολιαρόπαιδα στο παλλαϊκό συλλαλητήριο της 10ης Δεκεμβρίου στη Μακεδονία.

Οι συντάκτες της αμερικανικής έκθεσης θα πρέπει να έχουν υπόψη τους σοβαρότερα στοιχεία για να διακινδυνεύουν εκτιμήσεις, όπως:

1. *Ότι το αυξανόμενο* εθνικιστικό πνεύμα μπορεί να

ωθήσει την ελληνική πολιτική ηγεσία σε ακραίες εθνικιστικές επιλογές (κλείσιμο των συνόρων, μερική επιστράτευση κ.ά.), να αποδυναμώσει τη θέση της Ελλάδας σε διεθνείς οργανισμούς, και κυρίως στην ΕΟΚ, και να δημιουργήσει έντονο αντιευρωπαϊκό και αντιαμερικανικό κλίμα.

2. *Ότι η κυβέρνηση* Μητσοτάκη κρέμεται από μια κλωστή και, σε κάθε περίπτωση, δεν είναι σε θέση να δώσει «ρεαλιστική λύση» στο θέμα των Σκοπίων, διότι κάτι τέτοιο θα ισοδυναμούσε με πολιτική αυτοκτονία της υπό το βάρος των εσωκομματικών και αντιπολιτευτικών εθνικιστικών πιέσεων.

3. *Ότι το «μακεδονικό»* ίσως να κλείσει από μια άλλη κυβέρνηση, που θα προέρχεται από την «εθνικιστική Αριστερά» και δεν θα στηρίζεται από την κατηγορούμενη για ενδοτισμό απέναντι στη Δύση ΝΔ — όπως το 1980, όταν η τότε κυβέρνηση Γ. Ράλλη δεν μπόρεσε να δώσει λύση στο θέμα των αμερικανικών βάσεων, το οποίο έκλεισε επί κυβερνήσεως ΠΑΣΟΚ.

4. *Ότι αν πέσει* η κυβέρνηση Μητσοτάκη, πιθανολογείται η διάσπαση των υπαρχόντων κομμάτων και θα επικρατήσει πολιτική αποσταθεροποίηση και αναταραχή, που θα ενισχύσει τις τάσεις αποσύνθεσης στα Βαλκάνια, προκαλώντας αλυσιδωτές αντιδράσεις.

Με όλες τις επιφυλάξεις που προκαλεί η σκοπιμότητα της αμερικανικής κινδυνολογίας για λογαριασμό μας (με την κραυγαλέα μάλιστα αντίφαση από τη μια να απεύχεται πτώση της κυβέρνησης Μητσοτάκη και από την άλλη να προβλέπει «ρεαλιστική λύση» στο θέμα των Σκοπίων από κυβέρνηση της «εθνικιστικής Αριστεράς», δηλαδή του ΠΑΣΟΚ), έχει τη σημασία του να διαπιστώνεται και από τους υπερατλαντικούς συμμάχους ό,τι ήδη αποτελεί κοινό τόπο για μας:

Ότι το Σκοπιανό, που έχει αναχθεί σε κορυφαίο και πλέον αιχμηρό πρόβλημα της εξωτερικής πολιτικής μας, *επηρεάζει καθοριστικά τις εσωτερικές πολιτικές εξελίξεις*, αποδυναμώνει τη θέση μας διεθνώς και μετατρέπεται σε *πυροκροτητή* για την πολιτική σταθερότητα, αλλά και την εμπλοκή της χώρας μας σε μια γενικευμένη ανάφλεξη στα Βαλκάνια, η οποία θεωρείται όλο και πιο πιθανή.

Μπορεί να προσφέρεται για να τροφοδοτεί την τύρβη της κομματικής αντιδικίας, αλλά ουσιαστικά δεν είναι το πιο σημαντικό αυτή τη στιγμή ο απολογισμός της συρροής των λαθών, επί έναν ολόκληρο χρόνο, που κατέστησαν αναπότρεπτη αυτή την εξέλιξη και οδήγησαν στο σημερινό αδιέξοδο:

— Η έλλειψη μιας κοινά χαρασσόμενης και αποδεκτής από την πολιτική ηγεσία εθνικής στρατηγικής αφήνει συλλήβδην τα εθνικά θέματα έκθετα στην κυβερνητική ανεπάρκεια, στους ακροβατικούς αυτοσχεδιασμούς και στη φθορά της κομματικής αντιδικίας και της εσωκομματικής διαμάχης. Η κυβέρνηση μονοπωλεί τους χειρισμούς στην εξωτερική πολιτική, αν δεν αξιώνει την επικρότησή τους από την αμέτοχη αντιπολίτευση.

Η αντιπολίτευση καραδοκεί να εκμεταλλευτεί μικροκομματικά τις κυβερνητικές αποτυχίες. Κυβέρνηση και αντιπολίτευση *κάνουν εξωτερική πολιτική στο εσωτερικό*. Ο Μητσοτάκης πήγε πριν από έξι μήνες στη Λισαβόνα και πρόσφατα στο Εδιμβούργο, όχι για να δώσει τη μάχη για μια λύση στο θέμα των Σκοπίων εναρμονισμένη με τα εθνικά μας συμφέροντα (ξέρει καλύτερα απ' όλους μας ότι είναι *χαμένη* έτσι όπως δίνεται...), αλλά με την αγωνία πώς δεν θα ενισχύσει με πρόσθετα όπλα τον Παπανδρέου ή τον Σαμαρά και πώς θα γλιτώσει ακόμα μια φορά απ' αυτούς, μέσα στο κόμμα του, που του σκάβουν συστηματικά το λάκκο. Έτσι, κάθε *ανάσα αναβολής* στην οριστική κοινοτική απόφαση και κάθε *συμβιβαστική φόρμουλα* βαφτίζεται επιπόλαια εθνική νίκη και θρίαμβος — και άσε τον κοινό νου να απορεί πώς με τόσους θριάμβους φθάσαμε στο αδιέξοδο...

— *Η έλλειψη*, ειδικότερα, μιας *βαλκανικής στρατηγικής* μετέτρεψε τη χώρα μας, από το μοναδικό παράγοντα σταθερότητας, σε πρόσθετη εστία αναταραχής στα Βαλκάνια. Με τον εμφύλιο να σπαράσσει την κατακερματισμένη πρώην Γιουγκοσλαβία και τα σύννεφα του πολέμου να σωρεύονται απειλητικά σε όλη την περιοχή, η βαλκανική πολιτική μας συρρικνώθηκε ηλιθίως στο θέμα των Σκοπίων, με δογματική αγκύλωση στο πρόβλημα της ονομασίας, το οποίο απομονώσαμε απ' όλους τους όρους ειρηνικής συμβίωσης με το νεοσύστατο κράτος κατά τρόπον *ελάχιστα πειστικό διεθνώς και επικίνδυνο εσωτερικά* — έτσι όπως αποπροσανατολίζει από τα πραγματικά προβλήματα, υπονομεύει την εθνική συνοχή και υποδαυλίζει τον εθνικισμό. Μία όλη κι όλη θετική ελληνική πρωτοβουλία (η εγγύηση των συνόρων των Σκοπίων από τα όμορα κράτη) υποβαθμίστηκε κι αυτή, καθώς έμεινε χωρίς συνέχεια. Για να φτάσουμε συρόμενοι από τις κοινοτικές αποφάσεις του Εδιμβούργου εκεί όπου οφείλαμε να πρωτοστατήσουμε: στην ανθρωπιστική βοήθεια στους γείτονες για να ξεχειμωνιάσουν...

Δεν είναι το κύριο θέμα της στιγμής, το ξαναλέμε, να αναπολούμε τις χαμένες ευκαιρίες και ν' απαριθμούμε τα ολέθρια λάθη. Το μέγιστο θέμα είναι τώρα τι κάνουμε, τι και πώς μπορεί να περισωθεί. Να αναγνωρίσουμε στα θετικά των τελευταίων ημερών:

— *Τη δήλωση* του πρωθυπουργού Κ. Μητσοτάκη την

περασμένη Τετάρτη ότι «το υπουργικό συμβούλιο επιβεβαίωσε την πάγια θέση ότι, σε περίπτωση κλιμάκωσης του πολέμου στην περιοχή, σταθερή και αμετακίνητη απόφασή μας είναι η Ελλάς *να μην εμπλακεί σε πόλεμο*, αν δεν υποστεί επίθεση».

— *Όσα είπε* στην Κοινοβουλευτική Ομάδα του ΠΑΣΟΚ, την Πέμπτη, ο *Ανδρέας Παπανδρέου*: «Μια στρατιωτική επέμβαση θα φέρει αιματοχυσία (...), δεν θα λύσει, θα δημιουργήσει προβλήματα. Είναι σαφές ότι *οι ελληνικές δυνάμεις δεν πρέπει να εμπλακούν* (...). Απαιτείται η διαμόρφωση μιας εθνικής στρατηγικής που να ανταποκρίνεται στη νέα εποχή (...). Μια νέα *ενιαία ελληνική στρατηγική*, αν θα θέλατε *υπερκομματική*...».

Θετικές αυτές οι δηλώσεις, αλλά δεν φτάνουν για να διαλύσουν τις ανησυχίες τώρα που δεν ξέρουμε τι μας ξημερώνεται.

Επειδή ο Πρωθυπουργός, αμφισβητούμενος εντόνως και μέσα στην παράταξή του (η περιστασιακή αναβάπτιση στην ψήφο εμπιστοσύνης αύριο στη Βουλή δεν αλλάζει τα πράγματα), και να θέλει δεν μπορεί να διαφοροποιήσει άρδην την ακολουθούμενη πολιτική.

Επειδή τη λύση δεν τη δίνουν οι κάλπες, όταν είναι άμεση η απειλή να ηχήσουν τα τύμπανα του πολέμου, και επειδή για να διασφαλιστεί η εθνική συνοχή και η εθνική αξιοπιστία διεθνώς, η *απεμπλοκή από τα σημερινά αδιέξοδα μπορεί να προέλθει μόνο συναινετικά από το σύνολο της πολιτικής ηγεσίας*, για όλ' αυτά και πολλά άλλα, Πρωθυπουργός και αρχηγός της αξιωματικής αντιπολίτευσης ας αφήσουν τα τερτίπια και τα καμώματα της μικροκομματικής υστεροβουλίας.

Το ελάχιστο που οφείλουν αυτή τη στιγμή είναι να στέρξουν επιτέλους στη σύγκληση μιας νέας σύσκεψης των πολιτικών αρχηγών. Μιας σύσκεψης που δεν θα αντιγράφει τις προηγηθείσες, αφού δεν θα μετάσχουν με τη μικρονοϊκή επιδίωξη πώς θα τυλίξει ο ένας τον άλλον, αλλά με πλήρη συναίσθηση των ευθυνών τους στην κρισιμότητα των περιστάσεων.

Αν είναι άξιοι των περιστάσεων...

Δευτέρα 21 Δεκεμβρίου 1992

ΜΗΝ ΠΑΡΟΥΜΕ ΤΗ ΣΥΦΙΛΗ ΓΙΑ ΣΠΥΡΑΚΙ

«Γιατί, βλέπεις, στην αρχή
είναι ύποπτοι εκείνοι που φέρνουν
αντιρρήσεις,
ύστερα κείνοι που σωπαίνουν».
ΑΡΗΣ ΑΛΕΞΑΝΔΡΟΥ

ΔΥΟ ΣΗΜΑΔΙΑΚΕΣ για την Ευρώπη και την ανθρωπότητα επέτειοι προσφέρονται, αυτή τη χρονιά, ως εξαιρετικά χρήσιμα και διδακτικά ερεθίσματα της ιστορικής μνήμης:

— *Πριν από ογδόντα χρόνια*, το 1914, παραμονές της μεγάλης ανθρωποσφαγής του Α΄ Παγκοσμίου Πολέμου, μέσα σε ατμόσφαιρα μαζικής φιλοπολεμικής υστερίας και *εθνικιστικής ψύχωσης*, δολοφονείται στο Παρίσι ο φλογερός ουμανιστής και ειρηνιστής Ζαν Ζορές.

— *Πριν από εκατό ακριβώς χρόνια*, το 1894, πάλι στο Παρίσι, καταδικάζεται σε ισόβια κάθειρξη στο νησί του Διαβόλου, σαν πράκτορας των Γερμανών, ο *εβραϊκής* καταγωγής λοχαγός 'Αλφρεντ Ντρέιφους, θύμα μιας φυβερής δολοπλοκίας. Ο *αντισημιτισμός* προσλαμβάνει τρομακτικές διαστάσεις, η Γαλλία διχάζεται — φωτεινές εξαιρέσεις οι *διανοούμενοι*, που ορθώνουν το ανάστημά τους στη μαζική τύφλωση, στον παροξυσμό και παραλογισμό του *ρατσισμού*, του *μιλιταρισμού* και του *εθνικισμού*.

Δεν ξέρω αν η Γαλλία θα θελήσει να θυμηθεί και να θυμίσει αυτές τις μελανές σελίδες της Ιστορίας της — προαναχρούσματα για το μακέλεμα των ευρωπαϊκών λαών, που σημάδεψε το πρώτο μισό του αιώνα μας.

Μπορούμε κάλλιστα να το κάνουμε εμείς — παθιασμένοι εραστές της ελευθερίας, υποτίθεται, γόνοι της γης που γέννησε τη δημοκρατία, τον ελεύθερο στοχασμό, το διάλογο, το σεβασμό της γνώμης και της προσωπικότητας του *άλλου*:

Να αφιερώσει το Κοινοβούλιο (τέμενος της δημοκρατίας) ειδική συνεδρία. Με αποκλειστικούς αγορητές τους βουλευτές Γ. Αδαμόπουλο, Γ. Γκλαβίνα και Κ. Μπαντουβά, που το ελάμπρυναν την περασμένη εβδομάδα αξιώνοντας να τεθούν «εκτός εθνικής οικογενείας» οι «είκοσι ένας» πολίτες που τολμούν (!) να έχουν αντιρρήσεις στα ομοθύμως αποδεκτά κυβερνητικά μέτρα κατά των Σκοπίων και οι εξ αυτών πανεπιστημιακοί δάσκαλοι να απολυθούν ή, τουλάχιστον, να προπηλακιστούν από τους μαθητές τους.

Και αν οι τρεις δηλώσουν αδυναμία (ότι δηλαδή έχουν τη δυνατότητα της υλακής και όχι τη χάρη του λόγου) ή προσφύγουν στην υπεκφυγή (τι κάνετε έτσι, λίγο ντόρο επιδιώξαμε κι εμείς περί το ονοματάκι μας, αφού δεν είμαστε ευνοούμενοι των εφημερίδων και των καναλιών και αφού στη Βουλή μένουμε άλαλοι), να αναλάβει το έργο ο ευφραδέστατος κυβερνητικός εκπρόσωπος Ευάγγ. Βενιζέλος· που κάλυψε προθύμως και ανενδοιάστως τους τρεις βουλευτές και τις απροσχημάτιστα *ολοκληρωτικές* αντιλήψεις τους· που πήρε πολύ ψηλά τον αμανέ, τόσο ώστε να δηλώνει αλαζονικά ότι «η κυβέρνηση δεν διαλέγεται με τους είκοσι έναν κυρίους» (μεταξύ των «κυρίων» και οχτώ συνάδελφοί του στα πανεπιστήμια — οι δύο μάλιστα καθηγητές του Συνταγματικού Δικαίου, όπως και ο επί του Τύπου αμετροεπής υφυπουργός)· που ονειρεύεται *πανστρατιές*, μη ανεχόμενες μιάσματα και αντιφρονούντες: «Κανονικά θα έπρεπε *όλοι* οι Έλληνες πολίτες (...), *όλοι* οι διανοούμενοι να συμβάλλουν στην προάσπιση των εθνικών συμφερόντων...»· και που εκθέτει τη νοοτροπία του με αξιολογήσεις του τύπου: «Το *μείζον πρόβλημα* δεν είναι η δήλωση των τριών βουλευτών, αλλά η προβολή και η προάσπιση των θέσεων της χώρας σε διεθνές επίπεδο».

Πριν ιεραρχήσουμε το μείζον και το έλασσον, ας δούμε λοιπόν κατά πόσο τα εθνικά συμφέροντα ταυτίζονται με δυναμικές τακτικές κινήσεις, όπως το *«εμπάργκο»* κατά της γειτονικής πρώην Γιουγκοσλαβικής Δημοκρατίας της Μακεδονίας — και με όποιους άλλους τακτικούς ελιγμούς των κυβερνώντων, στο πλαίσιο μιας ανακόλουθης, αλλοπρόσαλλης και αδιέξοδης πολιτικής, δυόμισι χρόνια τώρα:

1. *Με την πολιτική* του «τσαμπουκά» επιδιώξαμε και πετύχαμε να προκαλέσουμε το ενδιαφέρον και να επισύρουμε την προσοχή της διεθνούς κοινότητας στην οξύτητα του προβλήματος που δημιουργεί η παρατεινόμενη αδιαλλαξία του καθεστώτος Γκλιγκόροφ. Αλλά αν κάτι προκλήθηκε από το «εμπάργκο» αυτές τις είκοσι μέρες, είναι η *διεθνής κατακραυγή* για μια μονομερή επιθετική ενέργεια εις βάρος μιας μικρής, αδύναμης και πολλαπλώς απειλούμενης χώρας. «Ποτέ στη νεότερη ιστορία της —λέει η δήλωση των "είκοσι ενός"— η πατρίδα μας δεν βρέθηκε σε διεθνές επίπεδο τόσο απομονωμένη και ανώφελα αντιπαθής όσο αυτές τις ημέρες». Τόσο που και πραγματικές επιτυχίες της ελληνικής προεδρίας στην Ευρωπαϊκή Ένωση (λόγου χάρη, με τη διεύρυνσή της) να πνίγονται στην *καθολική χλεύη* του διεθνούς Τύπου — και, όσο κι αν το θέλει ο εθνικός μαζοχισμός μας (και συμφέρει τους ηγέτες μας για να κρύβουν τα λάθη τους), δεν γέμισε ο κόσμος «ανθέλληνες» και συνωμότες εναντίον μας... Πώς υπηρετούνται, συνεπώς, τα εθνικά συμφέροντά μας, όταν από κατήγοροι (διότι ο εκείθεν των συνόρων άφρων εθνικισμός επιδίδεται σε αλυτρωτική προπαγάνδα και οικειοποιείται εθνικά μας σύμβολα) μετατρεπόμαστε σε *υπόλογους* και κατηγορούμενους;

2. *Η ειρήνη*, η σταθερότητα και η ασφάλεια των συνόρων στα ταραγμένα Βαλκάνια συμπίπτουν, υποθέτω, με τα εθνικά μας συμφέροντα. Αν από κάτι απειλούνται, είναι η *έξαρση του εθνικιστικού* παραλογισμού ένθεν κάκείθεν των συνόρων. Και μέτρα επιθετικά, όπως τα «εμπάργκο», τα εμπρηστικά και ρατσιστικά κηρύγματα ρασοφόρων και το «ντοπάρισμα» της νεολαίας (με συνθήματα του τύπου «η Μακεδονία είναι *μόνο* ελληνική») την υποδαυλίζουν επικίνδυνα.

3. *Συμπίπτει* η πολιτική ηγεσία στη διαβεβαίωση ότι θέλουμε (δηλαδή υπηρετεί το εθνικό μας συμφέρον) να διατηρηθεί ως κρατική οντότητα η γειτονική χώρα, ως ανάχωμα υπαρκτών επεκτατισμών στα Βαλκάνια και να αναπτύξουμε στενές σχέσεις μαζί της. Αλλά όμορη χώρα με την πολυεθνική σύνθεση που της δημιουργεί προβλήματα και με χρεοκοπημένη οικονομία (ανεργία 28%, πληθωρισμός 15-80% *μηνιαίως*, μείωση της παραγωγής 15% ετησίως, μείωση του ΑΕΠ κατά 37% τα τρία τελευταία χρόνια και κατά κεφαλήν εισόδημα 687 δολάρια) χειμάζεται και παραπαίει. Με τη θηλιά του «εμπάργκο» στο λαιμό, την κατάρρευσή της επιδιώκουμε; Πράκτορα εξωβαλκανικών δυνάμεων τη θέλουμε; Σε συμμαχίες με την Τουρκία και την Αλβανία τη σπρώχνουμε; Ή μήπως μας συμφέρει πλάι στα σύνορά μας ένα άντρο διακίνησης όπλων και ναρκωτικών, μια χαβούζα για τα πυρηνικά απόβλητα της Ευρώπης;

Και επιτέλους:

4. *Με την πληγή* της Κύπρου πάντοτε ανοιχτή, με τη «σκοπιανοποιημένη» εξωτερική πολιτική μας να μην επωφελείται από τα προβλήματα της Τουρκίας, θύματα μονίμως ωμών παραβιάσεων της διεθνούς νομιμότητας, είναι τάχα προς το εθνικό συμφέρον μας να γράφουμε στα

παλιά μας τα παπούτσια στοιχειώδεις αρχές του διεθνούς δικαίου, κατοχυρωμένες πια (και είναι κατάκτηση της ανθρωπότητας) σε διεθνείς συνθήκες και στους κανόνες της ΔΑΣΕ;

Δίλημμα —κατά πόσο προέχει η προάσπιση των εθνικών συμφερόντων ή η ελεύθερη διακίνηση των ιδεών και η ανεμπόδιστη έκφραση γνώμης— ασφαλώς δεν τίθεται: *Δημοκρατία και εθνικό συμφέρον αλληλοϋπηρετούνται. Ταυτίζονται.* Δεν υπάρχει μείζον και έλασσον.

Να γιατί επιμένουμε (όσοι επιμένουμε) να εκφράζουμε ανοιχτά τη διαφωνία μας με τη χθεσινή και τη σημερινή κυβερνητική πολιτική στο «Σκοπιανό», όσοι πιστεύουμε ότι είναι μικροπολιτική εσωτερικής κατανάλωσης, αδιέξοδη κι επικίνδυνη — κόντρα στο ρεύμα, έστω, της καταμετρημένης με 83% ή και 93% «εθνικής ομοψυχίας».

Να γιατί στον εξουσιαστικό μονόλογο αντιπαραθέτουμε το δημοκρατικό διάλογο, στα παραληρηματικά συνθήματα του μεγάλου πλήθους απαντούμε με επίκληση της λογικής, με επιχειρήματα.

Να γιατί επιμένουμε να φωνάζουμε ότι μία από τις πιο επικίνδυνες παρενέργειες του εθνικιστικού παραλογισμού είναι ο φανατισμός και η *μισαλλοδοξία*, ο διαχωρισμός σε «εθνικόφρονες» και «μιάσματα», η αναζήτηση αποδιοπομπαίων τράγων, η καταπάτηση θεμελιωδών δικαιωμάτων, όπως η ελευθερία του λόγου, *η εκτροπή σε «φασίζουσες» και φασιστικές συμπεριφορές.*

Να θυμηθούμε το μεγάλο αντιφρονούντα Άρθουρ Κέστλερ:

«Δεν μπορεί κανείς να βασίζεται στις συνταγματικές εγγυήσεις και να τις χρησιμοποιεί σαν προσχήματα αυταρέσκειας. Όλοι μας θεωρούμε το φασισμό σαν κάτι το στερεό, εμφανώς διαφορετικό από τις δικές μας μορφές ζωής. Θα ήταν σωστότερο να τον συγκρίνουμε με αέριο, που μπορεί να μπει σε οποιοδήποτε δοχείο, ανεξάρτητα από το σχήμα του. Από τη στιγμή που θα συνηθίσετε να ζείτε μέσα σε μια μέτρια δόση δυσωδίας, δεν θα το αντιληφθείτε τη στιγμή που *θα δηλητηριαστείτε τελείως*».

Σύμπτωμα ολοκληρωτικής νοοτροπίας η ενέργεια των τριών βουλευτών (όπως και οι διώξεις, πριν από δύο χρόνια, αντιφρονούντων στο «Σκοπιανό» πολιτών) έπρεπε να ξεσηκώσει θύελλα. Να μην τον υποτιμούμε. Να μην πάρουμε τη σύφιλη για σπυράκι.

Δευτέρα 7 Μαρτίου 1994

Γ′
Η ΖΩΗ

ΟΔΟΙΠΟΡΙΚΟ ΕΝΟΣ ΑΦΕΛΟΥΣ ΕΛΛΗΝΟΛΑΤΡΗ

«... Γνωρίζετε την Ελλάδα; Όχι; Τόσο το καλύτερο. Τι δουλειά είχαμ' εμείς εκεί; Εκεί χρειάζεται να 'χεις καθαρή καρδιά... Πριν εμφανισθούμε στα ελληνικά νησιά, θα 'πρεπε να κάνουμε ένα γερό πλύσιμο...»

ΑΛΜΠΕΡ ΚΑΜΙ: *Η πτώση*

ΩΧΡΑ ΚΑΙ ΡΟΖ οι τοίχοι. Βυζαντινό κεραμίδι στη στέγη. Κάθε κτίσμα, μικρό ή μεγαλύτερο, καινούριο ή παλαιότερο, με τη δική του ταυτότητα, τη δική του μορφή — ένα κόσμημα αρχιτεκτονικής. Ευλογημένη από τους θεούς, πνιγμένη στο πράσινο και στο λουλούδι, η ανοιξιάτικη Κέρκυρα ευωδιάζει.

Δεν έχει βόλτα στα καντούνια απόψε. Στο Καμπιέλο. Δεν έχει επίσκεψη στην «Αναγνωστική» — ούτε καφέ στο «Liston». Κατειλημμένη από τους οπαδούς η πόλη, συνέρρευσαν όλα τα χωριά. Ο Ανδρέας κάνει επίδειξη δύναμης στους ευρωσοσιαλιστές κι αυτοί, ενθουσιασμένοι που βρήκαν λαό να τους χειροκροτεί, ανταποδίδουν με εγκώμια. Μέγα το πλήθος πάλι. Κι αναρωτιέσαι: Ύστερα από τόσα και τόσα, πώς γίνεται ο Κερκυραίος, ευγενής και φιλόξενος, ευαίσθητος και μυαλωμένος, να αυτοαναιρείται, χαμένος σε μια παθιασμένη μάζα χειροκροτητών; Να που γίνεται.

Όπου φύγει φύγει ο εξ επαγγέλματος, ανίατα μικροβιασμένος από την πολιτική, που επιζητεί ολιγοήμερη αποτοξίνωση, σ' ένα οδοιπορικό στις δυτικές ακτές — ως το νησί της Ναυσικάς. Να συμμαζέψει τις σκόρπιες σκέψεις, τα ερεθίσματα από τις φευγαλέες ματιές.

Ψηλά, στους Λάκωνες. Στο μπαλκόνι του «Bella Vista», που αυτοδιαφημίζεται επηρμένα ότι έχει ταΐσει τους πάλαι ποτέ *βασιλείς*, τον Τίτο, την κυρία Σαρτζετάκη — τον τέως Πρόεδρο της Δημοκρατίας δύσκολα τον φαντάζεσαι να τρώει πίτσα και σουβλάκι.

Παραδίπλα ο Άλκης, ο ξυλογλύπτης, εξηγεί πώς αναζητεί τους θησαυρούς του («επένδυση καλύτερη κι από τον χρυσό», λέει) στα σπλάχνα, στις ρίζες της αγριλιάς με τη μακραίωνη ηλικία.

Κάτω, όσο φτάνει το μάτι, η βαθυγάλανη απεραντοσύνη της θάλασσας, να σβήνει στους γραφικούς όρμους της Παλαιοκαστρίτσας. Κι ανάμεσα οι σταχτοπράσινοι λιόφωτοι λόφοι, κυματιστοί, με σκούρες, προκλητικές λόγχες εδώ κι εκεί τα κυπαρίσσια.

Όχι πια προνόμιο για τον Κάιζερ και τη Σίσυ. Δώρο για τους κοινούς θνητούς αυτή η οργιαστική φύση...

(*Παρένθεση πρώτη*: Αντί να αγάλλεται και να ευχαριστεί το Θεό, ο αθεράπευτος μονομανής κλωθογυρίζει τα δικά του. Δεν μπορεί, λέει: Τώρα θα τους μιλήσει για τον τουρισμό — απ' αυτόν ζουν οι Κερκυραίοι, αφ' ότου γλίτωσαν, ως ελαιοπαραγωγοί, από τις δαγκάνες του τοκογλύφου. Σε ανησυχητικά χαμηλά επίπεδα φέτος. «Δεν έχουμε ακυρώσεις», λέει ο διευθυντής του «Αστέρα», Κυρ. Παππάς, με πολύχρονη πείρα στον τουρισμό, εδώ και στην Ελβετία.

«Με τον πόλεμο δεν είχαμε κρατήσεις. Μόνο από τη Γερμανία αυξήθηκαν οι κρατήσεις στην Ισπανία κατά 60%...». Ο πόλεμος στον Κόλπο. Και ο κλεφτοπόλεμος της γηγενούς και εισαγόμενης τρομοκρατίας. Πρώτη είδηση στο σουηδικό ραδιόφωνο η βόμβα στο τουριστικό πούλμαν της Διονυσίου Αρεοπαγίτου. Και οι «ταξιδιωτικές οδηγίες» να μην έχουν ακόμη αρθεί...

Το δικό του βιολί αυτός. Στόχος του αυτή τη φορά ο «αχαρακτήριστος» Μίκης Θεοδωράκης. Ο πληθωρικός, πολυπράγμων και παρορμητικός, που βεβαίως ξύνει τα νύχια του κάθε τόσο για κρίσεις και επικρίσεις. Αλλά όχι και προδότης — αυτός ο όρθιος, μισό αιώνα τώρα, σε κάθε κρίσιμη στιγμή αυτού του τόπου. Όχι πως... τούρκεψε ξαφνικά ο δημιουργός της *Ρωμιοσύνης*. Πώς, λοιπόν, τον παραδίνεις για λιντσάρισμα στον όχλο, βορά στα φρόκαλα της πολιτικής και στη δημοσιογραφική αγυρτεία; Εθνικό κεφάλαιο είναι, όσο κι αν δεν αυτοπροστατεύεται...

Δεν μπορεί, κάτι θα τους πει και για τα δικά τους, μεγάλα και μικρά. Για το χρόνιο πρόβλημα της αποχέτευσης, ας πούμε — κουτούπωσαν, όπως όπως, τους υπονόμους, για να μη ζέχνουν στους Ευρωπαίους φιλοξενούμενους...

Δεν μπορεί, κάτι αυτοκριτικό θα του ξεφύγει εκεί όπου σωστά καταγγέλλει το όργιο διώξεων από το ρεβανσισμό της Δεξιάς. Ότι δεν θα επαναληφθούν τα λάθη — με τον έμπρακτο λαϊκισμό, λόγου χάρη, να καταστρέφει ακόμα και τα χωριά της Κέρκυρας, κυρίως στο νότο, με άδειες οικοδομής και σε μη άρτια οικόπεδα, κατά πώς κάνει τώρα και ο Μάνος, με οριζόντιες τσιμεντόπλακες αντί για βυζαντινά κεραμίδια. Ότι δεν θα ξαναγίνουν σκάνδαλα ούτε θα ξαναζήσουμε πομπές στις ρούγες. Σκάνδαλα;

Τι έγινε, το πήραν τελικά το «κτήμα Μέρλιν» οι Αρφανοχιώνηδες; Κάπου εξακόσια πενήντα στρέμματα, τα δύο τρίτα εντός σχεδίου, για εξακόσια όλα κι όλα εκατομμύρια, με τη μεσολάβηση και του μακαρίτη Μένιου — τζάμπα πράμα. Το πήραν ή όχι; Ποιος θα μας πει; Οι καθ' έξιν ασχημονούντες Κακαουνάκηδες μήπως;

Το δικό του βιολί αυτός. Οι αγωνίες για «τον τόπο μας, που καταστρέφουμε, τη χαμένη μας ταυτότητα, τις τσακισμένες ανθρώπινες σχέσεις», είναι για τον Τάκη Κουλούρη, τον καπετάνιο, στις μεταμεσονύχτιες σούρες. Το δικό του βιολί αυτός: Η κυβέρνηση της ασυναρτησίας, του αυταρχισμού και της ακρίβειας, οι εκλογές κι ο ίδιος που θα μας σώσουν. Ο Τζιμ Μπέικερ που βυσσοδομεί το όψιμο όραμα της Ενωμένης Ευρώπης, οι Τούρκοι που καραδοκούν... Όταν μόνοι μας δεν σεβόμαστε τίποτε απ' ό,τι κληρονομήσαμε, τα βγάζουμε όλα στο σφυρί, δεν αγαπάμε τίποτε απ' όσα μας προίκισε απλόχερα η φύση, δεν αφήνουμε τίποτα όρθιο, όταν κανακεύουμε τον εχθρό εντός των τειχών, ποια εξωτερική επιβουλή θα αποκρούσουμε;

Κλείνει η παρένθεση.)

«Η Κέρκυρα είναι τμήμα επιπολαίως μόνο αποχωρισθέν από της ηπειρωτικής ακτής», υποστηρίζει ο Ιωσήφ Παρτς (εξαίρετη επανέκδοση της *Γεωγραφικής Μονογραφής* του από το βιβλιοπωλείο «Πλους»).

Επιπολαίως αποχωρισθέν, αλλά άλλος κόσμος πια απέναντι. Το να διαφυλάξεις το περιβάλλον, να που δεν είναι θέμα μόνο κουλτούρας. Αλλά και φροντίδας της πολιτείας. Και πολιτικής. Και διοικητικών μέτρων.

Κάστρο έχει και η Άρτα. Έχουν (το χιλιοτραγουδισμένο) και τα Γιάννενα. Και αναπτύχθηκαν γύρω τους οι καινούριες πόλεις με όσο πιο κακογουστιά και τσαπατσουλιά γίνεται. Αφέθηκαν ανεμπόδιστοι οι κερδοσκόποι να αραδιάσουν τα τσιμεντένια κουτιά το ένα πλάι στο άλλο. Κανένα χρώμα. Καμιά μορφή. Καμιά ιδιαιτερότητα. Καμιά χάρη. Κανένα μεράκι, αποτυπωμένο σε αρχιτεκτονικές πινελιές.

Τσιμεντένιες ανθρωποπαγίδες, με πρότυπο την τερατούπολη της Αθήνας. Και δεν υπάρχει γι' αυτές η δικαιολογία, το άλλοθι του Καραμανλή: Συνέρρευσαν τα λεφούσια από την ύπαιθρο, κατά και μετά τον Εμφύλιο, κι έπρεπε όπως όπως να στεγαστούν...

Ευτυχώς για την Ήπειρο που διατηρούνται ακόμα τα μοναδικά Ζαγοροχώρια. Και το Συράκο. Και κάπως το Μέτσοβο και η Κόνιτσα. Ευτυχώς που οι Θεσπρωτοί ξεσηκώνονται για τον Καλαμά τους, να τον περιφρουρήσουν από το φθόνο των Γιαννιωτών που δεν αξιώθηκαν να σώσουν ούτε τη λίμνη τους ούτε την πόλη τους.

Με γραφικές ακτές προικίσθηκε και η γη της Ηπείρου — από την Πρέβεζα ως την Ηγουμενίτσα και ως τα σύνορα. Και, με σημαδιακές εξαιρέσεις, πληγώνονται συνεχώς από κακόμορφα κτίσματα. Οι δικτάτορες ούτε την Πάργα σεβάστηκαν — κι άρχισαν τα τσιμεντένια πανωσηκώματα. Οι δημοκράτες επίγονοί τους, τίποτα...

«Μ' έδειρες λιμνοθάλασσα, με πήρες Μεσολόγγι...», να θυμηθούμε τον παλαμικό στίχο — ως εισαγωγή στο προσκύνημα.

Οι δικτάτορες βάλθηκαν να ξεθεμελιώσουν ό,τι διαμόρφωσε την ιερή πόλη στα εκατόν πενήντα χρόνια μετά την έξω από ανθρώπινα όρια Αντίσταση, την πάνω από ανθρώπινα μέτρα Θυσία.

«Ο μεγάλος χαλασμός ήρθε στα πρώτα χρόνια της δεκαετίας του '70 με μια σειρά από έργα "αξιοποίησης" της λιμνοθάλασσας και ιδιαίτερα το 1973 με τη διαπλάτυνση και εκβάθυνση του λιμανιού» (μαρτυρεί στο λαμπρό λεύκωμα *Μεσολόγγι 1830-1990* ο Γιώργος Ιω. Κοκοσούλας, που δεν παραλείπει να καταγγείλει «την τσιμεντένια ύβρι μπροστά στο "Ξενοκράτειο" και την αλαζονική πολυκατοικία, που ίσκιωσε το ναό του Αγίου Σπυρίδωνος»).

Η λιμνοθάλασσα... τεμαχίσθηκε τότε και με τα βυθοκορήματα, που έγιναν έκτοτε οικόπεδα και δρόμοι..., απομακρύνθηκε από το Μεσολόγγι — το μεγάλο ανθρώπινο ακόμα λιμνοχώρι, που και τώρα αριθμεί πληθυσμό όσο περίπου και οι ελεύθεροι πολιορκημένοι.

Τα καταστροφικά έργα «ανάπτυξης» τα συνέχισαν και οι δημοκράτες επίγονοι με πραγματικό μένος· σε βαθμό που κάποιοι ανεγκέφαλοι σχεδίασαν... *αποξήρανση* της λιμνοθάλασσας. Έτσι, μικρό το κακό που το μοιράδι των ΜΟΠ για τη λιμνοθάλασσα πήγε, κυρίως, σε... μισθούς — αν επρόκειτο να χρηματοδοτηθούν εξίσου εγκληματικά έργα.

(*Παρένθεση δεύτερη*: Ευτύχημα να οδηγεί τα βήματά σου στον Κήπο των Ηρώων, στο οχυρωματικό ανάχωμα, στ' απομεινάρια από το ολοκαύτωμα του Καψάλη, στην Κλεισούρα, στα σπίτια του Χαρ. Τρικούπη, του Βύρωνα και του Παλαμά ένας παθιασμένος Μεσολογγίτης και γλαφυρός αφηγητής, όπως ο γιατρός Θανάσης Ζάνος.

«Γιατί δεν επεδίωξες να γίνεις δήμαρχος;» τον ρώτησα.

Ξαφνιάστηκε.

«Αγαπώ τον τόπο μου, δεν κάνω πολιτική».

«Μα η τοπική αυτοδιοίκηση είναι η πιο θεμιτή μορφή εξουσίας. Εσύ δεν έλεγες πόσα οφείλει το Μεσολόγγι στο δήμαρχό του, επί τρεις δεκαετίες, Χρ. Ευαγγελάτο, αυτό τον ιδιόρρυθμο Κεφαλονίτη;»

«Ο Ευαγγελάτος ήταν βασιλόφρων, ψήφιζε Λαϊκό Κόμμα, αλλά τα περισσότερα έργα τα έκανε με κυβερνήσεις Ελευθερίου Βενιζέλου. Τώρα την τοπική αυτοδιοίκηση την πνίγει ο κομματισμός...»

Κλείνει η παρένθεση.)

Αυτή τη φορά το προσκύνημα στο Μεσολόγγι δεν είχε τη φυσιολογική συνέχεια ως τον Αϊ-Λια για αφουγκράσματα — στα κλέφτικα του μπαρμπα-Λάκη, στα στιχουργήματα του μπαρμπα-Κώστα.

Από το Αιτωλικό βρεθήκαμε στο Λεσίνι. Στον καρπερό κάμπο, πλάι στον Αχελώο και το μοναδικό δάσος από φραξόδεντρα. Γη της Επαγγελίας — πόσο θ' αντέξει το βιασμό της; Οι καλλιέργειες ρυθμίζονται με τους νόμους της αγοράς, τα φυτοφάρμακα χρησιμοποιούνται με τους τόνους, οι γεωπόνοι στρογγυλοκαθισμένοι στην Αθήνα, οι αγρότες στα καφενεία (ένα ανά είκοσι του σερνικού πληθυσμού στο χωριό). Να δούμε τι μέλλον θα έχει όταν περατωθεί το οίκημα (βιβλιοθήκη και αίθουσα διαλέξεων) που έκανε έργο ζωής ο φιλόλογος Διονύσης Μυτάκης...

Λίγο πιο κάτω, οι εκβολές του Αχελώου, με τον εκπληκτικό βιότοπο — μόλις που σώθηκε από το *πετροχημικό*. Εκεί βάλθηκαν εγκληματικά να το φυτέψουν οι ανεγκέφαλοι. Και ξεσηκώθηκαν ευτυχώς οι κάτοικοι και λειτούργησε σωτήρια η λαϊκή βία.

Και από κει στον πανέμορφο Αστακό. Με τους δαντελωτούς όρμους και τις Εχινάδες νήσους. Την τελευταία στιγμή απετράπη το άλλο έγκλημα: να εγκαταστήσουν εκεί (άκου, άκου!) εργοστάσιο για τα βιομηχανικά απόβλητα (και τα πυρηνικά!) της Ευρώπης. Ακόμα και τώρα οι μπουλντόζες εκεί ξεκοιλιάζουν τη γη, δάση και ακρογιαλιές, και κανείς δεν ξέρει προς τι το κάνουν («έθαψαν με άμμο και ένα προϊστορικό οικισμό», λέει ο Θανάσης).

Και λοιπόν τι κάνουμε, ελληνολάτρη, ξεμωραμένε και παράφωνε, μέσα στην κοσκωτολογία, την τρομοκρατολογία, την αναπτυξιολογία, την εκλογολογία;

Τι κάνουμε; Το είπε η Νίκη Γουλανδρή, που τη χειροκροτούν και τη βραβεύουν, αλλά δεν την ακούν:

Να ανατρέψουμε τον κώδικα αξιών.

Όσο πια μας παίρνει...

Δευτέρα 13 Μαΐου 1991

ΣΥΝΕΝΟΧΟΙ ΟΛΟΙ Σ' ΕΝΑ ΜΕΓΑΛΟ ΕΓΚΛΗΜΑ

ΠΟΙΟΣ ΑΠ' ΟΛΟΥΣ ΜΑΣ δεν θα ήθελε να ζει σε πιο ανθρώπινο περιβάλλον;

Ήταν ένα από τα ρητορικά ερωτήματα με τα οποία τερμάτισε την κύρια ομιλία του ο πρωθυπουργός Κων. Μητσοτάκης στην προ ημερησίας διατάξεως συζήτηση στη Βουλή.

«Εσείς!» θα μπορούσε να είναι η μονολεκτική απάντηση, απευθυνόμενη *και στις τρεις πτέρυγες* του Κοινοβουλίου.

Διότι στην τετράωρη σπουδαιοφανή αρχηγική συζήτηση ακούστηκαν πολλά ηχηρά για τα πιο σημαντικά, υποτίθεται, προβλήματα του τόπου — και υπήρξαν, ως εκ περισσού, κάποιες απλές μόνο νύξεις για το μέγιστο των προβλημάτων: τη συστηματική, οργανωμένη, αλόγιστη, κρατικά κατευθυνόμενη και συναινετικά ενθαρρυνόμενη *καταστροφή* του περιβάλλοντος.

Διότι πριν μία μόλις εβδομάδα ψηφίζονταν από τη Βουλή, στο περιβόητο «μίνι φορολογικό» νομοσχέδιο, και τα άρθρα 37, 38 και 39 (για τα κτηματικά ομόλογα και για τις δημόσιες και ιδιωτικές εκτάσεις, πάνω από εκατό στρέμματα, που μπορούν πλέον να μετατραπούν σε οικισμούς, *ακόμα και όταν περιλαμβάνουν δάση*). Και γέμισε η Βουλή Πόντιους Πιλάτους μπροστά σ' αυτή τη φοβερή νομοθετική ρύθμιση, που παραδίδει σε πραγματικό *πλιάτσικο* τ' απομεινάρια των δασών μας: εφτά μόνο βουλευτές της ΝΔ ήταν παρόντες στην ψηφοφορία. Έλειπε ακόμα και ο συνεισηγητής των συγκεκριμένων άρθρων και υπουργός ΠΕΧΩΔΕ Στ. Μάνος — δεν χρειάστηκε δα να τα υπερασπιστεί, αφού ουδείς τα επέκρινε. Όσο για την αντιπολίτευση (ΠΑΣΟΚ και Συνασπισμός, στα μετωπικά τους γυμνάσματα), φρόντισε να αποχωρήσει σύσσωμη, επικαλούμενη λόγους διαδικασίας (το όργιο άσχετων τροπολογιών) για να μην τοποθετηθεί επί της ουσίας — κι άντε να επιλέξεις ανάμεσα στον κυβερνητικό *κυνισμό* και τον αντιπολιτευτικό *φαρισαϊσμό*.

Διότι από σύμπαντα τον πολιτικό κόσμο έμεινε *μόνη* στη Βουλή να καταγγέλλει τις δασοκτόνες διατάξεις η βουλευτής των Οικολόγων Εναλλακτικών Τασία Ανδρεαδάκη, η οποία αναγκάστηκε, μ' ένα δραματικό γράμμα της προς τους ευρωβουλευτές όλων των χωρών κι όλων των παρατάξεων, να επικαλεσθεί τη συνδρομή του Ευρωπαϊκού Κοινοβουλίου. Όπου πρώτος έσπευσε αρωγός μια άλλη *μοναχική φωνή*: ο ευρωβουλευτής του ΝΑΡ Δημ. Δεσύλλας, που κατέθεσε ερώτηση, στην οποία αναφέρει και τα εξής:

«Η απαράδεκτη αυτή ρύθμιση, που γίνεται για λόγους ψηφοθηρικούς και εισπρακτικούς, *αποτελεί τη "χαριστική βολή" στα ελληνικά δάση και δασικές εκτάσεις, που ήδη έχουν συρρικνωθεί επικίνδυνα τα τελευταία χρόνια* (δασοκάλυψη Ελλάδας 16%) από οικοπεδοποιήσεις και καταπατήσεις, αποχαρακτηρισμό τους και μετατροπή τους σε δήθεν "*βοσκότοπους*", μεγάλες και συχνές πυρκαγιές, μαζί με τα λεγόμενα "*κτηματικά ομόλογα*" του Ελληνικού Δημοσίου και τις κερδοσκοπικές πολεοδομήσεις των γνωστών "*οικοδομικών συνεταιρισμών*" (ακόμα και δικαστών, βουλευτών και δημοσιογράφων). Η πρωτοφανής αυτή οικοπεδοποίηση των δασών εντείνει την καταστροφή του περιβάλλοντος, που ήδη έχει καταστεί αφόρητο, ειδικά στην Αθήνα».

Δευτερολογώντας στην ίδια αρχηγική συζήτηση στη Βουλή ο πρωθυπουργός Κων. Μητσοτάκης, έθεσε και νέο ερώτημα:

Γιατί είναι κακό να πουλήσουμε κρατική γη, όταν μάλιστα, εκτός από τα έσοδα, θα δοθεί η δυνατότητα στους μεσαίους (οι οικονομικά ισχυροί έχουν τον τρόπο τους) να αποκτήσουν στέγη και θα πολεοδομηθούν περιοχές;

Θα μπορούσαν να του απαντήσουν είτε ο Ανδρέας Παπανδρέου είτε η Μαρία Δαμανάκη:

Κακό; Μόνο κακό; *Έγκλημα* είναι. Διότι η κρατική γη που θα βγει στο σφυρί (στον Πόρο, στη Φασκομηλιά Βουλιαγμένης, στην Ανάβυσσο, στο Τατόι, στις Λεκάνες Αχαρνών, στο Πόρτο Γερμενό και στην Ψάθα κ.α.) είναι περιοχές είτε *δασικές* είτε, κατά νόμο, *αναδασωτέες*.

Αντί αυτού χαμογελαστός ο Ανδρέας Παπανδρέου χαριτολόγησε:

«Και αν τα πουλήσετε όλα τώρα, τι θα έχετε να πουλήσετε αύριο;»

Αν είναι δυνατό να προσφέρεται για αστεϊσμούς ένα θέμα στενά δεμένο με τη ραγδαία οικολογική καταστροφή εν ονόματι της «ανάπτυξης» (με το μέγιστο δηλαδή πρόβλημα του πλανήτη μας)!

Έχει, έτσι, εξασφαλίσει την πολιτική συναίνεση η κυβέρνηση και είναι απολύτως βέβαιη και για την κοινωνική — αφού προσφέρεται αφειδώς το όνειρο για στέγη και εξοχικό *σε όλους*, με τον τζόγο των κρατικών ομολόγων και σε *οργανωμένες συντεχνίες* και άλλες επαγγελματικές κατηγορίες, μέσω των οικοδομικών συνεταιρισμών.

Πανηγυρίζει ο κυβερνητικός Τύπος ότι με τις δασοκτόνες νομοθετικές ρυθμίσεις «θα αποκατασταθούν στεγαστικά περίπου τετρακόσιες χιλιάδες οικογένειες». Κατά την *Απογευματινή* (1-4-91), «οι διακόσιοι δεκαπέντε οικοδομικοί συνεταιρισμοί σε όλη τη χώρα διεκδικούν 220.532 στρέμματα, από τα οποία τα 113.337 στρέμματα βρίσκονται στην Αττική, όπου υπάρχουν εκατόν είκοσι οχτώ συνεταιρισμοί με 65.452 μέλη».

Ευρύτατο κοινωνικό φάσμα καλύπτουν αυτοί οι συνεταιρισμοί: Δικαστές και εισαγγελείς (για το δάσος του Σχοινιά), γιατροί (για την «Ιπποκράτειο» στην Πάρνηθα), δικηγόροι, αξιωματικοί, τραπεζικοί, μηχανικοί, εφοριακοί, δασολόγοι (!), αγροφύλακες, θυρωροί, βιοτέχνες και βιομήχανοι, συνταξιούχοι, πολύτεκνοι, αντιστασιακοί κ.λπ. κ.λπ.

Και κάθε μέρα ξεφυτρώνουν κι άλλοι. Όπως, λόγου χάρη, των *βουλευτών*, που αφού έκαναν τόσο κόπο, δεν μπορούσαν να μην ευλογήσουν τα γένια τους και παζαρεύουν τώρα δασική έκταση στη Βάρη...

Θα ξαναθυμίσουμε την αγγλική παροιμία: «Μην πετροβολάς τα τζάμια του γείτονα, όταν το σπίτι σου είναι γυάλινο».

Μη εξαιρετέοι λοιπόν οι *δημοσιογράφοι*. Οι Θεσσαλονικείς στη Νικήτη Σιθωνίας. Και, εσχάτως, οι Αθηναίοι στην Πεντέλη — *εκτός ζωνών κατοικίας*, σε μια *δασική* έκταση πέντε χιλιάδων στρεμμάτων, από τα οποία τα τρεις χιλιάδες στρέμματα είναι ατόφιο δάσος.

Στην τελευταία περίπτωση βγήκε στην επιφάνεια όλη *η αθλιότητα του κορπορατισμού*:

— *Ο σοβινισμός της συντεχνίας*. Χωρισμένοι από ποικίλες αντιθέσεις (ιδεολογικές, πολιτικές, επαγγελματικού ανταγωνισμού κ.ά.) οι πάνω από χίλιοι δημοσιογράφοι, μέλη της ΕΣΗΕΑ, βρέθηκαν ξαφνικά, με ελάχιστες εξαιρέσεις, συμπαγώς και μετά πάθους ενωμένοι στην επίτευξη του κοινού στόχου, που για τους πολλούς φαντάζει ως δώρο εξ ουρανού: Προνομιακό οικόπεδο στο βουνό, δεκαπέντε χιλιόμετρα από το κέντρο της νεφόπληκτης Αθήνας, *χωρίς δεκάρα*. Και άμεση προοπτική για μοντέρνα κατοικία χαμηλού κόστους, σε πρότυπο οικισμό — δηλαδή μια *ζηλευτή περιουσία δεκάδων εκατομμυρίων* στο άψε σβήσε.

— *Το ψεύδος* στο ατράνταχτο επιχείρημα: «Όλοι βολεύονται· εμείς μόνο θα μείνουμε, χωρίς να λύσουμε το στεγαστικό μας πρόβλημα και μάλιστα νομότυπα;» Αν ήταν, ωστόσο, να ικανοποιηθούν πραγματικές στεγαστικές ανάγκες, *θα εξαιρούντο* όσοι έχουν ήδη πρώτη και δεύτερη κατοικία — δηλαδή η *πλειονότητα* των μελών του συνεταιρισμού.

— *Η συναλλαγή*· πρώτα με την «ιδιοκτήτρια» της βασικής έκτασης Μονή Πεντέλης — αυτό τον *ασύδοτο καταστροφέα* του Πεντελικού όρους. Ουδείς από τα συνεταιρισμένα μέλη της ΕΣΗΕΑ φάνηκε να διερωτάται πώς και γιατί οι άγιοι της Μονής, που έχουν εξασφαλίσει τη θέση τους στον Παράδεισο, ανακάλυψαν ξαφνικά ότι οι δημοσιογράφοι είμαστε θεοσεβείς και βάλθηκαν να μας ευεργετήσουν: Η Μονή, προκειμένου να αποχαρακτηρισθεί η βασική έκταση, τη δίνει στους δημοσιογράφους *δωρεάν* με (άκου, άκου!) *αντιπαροχή*: Από τα χίλια εξακόσια οικόπεδα η Μονή θα κρατήσει για να εμπορευθεί μόνο (!) τα τετρακόσια. Και το δέλεαρ (για να έχουμε και τη συνείδησή μας ήσυχη) είναι ότι, γαλαντόμοι πλέον, οι δημοσιογράφοι θα κηρύξουμε, λέει, τα τρεις χιλιάδες στρέμματα δάσους... εθνικό δρυμό! Και, δεύτερον, η ακόμα χειρότερη *συναλλαγή με την εξουσία*. Προθυμότατα η κυβέρνηση (*για να βουλώσει μια για πάντα τα στόματα των δημοσιογράφων* στο γενικό πλιάτσικο στα απομεινάρια των δασών μας) έσπευσε δια του ΥΠΕΧΩΔΕ Στ. Μάνου να σκαρώσει ένα προεδρικό διάταγμα, με το οποίο επεκτείνει τη ζώνη κατοικίας, για να περιλάβει τη συγκεκριμένη έκταση (και με την ευκαιρία επιχείρησε και νέο δασοκτόνο έγκλημα: να επεκταθεί η *λατομική* χρήση στην αθέατη από την Αθήνα πλευρά της Πεντέλης).

— *Η συνωμοτική μυστικότητα*, η σιωπή, η λοβιτούρα. Μεγαλοβδομαδιάτικα, τη Μεγάλη Τετάρτη, όταν οι άγιοι της Μονής όφειλαν να είναι προσηλωμένοι στη σταύρωση του Χριστού, έλαβε χώρα μια *εικονική δημοπρασία* για τα πέντε χιλιάδες στρέμματα. Παρουσιάστηκαν ως μόνοι εκδηλούντες ενδιαφέρον (όχι η διοίκηση της ΕΣΗΕΑ, ούτε καν ο συνεταιρισμός) εφτά δημοσιογράφοι εξουσιοδοτημένοι με συμβολαιογραφικές πράξεις από τα χίλια διακόσια μέλη. Όλα αυτά με *πλήρη μυστικότητα*. Ούτε αράδα στον ημερήσιο Τύπο και στα άλλα μέσα επικοινωνίας. Κάτι χειρότερο: *Επανειλημμένες καταγγελίες των Οικολόγων Εναλλακτικών τις έτρωγε το σκοτάδι*. Αυτό το νόμο της σιωπής έσπασαν μόνο η *Εποχή* με συνεχή αρθρογραφία, το *Αντί*, ένα δυο ραδιοφωνικοί σταθμοί και δυο δημοσιεύματα της *Ελευθεροτυπίας* (ένα του Γιάννη Τριάντη κι ένα του υπογράφοντος, που προκάλεσαν την μήνιν συναδέλφων).

Αλλά, ευτυχώς, λειτουργούν ακόμα κάποιοι θεσμοί σ' αυτό το δύσμοιρο τόπο — που η σωτηρία του, από τη μαζική μανία αυτοκαταστροφής και το κρατικά οργανωμένο έγκλημα, επαφίεται στον πατριωτισμό, στην ευσυνειδησία, στην ευαισθησία και στο μεράκι μεμονωμένων πολιτών.

Επιθετικός («καλά κουμάσια είσαστε κι ελόγου σας...») ο δικαστής που μ' επισκέφτηκε και μου πέταξε κατάμουτρα *απόφαση του Συμβουλίου της Επικρατείας* (θεωρημένη στις 28 Μαρτίου 1991 και ουδείς την πήρε χαμπάρι, αφού την έφαγε κι αυτή το σκοτάδι), με την οποία γνωμοδοτείται ότι το ως άνω σχέδιο προεδρικού διατάγματος του ΥΠΕΧΩΔΕ Στ. Μάνου είναι *κατάφωρα αντισυνταγματικό* (κι όχι μόνο τυπικά, αφού δεν προσυπογράφεται και από τον υπουργό Γεωργίας Π. Χατζηνικολάου).

Πρόκειται για το υπ' αριθμ. 195/1991 Πρακτικό Επεξεργασίας του Σχεδίου Διατάγματος του ΥΠΕΧΩΔΕ «Αναθεώρηση των ορίων των ζωνών του όρους Πεντέλης, καθώς και των χρήσεων και των όρων δόμησης αυτών» του Ε΄ Τμήματος του Συμβουλίου της Επικρατείας (πρόεδρος Μ. Δεκλερής, μέλη Ι. Μαρή σύμβουλος, Ε. Κωνσταντινίδου πάρεδρος-εισηγήτρια, Γ. Σακελλαρίου γραμματέας).

Η απόφαση του Συμβουλίου της Επικρατείας μεταξύ άλλων:

— *Εκτός από το άρθρο* 24 του Συντάγματος, περί προστασίας του φυσικού περιβάλλοντος, επικαλείται το ν. 1515/85, που «αποβλέπει προδήλως να διαφυλάξει το Πεντελικόν όρος ως ένα εκ των βασικών πνευμόνων του ήδη υποβαθμισμένου φυσικού περιβάλλοντος της μεγαπόλεως των Αθηνών», «απειλούμενον με καταστροφήν από τον συνεχώς συσφιγγόμενον βρόχον οικισμών», και επιβάλλει «την οικολογική ανασυγκρότηση του δάσους του Πεντελικού».

— *Γνωμοδοτεί* ότι «*δεν είναι νόμιμη* η επέκτασις της ζώνης κατοικίας», διότι «πρόκειται περί *ανεπιτρέπτου μεταβολής* του χαρακτήρος των εκτάσεων αυτών ως δάσους ή δασικής εκτάσεως», η οποία (μεταβολή) «αυξάνει την έκτασιν της ζώνης κατοικίας εις βάρος του δάσους κατά εφτά χιλιάδες είκοσι στρέμματα» — τα πέντε χιλιάδες στρέμματα των δημοσιογράφων, δρόμοι δουλείας κ.ά.

Επικαλούμενος την ευσυνειδησία των συναδέλφων του ως πολιτών με ηυξημένη κοινωνική ευαισθησία κι ευθύνη και προσδοκώντας τις θετικές αντιδράσεις τους, ο υπογράφων καταλήγει με μια απλή παρατήρηση:

Εξαγορασμένος με το «μπόνους» μιας πανάκριβης κατοικίας από τσιμεντοποιημένο πεντελικό δάσος, δεν θα μπορούσε, λόγου χάρη, να αντιμετωπίσει για τον Ελαιώνα την περασμένη Δευτέρα (δες *Ελευθεροτυπία* 26-4-91) τον ΥΠΕΧΩΔΕ Στ. Μάνο και να του πει ορθά κοφτά: Ότι κάθε νέο κυβικό τσιμέντου στο κεκορεσμένο λεκανοπέδιο *συντελεί στη μαζική δολοφονία των κατοίκων του*. Κι ότι για τα δέντρα οφείλει πλέον να ισχύσει ο μουσουλμανικός νόμος: *Κόβεις δέντρο, σου κόβεται το χέρι.*

Ούτε θα μπορούσε να κοιτάζει κατάματα τα παιδιά του και να κοιμάται με ήσυχη συνείδηση τις νύχτες — και είναι ό,τι πια μας απέμεινε, διάβολε...

Δευτέρα 29 Απριλίου 1991

ΙΣΤΟΡΗΜΑΤΑ ΚΑΘΗΜΕΡΙΝΗΣ ΒΑΡΒΑΡΟΤΗΤΑΣ

«Το φως και η ιστορία στην Ελλάδα, είναι ένα και το ίδιο πράγμα...»
ΟΔΥΣΣΕΑΣ ΕΛΥΤΗΣ: *Ανοιχτά Χαρτιά*

«ΝΑ ΕΙΧΑΜΕ πολιτικούς ηγέτες μια χούφτα πατριώτες, που να πονούν, να νοιάζονται τον τόπο τους — ε, όλο και κάποιος τους θα αναδεικνυόταν με ικανότητες κι οράματα», έλεγε με πίκρα το καλοκαίρι ο Αντώνης Βουγιούκας, ο ξενιτεμένος σκηνοθέτης με λαμπρή καριέρα πάνω από είκοσι χρόνια στο γαλλικό θέατρο, που πληγώνεται όλο και πιο βαθιά σε κάθε του επίσκεψη στη γενέτειρα γη.

Μου ξανάρθε στο νου, έτσι ανεξήγητα, το βράδυ της Παρασκευής, καθώς παρακολουθούσα μαζοχιστικά, στο Κανάλι 29, το ανθρώπινο ποτάμι, ξεχυμένο σε πλατείες και λεωφόρους, να αναμένει τον Μεσσία, στη *δεύτερη παρουσία*.

Η παραληρηματική αρλουμπολογία του Πασβαντίδη («Αίολος ο Ανδρέας, θ' ανοίξει τους ασκούς του και θα σαρώσει τους δυνάστες του λαού...») σε πλήρη αρμονία με τη μυριόστομη κραυγή «αέρα, αέρα, να φύγει η χολέρα».

Είναι δυνατό να έχει σταματήσει ο χρόνος, να έχει γυρίσει το ρολόι δέκα χρόνια πίσω; Να που είναι...

Νωπές οι μνήμες και τα επίσης μυριόστομα αναθέματα, είναι δυνατό να έχουν χαθεί στη λήθη; Να που είναι...

Είναι δυνατό στον αυταρχισμό, στην ανεπάρκεια και

στην αυταπόδεικτα αντιλαϊκή πολιτική της κυβερνώσας Δεξιάς να (επαν)έρχεται ως μοναδική λαοπρόβλητη απάντηση ο εκμαυλιστικός λαϊκισμός, ο μεσσιανικός απολυταρχισμός και ο βιωμένος αμοραλισμός του ΠΑΣΟΚ; Να που είναι...

Είναι δυνατό στο κράτος της Δεξιάς, που αναβιώνει με όλα τα απειλητικά του γνωρίσματα, να προβάλλεται σαν μόνη εναλλακτική λύση (όχι η «συμμετοχική κοινωνία», που μας είπε προχθές ο αειθαλής, με τους απεριόριστους χρονικούς ορίζοντες, αλλά) η *συνενοχική κοινωνία;* Να που είναι...

Όταν έτσι έχουν τα πράγματα, όσο κι αν η πολιτική ηγεσία είναι που παρέχει τα πρότυπα πολιτικής και κοινωνικής συμπεριφοράς, όσο κι αν η θεσμική οργάνωση είναι που παράγει οπαδούς χειροκροτητές και όχι συνειδητούς πολίτες, *κατά το λαό και οι ηγέτες του* — ή όχι;

Η ομολογημένη αδυναμία του γράφοντος να παρακολουθήσει αυτό το ανιαρά επαναλαμβανόμενο γαϊτανάκι της εξουσίας, εξηγεί τη σκόπιμη φυγή από την τύρβη της πολιτικολογίας, τη θεματική αναζήτηση σε άλλα πεδία. Ήσσονος, έστω, σημασίας για τα μεγάλα πλήθη, για το αδιάφορο μεγάλο κοινό.

Ως την Ερέτρια θα πεταχθούμε σήμερα. Όπου συμβαίνουν τους τελευταίους μήνες σημεία και τέρατα — κι ελάχιστα μαθαίνονται στην Αθήνα, διαστρεβλωμένα κι αυτά από τις πολιτικές διαμάχες.

Προϊστορική πόλη η Ερέτρια (μετά την ολοσχερή καταστροφή της από τους Πέρσες το 490 π.Χ., γνώρισε μεγάλη ακμή συγκαιρινή και παράλληλη της Αθηναϊκής Δημοκρατίας), είναι σήμερα από τους πιο σημαντικούς αρχαιολογικούς χώρους μας.

Ως μνημειακό, ακριβώς, χώρο τον έπληξε η νεοελληνική βαρβαρότητα με τη δημοτική αρχή να πρωτοστατεί και τη λαϊκή συναίνεση εξασφαλισμένη:

— *Με πρόσχημα* την κατασκευή αποχετευτικού αγωγού και αντιπλημμυρικών έργων, παρά τις συνεχείς κι έντονες αντιδράσεις της Αρχαιολογικής Υπηρεσίας και των τοπικών αστυνομικών αρχών, ο Δήμος Ερέτριας *μπάζωσε* περιφραγμένο υπό ανασκαφή χώρο της Αρχαίας Αγοράς, θάβοντας κτίσματα και βάθρα αγαλμάτων και πάνω τους διαμόρφωσε *ασφαλτοστρωμένη πλατεία.*

— *Το ανόσιο έργο* ολοκληρώθηκε Σαββατιάτικα (28-9-91), όταν οι δημόσιες υπηρεσίες υπνώττουν. Ο τοπικός αστυνόμος ζήτησε ενισχύσεις και ο υπαστυνόμος Ευ. Μόκας, που έφθασε με περιπολικό και δύο ακόμη αστυνομικούς, προσπάθησε να μπει μπροστά στις μπουλντόζες, αλλά δέχθηκε επίθεση του δημάρχου Ι. Γουρνή, ο οποίος (κατά μήνυση του υπαστυνόμου) τον εξύβρισε, τον προπηλάκισε και τον χτύπησε.

— *Την ίδια τύχη* είχαν τη Δευτέρα (30-9-91) τρεις αρχαιολόγοι, που έφθασαν επιτόπου συνοδευόμενοι από αστυνομικό. Ο αρχαιολόγος Ευ. Νικολόπουλος, που προσπάθησε να φωτογραφήσει το χώρο της αυθαιρεσίας, δέχθηκε επίθεση από τον αντιδήμαρχο και τον πρόεδρο του δημοτικού συμβουλίου, ενώ την προϊσταμένη της ΙΑ΄ Εφορίας Αρχαιοτήτων Έφη Σακελλαράκη την απείλησαν ότι θα τη θάψουν...

Στην εξέλιξή του το θέμα προσέλαβε και αξιομνημόνευτες πολιτικές προεκτάσεις:

— *Την 1-10-90* ο βουλευτής Ευβοίας της ΝΔ Μιχ. Σιδέρης, με ερώτησή του στη Βουλή, καλεί την υπουργό Πολιτισμού να απαλλάξει την Ερέτρια από την παρουσία της προϊσταμένης της ΙΑ΄ Εφορίας Αρχαιοτήτων Έφης Σακελλαράκη, η οποία «λόγω της εν γένει συμπεριφοράς της δημιουργεί έντονη απέχθεια». Στην ερώτηση προστίθενται και τα εξής εκπληκτικά (και προφητικά για τη μετέπειτα εμφάνιση και δράση «αγανακτισμένων πολιτών»):

«... η όλη συμπεριφορά της έχει δημιουργήσει μίαν εχθρική ατμόσφαιραν, ακόμη και εις βάρος της υπηρεσίας της, που είναι ενδεχόμενο σε μελλοντική εμφάνισή της να δημιουργηθούν από αγανακτισμένους δημότες επεισόδια εις βάρος της». (Τα βαρβαροελληνικά του κειμένου).

— *Την ίδια ημέρα,* το δημοτικό συμβούλιο Ερέτριας συνέρχεται σε συνεδρίαση, που προσλαμβάνει τη μορφή λαϊκής συνέλευσης, η οποία, μετά την αποχώρηση αντιπολιτευόμενων συμβούλων και δημοτών, εγκρίνει ομόφωνα ψήφισμα, όπου διατυπώνονται και τα εξής δημοκρατικότατα:

«... Ο λαός της Ερετρίας κηρύσσει ανεπιθύμητο πρόσωπο την κ. Σακελλαράκη και της απαγορεύει να ξαναεπισκεφθεί την Ερέτρια... Ο λαός της Ερετρίας απαγορεύει στην κ. Σακελλαράκη να ξαναπατήσει στα χώματά της και αν τολμήσει θα την απομακρύνουμε με τη βία. Τη θεωρούμε αυτήν και τον βουλευτή κ. Κεδίκογλου εχθρούς και ασεβείς προς τον λαό της Ερετρίας... Εάν η αρμόδια υπουργός και η κυβέρνηση δεν απομακρύνουν την κ. Σακελλαράκη, επιτρέποντας συγχρόνως σε μας να συνεχίσουμε τα έργα μας, θα αποφασίσουμε ανένδοτο αγώνα κατά της Αρχαιολογικής Υπηρεσίας και θα αφήσουμε το λαό να εξεγερθεί — όπως έγινε στο Ηράκλειο, τη Θήβα και την Πάτρα πριν λίγα χρόνια...».

— *Στις 3-10-1991* ο βουλευτής Ευβοίας του ΠΑΣΟΚ Β. Κεδίκογλου, σε ερώτησή του, καταγγέλλει όσα έγιναν στην Ερέτρια, ερωτά τους υπουργούς Δημόσιας Τάξης, Εσωτερικών και Πολιτισμού αν «υπάρχει κράτος και συντεταγμένη πολιτεία» και επιρρίπτει την κύρια ευθύνη στο νομάρχη Λ. Κυρίζογλου, με τον οποίο έχει προηγούμενα — με δημόσιες και οξύτατες συγκρούσεις...

Στην Αθήνα, απ' όσο ξέρουμε, κανενός δεν ίδρωσε τ' αυτί — ενώ οι βουλευτικές παρεμβάσεις μάλλον υποβάθμισαν το θέμα στο επίπεδο της πολιτικής αντιδικίας.

Ούτε κι όταν ξένοι αρχαιολόγοι εξέφρασαν ζωηρές ανησυχίες — όπως η *Ελβετική Αρχαιολογική Σχολή* στην Ελλάδα, που έστειλε στις 12-10-91 το ακόλουθο έγγραφο στην υπουργό Πολιτισμού Άννα Ψαρούδα-Μπενάκη:

«Η Ελβετική Αρχαιολογική Σχολή στην Ελλάδα έμαθε με κατάπληξη ότι η πλατεία της Αρχαίας Αγοράς στην Ερέτρια επιχωματώθηκε από το Δήμο της Ερέτριας με μπαζώματα για να μετατραπεί σε πλατεία σύγχρονης αγοράς. Στην πρότασή μας από το 1975 (RICHTPLAN ERETRIA) εκφράζαμε την άποψη ότι η πλατεία της Αρχαίας Αγοράς θα έπρεπε να εσωκλείεται στην αρχαιολογική ζώνη της Ερέτριας, αφού πρόκειται για μια από τις σημαντικότερες αρχαιότητες της Ερέτριας. Θα θέλαμε να εκφράσουμε τη μεγάλη μας θλίψη για τα γεγονότα και ελπίζουμε ότι θα βρεθεί μια λύση για να μην κινδυνεύσουν και άλλα σημαντικά αρχαία της Ερέτριας».

Αυτό δα μας έλειπε τώρα, να χώνουν τη μύτη τους οι ξένοι ακόμα και στα μνημεία μας. Δικά μας είναι, ό,τι θέλουμε τα κάνουμε...

Ούτε νέο ούτε πρωτάκουστο είναι αυτό που συμβαίνει στην Ερέτρια. Η βαρβαρότητα των νεοελλήνων έχει επιπέσει στην πολιτιστική μας κληρονομιά, στα ιστορικά μας μνημεία, με την ίδια μανία, όπως ο φανατισμός των πρωτοχριστιανών, οι βανδαλισμοί των κατακτητών, η εμπορική βουλιμία των «φιλελλήνων».

Η αρχαιοκαπηλεία οργιάζει — με τους πλέον επώνυμους αρχαιοκάπηλους να ευωχούνται με υπουργούς όλων των κυβερνήσεων. Βορά στην «πρόοδο» και στην «ανάπτυξη», τα μνημεία μας θάβονται κάτω από ξενοδοχεία στην Κρήτη, η Ιερά Οδός ασφαλτοστρώνεται, η Δήλος δηώνεται, αφύλακτα μουσεία λεηλατούνται, ανεκτίμητης αξίας ευρήματα παραμένουν σε κιβώτια σαν παστωμένες σαρδέλες, ελληνιστικά νεκροταφεία παραδίνονται στις μπουλντόζες (πάλι στην Εύβοια, πολύ πρόσφατα, στην τοποθεσία Μακρυμάλλη Ψαχνών...), η Αρχαιολογική Υπηρεσία υποβαθμίζεται στη διεκπεραίωση οικοδομικών αδειών, αρχαιότητες της Ολυμπίας προσφέρονται για εξαγωγή στο μουσείο του Σάμαρανγκ, βραχονησίδες και με αρχαιολογικούς θησαυρούς ετοιμάζονται να βγουν στο σφυρί...

Ποιο μέλλον μπορεί να έχει ένα έθνος χωρίς μνήμη κι αυτοσεβασμό, ένας λαός που ασχημονεί, που ασελγεί πάνω στην Ιστορία του;

Δευτέρα 18 Νοεμβρίου 1991

ΑΠΟΚΛΕΙΣΤΙΚΟ: ΣΧΕΔΙΟ ΣΑΤΑΝΙΚΟ ΓΙΑ ΤΗΝ ΑΘΗΝΑ!

Μου μπηκαν ψύλλοι στ' αυτιά, πριν από δύο εβδομάδες, όταν διάβασα (στον *Ταχυδρόμο*) μια σφυγμομέτρηση, κατά την οποία περισσότεροι από τους μισούς (53%) κατοίκους της Αθήνας θα ήθελαν να την *εγκαταλείψουν*. Και προχθές, που είδα το δημοτικό συμβούλιο Αθηναίων να επικαλείται έρευνες για να καταλήξει στην ίδια διαπίστωση, η υποψία, γιγαντωμένη, μου σφηνώθηκε στο μυαλό:

Να το, σκέφθηκα. Πρέπει να έχει μπει σε πλήρη εφαρμογή ένα *σατανικό* σε σύλληψη κι εκτέλεση, ένα *καταχθόνιο* σχέδιο, που θα σώσει μια και καλή την Αθήνα, χωρίς μεγαλόπνοα προγράμματα και υπέρογκες δαπάνες.

Με τα κατάλληλα μέτρα, θα *επιδεινώνονται* συνεχώς όλα όσα συνθέτουν την εικόνα του ζόφου (κυκλοφοριακό χάος, αποψίλωση και του τελευταίου πράσινου, συγκέντρωση της μισής Ελλάδας στο λεκανοπέδιο, τσιμέντο και κουρνιαχτός, σκουπίδια, νέφος του θανάτου), ώσπου η κατάσταση να φτάσει στο μη παρέκει. Τι θα γίνει τότε; Θα σκάσουμε, θα πλαντάξουμε και πνιγμένοι, βαλαντωμένοι, ζαβλακωμένοι, ημιθανείς θα το βάλουμε στα πόδια, σερνάμενοι έστω, όπου φύγει φύγει, σαν τα ποντίκια σε καράβι που βουλιάζει...

Δεν εξηγείται αλλιώς η *άνεση* με την οποία σύμπασα η πολιτική ηγεσία, χαιρετίζοντας την Παγκόσμια Ημέρα Περιβάλλοντος, επιδίδεται *ασύστολα* στην κενολογία των ηχηρών διακηρύξεων — λες και δεν είναι η *κατ' εξοχήν υπεύθυνη* για το χάλι μας.

Δεν εξηγείται αλλιώς η *άνεση* με την οποία η κυβέρνηση μετέχει στη διάσκεψη του Ρίο, κουβαλώντας στις αποσκευές της μια πολιτική *συστηματικά καταστροφική* για το περιβάλλον (δασοκτόνες νομοθετικές ρυθμίσεις, εκποίηση δασικών εκτάσεων, συστηματική παραβίαση των απαγορεύσεων για νέες βιομηχανικές μονάδες στο λεκανοπέδιο, σκανδαλωδώς χαριστικές νομοθετικές διατάξεις κατά *παρέκκλιση* της προστατευτικής για το περιβάλλον νομοθεσίας, *νεφογόνοι* νόμοι που ενισχύουν την *αυτοκίνηση* κι όχι τα μαζικά μέσα συγκοινωνίας στην Αθήνα, κρατικές επιχειρήσεις, με πρώτη τη ΔΕΗ, να πρωτοστατούν στη ρύπανση και στην καταστροφή, οικοπεδοποίηση του Ελαιώνα κ.λπ. κ.λπ.).

Δεν εξηγείται αλλιώς η *άνεση* με την οποία ακόμα και οι βουλευτές της Αθήνας, όλων των πτερύγων, απαξιούν (μεμυημένοι στο σατανικό σχέδιο προφανώς) να παραστούν, έστω, στη Βουλή κατά τη «συζήτηση» (με παρόντες οχτώ ή δέκα) του ψευδώνυμου νομοσχεδίου κατά του νέφους.

Δεν εξηγείται αλλιώς η *άνεση* με την οποία τα πολιτικά κόμματα (όλα τα κόμματα) οργανώνουν λαϊκές κινητοποιήσεις για ποικίλα θέματα, σοβαρά και μη, πλην εκείνων που έχουν σχέση με την καθημερινή μας ασφυξία, με την ποιότητα της ζωής μας.

Δεν εξηγείται αλλιώς η *άνεση* με την οποία τα κομματικά κατευθυνόμενα συνδικάτα επιλέγουν τις ημέρες ακριβώς που οι ρύποι ξεπερνούν όλα τα όρια επιφυλακής, για να παραλύσουν με πορείες και συγκεντρώσεις το κέντρο τής, έτσι κι αλλιώς, ημιπαράλυτης Αθήνας.

Δεν εξηγείται αλλιώς η *άνεση* με την οποία οι πολλοί (από τους απλούς πολίτες) σιχτιρίζουμε *τους άλλους* (τους πιο πάνω, τους πιο κάτω και τους δίπλα) για το κακό το ριζικό μας, για την υποβάθμιση της ζωής μας, για την κακοποίηση του φυσικού περίγυρου· και συναγωνιζόμαστε καθημερινά ποιος θα πρωτοβρωμίσει τους δρόμους και τις παραλίες, ποιος θα προλάβει τους άλλους στην οικοδομική αυθαιρεσία, ποιος θα ορμήξει με μπουλντόζες στα απομεινάρια των δασών, ποιος θα δηώσει, θα λεηλατήσει, θα καταστρέψει όλα αυτά με τα οποία οι θεοί και η φύση προίκισαν τούτο τον προνομιούχο τόπο...

Δεν εξηγείται αλλιώς η *άνεση* με την οποία μας τη βγαίνουν από αριστερά, ξαφνικά, σαν πρωταγωνιστές στην προστασία του περιβάλλοντος και πρώτοι οικολογούντες, οι... *βιομήχανοι* (αυτοί πια κι αν μετέχουν στο σατανικό σχέδιο που, κατ' αποκλειστικότητα, αποκαλύπτουμε σήμερα).

Αφού μάλλιασε η γλώσσα τους να μιλάνε για χαμηλό κόστος, ανταγωνιστικά προϊόντα, θυσίες (των άλλων) για την ανάπτυξη (τη δική τους)· αφού κουράστηκαν να μας συμβουλεύουν, να μας νουθετούν, να μας μαλώνουν όλους τους εργαζόμενους για τ' ανατολίτικά μας σουσούμια, τη ραθυμία και την απειθαρχία, που δεν ταιριάζουν με το πνεύμα και τις απαιτήσεις του Μάαστριχτ· αφού κατάλαβαν ότι είναι οι μόνοι που δεν έχουν τίποτα να φοβηθούν όσες κυβερνήσεις κι αν ανεβοκατεβαίνουν· αφού βλέπουν, ακούν και διαβάζουν ότι όλα τ' άλλα φταίνε για το φονικό νέφος και τη φρίκη των ρύπων, εκτός από τις φάμπρικές τους που ξερνούν θάνατο· αφού έμαθαν να τα βολεύουν λαδώνοντας κεντρώους, δεξιούς κι αριστερούς πολιτικάντες για να φέρνουν τους λαστιχένιους νόμους στα μέτρα τους· κι αφού υπέταξαν τα πάντα στο κέρδος, να τοι τώρα, με προοδευτικό λούστρο, ν' αγωνιούν, πρώτοι και καλύτεροι, για το όζον και το θερμοκήπιο, για τους τρομακτικούς κινδύνους που απειλούν τη χώρα μας και την ανθρωπότητα.

Αλλά το ανέκδοτο βιομήχανος-οικολόγος (κατά το Αλβανός-τουρίστας) έχει φαίνεται πέραση, μια και ελάχιστη δημοσιότητα παίρνουν κάποια τρανταχτά στοιχεία (περιέχονται στη μελέτη, για τις «οχλούσες» βιομηχανίες της Αθήνας, της καθηγήτριας Ελένης Ζαγγογιάννη και μεταδόθηκαν στην εκπομπή του Γ. Ρουμπάτη στον ΣΚΑΪ) όπως ότι:

— *Από τις βιομηχανίες* και τις βιοτεχνίες της χώρας μας παράγονται κάθε χρόνο εφτά εκατομμύρια τόνοι *στερεών αποβλήτων*, από τα οποία εξακόσιες χιλιάδες τόνοι περίπου είναι *τοξικά*. Το 70% απ' αυτά παράγονται στους νομούς Αττικής, Βοιωτίας και Θεσσαλονίκης.

— *Από τις τριακόσιες εβδομήντα έξι βιομηχανικές* και βιοτεχνικές μονάδες που ελέγχονται (;) από την ΕΥΔΑΠ, μόνο οι εκατόν σαράντα τρεις (38%) έχουν συστήματα επεξεργασίας των *υγρών* αποβλήτων, πριν τη διοχέτευσή τους στο αποχετευτικό δίκτυο και τον τελικό αποδέκτη, τον Σαρωνικό.

Να τελειώνουμε, ωστόσο, με τα μακάβρια χωρατά. Όλοι πια, λίγο πολύ, αναγκαστήκαμε —μπροστά στο χείλος του γκρεμού να περιβαλλοντολογούμε σοβαρά— και είναι ήδη αυτό το μέγα κέρδος από τη Διάσκεψη για τη Γη στο Ρίο ντε Τζανέιρο, ανεξάρτητα από την τελική έκβασή της.

Το υποθετικό σατανικό σχέδιο για την ερήμωση της Αθήνας (με τους επήλυδες να την εγκαταλείπουν πανικόβλητοι, αφού συνέβαλαν εκδικητικά στην παραμόρφωσή της) εμπεριέχει εν σπέρματι τη λογική για τη σωτηρία της τερατούπολης, η οποία:

— *Δεν μπορεί* να προέλθει παρά από μια μακρόπνοη πολιτική, με κεντρικό άξονα την *αποκέντρωση* — πληθυσμιακή, διοικητική, βιομηχανική και εμπορική.

— *Υπαγορεύει* την αποθάρρυνση κάθε είδους δραστηριοτήτων στο λεκανοπέδιο, με κίνητρα για τη μεταφορά τους στην επαρχία.

— *Προϋποθέτει* όχι κάποια θεόπνευστη ηγεσία, με σύνεση τόλμη και οράματα, αλλά μια κοινωνία που αμφισβητεί το κυρίαρχο σύστημα αξιών και εμφορείται από νέες (ή μήπως παμπάλαιες;) αντιλήψεις για τη ζωή, τον άνθρωπο, τη θέση και τη σχέση του με τη φύση.

Πολλά όλα αυτά για να επιτρέπεται η αισιοδοξία...

Δευτέρα 8 Ιουνίου 1992

ΚΙ ΟΜΩΣ... ΕΓΚΛΗΜΑ ΣΤΟ ΠΑΡΚΟ

ΕΧΟΥΜΕ να κάνουμε, τελικά, με *μανιακούς της καταστροφής*, που βάλθηκαν να μην αφήσουν τίποτα στη θέση του σ' αυτή την πολύπαθη πόλη: Στόχος τους τώρα το Πάρκο Ελευθερίας (Άλσος Ελευθερίας θα το προτιμούσαμε ελληνιστί, αλλά, πάει πια, έμεινε μ' αυτό το όνομα — και είναι το μικρότερο κακό). Δεν ήταν γραφτό του να συμπληρώσει τρίτη δεκαετία ως μια *νησίδα πρασίνου* στο πυρακτωμένο κέντρο της τσιμεντούπολης, ως *χώρος περιπάτου*, αναψυχής και πολιτιστικών εκδηλώσεων, ως *ιερός τόπος συλλογικής μνήμης*. Από τα κολαστήρια της δικτατορίας και τόπος μαρτυρίου και εγκλημάτων (ΕΑΤ-ΕΣΑ), έμελλε επί δημοκρατίας ακριβώς να καταστεί χώρος του ειδεχθέστερου εγκλήματος: να πνιγεί ως ανάσα ζωής, να χαθεί ως όαση πρασίνου, να σβήσει ως διαρκές ερέθισμα της ιστορικής μνήμης, να εξαφανιστεί ως σύμβολο αντίστασης.

Ένα Προεδρικό Διάταγμα (ΦΕΚ 1070/Δ/22-10-92 με προσυπογραφή Χρ. Κατσιγιάννη, βεβαίως, εκτός από την υπογραφή του Προέδρου της Δημοκρατίας), που φρόντισαν οι εμπνευστές του και πέτυχαν να περάσει «στο ντούκου», χωρίς δημοσιότητα, για να μην υπάρξουν αντιδράσεις, τροποποιεί το ρυμοτομικό σχέδιο Αθηνών και επιτρέπει να κατασκευαστούν εκεί:

— Υπέργειο τριώροφο συνεδριακό κέντρο.

— Κτήρια εστιατορίου και καταστημάτων.

— Υπόγειο τριώροφο «γκαράζ» αυτοκινήτων (για να εξυπηρετείται το παρακείμενο Μέγαρο Μουσικής) εφτακοσίων πενήντα θέσεων.

— Χώρος συνεδριακών εκδηλώσεων στην πρώτη στάθμη του υπόγειου χώρου στάθμευσης αυτοκινήτων (για να γίνουν, μάλιστα, όλα «νομοτύπως» επιτρέπονται «και οι απαραίτητες διαμορφώσεις —*αίθριο, εκσκαφές*— στον περιβάλλοντα κοινόχρηστο χώρο για την εξασφάλιση του *ηλιασμού* αυτού και επικοινωνίας με τον κοινόχρηστο χώρο»).

Τι θα αφήσουν άθικτο οι μπουλντόζες και οι μπετονιέρες από το σημερινό άλσος με τα υπεραιωνόβια δέντρα και τον πράσινο λοφίσκο; Ό,τι χρειάζονται μόνο σαν στάχτη στα μάτια, τα αρπακτικά και πανίσχυρα «χέρια πάνω από την πόλη»...

Διατηρούνται, έτσι, (προς το παρόν τουλάχιστον) τα μουσεία Εθνικής Αντίστασης και Ελευθερίου Βενιζέλου και το Κτήριο Εκθεσιακών Χώρων — και, βεβαίως, η διαβόητη «πολυκατοικία των αξιωματικών».

Και για «να χρυσωθεί το χάπι» ο Οργανισμός Μεγάρου Μουσικής:

— Παρέχει *παραπλανητική* πληροφόρηση ότι το υπόγειο «πάρκινγκ» θα γίνει *μόνο κάτω από τον ακάλυπτο χώρο, πίσω από το Μέγαρο, όπου και σήμερα σταθμεύουν αυτοκίνητα* (κατά το επίσημο τοπογραφικό του ΥΠΕΧΩΔΕ το υπόγειο «γκαράζ» επεκτείνεται *και κάτω από το σημερινό άλσος*).

— Διαβεβαιώνει ότι δεν υπάρχει πρόβλεψη για υπέργειο συνεδριακό κέντρο και διοχετεύει «μακέτες» μελλοντικής διαμόρφωσης του χώρου, όπου τα πάντα καλύπτονται από... πράσινο και δεν γίνεται μνεία για το τριώροφο συνεδριακό κέντρο, το εστιατόριο και τα καταστήματα (*Ελευθεροτυπία* 28-5-93 υπό τον τίτλο *Πράσινο μετά μουσικής*).

Έπρεπε να πεθάνει ο Αντώνης Τρίτσης, που ως την τελευταία του πνοή και παρά τις αφόρητες πιέσεις αντιδρούσε σε κάθε υπέργεια κατασκευή και αλλοίωση του χώρου, για να προχωρήσουν ταχύτατα τα ανόσια σχέδια, με άπληστη, μάλιστα, επεκτατικότητα (από την απόφαση 102405/7167/4-12-91 του περιώνυμου υφυπουργού Χρ. Κατσιγιάννη φθάσαμε σε όσα περιλαμβάνει το ως άνω Προεδρικό Διάταγμα...)

Έπρεπε ακόμα:

— *Να συνεργήσουν* στο κατ' εξοχήν συναινετικό έγκλημα όλοι όσοι μετέχουν στα κέντρα αποφάσεων, ώστε διά της *συνενοχής* να εξουδετερωθούν προκαταβολικά ενδεχόμενες αντιδράσεις: Κυβέρνηση και αντιπολίτευση, Δήμος Αθηναίων, Οργανισμός της Αθήνας κ.ά.

— *Να συρθεί* το δημοτικό συμβούλιο της Αθήνας σε *αυτογελοιοποίηση* με σειρά αλληλοαναιρούμενων αποφάσεων. Στην τελική εγκριτική απόφαση, τον περασμένο Νοέμβριο, κι ενώ ήδη είχε δημοσιευθεί το Προεδρικό Διάταγμα, πρωτοστάτησαν η Μελίνα Μερκούρη και ο Μιλτ. Έβερτ. Ελάχιστοι δημοτικοί σύμβουλοι μειοψήφησαν και τέσσερις απ' αυτούς (Π. Βελισσάρης, Μαρία Γιαταγάνα, Μαρίνα Δίζη και Άννα Φιλίνη) σε συνέντευξη Τύπου κατήγγειλαν ότι «τυχαία πληροφορήθηκαν το ΠΔ, το οποίο έντεχνα είχε αποκρυβεί». «Δεν είμαστε —είπαν— εναντίον του Μεγάρου Μουσικής. Αλλά για την εξυπηρέτησή του *διαπράττεται ένα έγκλημα*».

— *Να περάσει απαρατήρητο* και εν κρυπτώ το σκανδαλώδες Προεδρικό Διάταγμα (όλα τα μέσα ενημέρωσης το «αγνοούν» και μόνη η εφημερίδα *Παρόν*, σε συνεχή εκτενή δημοσιεύματα, το καταγγέλλει).

Και, βεβαίως, έπρεπε:

— *Να πνιγούν* στη σιωπή οι αντιδράσεις του Εξωραϊστικού Συλλόγου «Ο Λυκαβηττός». (Απόψε στις 6.30 το απόγευμα οργανώνει στο Πάρκο Ελευθερίας εκδήλωση διαμαρτυρίας, αλλά ποιος από πού να το μάθει για να μετάσχει;)

Άλλο τόσο έπρεπε να θαφτεί από τα μέσα ενημέρωσης και η *ομόφωνη* απόφαση, κατά του ΠΔ, που πήρε στις 15-12-92 η διοίκηση του Συλλόγου Αρχιτεκτόνων Διπλωματούχων Ανωτάτων Σχολών-Πανελλήνιας Ένωσης Αρχιτεκτόνων. «Διαπιστώνεται —τονίζει ο σύλλογος σε έγγραφό του προς το ΥΠΕΧΩΔΕ, με το οποίο ζητεί να *ανακληθεί* το ΠΔ— ότι η κατασκευή του υπόγειου χώρου στάθμευσης και του συνεδριακού κέντρου *θα καταστρέψει ένα σημαντικό τμήμα του πάρκου αυτού...*».

Πρωτεργάτης και συντονιστής όλων των ενεργειών για το σχεδιαζόμενο ανοσιούργημα φέρεται ο πρώην πρόεδρος του Τεχνικού Επιμελητηρίου Ν. Δεσύλλας με τη διπλή σημερινή ιδιότητά του: σύμβουλος επί τεχνικών θεμάτων του Πρωθυπουργού και μέλος της διοίκησης του (ιδιωτικού, να μην το ξεχνάμε) Οργανισμού Μεγάρου Μουσικής Αθηνών, που εξελίσσεται σε άτυπο και *εξωθεσμικό* υπερυπουργείο Πολιτισμού...

Επείγεται, λέει, να αρχίσει και να ολοκληρωθεί σύντομα το έργο για να μη χαθεί εξασφαλισμένη χρηματοδότηση από την ΕΟΚ. Και αφήνει αναπάντητα ορισμένα απλά ερωτήματα, όπως:

1. *Γιατί δεν υπήρξε* πρόβλεψη για χώρο στάθμευσης αυτοκινήτων *κάτω* από το Μέγαρο Μουσικής — όπως ακριβώς υπάρχει στο κτήριο της Φιλαρμονικής του Μονάχου, του οποίου αποτελεί αντίγραφο; Αντιλέγεται ότι θα ανέβαινε σημαντικά το κόστος κατασκευής του Μεγάρου. Αλλά, έτσι κι αλλιώς, το χρυσοπληρώσαμε και το χρυσοπληρώνουμε (από τον κρατικό προϋπολογισμό κατά 90%

η δαπάνη *κατασκευής και λειτουργίας*) για να το καμαρώνουμε — φάγαμε δηλαδή το βόδι, στην ουρά θα μέναμε;

2. *Το Πάρκο Ελευθερίας* ζει με τα δέντρα του να ποτίζονται από τα υπόγεια νερά του Λυκαβηττού. Όταν στεγανοποιηθεί, για το «πάρκινγκ» κατά μέγα μέρος, ο υπόγειος χώρος του, ποιο πράσινο (με ποιο νερό επιτέλους) και πράσινα άλογα θα υπάρξει;

3. *Εξετάστηκαν*, τάχα, εξαντλητικά άλλες εναλλακτικές λύσεις για χώρο στάθμευσης αυτοκινήτων, πριν αποφασιστεί η καταστροφή του άλσους; Προχείρως θα προτείναμε, προκλητικά, μία: ακριβώς απέναντι είναι ένας ακάλυπτος χώρος, πάνω από δέκα στρέμματα, που ανήκει στο Μετοχικό Ταμείο Πολιτικών Υπαλλήλων και «ενοικιάζεται» (με το εξευτελιστικό ποσό των εβδομήντα χιλιάδων δραχμών μηνιαίως!) από την Αμερικανική Πρεσβεία για τη στάθμευση αυτοκινήτων της. Το πανίσχυρο, στα εσωτερικά μας, πλέγμα εξουσίας, που επέβαλε το απαράδεκτο Προεδρικό Διάταγμα, αδυνατεί, τάχα, ακόμα και να διανοηθεί ότι μπορεί να θίξει συμφέροντα της υπερατλαντικής υπερδύναμης;

Δεν χάνουν ευκαιρία, κάθε τόσο, ο Πρωθυπουργός και ο κυβερνητικός εκπρόσωπος να κλαυθμηρίσουν ότι η κυβέρνηση βάλλεται από «διαπλεκόμενα συμφέροντα» — τα οποία δεν κατονομάζονται, αλλά υπαινικτικά τοποθετούνται στην ολιγαρχία του πλούτου και στο ολιγοπώλιο της πληροφόρησης. Σ' αυτούς τους εξωθεσμικούς και γι' αυτό επικίνδυνους για την ανάπηρη δημοκρατία μας *παράγοντες παραεξουσίας* περιλαμβάνονται, άραγε, και τα αρπακτικά «χέρια πάνω από την πόλη», που όλο και περισσότερο ρυθμίζουν και διαφεντεύουν τη ζωή μας;

Δευτέρα 31 Μαΐου 1993

ΝΑ ΟΙ ΣΥΝΕΝΟΧΟΙ ΣΤΟ ΕΓΚΛΗΜΑ ΤΟΥ ΠΑΡΚΟΥ ΕΛΕΥΘΕΡΙΑΣ

«Σαν τους γύφτους
σφυροκοπάμε
αδιάκοπα
στο ίδιο αμόνι»
ΜΑΝ. ΑΝΑΓΝΩΣΤΑΚΗΣ

ΔΥΟ ΦΟΡΕΣ την περασμένη εβδομάδα, για τον ίδιο ακριβώς λόγο, ντράπηκα ως δημοσιογράφος, ένιωσα αδύναμος, ζωσμένος από φίδια, ως πολίτης:

Την Τρίτη ο Εξωραϊστικός Σύλλογος «Λυκαβηττός» οργάνωσε συνέντευξη Τύπου για να καταγγείλει ότι άρχισαν ήδη τα «έργα» *καταστροφής* του *Πάρκου Ελευθερίας* — στην καρδιά της Αθήνας. Και παρέστησαν πέντε όλοι κι όλοι δημοσιογράφοι — κι αυτοί όχι από τα τηλεοπτικά κανάλια, όχι από τις μεγάλης κυκλοφορίας εφημερίδες, όχι από τα μεγάλης ακροαματικότητας ραδιόφωνα.

Την Παρασκευή το απόγευμα ο ίδιος σύλλογος οργάνωσε συγκέντρωση διαμαρτυρίας στο απειλούμενο πάρκο. Και πήραν μέρος μερικές δεκάδες πολίτες (πώς, τάχα, να το πληροφορηθούν κι όσοι άλλοι θα ήθελαν να μετάσχουν;) και περίπου εκατό μαθητές του 35ου Λυκείου, που πρωτοστάτησαν και σε διαδήλωση μπροστά στο Μέγαρο Μουσικής, μοιράζοντας προκηρύξεις («Σ' αυτή την γκρίζα τερατούπολη όπου ζούμε, έχουν βαλθεί να καταστρέψουν και τις λίγες *πηγές ζωής* που μας έχουν απομείνει...») και κραυγάζοντας «το πάρκο ανήκει στο λαό». Έλειψαν πάλι οι δημοσιογράφοι, οι φωτορεπόρτερ και οι τηλεοπτικές κάμερες.

Επικουρούμενοι από τους *πέντε μόνο* δημοτικούς συμβούλους της Αθήνας που *αντιστέκονται* (Π. Βελισσάρης, Μαρία Γιαταγάνα, Μαρίνα Δίζη, Αγγ. Μοσχονάς και Άννα Φιλίνη) η πρόεδρος Αθηνά Δουφεξή και άλλοι εκπρόσωποι του «Λυκαβηττού» κατάγγειλαν — αλλά πού και πώς να ακουστεί η φωνή τους:

—*Ότι η αποψίλωση* του πάρκου άρχισε ήδη — παρ' ότι δεν έχει δοθεί ακόμα η άδεια για τα «έργα». Δέντρα κλαδεύονται και ειδικοί εκσκαφείς τα βγάζουν με τις ρίζες τους για να τα μεταφέρουν, λέει, στο Μαραθώνα, απ' όπου, μετά την ολοκλήρωση των «έργων», θα τα ξαναφέρουν, για να τα ξαναφυτέψουν πάνω στο τσιμέντο...

—*Ότι το ξερίζωμα* των δέντρων άρχισε την ίδια μέρα (10-2-94) που στο Μέγαρο Μουσικής, πανηγυρικά, ο κ. Χρ. Λαμπράκης έδινε στη δημοσιότητα «πρόταση-πρόκληση» του Ιδρύματος Μελετών Λαμπράκη για την αναδάσωση και αναβάθμιση των βουνών της Αττικής. Και, δίπλα του, πανευτυχής ο ΥΠΕΧΩΔΕ Κ. Λαλιώτης (δεν πάει να λέει το Σύνταγμα ότι «η προστασία του φυσικού και πολιτιστικού περιβάλλοντος αποτελεί υποχρέωση του κράτους», δεν πάει να φωνάζει ο Ορ. Κολοζώφ, του ΚΚΕ, ότι όλο και περισσότερες κυβερνητικές αρμοδιότητες εκχωρούνται στο συγκρότημα Λαμπράκη, που μετατρέπεται σε «υπερκυβέρνηση»...) ανακοίνωνε ότι θα διαθέσει ένα δισεκατομμύριο δραχμές για να υλοποιηθεί η πρόταση-μελέτη. Και, βεβαίως, *ήταν όλοι εκεί*: ο πρόεδρος της Βουλής, υπουργοί και δήμαρχοι, ακαδημαϊκοί και πρυτάνεις, πρόεδροι νυν και τέως του ΤΕΕ, εκπρόσωποι των κομμάτων, τεχνικοί και καλλιτέχνες και *πλήθος δημοσιογράφοι* — απ' όλα τα κανάλια, όλους τους ραδιοσταθμούς, όλα τα έντυπα. Καθώς ενατένιζαν υψιπετείς τις βουνοκορφές και οραματίζονταν την ανάπλαση του αττικού τοπίου, ουδείς πρόσεξε ότι πλάι τους γκρεμίζονταν δέντρα, ότι γινόταν το πρώτο βάναυσο βήμα για να εξαφανιστεί το Πάρκο Ελευθερίας, ως (θα το επαναλάβουμε) *«νησίδα πρασίνου* στο πυρακτωμένο κέντρο της τσιμεντούπολης, ως *χώρος περιπάτου*, αναψυχής και πολιτιστικών εκδηλώσεων, ως *ιερός τόπος συλλογικής μνήμης»*.

— *Ότι ο ΥΠΕΧΩΔΕ* Κ. Λαλιώτης, θέτοντας σε δεινή δοκιμασία την περί την προστασία του περιβάλλοντος *εκδηλωμένη ευαισθησία του* (προεργασία για το Εθνικό Κτηματολόγιο, ενστάσεις στα «μεγάλα έργα» εκτροπής του Αχελώου και αεροδρομίου στα Σπάτα κ.ά.), με το ζόρι δέχτηκε εκπροσώπους του Εξωραϊστικού Συλλόγου «Λυκαβηττός» και του Συνδέσμου Αντιστασιακών· για να τους δηλώσει ορθά κοφτά ότι *δεν θα ανακληθεί* το σκανδαλώδες προεδρικό διάταγμα του Χρ. Κατσιγιάννη για το υπόγειο «γκαράζ» εφτακοσίων πενήντα θέσεων και τους *υπέργειους* τσιμεντένιους όγκους (συνεδριακό κέντρο ύψους δώδεκα μέτρων, κτήρια καταστημάτων και εστιατορίου κ.ά.) Ούτε θα ανακληθεί η ακόμα πιο σκανδαλώδης πράξη του υπουργικού συμβουλίου Μητσοτάκη, που εκχωρεί κατά πλήρη κυριότητα, νομή και κατοχή δεκατριάμισι στρέμματα του Πάρκου Ελευθερίας στον Οργανισμό Μεγάρου Μουσικής. Και ότι τα έργα θα προχωρήσουν, αφού τα κονδύλια έχουν ήδη εγκριθεί...

Επειδή η συνωμοσία σιωπής αφήνει τον εξουσιαστικό μονόλογο να επιδίδεται σε συστηματική παραπληροφόρηση και να ψευδολογεί ασύστολα (κάθε που ακούγεται κάποια φωνή διαμαρτυρίας γεμίζουν εφημερίδες και κανάλια με *πλαστές μακέτες* και *απατηλές διαβεβαιώσεις* ότι με τα έργα «ανάπλασης» θα... αυξηθεί το πράσινο στο πάρκο κατά εφτά στρέμματα), έχει σημασία να δούμε την εξόχως *συναινετική* διαδικασία (νομότυπη, βεβαίως, αφού νομότυπα γίνονται όλες οι μεγάλες αυθαιρεσίες), στην οποία συνέπραξαν κυβερνήσεις, Βουλή και κόμματα, ο Δήμος Αθηναίων και οι πρόεδροι, νυν και τέως, του Τεχνικού Επιμελητηρίου, για να φθάσουμε εδώ που φθάσαμε:

— *Το Νοέμβριο 1991* στέλλεται από την κυβέρνηση στο Δήμο Αθηναίων, για να εκφράσει τις απόψεις του μέσα σε τρίμηνη προθεσμία, σχέδιο προεδρικού διατάγματος, που τροποποιεί το ρυμοτομικό σχέδιο Αθηνών και επιτρέπει στο Πάρκο Ελευθερίας *υπέργειες* εγκαταστάσεις (συνεδριακό κέντρο, καταστήματα και εστιατόριο) και τριώροφο *υπόγειο* «γκαράζ» εφτακοσίων πενήντα θέσεων (με χώρο συνεδριακών εκδηλώσεων στην πρώτη στάθμη και τις αναγκαίες διαμορφώσεις για τον... ηλιασμό του).

— *Ο τότε δήμαρχος*, ο αλησμόνητος Αντ. Τρίτσης, αντίθετος σε κάθε αλλοίωση του ιστορικού χώρου και του πάρκου, αντιπροτείνει, το υπόγειο γκαράζ να γίνει *πίσω από την Αμερικανική Πρεσβεία*, όπου σταθμεύει τα αυτοκίνητά της σε ένα χώρο *δώδεκα στρεμμάτων* καταβάλλοντας ευτελές ενοίκιο στο Μετοχικό Ταμείο Πολιτικών Υπαλλήλων (δεν γίνεται, για λόγους... ασφαλείας της πρεσβείας, λέει τώρα ο Κ. Λαλιώτης, ωσάν παντού στον κόσμο οι πρεσβείες των ΗΠΑ να διαθέτουν «πάρκινγκ» πάνω από δέκα στρέμματα).

— *Ο Δήμος Αθηναίων* δεν απαντά εμπροθέσμως και το προεδρικό διάταγμα Κατσιγιάννη δημοσιεύεται (ΦΕΚ 1070/Δ/22-10-92) αναλλοίωτο. Εν τω μεταξύ, με την υπ' αριθμ. Δ 12δ/0/31:770/5-3-1992 απόφαση του ΥΠΕΧΩΔΕ, κηρύσσεται ως *κατεπειγούσης ανάγκης* (Θεέ μου, σπουδή!) και επισπεύδεται από το Ελληνικό Δημόσιο η αναγκαστική απαλλοτρίωση για την «πολεοδομική ανάπλαση» του πάρκου.

— *Υπνώττων βαθέως* ο Δήμος Αθηναίων δεν αντιδρά. Στις 9-11-92 συνεδριάζει το δημοτικό συμβούλιο, που αγνοεί (!) το ΠΔ Κατσιγιάννη. Εκτάκτως εμφανίζονται στη συνεδρίαση, καθ' ότι δημοτικοί σύμβουλοι, η Μελίνα Μερκούρη και ο Μιλτ. Έβερτ και υπό την πίεσή τους παίρνει απόφαση για την κατασκευή *μόνο υπόγειου γκαράζ* (μειοψηφούν οι Π. Βελισσάρης, Μαρία Γιαταγάνα, Μαρίνα Δίζη και Αγγ. Μοσχονάς — η Άννα Φιλίνη απουσίαζε).

— *Με το φωτογραφικό άρθρο 13* του Ν. 2129/93 ορίζεται ότι *ανήκει στο Ελληνικό Δημόσιο* η κυριότητα των εντός σχεδίου πόλεως κοινοχρήστων χώρων επί των οποίων προβλέπεται πολεοδομική ανάπλαση και ότι οι χώροι αυτοί μπορεί, με απλή απόφαση του υπουργικού συμβουλίου, *να παραχωρούνται κατά κυριότητα* ακόμα και σε νομικά πρόσωπα ιδιωτικού δικαίου μη κερδοσκοπικού χαρακτήρα.

— *Ουδείς αντιδρά* — κόμματα, δήμος, Τύπος. Κάποιες κινητοποιήσεις των περιοίκων πνίγονται στη σιωπή. Με ημερομηνία 28 Μαΐου 1993 ο τωρινός πρόεδρος της ΝΔ Μιλτ. Έβερτ στέλνει την ακόλουθη απαντητική επιστολή στον πρόεδρο (και) του Οργανισμού Μεγάρου Μουσικής Χρ. Λαμπράκη (δημοσιεύεται στο *Αντί*):

«Αγαπητέ Χρήστο,

»Να προχωρήσεις το έργο του υπογείου χώρου σταθμεύσεως αυτοκινήτων, αγνοώντας τις *ανόητες επικρίσεις*. Ο Πυλαρινός να συνεννοηθεί με τον Σγαρδέλλη για το "Λυκαβηττό". Χάρηκα που έστω και δια της επιστολής σου είσαι καλά.

»Με παράπονα πολλά, Μιλτιάδης»

— *Και φθάνουμε στο κορύφωμα* της νομότυπης αυθαιρεσίας — μην ψάχνετε να το βρείτε στα σκάνδαλα που καταλογίζονται στην κυβέρνηση Κων. Μητσοτάκη, συναινετικό το παιχνίδι και όλοι συνένοχοι: Με την πράξη 92/24-6-1993 του υπουργικού συμβουλίου παραχωρούνται *δωρεάν* στον Οργανισμό Μεγάρου Μουσικής δεκατριάμισι στρέμματα (13.241 τ.μ. για την ακρίβεια) του Πάρκου Ελευθερίας, «για την κατασκευή υπογείου χώρου σταθμεύσεως αυτοκινήτων και *λοιπών χώρων και εγκαταστάσεων*, που αφορούν στην εξυπηρέτηση των σκοπών του ιδρύματος». (Σκόπιμη η αοριστία, διότι πλην του συνεδριακού κέντρου κ.λπ., τώρα σχεδιάζεται και κτήριο *Όπερας*!) Με την ίδια πράξη ορίζονται ακόμα ότι το «γκαράζ» θα εξυπηρετεί τους προσερχόμενους στο Μέγαρο Μουσικής, «αλλά και *τρίτους*» (να μπίζνες!) και (ακούστε, ακούστε!) ότι η *χρηματοδότηση όλων των έργων θα γίνει από το Ελληνικό Δημόσιο!*

Πώς έτσι γαλαντόμο ξαφνικά το χρεοκοπημένο κράτος, που δεν έχει να πληρώσει τους δασκάλους και που προβλέπει στον προϋπολογισμό ένα γλίσχρο 0,29% συνολικά για τον πολιτισμό; (Ναι, ναι, για τις αρχαιότητες, τα μουσεία, τα θέατρα και όλα τ' άλλα...). Πού θα τα βρει;

Μα εκεί που βρήκε και τα περίπου είκοσι πέντε δισεκατομμύρια ως τώρα για το Μέγαρο Μουσικής. Και, επιπλέον, από το περιβόητο *δεύτερο πακέτο Ντελόρ* — που δεν θα πάει, βεβαίως, στη ρημαγμένη επαρχία, αλλά θα συμβάλει στην περαιτέρω κακοποίηση της Αθήνας.

Γι' αυτό και η πρεμούρα, αυτή η νομοθετική και κατασκευαστική σπουδή. Και για ένα δεύτερο λόγο: Απέναντι, ακριβώς, από το Μέγαρο Μουσικής, όπου το «Αιγινήτειο» και το «Αρεταίειο», προβλέπεται *σταθμός του Μετρό* της Αθήνας, που καθιστά υπερβολική πολυτέλεια πια το υπόγειο «γκαράζ» — που δεν υπάρχει βεβαίως σε *καμία* αίθουσα Φιλαρμονικής και σε καμία Όπερα, σε καμία πρωτεύουσα και μεγαλόπολη *πουθενά στην Ευρώπη*...

Πληρέστερη, βεβαίως, εξήγηση δίνει η *«βουλιμική επέκταση»* (κατά την έκφραση του κ. Χρ. Λαμπράκη) του Οργανισμού Μεγάρου Μουσικής, σε συνδυασμό με τα διαβόητα «διαπλεκόμενα συμφέροντα» της παρασκηνιακής συναλλαγής, την εξαχρείωση του πολιτικού κόσμου και την όλο και πιο ανησυχητική λειτουργία της εξωθεσμικής παραεξουσίας...

Πέρυσι (31-5-93) η *Ελευθεροτυπία* δημοσίευσε ανάλογο άρθρο μου υπό τον τίτλο *Και όμως... έγκλημα στο Πάρκο* και υπήρξαν ποικίλες αντιδράσεις. Από τις πιο εύγλωττες η ακόλουθη επιστολή του γραμματέα της Τομεακής Τεχνικών Επιστημόνων του ΠΑΣΟΚ Ν. Σαλαγιάννη (ελπίζουμε ότι ο επιστολογράφος μας δεν ξέχασε λέξη της τώρα που το κόμμα του κυβερνά):

«Αγαπητέ κ. Βότση,

»Σε σχέση με όσα αναφέρατε στο άρθρο σας *Και όμως... έγκλημα στο Πάρκο*, θα θέλαμε να σας επισημάνουμε και κάτι ακόμα, επιπρόσθετα:

»Πρώτον: Ευτυχώς δεν είναι *λίγοι* αυτοί που αντιτίθενται σε επιλογές που "πνίγουν τις ανάσες ζωής, σβήνουν τα ερεθίσματα της ιστορικής μνήμης και εξαφανίζουν τα σύμβολα αντίστασης". Αλλά είναι *πολλή* η παραπληροφόρηση και η σιωπή που επιβάλλεται και που επηρεάζει ακόμα και πολλούς σοβαρούς και καθ' όλα αξιόλογους ανθρώπους.

»Δεύτερον: Και οι Τεχνικοί Επιστήμονες του ΠΑΣΟΚ, σε συνέλευσή τους στις 16-12-92, με *ομόφωνο* ψήφισμά τους δήλωσαν την αντίθεσή τους στα όσα προωθούνται για το "Πάρκο Ελευθερίας" και ζήτησαν την *ανάκληση* του ΠΔ, αλλά σε καμία εφημερίδα δεν "πέρασε".

»Τρίτον: Σωστά επισημάνατε τις ευθύνες του πρώην προέδρου του ΤΕΕ Ν. Δεσύλλα. Όμως ξεχάσατε να επισημάνετε τις ευθύνες του νυν προέδρου του ΤΕΕ κ. Κ. Λιάσκα, για την αιδήμονα σιωπή του.

»Τέταρτον: Πάει πια ο καιρός που τα "χέρια" ήταν "πάνω απ' την πόλη".

»Τώρα έχουν αλώσει και διαφεντεύουν την πόλη, διαμορφώνουν "γνώμη", σαρώνουν συνειδήσεις, επιβάλλουν σιωπές, καλλιεργούν αίσθημα αδυναμίας, περιθωριοποιούν.

»*Ποιος, πώς και με ποια μέσα θα αντισταθεί;*»

Δευτέρα 21 Φεβρουαρίου 1994

ΤΟ ΕΘΝΙΚΟ ΧΑΡΑΚΙΡΙ ΣΤΟ ΤΟΚΙΟ

ΝΤΟΠΑΡΙΣΜΕΝΟΙ, εκόντες άκοντες, από τη συστηματική πλύση εγκεφάλου και τη δεδομένη «εθνική ομοψυχία», έχουμε όλοι μας στραμμένα τα βλέμματα, με κομμένη την ανάσα, στο μακρινό Τόκιο, στην αυριανή Ημέρα της Κρίσεως:

Τι θα αποφασίσουν οι αυτοκλήτως «αθάνατοι» (αυτός ο δεόντως εξωραϊσμένος κοσμοπολίτικος συρφετός: πρίγκιπες και μαχαραγιάδες, ξεπεσμένοι αριστοκράτες, έκπτωτοι αξιωματούχοι, φανεροί και καλυμμένοι πράκτορες μεγάλων οικονομικών συμφερόντων) της ΔΟΕ; Θα επιστρέψει η Ολυμπιάδα, για τον ιωβηλαίο της, στη χώρα που τη γέννησε; Η εκστρατεία των ομονοούντων «τριακοσίων» μας στη χώρα του Ανατέλλοντος Ηλίου θα αποφέρει το χρυσόμαλλο δέρας;

Την τελευταία, προ της Κρίσεως, εβδομάδα, η κυβέρνηση και συνολικά η πολιτική ηγεσία «έδωσαν ρέστα» στις προπαρασκευαστικές ενέργειες για την επίτευξη του μεγάλου «εθνικοπολιτικού» (κατά τον κυβερνητικό εκπρόσωπο) στόχου:

— *Πριν ξεκινήσει* το πρώτο και μεγαλύτερο μέρος των «τριακοσίων», ο επικεφαλής αντιπρόεδρος της κυβέρνησης Τζ. Τζαννετάκης ζήτησε *«ανακωχή»* από τους εκπροσώπους του Τύπου: Να «καταπιούν» τα στραβά και τ' ανάποδα, να μη δώσουν τροφή στους αντιπάλους μας, αμαυρώνοντας την εικόνα της Αθήνας και την ελληνική υποψηφιότητα, ν' αφήσουν για μετά τις 18 Σεπτεμβρίου την γκρίνια. Έκκληση περιττή, αφού ο Τύπος μας (με εξαίρεση κάποια σποραδικά άρθρα και σχόλια κυρίως στην *Ελευθεροτυπία*, στο *Βήμα*, στην *Πρώτη* και στο *Αντί* και συστηματικά, προς τιμήν του, στον *Οικονομικό Ταχυδρόμο*), πρωτοστατεί στη σφυρηλάτηση της εθνικής ομοφροσύνης για τη «Χρυσή Ολυμπιάδα».

— *Το απροσδόκητο* «φασούλι» που ανέκυψε περί την τρομοκρατία έκανε πραγματικά έξαλλο τον πρωθυπουργό Κων. Μητσοτάκη. Όχι για το νέο φιάσκο των διωκτικών αρχών, που απεκάλυψαν πάλι ότι παραμένουν βαθιά νυχτωμένες. Ούτε, βέβαια, για τις νυχτερινές επιδρομές πάνοπλων αστυνομικών σε σπίτια πολιτών, επωνύμων της Αριστεράς. Αλλά γιατί *δεν τον ενημέρωσε* προκαταβολικά ο φοβερός (πού διάολο τον βρήκε;) υπουργός Δημόσιας Τάξης Γ. Βασιλειάδης (του το φύλαγε για δώρο ο φουκαράς, να εξαλείψει, παραμονές του Τόκιο, ένα από τα μειονεκτήματα της Αθήνας, *το φάντασμα της τρομοκρατίας* — άλλωστε, όταν κλάπηκαν τα μπαζούκας είχε προφητέψει ότι θα χρησιμοποιηθούν κατά της διεκδίκησης της Ολυμπιάδας, αγνοώντας ότι η «17 Ν» περί άλλα τυρβάζει...). Με αποτέλεσμα να αναζωπυρωθεί η τρομοκρατολογία και να ξαναεμφανιστεί, πλανώμενο πάνω από την Αθήνα, το απειλητικό φάντασμα.

— *Την Πέμπτη*, στις διαδοχικές συναντήσεις του Πρωθυπουργού με τους ηγέτες της αντιπολίτευσης Ανδρέα Παπανδρέου και Χαρ. Φλωράκη, οι «τυφώνες» των απεργιακών κινητοποιήσεων και οι «κυκλώνες» της επιδεινούμενης οικονομικής κρίσης δεν εμπόδισαν τα πλατιά χαμόγελα, αφού η πολιτική ηγεσία επιβεβαίωσε ότι παρά τις διαφορές της, παραμένει ακλονήτως ομονοούσα στο πρώτιστο και μέγιστο: τη «Χρυσή Ολυμπιάδα»...

Τη μεγάλη χειρονομία (σπονδή στο Τόκιο) την κράτησε ο πρωθυπουργός Κων. Μητσοτάκης για την τελευταία μέρα, λίγο πριν ξεκινήσει για το μεγάλο ταξίδι: Πρόσφερε *εκεχειρία* στους απεργούς, με σαφείς υποχωρήσεις στα μέτρα για τα ασφαλιστικά ταμεία — αφού, όπως είπε, η Ολυμπιάδα απαιτεί τη «μίνιμουμ κοινωνική συνοχή και αλληλεγγύη». Με τι μούτρα θα εμφανιζόταν στο Τόκιο, με μια Αθήνα στο χάος της παραλυσίας;

Με μηνύματα, έτσι, αισιοδοξίας μάς αποχαιρέτησε τηλεοπτικώς στο αεροδρόμιο. Πλάι του, μονίμως χαμογελαστός και υψιπετής, ο Μίκης Θεοδωράκης να διαπιστώνει την «εθνική ομοψυχία» και να προβλέπει ευφυώς ότι «ή όλοι θα κερδίσουμε ή όλοι θα χάσουμε».

Και πιο πίσω, αδελφωμένοι στο μεγάλο σκοπό, οι άσπονδοι επίδοξοι δήμαρχοι της Αθήνας:

Η Μελίνα, με φορτισμένη από συγκίνηση φωνή, να δηλώνει ότι πάει να ριχτεί στη μεγάλη μάχη «σαν Ελληνίδα». Και ο Τρίτσης, απευθυνόμενος στους αμνήμονες (ποιος τώρα να θυμάται πόσα, σωστά, έσουρνε κατά καιρούς στην Ολυμπιάδα και την άφρονα διεκδίκησή της...), βαθιά επίσης συγκινημένος, να οδεύει προς το Τόκιο «σαν αθλητής» και στρατιώτης για «τη νέα Μεγάλη Ιδέα του Ελληνισμού».

Δεν επιβιβάσθηκε, βεβαίως, στο πρωθυπουργικό αεροπλάνο ο Μιχ. Μοδινός, ο μόνος υποψήφιος δήμαρχος της Αθήνας με ξεκάθαρη και εδραιωμένη σε στέρεη επιχειρηματολογία θέση κατά της «Χρυσής Ολυμπιάδας».

Στο Τόκιο μπορεί Αυστραλοί και Καναδοί να προπαγανδίζουν ανοιχτά και δημοκρατικότατα κατά της υποψηφιότητας της Μελβούρνης και του Τορόντο, αλλά δεν υπάρχει χώρος για Έλληνες αντιφρονούντες (είναι αμφίβολο κατά πόσο θα φθάσει στον προορισμό του και το κείμενο με τις χίλιες τριακόσιες υπογραφές, που έστειλε η

«Πρωτοβουλία ενάντια στην ανάληψη των Ολυμπιακών Αγώνων» στον τέως αξιωματούχο του Φράνκο, Χουάν Αντόνιο Σάμαρανκ, για να το κοινοποιήσει σε όλα τα μέλη της ΔΟΕ).

Εδώ η «εθνική ομοψυχία» δεν σηκώνει αντιφρονούντες ούτε στην Αθήνα: Αποδείχθηκε περίτρανα όταν τα ΜΑΤ λιάνισαν στο ξύλο καμιά διακοσαριά από δαύτους στις 3 Σεπτεμβρίου (πολλαπλώς σημαδιακή μέρα) έξω από το Καλλιμάρμαρο. Κι εδώ που τα λέμε, κακώς τους ξυλοκόπησαν εκτός Σταδίου, έπρεπε να τους μαντρώσουν στο στίβο του και είτε να τους ανοίξουν τα κεφάλια εκεί, προσφέροντας ένα αυθεντικό ρωμαίικο θέαμα στο φιλοθεάμον κοινό, είτε, ακόμα καλύτερα, να τους παραδώσουν για λιντσάρισμα στους «φιλάθλους»...

Για την πρώτη μεγάλη ένσταση (ιδεολογική, πολιτική και πολιτιστική) κατά της Ολυμπιάδας θα αρκούσε να υπομνησθεί η αντιμετώπιση των αντιφρονούντων στο Στάδιο — ως απαραίτητο συμπλήρωμα στο *«κιτς»* και στη *βαρβαρότητα* της όλης φιέστας. Δεν χρειάζεται, έτσι, να αναφερθούμε αναλυτικά στη βάνδαλη παραχάραξη της ελληνικής Ιστορίας με τη δήθεν «αναβίωση» των Ολυμπιακών Αγώνων· ούτε στη σχέση της δάδας με τη φλόγα την εκπορευόμενη από το κάτοπτρο του Κρουπ· ούτε στο Βερολίνο του '36 — λίγο πριν μακελευθεί η Ευρώπη· ούτε στην αποθέωση της εμπορευματοποίησης στο Λος Άντζελες· ούτε στα ντοπαρίσματα της Σεούλ· ούτε στο υπερθέαμα της Μόσχας, που πάσχιζε να κρύψει από τα τυφλωμένα μάτια τη μιζέρια και την αθλιότητα· ούτε στη διαφθορά με τον επαγγελματισμό των αθλητών και «το αβγό του φιδιού» στον πρωταθλητισμό και το κυνήγι των ρεκόρ· ούτε στο ποιος είναι ποιος από το τωρινό και αλλοτινό πάνθεον των «αθανάτων» της ΔΟΕ· ούτε στην Κόκα Κόλα, την Adidas και τις πολυεθνικές της διαφήμισης· ούτε (από τα μίζερα δικά μας) στις μνήμες από το χουντικό Γουέμπλεϊ· ούτε στις ανοιχτές πια («ανφέαρ» και κουραφέξαλα) ερωτοτροπίες συμπολιτευομένων και αντιπολιτευομένων με τον Γκλίξμπουργκ· και ούτε στη φοβερή επιχείρηση μαζικού αποπροσανατολισμού και εκμαυλισμού με τη νέα Μεγάλη Ιδέα...

Παραμονή της Κρίσεως πια, η ματαιοπονία είναι δεδομένη να συγκρουσθείς με σύμπασα την πολιτική ηγεσία, που σφυρηλάτησε την «εθνική ομοψυχία» και προβάλλει τη «Χρυσή Ολυμπιάδα» είτε ως «από μηχανής θεό» για να λυθούν χρονίζοντα μεγάλα προβλήματα είτε (αν η υποψηφιότητά μας απορριφθεί) ως *άλλοθι* για την ομολογημένη ανικανότητά της να τα αντιμετωπίσει.

Δεν μένει, έτσι, παρά για λόγους συνειδησιακούς (για να μη νιώσεις συνεργός) να κραυγάσεις μαζί με τους λίγους και με καθυστερημένη και ασυντόνιστη κινητοποίηση αντιφρονούντες, ότι σχεδιάζεται ένα *αποτρόπαιο έγκλημα*, ότι στο Τόκιο συντελείται το *εθνικό μας χαρακίρι*.

— *Έγκλημα για την ετοιμόρροπη οικονομία μας* είναι η μεγαλύτερη «μπίζνα» στη νεοελληνική ιστορία (ύψους δύο τρισεκατομμυρίων δραχμών — ήτοι, δύο φορές το συνολικό έλλειμμα των ασφαλιστικών ταμείων...), για την οποία μόνο οι αετονύχηδες μπορούν να τρίβουν τα χέρια τους μπροστά στο μεγάλο φαγοπότι (και είναι *άθλιο ψέμα* να λέγεται ότι δεν θα επιβαρυνθεί αποκλειστικά ο κρατικός προϋπολογισμός, γιατί τάχα κάποια ολυμπιακά έργα θα χρηματοδοτηθούν από το κοινοτικό ΣΠΑ, και είναι *απάτη* να προπαγανδίζεται τηλεοπτικώς ότι οι τρεις γηγενείς και ομογενείς Κροίσοι συμβάλλουν στις δαπάνες — με την εγγυητική επιστολή των πεντακοσίων εκατομμυρίων δολαρίων).

— *Έγκλημα για την εγκαταλειμμένη ύπαιθρο χώρα*, αφού το λεκανοπέδιο της Αττικής θα απορροφήσει τα μέγιστα από τις δημόσιες και ιδιωτικές επενδύσεις ως το 1996.

Και, πάνω απ' όλα,

— *Έγκλημα* για την Αθήνα. Αποφαίνεται αξιωματικά και δεν επιχειρηματολογεί ο γηραιός καθηγητής Κανδύλης προβάλλοντας τη «Χρυσή Ολυμπιάδα» ως την «τελευταία ευκαιρία» για να ζήσει η «καρκινοπαθής» πρωτεύουσα. Για τη *χαριστική βολή* μάλλον πρόκειται, όταν η ασφυκτιούσα τερατούπολη, με το 40% του πληθυσμού και το 70% των οικονομικών δραστηριοτήτων της χώρας, αντί να αποσυμφορηθεί, θα επιβαρυνθεί με τσιμεντένιους όγκους, άχρηστων για τη λειτουργία της έργων, θυσιάζοντας τα κατάλοιπα του ελεύθερου χώρου και του περιαστικού πράσινου.

Οι ολύμπιοι θεοί να βάλουν το χέρι τους...

Δευτέρα 17 Σεπτεμβρίου 1990

Η ΚΑΤΑΛΥΤΙΚΗ ΜΟΝΟΜΑΝΙΑ ΤΟΥ ΣΤΕΦΑΝΟΥ ΜΑΝΟΥ

ΕΚΑΝΕ, λέει, ο υπουργός ΠΕΧΩΔΕ Στ. Μάνος μόνος του μια πρόχειρη σφυγμομέτρηση, το Σάββατο, στη λαϊκή αγορά των Αμπελοκήπων. Και κουβέντιασε με καμιά διακοσαριά συμπολίτες μας, οι περισσότεροι από τους οποίους (όπως δήλωσε με περισσή αυταρέσκεια ο ίδιος στην τηλεόραση) *επεκρότησαν ενθουσιωδώς* τις «γενναίες προτάσεις» του για την αντιμετώπιση του φονικού νέφους.

Δεν αποκλείεται να λέει αλήθεια. Η ενθουσιώδης ανταπόκριση του κοινού είναι τέτοια, ώστε ξεχάστηκε η προθεσμία των τριών εβδομάδων για «διάλογο» και τα κίνητρα για αγορά «καθαρών» αυτοκινήτων τίθενται σε ισχύ από αύριο κιόλας.

Ούτε αφελής είναι ο σημερινός υπουργός ΠΕΧΩΔΕ, ούτε ηλίθιος — περισσότερο, τουλάχιστον, από τους προκατόχους του. Ως ικανότερος, ίσως, απ' αυτούς πολιτικός, έχει τη σιγουριά ότι απευθύνεται σε αφελείς και ηλιθίους.

Μόνο ο Μάνος ανακάλυψε και προβάλλει το αβγό του Κολόμβου — εκεί όπου οι άλλοι επί χρόνια ατελεύτητα ταλανίζονταν και μας ταλάνιζαν με άμεσα, μεσοπρόθεσμα και μακροπρόθεσμα προγράμματα, για να αντιμετωπιστεί ριζικά το πλέον πολύπλοκο και πολυσύνθετο πρόβλημα:

Αφού δεν μπορούμε (και δεν θέλουμε) να το λύσουμε, δεν μένει παρά να πάψουμε να το σκεφτόμαστε — *να το ξεχάσουμε*. Αφού δεν μπορούμε (και δεν θέλουμε) να διασφαλίσουμε ανθρώπινη ζωή στον απέραντο θάλαμο αερίων του λεκανοπεδίου, δεν έχουμε παρά να *προσφέρουμε όνειρα* — άμεσα, ελκυστικά, εκμαυλιστικά...

Με την πανάκεια του καταλύτη, ο Στ. Μάνος δεν είναι επί προμηθεία μεγαλέμπορος των «καθαρών» αυτοκινήτων — όπως θέλει η κακογλωσσιά των καχύποπτων. *Πλασιέ ονείρων* είναι.

Συνέλαβε μεγαλοφυώς ότι το *μικροαστικό όνειρο* δεν παραμένει αναλλοίωτο: Το διαμερισματάκι στην Αθήνα, η αντιπαροχή και το πανωσήκωμα, το αυθαίρετο στην Πετρούπολη και το εξοχικό στη Νέα Μάκρη (αυτά ακριβώς που, μαζί με την ασύδοτη κερδοσκοπία, την ανικανότητα της πολιτικής ηγεσίας και τον «αναπτυξιακό» παραλογισμό, έφτιαξαν την τσιμεντένια τερατούπολη — και το νέφος) πάει πια, όποιος πρόλαβε πρόλαβε...

Τώρα, για να ολοκληρωθεί το «συνολάκι» της κοινωνικής μας αναβάθμισης (μαζί με το video και το «σινιέ» παπούτσι) θέλουμε κι ένα «αξιοπρεπές» αυτοκίνητο. Είναι σίγουρος ο Μάνος ότι από την περασμένη Πέμπτη έβγαλε τους μισούς, τουλάχιστον, πρωτευουσιάνους από τη μιζέρια της οικονομικής δυσπραγίας και το ζόφο της πολεμικής απειλής και τους έβαλε να ονειρεύονται μια απρόσιτη ως χθες BMW ή «Μερσεντές».

Αλλά, για να είναι πειστικός ένας πλασιέ ονείρων, πρέπει να αυτοπροβάλλεται και με το θάμπος του θαυματουργού και τη μυστηριακή αχλύ του μάγου.

Σε *εφτά* ακριβώς χρόνια ο υπουργός ΠΕΧΩΔΕ διαβεβαιώνει ότι με την καταλυτική μονομανία του θα απαλλάξει την Αθήνα από το νέφος. Όχι σε έξι ή εννέα. Σε *εφτά*.

Καθ' ότι αρχαιόθεν και παγκοσμίως το εφτά είναι ο ισχυρότερος, ο *μαγικός αριθμός*.

Εφτά οι ουρανοί. Εφτά οι μέρες της Δημιουργίας. Εφτά οι παχιές αγελάδες. Εφτά οι αστέρες της Αποκαλύψεως. Εφτά οι αρχάγγελοι. Εφτά οι σάλπιγγες της Ιεριχούς. Εφτά οι σοφοί. Εφτά τα θαύματα. Εφτά και τα κακά της μοίρας μας — και ένας μόνος, ο Μάνος...

Με την υπεραπλούστευση ότι το «καθαρό» αυτοκίνητο είναι η *μοναδική* λύση για να αντιμετωπιστεί η ρύπανση στο λεκανοπέδιο και όχι, έστω, ένα από τα επείγοντα, ενδεχομένως, μέτρα, ο υπουργός ΠΕΧΩΔΕ πετυχαίνει και να στενέψει το πλαίσιο διαλόγου γύρω από τις προτάσεις του.

Το έδειξαν τα ως τώρα δημοσιεύματα και οι τηλεοπτικές συζητήσεις του με δημοσιογράφους· όπου ο αναιμικός προβληματισμός έχει επίκεντρο αποκλειστικά τους μαγικούς *καταλύτες* — και όχι τη συνολική αντιμετώπιση του νέφους· και όπου, αναπόφευκτα, κυριαρχεί η λογική του «δώσε και μένα μπάρμπα» — αφού ο Μάνος εμφανίζεται ως ο εκπρόσωπος ενός γαλαντόμου κράτους, που «αγοράζει» τα σαράβαλα αυτοκίνητα και «προσφέρει» σύγχρονα και «καθαρά», που «θα μας απαλλάξουν από το νέφος». Οι ενστάσεις και ο αντίλογος είναι του τύπου: γιατί δεν είναι «πιο γενναία» τα κίνητρα για την αγορά μικρού κυβισμού «καθαρών» αυτοκινήτων, τι θα γίνουν οι φουκαράδες «γιωταχήδες» που δεν μπορούν να αντικαταστήσουν τα σαράβαλά τους με «καθαρά» κ.λπ. κ.λπ.

Το πολύ πολύ ένας τόσο στενός προβληματισμός μπορεί:

— *Να αποδείξει* γελοία τη διεθνή πατέντα του Μάνου, ότι τα περισσότερα από τα μεταχειρισμένα αυτοκίνητα επιδέχονται καταλύτη και μετατρέπονται σε «καθαρά».

— *Να θέσει* σε αμφισβήτηση την αλχημεία των αριθμών από τον υπουργό ΠΕΧΩΔΕ, ο οποίος ανάγει το αυτοκίνητο στη μοναδική σχεδόν (80%, λέει) πηγή ρύπανσης, ώστε να θεωρηθούν ρηξικέλευθα τα μέτρα που έχουν το αυτοκίνητο αποκλειστικό στόχο και να παραβλέπεται συνεχώς η άλλη μεγάλη πηγή ρύπανσης: οι *βιομηχανίες*, για τις οποίες ως εκ περισσού εξαγγέλλονται κάποια ασήμαντα μέτρα (αν και ευθύνονται για την εκπομπή του 32% των υδρογονανθράκων, του 28% του διοξειδίου του αζώτου, του 99% των σωματιδίων και του 71% του διοξειδίου του θείου).

— *Να «στριμώξει»* τον υπουργό ΠΕΧΩΔΕ να πει επιτέλους ξεκάθαρα τι θα γίνει με τα εκατοντάδες χιλιάδες ρυπογόνα αυτοκίνητα που θα απομακρυνθούν αναγκαστικά από την πρωτεύουσα. Θα αποσυρθούν — και πώς, τάχα; Ή μήπως θα μεταφερθούν στα εκτός λεκανοπεδίου αστικά κέντρα — και σε πόλεις δηλαδή όπως η Θεσσαλονίκη, το Ηράκλειο, η Πάτρα κ.ά., όπου η ρύπανση συναγωνίζεται ήδη εκείνη της Αθήνας.

— *Να προκαλέσει* έναν ενδιαφέροντα, κατά τα άλλα, διάλογο, κατά πόσο τα «καθαρά» αυτοκίνητα είναι η πανάκεια για τη ρύπανση ή, αντιθέτως, είναι «καθαρός μύθος» (Γ. Σχίζας: *Πόλη, Φύση και Κοινωνία*), όπως επιχειρηματολογούν συνεχώς οι Οικολόγοι και επιμένει να υποστηρίζει ο νέος δήμαρχος της Αθήνας Αντ. Τρίτσης.

Ένας τέτοιος διάλογος είναι αυταπόδεικτα αποπροσανατολιστικός, αφού δεν μπορεί να φτάσει ως την επισήμανση, έστω, ότι οι *«προτάσεις καταλυτικής ασφυξίας»* (κατά την εύστοχη διατύπωση του Φιλ. Σαλαμίνιου, προχθές, σ' αυτή τη στήλη) όχι μόνο δεν είναι λυσιτελείς και σωτήριες, αλλά είναι και *επικίνδυνες*.

Διότι:

1. *Αντί να αποθαρρύνουν*, ενισχύουν την *αυτοκίνηση*, που συντελεί τα μέγιστα στο κυκλοφοριακό χάος και στη δημιουργία του φονικού νέφους.

Και, κυρίως, διότι:

2. *Περιορίζουν* τον προβληματισμό πολιτικής ηγεσίας και πολιτών, για μια σφαιρική θεώρηση και ριζική αντι-

μετώπιση του φονικού νέφους στο λεκανοπέδιο (και όχι μόνο), που προσλαμβάνει όλο και πιο απειλητικές διαστάσεις. Έναν προβληματισμό που δεν θα επιτρέπει σε κανένα Μάνο *να μας εμπαίζει*, με την αόριστη διαβεβαίωση ότι θα διπλασιάσει, τάχα, το πράσινο στο λεκανοπέδιο, όταν όλα του τα σχέδια (κτηματικά ομόλογα, βιομηχανική ζώνη στον Ελαιώνα, κατοικίες «υψηλών προδιαγραφών» στο αεροδρόμιο του Ελληνικού, περιφερειακή λεωφόρος στον Υμηττό κ.ά.) πείθουν για το ακριβώς αντίθετο. Έναν προβληματισμό που κατατείνει στην επαναστατική αναμόρφωση της πόλης, στην αναζήτηση μιας *πόλης πραγματικά λειτουργικής* για τους κατοίκους της. Έναν προβληματισμό με αφετηρία ότι η Αθήνα δεν έχει σωτηρία, όσο συγκεντρώνει το 40% του πληθυσμού της χώρας, το μέγιστο των διοικητικών δραστηριοτήτων και το 60% της βιομηχανίας — ότι η τερατούπολη *είναι καταδικασμένη να πεθάνει* χωρίς ένα πραγματικά γενναίο, μακρόπνοο πρόγραμμα για *αποκέντρωση*, με μεταφορά χρήσεων και πληθυσμού στην περιφέρεια. Ένα σοβαρό προβληματισμό, κοντολογίς, που θα αφήνει έκθετους στη γελοιότητα τους μαθητευόμενους μάγους και τους πονηρούς πραματευτάδες με τα πλουμιστά χαλιά, τις χρωματιστές χάντρες και τα φανταχτερά καθρεφτάκια...

Δευτέρα 12 Νοεμβρίου 1990

Η ΗΠΕΙΡΟΣ ΚΑΙ ΤΟ ΤΡΕΝΟ ΠΟΥ ΧΑΝΕΤΑΙ

ΔΥΣΚΟΛΑ θα μπορούσε να διαφωνήσει κανείς με καίριες επισημάνσεις στην εισήγηση του κ. Χρ. Λαμπράκη, κατά την τριήμερη διεθνή συνάντηση με θέμα *Η Πάτρα στον εικοστό πρώτο αιώνα* (συνδιοργανωτές: Ίδρυμα Μελετών Λαμπράκη, Ίδρυμα Γεωργίου Παπανδρέου, Δήμος Πατρέων, Πανεπιστήμιο Πατρών κ.ά.), που ολοκληρώθηκε χθες στην Πάτρα.

Επισημάνσεις όπως:

—*Ότι η γεφύρωση* του Ιονίου και η μετατροπή του σε θαλάσσια λεωφόρο της Ευρώπης «θα υπηρετήσει μακρόπνοα *αναπτυξιακά συμφέροντα και εθνικούς προσανατολισμούς*».

—*Ότι κυρίως τώρα*, που η γιουγκοσλαβική κρίση εμποδίζει την επικοινωνία Βορρά – Νότου, «η μετατροπή της Δυτικής Ελλάδας σε φυσική προέκταση της Μεσευρώπης είναι *απαραίτητη*».

—*Ότι «για να λειτουργήσει* η Πάτρα ως κέντρο αναπτυξιακό, κόμβος συγκοινωνιακός και εστία επικοινωνιακή, πρέπει να προσφέρει αεροδρόμιο και ελικοδρόμια, την ευχέρεια επαφής με Βαλκάνια, Τουρκία και Μέση Ανατολή, και όλο το φάσμα των εξυπηρετήσεων που επιτρέπει σήμερα διεθνώς η σύζευξη των τηλεπικοινωνιών και της πληροφορικής. Χωρίς αυτές τις προϋποθέσεις, η έννοια "*πύλη προς τη Δύση*" παραμένει άνευ περιεχομένου».

Στην τελευταία φράση του διακεκριμένου εισηγητού, με την εντυπωσιακά διευρυνόμενη συνεχώς κοινωνική δραστηριότητα, θα μπορούσε να προβληθεί η μοναδική ένσταση:

Στη Δυτική Ελλάδα, στις ακτές του Ιονίου, η Πάτρα δεν είναι η μόνη και *προοπτικά αμφισβητείται αν είναι η κύρια* «πύλη προς τη Δύση». Υπάρχουν ακόμα τα λιμάνια του Αστακού και της Πρέβεζας (σε συνδυασμό με το Άκτιο) και, πρωτίστως, υπάρχει η παραμεθόριος Ηγουμενίτσα. Χωρίς τοπικιστικές αντιπαραθέσεις, όλες αυτές οι «πύλες προς τη Δύση» θα μπορούσαν να λειτουργήσουν *συμπληρωματικά* — και όχι αντιθετικά ή ανταγωνιστικά· και με γνώμονα πάντοτε «τα μακρόπνοα αναπτυξιακά συμφέροντα και τους εθνικούς προσανατολισμούς».

Θα επρόκειτο για ακαδημαϊκού χαρακτήρα διαφωνία απλώς, αν η προβολή της Πάτρας, ως της κατ' εξοχήν «πύλης προς τη Δύση», δεν είχε το αντίκρισμά της και στα προγράμματα για τα *νέα έργα υποδομής*, που θα χρηματοδοτηθούν από το περιβόητο *δεύτερο πακέτο Ντελόρ* (Κοινοτικό Πλαίσιο Στήριξης 1994-1998).

Με το στρατηγικό σχεδιασμό αυτών των έργων υποδομής, που έγινε από την κυβέρνηση της ΝΔ και διατηρείται, εν πολλοίς, από τη σημερινή κυβέρνηση (κάποιες αλλαγές επήλθαν στα Εθνικά Επιχειρησιακά Προγράμματα. Τα περιφερειακά προγράμματα παραμένουν αναλλοίωτα από έλλειψη χρόνου, αφού θα πρέπει να υποβληθούν προς έγκριση στις Βρυξέλλες το Μάρτιο για να αρχίσει η εφαρμογή τους μέσα στο 1994):

1. *Ενισχύεται* σημαντικά ο βασικός άξονας στη συγκοινωνιακή υποδομή της χώρας Πάτρα – Αθήνα – Θεσσαλονίκη (οδικά, σιδηροδρομικά, λιμάνια και αεροδρόμια).

2. *Η καθολικά* διαπιστωμένη επιτακτική ανάγκη να αναπτυχθούν οι «πύλες προς την Ευρώπη», κυρίως στη βορειοδυτική παραμεθόριο περιοχή, εξυπηρετείται μόνο με

το (νέο) *λιμάνι της Ηγουμενίτσας* και την *Εγνατία Οδό.*

3. *Μένει απ' έξω* η σιδηροδρομική σύνδεση της Ηπείρου με το δίκτυο του ΟΣΕ είτε προς ανατολάς (Ηγουμενίτσα – Γιάννενα – Καλαμπάκα – Βόλος ή Ηγουμενίτσα – Άρτα – Καρδίτσα – Βόλος) είτε προς νότο (Ηγουμενίτσα – Άρτα – Αντίρριο – Πάτρα).

Στο *«στρατηγικό σχέδιο»* της κυβέρνησης Μητσοτάκη αναφερόταν σχετικά: «Δεν προβλέπεται σιδηροδρομική εξυπηρέτηση, επειδή από τη μια μεριά υπάρχουν απαγορευτικές συνθήκες κατασκευστικού κόστους (;) και από την άλλη οι ανάγκες μετακινήσεων προβλέπονται εξαιρετικά ισχνές (!) για να δικαιολογήσουν την κατασκευή μιας νέας, ιδιαίτερα δαπανηρής, σιδηροδρομικής δικτύωσης (...). Αντί αυτού προτείνεται μόνο σιδηροδρομικός τερματικός σταθμός (!) στο λιμάνι της Ηγουμενίτσας, με διασύνδεση, διαμέσου σιδηροδρομικών πορθμείων, με το ιταλικό-κοινοτικό δίκτυο».

Η διατηρούμενη απομόνωση της Ηπείρου από το εθνικό σιδηροδρομικό δίκτυο δεν εμπόδιζε τον τότε αρμόδιο υφυπουργό Εθνικής Οικονομίας Αρ. Τσιπλάκο να υποστηρίζει ότι:

«Λόγω των γνωστών γεγονότων με τους βόρειους γείτονές μας γίνεται (;) αναπροσανατολισμός των συγκοινωνιών και η *Ήπειρος καθίσταται ουσιαστικά η πύλη της Ελλάδας* προς την Ευρωπαϊκή Κοινότητα...».

Ο διαχειριζόμενος σήμερα το δεύτερο πακέτο Ντελόρ, υφυπουργός Εθνικής Οικονομίας Γ. Ρωμαίος, μας λέει:

«Διατίθενται περί τα πεντακόσια δισεκατομμύρια δραχμές για τον εκσυγχρονισμό του υπάρχοντος σιδηροδρομικού δικτύου. Δυστυχώς δεν υπάρχουν λεφτά για την επέκτασή του προς την Ήπειρο, η οποία συμφωνώ ότι είναι εθνικά, κοινωνικά και οικονομικά αναγκαία. Προβλέπεται, πάντως, στα προγράμματα η *οριστική μελέτη* για τη σιδηροδρομική σύνδεση της Ηπείρου και ελπίζω στο μέλλον να βρεθεί χρηματοδότηση...».

Πολύ διαφορετικά τα έλεγε, πριν από λίγους μόλις μήνες, ο Άκης Τσοχατζόπουλος, τόσο στην προεκλογική συγκέντρωση του ΠΑΣΟΚ στα Γιάννενα όσο και (κυρίως) στο *5ο Παγκόσμιο Πανηπειρωτικό Συνέδριο*, τον περασμένο Αύγουστο στην Πρέβεζα, όπου έδωσε τη *δεσμευτική διαβεβαίωση* ότι αν επανερχόταν το κόμμα του στην εξουσία, η σιδηροδρομική σύνδεση της Ηπείρου θα εντασσόταν στο δεύτερο πακέτο Ντελόρ.

Αλλά το θέμα είναι σοβαρότερο από τη μη τήρηση (συνηθέστατη δα) προεκλογικών «δεσμεύσεων».

Σ' αυτό το 5ο Παγκόσμιο Πανηπειρωτικό Συνέδριο (που δεν είχε βέβαια αντίστοιχη προβολή από τα ΜΜΕ με την τωρινή τής διεθνούς συνάντησης στην Πάτρα, αφού στους εισηγητές του δεν περιλαμβάνονταν υπουργοί και μεγαλοεκδότες), η σιδηροδρομική σύνδεση της Ηπείρου υπήρξε κεντρικό αίτημα στην εναγώνια αναζήτηση διεξόδου από το χρόνιο μαρασμό, την απομόνωση, την καχεξία, την υπανάπτυξη και την ερήμωσή της.

Παραθέτουμε ενδεικτικά σημεία από τις εισηγήσεις:

«*Για να ανταποκριθεί* η Ήπειρος στο ρόλο της σαν το σταυροδρόμι μεταξύ Δύσης και Ανατολής στα νοτιοανατολικά σύνορα της Ευρωπαϊκής Κοινότητας, θα πρέπει να επιλυθεί πρώτα το πρόβλημα της απομόνωσής της από την υπόλοιπη χώρα. *Η συγκοινωνιακή απομόνωση αποτελεί το σοβαρότερο πρόβλημα της Ηπείρου* και η αντιμετώπισή της αποτελεί προϋπόθεση για οποιαδήποτε οικονομική και κοινωνική ανάπτυξη» (Σπ. Ζήκος λέκτορας, και Γ. Τσεκούρας πρύτανης του Πανεπιστημίου Μακεδονίας).

— «*Η "πύλη της Δύσης"* είναι η απάντηση της Ελλάδας στα προβλήματα διέλευσης μέσω των βαλκανικών χωρών και της προσπάθειας δημιουργίας *οδικού και σιδηροδρομικού άξονα, πάνω από τα ελληνικά σύνορα*, από Αλβανία προς Τουρκία μέσω Σκοπίων και Βουλγαρίας. Η περιοχή της Ηγουμενίτσας αποτελεί την πιο κεντροβαρή θέση για την "πύλη της Δύσης", λόγω της προέλευσης μεγάλου μέρους των εξαγωγών της χώρας από τη δυτική Μακεδονία και των πλεονεκτημάτων με άλλους άξονες με τις βαλκανικές χώρες και τη Μέση Ανατολή» (καθηγητής Σπ. Λιούκας — η εισήγησή του στηρίχτηκε στην προμελέτη τεχνικοοικονομικής σκοπιμότητας, που εκπονήθηκε το 1992 από το Εθνικό Μετσόβιο Πολυτεχνείο και το Οικονομικό Πανεπιστήμιο Αθηνών. Μελέτη από την οποία προκύπτει ότι, ανεξάρτητα από τα εθνικά κριτήρια, «η απόδοση της σύνδεσης της Ηγουμενίτσας σε εθνικό επίπεδο είναι *ικανοποιητική* για έργο σιδηροδρομικής υποδομής»).

— «*Το λιμάνι* της Ηγουμενίτσας, με τον κατάλληλο σχεδιασμό, εξοπλισμό και οργάνωση, οι οδικοί άξονες Εγνατία και Ηγουμενίτσα - Βόλος και η σιδηροδρομική σύνδεση με το σιδηροδρομικό δίκτυο της χώρας προς ανατολάς σε πρώτη φάση, και προς νότο σε δεύτερη, θα διαμορφώσει το κατάλληλο πλαίσιο για την ικανοποίηση του παρόντος και του μέλλοντος, θα μεγιστοποιήσει τον εθνικό ρόλο στις διεθνείς μεταφορές, θα αποθαρρύνει και αποτρέψει άλλες λύσεις που αντιστρατεύονται τα εθνικά μας συμφέροντα» (Τεχνικό Επιμελητήριο Ελλάδας — Τμήμα Ηπείρου).

— «*Η μη ένταξη* στο δεύτερο πακέτο Ντελόρ της σιδηροδρομικής διασύνδεσης της Ηπείρου με την υπόλοιπη χώρα αποτελεί εθνικά, αναπτυξιακά και κοινωνικοοικονομικά *εσφαλμένη έως και καταστροφική επιλογή* πρώτου μεγέθους» (Σύλλογος Φίλων του Σιδηροδρόμου).

Τρέχουν και δεν φτάνουν αυτό τον καιρό οι Ηπειρώτες υπουργοί, βουλευτές, δήμαρχοι κι εκπρόσωποι της Πανηπειρωτικής Συνομοσπονδίας.

Για να προλάβουν το τρένο, που χάνεται πάλι.

Για να αποτρέψουν, την ύστατη στιγμή, ό,τι θα θεωρηθεί αύριο (με τον, εκτός ελληνικών συνόρων, οδικό και σιδηροδρομικό άξονα Δυρράχιο - Σκόπια - Σόφια - Κωνσταντινούπολη) *εθνικό έγκλημα*.

Για να διεκδικήσουν τα αυτονόητα σ' αυτή τη μοναδική ευκαιρία για έργα υποδομής με κοινοτική χρηματοδότηση: την *αποκέντρωση* και την *πολυκεντρική ανάπτυξη* να υπηρετήσουν, πρωτίστως, αυτά τα έργα. Να μην επιδεινώσουν την *ασφυξία* στο κέντρο και την *καχεξία* στην ύπαιθρο.

Αλίμονο αν δεν εισακουστούν. Το τρένο δεν θα το χάσει μόνο η εγκαταλειμμένη Ήπειρος — η φτωχότερη περιφέρεια της χώρας και της Κοινότητας. Θα το χάσει η Ελλάδα — άλλη μια φορά...

Δευτέρα 7 Φεβρουαρίου 1994

ΠΛΗΜΜΥΡΕΣ: ΜΙΑ ΠΡΟΤΑΣΗ ΑΓΝΟΗΜΕΝΗ

ΑΠΑΡΑΛΛΑΚΤΟ το σκηνικό, ύστερα από κάθε *θεομηνία*, το ζήσαμε και το περασμένο Σαββατοκύριακο με τις *πλημμύρες* και όσα έκτοτε ακολούθησαν: των *θυμάτων* οι ολοφυρμοί και τ' αναθέματα· των *κυβερνώντων* η ολιγωρία, η αμηχανία, οι σπασμωδικές αντιδράσεις και η μετάθεση ευθυνών: ο Πρωθυπουργός στην προηγούμενη κυβέρνηση, οι υπουργοί ο ένας στον άλλο· των *αρμοδίων* οι αλληλοκατηγορίες: οι δήμαρχοι κατά των κρατικών υπηρεσιών και οργανισμών, οι γραφειοκράτες κατά των δημοτικών αρχών· των *μέσων ενημέρωσης* η χρυσή ευκαιρία για απεικόνιση σκηνών φρίκης, για δαιμονολογία και σκανδαλολογία (*αποκάλυψη* —κι άλλη!— *τώρα*: Οι, ανώνυμοι πάντοτε, εργολάβοι που μπάζωσαν τα ρέματα, οι δήμαρχοι που τα έκαναν δρόμους, οι καταπατητές που αποψίλωσαν κι έχτισαν τα δάση, οι υπηρεσίες που λαδώθηκαν για να κάνουν τα στραβά μάτια, η θεότυφλη στα περιβαλλοντικά προβλήματα πολιτική ηγεσία τις τελευταίες δεκαετίες...)· των *ειδημόνων* η αιδήμων σιγή (τι να πούμε και τι να κάνουμε, αφού απαιτούνται εκατόν πενήντα δισεκατομμύρια για αντιπλημμυρικά έργα μόνο στην πρωτεύουσα, και δεν τα 'χουμε...)· και, βεβαίως, των *αετονύχηδων* (και λυμεώνων, μονίμως, των κρατικών κονδυλίων) η αγαλλίαση, αφού καθολική είναι η απαίτηση για νέα πολυδάπανα έργα — στον πίθο των Δαναΐδων...

Κοινή και πάλι η επωδός: όλοι *οι άλλοι* (όπως πάντοτε) φταίνε. Και στην πιο καθωσπρεπική και συγκαταβατική εκδοχή: *φταίμε όλοι* — άρα υπεύθυνος κανένας.

Και τι κάνουμε; Τίποτα· περιμένουμε να καταλαγιάσει ο αχός — γνωστόν δα ότι αμνήμονες είμαστε και με τη λήθη επιβιώνουμε. Τίποτα· ως την επόμενη θεομηνία, οπότε θα ξεσηκωθούμε πάλι, θα ανταριάσουμε ξανά, θα ξαναπούμε τα ίδια.

Τίποτα; Όχι ακριβώς. Εδόθησαν πάραυτα εντολές και τρεις *εισαγγελείς* διερευνούν αίτια κι ευθύνες — κι όταν δεν θα βγάλουν άκρη και η υπόθεση θα τεθεί στο αρχείο θα το έχουμε πια ξεχάσει όλοι.

Τίποτα; Όχι ακριβώς. Στο χθεσινό κυριακάτικο Τύπο άρχισαν να εκφράζονται, αποσπασματικά, κάποιες σκέψεις, προθέσεις και προτάσεις των αρμοδίων: Ο υπουργός ΠΕΧΩΔΕ Κ. Λαλιώτης (γράφει το *Βήμα*) «σχεδιάζει τον καθαρισμό των σαράντα δύο μεγάλων ρεμάτων της Αττικής από τα απόβλητα, τα μπάζα και τα σκουπίδια» — με δεδομένο ότι το λεκανοπέδιο διαθέτει πια μόλις το *ένα δέκατο* από τα ρέματα, τα ποτάμια και τα ρυάκια που είχε στη δεκαετία του '50. *«Θα ανοίξουμε τα ρέματα»*, λέει (στο *Έθνος*) και ο αναπληρωτής υπουργός ΠΕΧΩΔΕ Γ. Σουλαδάκης, που προσδοκά και την κατανόηση των... καταπατητών, αφού έχουν και οι ίδιοι «εμπειρίες από τις ζημιές που προκλήθηκαν». Και, όσο να 'ναι, κάτι θα κάνει και η ΕΥΔΑΠ με τους αγωγούς ομβρίων υδάτων, που καλύπτουν τώρα (*Καθημερινή*) μόλις το ένα δέκατο των οδών του λεκανοπεδίου...

Μέσα σ' αυτή την ατμόσφαιρα ηχηρών καταγγελιών και αποκαλύψεων, αμηχανίας, αβελτηρίας, αυτοσχεδιασμών και αναζήτησης μαγικών λύσεων, ένας απλός πολίτης, με ειδικές γνώσεις και εγνωσμένη ευαισθησία, προσπάθησε να συμβάλει με τις *δικές του προτάσεις* στον υπεύθυνο προβληματισμό.

Πολιτικός μηχανικός και περιβαλλοντολόγος ο Νίκος Ράπτης, εξέδωσε το 1981 ένα βιβλίο με τον τίτλο: *Ας συζητήσουμε για σεισμούς, πλημμύρες και... τραμ.*

«Ένα βιβλίο που πρέπει να διαβαστεί πρωτίστως από υπουργούς», γράψαμε τότε (*Ελευθεροτυπία* 15-1-82). Ένας μόνο υπουργός (ο Άκης Τσοχατζόπουλος) έσπευσε να το προμηθευτεί — αν το διάβασε κιόλας δεν ξέρουμε. Ο δημόσιος διάλογος, πάντως, που επεδίωκε με το βιβλίο ο συγγραφέας του, για καίρια προβλήματα, δεν έγινε.

Με τις προτάσεις του *ειδικά για τις πλημμύρες* ο Νίκος Ράπτης επανήλθε πρόσφατα με άρθρο του στο *Αντί* (28-5-93).

Ανάτυπο αυτού του άρθρου έστειλε την περασμένη Τρίτη, μέσα στο γενικό χαμό από τις καταστροφές, σε τρεις αθηναϊκές εφημερίδες. Το αγνόησαν.

Τη νύχτα της Πέμπτης, σε τηλεοπτική συζήτηση για τις πλημμύρες (*Προφίλ*, ANTENNA) ακούστηκαν και δημαγωγικές τερατολογίες — από ειδήμονες βεβαίως: Να καθίσουν, λόγου χάρη, στο σκαμνί οι εργολάβοι (κάθε άλλο παρά αθώοι ασφαλώς) για τις καταστροφές από τις πλημμύρες σε δρόμους και λεωφόρους — λες και η πρόνοια για την αντοχή των οδοστρωμάτων οφείλει να στηρίζεται στην πρόβλεψη ότι θα μετατραπούν σε *κοίτη χειμάρρων*... Προσπάθησε να παρέμβει τηλεφωνικώς στη συζήτηση. Εις μάτην.

Την Παρασκευή τηλεφωνεί στο ρέκτη δήμαρχο, που επέλεξε την απεργία πείνας για να καταγγείλει την κυβερνητική ολιγωρία. «Άφησέ μου το τηλέφωνό σου να σε πάρω μόλις τελειώσει η σύσκεψη», του απάντησε. Αναμένει ακόμα στο ακουστικό...

Τι το σημαντικό λοιπόν, που δεν ακούστηκε από άλλους, λέει ο Νίκος Ράπτης; Ότι *και αν ανοίξουμε κάποια από τα μπαζωμένα ρέματα* (να το δούμε και να μην το πιστέψουμε) *και αν βελτιωθούν και επεκταθούν σημαντικά οι αγωγοί ομβρίων υδάτων, περιορίζονται κάπως οι κίνδυνοι καταστροφών, αλλά το πρόβλημα της πλημμύρας δεν λύνεται:*

— *Διότι* ειδικά στο λεκανοπέδιο της Αθήνας οι πλημμύρες είναι συνέπεια της *οικιστικής* (νόμιμης και αυθαίρετης) *ανάπτυξης* (εύγλωττες οι αεροφωτογραφίες που δημοσίευσε η *Ελευθεροτυπία* για τις μεταβολές τα τελευταία τριάντα χρόνια) και κανένα από τα «ρυθμιστικά σχέδια» δεν συνδέει αυτή την ανάπτυξη με το πρόβλημα της πλημμύρας.

— *Διότι* η αστικοποίηση μιας περιοχής (τα δέντρα αποψιλώνονται, το χώμα που απορροφά μέρος της βροχής εξαφανίζεται, η επιφάνεια καλύπτεται από μπετόν και άσφαλτο) «έχει πολύ μεγάλη επίδραση στον τρόπο απορροής του βρόχινου νερού».

— *Διότι* οι αδιαπέραστες από τη βροχή επιφάνειες (κτήρια, ασφαλτοστρωμένοι δρόμοι, πεζοδρόμια) *αυξάνουν την ποσότητα* του νερού που φθάνει στα χαμηλά, ενώ *μειώνεται ο χρόνος*: Η ποσότητα του βρόχινου νερού, που φθάνει στα χαμηλά μιας αστικοποιημένης περιοχής, είναι από *δύο ως πέντε φορές μεγαλύτερη* από την αντίστοιχη μιας χωρίς οικισμούς περιοχής. Και ο χρόνος για να φθάσει το νερό στα χαμηλά είναι αντιστοίχως *τέσσερις φορές λιγότερος*. Αδύνατη άρα η ομαλή απορροή, μέσα από τα φυσικά ρέματα και τους αγωγούς, με συνέπεια την πλημμύρα στις χαμηλότερες περιοχές.

Εύλογο συμπέρασμα: Για να μη σημειώνονται πλημμύρες στους οικισμούς χαμηλά, θα πρέπει να βρεθεί τρόπος *να συγκρατείται* μέρος του βρόχινου νερού *στα ανάντη* (κατά την τεχνική ορολογία) — στις *υψηλότερες* δηλαδή αστικοποιημένες και μη περιοχές.

Τη συγκράτηση, ακριβώς, με *χώρους αποθήκευσης* του βρόχινου νερού στα ψηλά της λεκάνης, προτείνει ο Νίκος Ράπτης.

Οι χώροι αποθήκευσης μπορεί να είναι οι *ταράτσες* των οικοδομών, μικρές *δεξαμενές* στους κήπους, *μεγαλύτερες* στους ακάλυπτους χώρους, ακόμα και *μικρές τεχνητές λίμνες*.

Το σύνθημα «κάθε οικοδομή και γκαράζ», που είχε λανσάρει κάποιος υπουργός, να γίνει δηλαδή «κάθε οικοδομή και δεξαμενή», με παράλληλη αντιμετώπιση των κινδύνων από τις πλημμύρες και τη λειψυδρία.

Γράφει ο Νίκος Ράπτης:

«Για την Αθήνα μπορούν εύκολα να χρησιμοποιηθούν για αποθήκευση οι ταράτσες των σπιτιών. Είναι πολύ απλό να κρατηθεί πάνω στις ταράτσες βρόχινο νερό βάθους πέντε έως δέκα εκατοστών του μέτρου (που είναι το ύψος βροχής για μια αρκετά μεγάλη πλημμύρα) για ένα χρονικό διάστημα από πέντε μέχρι δέκα ώρες και μετά να αδειάσει σταδιακά και ελεγχόμενα (...). Επίσης στην Αθήνα μπορούν να χρησιμοποιηθούν για αποθήκευση οι ακάλυπτοι χώροι των οικοπέδων, κυρίως στα προάστια, που ισχύει το "πανταχόθεν" ελεύθερο οικοδομικό σύστημα. Π.χ., εάν μια πλημμύρα έχει ύψος βροχής δέκα εκατοστά του μέτρου και αποφασίσουμε να αποθηκεύσουμε το μισό νερό, δηλαδή πέντε εκατοστά, τότε για ένα τυπικό οικόπεδο με επιφάνεια πεντακόσια τετραγωνικά μέτρα θα πρέπει να φτιαχτεί, σαν χώρος αποθήκευσης, μια μπετονένια δεξαμενή, χωμένη μέσα στο χώμα ή πάνω από αυτό, που να έχει χωρητικότητα γύρω στα είκοσι πέντε κυβικά μέτρα, με περίπου τις πιο κάτω διαστάσεις: μήκος δέκα μέτρα, πλάτος δυόμισι μέτρα και βάθος ένα μέτρο (...).

»Το άδειασμα του νερού από τις ταράτσες ή τις δεξα-

μενές των ακαλύπτων θα γίνεται σταδιακά για κάθε περιοχή του λεκανοπεδίου, με οδηγίες που θα δίνονται από ένα κέντρο ελέγχου, με τη βοήθεια του ραδιοφώνου και της τηλεόρασης ή ακόμα και του ΟΤΕ, για δέκα περίπου ώρες μετά τη βροχή. Αυτό βέβαια δεν θα χρειαστεί να γίνει πάνω από μια δυο φορές το χρόνο.

»Επίσης το νερό που αποθηκεύεται στις δεξαμενές των ακαλύπτων μπορεί να χρησιμοποιηθεί για πότισμα των κήπων.

»Για να αποδώσει η αποθήκευση στις ταράτσες και στους ακαλύπτους, θα πρέπει να εφαρμοστεί με τη βοήθεια κατάλληλων νόμων, που θα υποχρεώνουν τους ιδιοκτήτες των οικοδομών να διαμορφώνουν αποθηκευτικούς χώρους.

»Το κόστος για τη διαμόρφωση μιας ταράτσας σε αποθηκευτικό χώρο είναι ασήμαντο. Για τις δεξαμενές των ακαλύπτων το κόστος είναι μεγαλύτερο, όχι όμως και υπέρογκο. Πέραν όμως από αυτό, το κόστος αυτό μπορεί να αποσβεστεί με τη χρήση του νερού για πότισμα.

»Τέλος, πάλι για την Αθήνα, οι μη αναπτυγμένες περιοχές στους πρόποδες των βουνών που τη ζώνουν, προσφέρονται για τη δημιουργία χώρων αποθήκευσης για τη συγκράτηση του βρόχινου νερού που έρχεται από τις πλαγιές των βουνών αυτών και καταλήγουν στα υπόγεια των συνοικιών που βρίσκονται χαμηλά. Οι χώροι αυτοί μπορεί να είναι μικρές τεχνητές λίμνες, επιφάνειες μερικών δεκάδων στρεμμάτων και βάθους ενός με ενάμισι μέτρου...».

Κατά πώς στρώσαμε θα κοιμηθούμε. Έρχεται κάθε τόσο μια θεομηνία για να μας φέρει κατάφατσα με τον παραλογισμό της ζωής μας, με τις ολέθριες συνέπειες της άλογης «αναπτυξιακής» πολιτικής, με τα προβλήματα ακόμα και επιβίωσης του ανθρώπινου είδους (τι καλά που τα 'γραψε σ' αυτή τη στήλη την περασμένη Πέμπτη ο καθηγητής Διον. Συκιώτης, υπό τον ελάχιστα ελκυστικό τίτλο *Το αναπόφευκτο της επικράτησης του σοσιαλισμού*...) που δημιουργούν η άγρια κακοποίηση της φύσης, η κατασπατάληση των πεπερασμένων πόρων του πλανήτη, η ασύδοτη εμπορευματοποίηση και υπαγωγή των πάντων στην κερδοσκοπία, η χίμαιρα του ευδαιμονικού καταναλωτισμού, η αυταπάτη του ατομικού βολέματος, η άμβλυνση της κοινωνικής συνείδησης.

Στα προβλήματα που δημιουργεί η καταστροφή του περιβάλλοντος δεν υπάρχουν δραστικές τεχνικές λύσεις — η πιο συνετή και εφικτή αντιμετώπισή τους είναι το αμέσως ζητούμενο. Η πρόταση του Νίκου Ράπτη για τις πλημμύρες δεν είναι το «αβγό του Κολόμβου». Συνετή και εφικτή, το *διάλογο* προκαλεί και επιδιώκει, ως προϋπόθεση για την αποδοχή και εφαρμογή της...

Δευτέρα 29 Νοεμβρίου 1993

ΠΩΣ ΑΠΕΤΥΧΑ ΣΤΙΣ ΓΕΝΙΚΕΣ ΕΞΕΤΑΣΕΙΣ

ΣΤΗΝ ΤΕΛΕΥΤΑΙΑ τάξη Λυκείου η κόρη μου Άννα, μου μίλησε, το περασμένο φθινόπωρο, για την ανάγκη να πάει σε *φροντιστήριο*, για τα μαθήματα της «δέσμης».

Δεν έφερα αντίρρηση — όχι από ενοχές, που την έστελνα όλα τα χρόνια σε *δημόσια* σχολεία.

Τι να της (πρωτο)πω; Για την αθλιότητα της *παραπαιδείας;* Θα ανοίγαμε πολύ μεγάλη κουβέντα:

Ότι οι κυβερνώντες (οι πρώην, οι νυν και οι επόμενοι) δεν μπορούν να καμώνονται ότι νοιάζονται για την Παιδεία, με τις «μεταρρυθμίσεις» τους, τις «τολμηρές τομές» τους, τις προτάσεις τους για «διαλόγους», όσο το ενδιαφέρον τους αφήνει ανέγγιχτο το μέγα θέμα, το πρόβλημα-κλειδί: Την ποιότητα του *δασκάλου*.

Ότι είναι υποκριτικές όλες οι μεγαλόστομες διακηρύξεις, όταν στην αξιολογική κλίμακα της δημοσιοϋπαλληλίας στον κρατικό προϋπολογισμό πρώτοι πρώτοι προβάλλουν οι *τεχνοκράτες*, ακολουθούμενοι από τους *δικαστές* και τους *στρατιωτικούς* και στην έσχατη βαθμίδα, της μιζέριας, της κοινωνικής απαξίας και της χλεύης, παραμένουν εσαεί καθηλωμένοι οι *εκπαιδευτικοί*.

Ότι πρώτιστο μέλημα μιας *εθνικής* πολιτικής θα ήταν η μέριμνα για το δάσκαλο: *καλές σπουδές* για παιδαγωγική κι επιστημονική κατάρτιση, *διορισμός* αμέσως μετά την αποφοίτηση, *επιμόρφωση* σε όλη τη διάρκεια της καριέρας του, *ετήσιες κρίσεις*, για την επάρκειά του, σε όλες τις βαθμίδες (από το νηπιαγωγείο ως το πανεπιστήμιο), *αξιοκρατική* ανέλιξη και, βεβαίως, *αποδοχές* που να του επιτρέπουν να ζει χωρίς στερήσεις — και πάντως τις *υψηλότερες* της δημοσιοϋπαλληλίας. Τότε τα *ιδιαίτερα μαθήματα* (του εκμαυλισμού διδάσκοντος και διδασκομένου, της αθέμιτης συναλλαγής και της παραοικονομίας) θα *απαγορεύονταν επί ποινή απολύσεως* — κι άλλο τόσο θα απαγορευόταν να λειτουργούν τα φροντιστήρια, του τυφλοσούρτη και της «προκάτ» γνώσης...

Έκπληκτος αρχικά κι έξαλλος στη συνέχεια, άκουσα την κόρη μου να λέει ότι χρειάζεται, εκτός από το φροντιστήριο για όλα τα μαθήματα της «δέσμης» κι ένα ξεχωριστό, ειδικά για την *έκθεση*.

— Είσαι με τα καλά σου; Τι θα σου διδάξουν εκεί; Πώς θα σκέφτεσαι και θα εκφράζεσαι; Πώς θα αναπτύξεις ένα συγκεκριμένο θέμα με τους *δικούς σου* συλλογισμούς, *τη δική σου* κρίση, τις *δικές σου* ιδέες;

— Όχι, βεβαίως. Θα μάθω πώς θέλουν *αυτοί* (των εξεταστικών επιτροπών) να προσεγγίσω και να αναπτύξω ένα θέμα.

— Και υπάρχουν ορισμένα καλούπια, συνταγές και προδιαγραφές; Μου είναι αδιανόητο...

— Πού ζεις; Ασφαλώς και υπάρχουν.

Ο διάλογος αυτός μου ξανάρθε ερεθιστικά στο νου την πρώτη μέρα των Γενικών Εξετάσεων. Δεν χρειάστηκε να σκεφθώ πολύ για να υποκύψω στην πρόκληση:

Τριάντα πέντε χρόνια εφημεριδογράφος και κάποτε με άριστες επιδόσεις στις εκθέσεις, απεφάσισα να υποστώ τη δοκιμασία των Γενικών Εξετάσεων. Κάθισα λοιπόν κι έγραψα μια έκθεση — γνωστό πια το θέμα:

«Στην κοινωνία μας υπάρχουν ή προβάλλονται διάφορα *πρότυπα*. Οι σημερινοί νέοι έχουν ανάγκη από αυτά και ποια ανταποκρίνονται στα ιδανικά τους;»

Έγραψα, βεβαίως, τα δικά μου. Ότι στην εποχή μας, που τη χαρακτηρίζει η κρίση των ηθικών αξιών και η κατάρρευση των ιδεολογιών, στην εποχή του *καταναλωτικού ευδαιμονισμού* και της *επικοινωνιακής επανάστασης*, το κοινωνικό πρότυπο το παρέχει κυριαρχικά, σχεδόν αποκλειστικά, η *τηλεόραση*. Μέσα απ' αυτή δοκιμάζονται, αναπαράγονται ή εκμηδενίζονται τα πρότυπα κοινωνικής συμπεριφοράς που παράγουν άλλοι ιδεολογικοί μηχανισμοί (οικογένεια, εκπαίδευση, εκκλησία, στρατός, Τύπος, κόμματα, εμπορευματοποιημένη τέχνη και αθλητισμός κ.ά.).

Ότι ξένο προς κάθε ανθρωπιστική αξία, το προβαλλόμενο (και επιβαλλόμενο) από την τηλεόραση πρότυπο του σύγχρονου ανθρώπου είναι: Ον καταναλωτικά αδηφάγο και άπληστο, εγωκεντρικό, αρπακτικό και κατακτητικό, που μέσα από τον εύκολο πλουτισμό και την κοινωνική επιβολή προσδοκά και επιδιώκει την (καταναλωτική) ευδαιμονία.

Ότι το τηλεοπτικό πρότυπο, ορεκτικό κι εκμαυλιστικό, ευθύνεται σε μεγάλο βαθμό για τη σε μαζική κλίμακα νεύρωση, την απογοήτευση, το άγχος, την αβεβαιότητα και την ανασφάλεια — αφού οι πολλοί ταυτίζονται μ' αυτό ιδεοληπτικά, αλλά αδυνατούν να ανταποκριθούν στην πραγματική τους ζωή.

Ότι το τηλεοπτικό πρότυπο λειτουργεί *αλλοτριωτικά* και *ισοπεδωτικά* πιο αποτελεσματικά (και γι' αυτό πιο επικίνδυνα) από κάθε άλλο μηχανισμό ιδεολογίας και προπαγάνδας στην ιστορία της ανθρωπότητας: προκαλεί μόδα και συρμό, εκμηδενίζει αποστάσεις, καταρρίπτει σύνορα, εξαφανίζει κάθε ιδιαιτερότητα και ποικιλία που γεννά αυθεντικά κάθε τοπική κοινωνία, εθίζει στο μιμητισμό και στο μαϊμουδισμό, *εξομοιώνει* φαινομενικά στην κοινωνική συμπεριφορά τα μεγάλα πλήθη...

Έτσι, αν μια φορά είναι απορριπτέα τα πρότυπα που

παρέχουν οι επαγγελματίες της πολιτικής, λόγου χάρη, ή η εκκλησία, χίλιες φορές είναι αποκρουστικό το τηλεοπτικό πρότυπο.

Αν συνεπώς οι νέοι μπορούν ακόμα να αναζητούν ιδανικά, το πρώτιστο είναι η *αντίσταση* στην ιδεολογία του καταναλωτικού ευδαιμονισμού· είναι να συνθέτουν το ηθικό έρμα της προσωπικότητάς τους οι διαχρονικά αναλλοίωτες αξίες: ο σεβασμός και η αγάπη για τον άνθρωπο, ο σεβασμός και η αγάπη για τη φύση, το πάθος της ελευθερίας, η ευθύνη του πολίτη, η αναζήτηση της ευτυχίας στις ανθρώπινες σχέσεις, στον έρωτα και στη συντροφικότητα, η απόρριψη των επίπλαστων «αναγκών» του καταναλωτισμού, η αναζήτηση της ομορφιάς και της αρμονίας στην ποικιλία, η χαρά τού να νιώθεις διαφορετικός μέσα στο πλήθος, η υπεράσπιση του δικαιώματος στη διαφορά και την παρέκκλιση, το αναπαλλοτρίωτο δικαίωμα στην αυτόνομη σκέψη και στην ελεύθερη έκφραση...

Κάτι τέτοια έγραψα, τα φωτοτύπησα κι έστειλα αντίγραφα σε τρεις φίλους φιλολόγους, μέλη εξεταστικών επιτροπών, να τα βαθμολογήσουν.

Είναι εκπληκτική η ομοφωνία τους στο *μηδενισμό* του γραπτού μου.

«Είσαι εκτός θέματος», μου είπαν αποσβολωτικά. «Τίποτα απ' όσα λες δεν περιέχεται στα σχολικά βιβλία ούτε διδάσκεται στα φροντιστήρια...».

Καλά είχε φροντίσει να με προσγειώσει η Άννα, η κόρη μου: «Πού ζεις;»

Πού ζω, αλήθεια;

Με μνήμη ασθενή, πώς γίνεται τάχα να θυμάμαι, περίπου αυτολεξεί, όσα μας έλεγε, πριν τρεισήμισι δεκαετίες και πλέον στο Γυμνάσιο Κηφισιάς, ο σοφός δάσκαλος Δημοσθένης Κουνιάκης:

«Το παιδί δεν θέλει να καταπίνει τίποτα αμάσητο — και καλά κάνει. Το παιδί έχει ανησυχίες, θέλει να ανανεώνει συνεχώς τον προβληματισμό του, να αμφισβητεί τα πάντα, διεκδικεί δηλαδή το δικαίωμα να σκέφτεται — και πράττει άριστα...».

Με μνήμη ασθενή, πώς να ξεχάσω ότι στις δικές μας εισαγωγικές εξετάσεις, όταν τα πανεπιστήμια κατευθύνονταν από τις παραεκκλησιαστικές οργανώσεις, γράφαμε άφοβα τις σκέψεις μας στις κόλλες διαγωνισμού και περνούσαμε με καλούς βαθμούς;

Με τόσες εκπαιδευτικές μεταρρυθμίσεις, με τόσους πατενταρισμένους «προοδευτικούς» δασκάλους, πώς γίνεται να επιβραβεύεται στις Γενικές Εξετάσεις ο *σκοταδισμός* της παπαγαλίας, της μηχανικής αποστήθισης αθλίων κειμένων, της *τυποποιημένης* «σκέψης»;

Δευτέρα 29 Ιουνίου 1992

ΦΑΝΤΑΣΙΩΣΕΙΣ ΑΘΕΡΑΠΕΥΤΟΥ ΕΛΛΗΝΟΛΑΤΡΗ

«Παντού στην Ευρώπη θα 'πρεπε οι άνθρωποι να μάχονται για τη διατήρηση της πολιτιστικής τους κληρονομιάς. Στην Ελλάδα είστε πολύ τυχεροί. Έχετε μνημεία, ποιητές, συγγραφείς, μουσικούς».

ΖΑΚ ΛΑΝΓΚ

ΑΘΕΡΑΠΕΥΤΑ ΑΦΕΛΗΣ, θα 'θελα στα πρωτοσέλιδα των εφημερίδων και πρώτο θέμα στα τηλεοπτικά δελτία ειδήσεων την εκδήλωση, την περασμένη Τρίτη, στη Βουλή των Λόρδων για τη Μελίνα — τη Μελίνα μας. Εκεί όπου γνωστά ονόματα της πολιτικής, της επιστήμης και της τέχνης τίμησαν τη μεγάλη Ελληνίδα με τον καλύτερο τρόπο: Υποστήριξαν με πάθος ό,τι και οι είκοσι εννέα Βρετανίδες ηθοποιοί με την επιστολή τους στην *Γκάρντιαν*, όσα περιλαμβάνει και η διακήρυξη ογδόντα εφτά Βρετανών βουλευτών:

«... Η υπόλοιπη Ευρώπη χρωστά ανυπολόγιστη ευγνωμοσύνη στην Ελλάδα, τόσο στον πολιτικό όσο και στον πολιτιστικό τομέα, και τα Μάρμαρα του Παρθενώνος πρέπει να επιστρέψουν στο σπίτι τους...».

Θα 'θελα η επίσημη Ελλάδα να αδράξει την ευκαιρία και οι μυριάδες λαού, που θρήνησαν το χαμό της μεγάλης Ελληνίδας, να κάνουν όραμά τους το όραμά της:

Να επαναπατριστούν οι αρχαιολογικοί θησαυροί μας. Συμβολικά, πρώτα τα μάρμαρα, που αφαίρεσε από τον

Παρθενώνα ο λήσταρχος Έλγιν («ένα όνομα που δεν θα προφέρει κανείς χωρίς αποστροφή», έγραψε ο Byron. Ύστερα, τα κατεσπαρμένα σε πολλά ξένα μουσεία *σύνολα*: του Παρθενώνος, της Αφαίας, του Επικούριου Απόλλωνος. Και μετά όλα τ' άλλα. «Για τους βάνδαλους είναι μόνο πέτρες...», έγραψε ο Schiller.

Το δρόμο άνοιξε η Μελίνα, όσο ζούσε, αλλά και με τη *διττή ύστατη προσφορά* της στον τόπο:

—*Με τις εκδηλώσεις* φιλελληνισμού, που συνόδευσαν τον παγκόσμιο θρήνο για το χαμό της (σε δύσκολους καιρούς, που βλέπουμε να μας επιβουλεύονται από παντού «ανθέλληνες» και «συνωμότες»...).

—*Με το «Ίδρυμα Μελίνα Μερκούρη»*, που συνέστησε ο (πιο Έλληνας από πολλούς Έλληνες) Ζυλ Ντασσέν, για το Μουσείο της Ακρόπολης και τον επαναπατρισμό των μαρμάρων του Παρθενώνος.

Αθεράπευτα αφελής και ελληνολάτρης θα 'θελα να εκμεταλλεύεται την ευνοϊκή στιγμή πρώτη και καλύτερη η επίσημη Ελλάδα:

—*Η κυβέρνηση* και τα υπουργεία Πολιτισμού, Παιδείας και Τουρισμού να συνεχίσουν (πιο οργανωμένα και φιλόδοξα) τις εκδηλώσεις για τα 2.500 χρόνια της Αθηναϊκής Δημοκρατίας. Και με την ευκαιρία, να προβάλουν διεθνώς και να υποβάλουν σε διεθνείς οργανισμούς (ΟΗΕ, ΟΥΝΕΣΚΟ, Συμβούλιο της Ευρώπης, Ευρωπαϊκή Ένωση κ.ά.) το αίτημα να επιστραφεί η λεηλατημένη πολιτιστική κληρονομιά μας.

—*Η Βουλή των Ελλήνων*, που γιόρτασε τώρα τα εκατόν πενήντα χρόνια της, αντί της πομπώδους αερολογίας, να είχε αφιερώσει σ' αυτό ακριβώς το αίτημα την επέτειο.

—*Η Ακαδημία Αθηνών*, που δεν βρήκε τίποτα άξιο να

βραβεύσει από την πνευματική παραγωγή του 1993 στον τομέα των Ηθικών και Πολιτικών Επιστημών, να είχε ομοφώνως σωρεύσει όλα τα βραβεία της στο εξαίρετο βιβλίο του ακάματου Κυριάκου Σιμόπουλου *Η λεηλασία και καταστροφή των Ελληνικών Αρχαιοτήτων*. Να είχε εισηγηθεί δε στο απαίδευτο Υπουργείο Παιδείας όπως το βιβλίο αυτό αποτελέσει αναγκαίο βοήθημα για τους μαθητές Γυμνασίου και Λυκείου και υποχρεωτικό σύγγραμμα για τις πανεπιστημιακές σχολές φιλολογίας.

Αναγκαία η παρένθεση: Δεν θα αρκούσε, γι' αυτό, να είχαν οι «αθάνατοι» διαβάσει απλώς το βιβλίο — αμφιβάλλω αν κανείς τους το ξεφύλλισε. Καθένας τους, στο τελευταίο ταξίδι του στο Παρίσι, καθώς θα περιδιάβαινε με τους Γιαπωνέζους τουρίστες τις *είκοσι οχτώ αίθουσες με ελληνικά καλλιτεχνήματα*, στο Λούβρο, δεν μπορούσε πια παρά να ξαναδεί με άλλο μάτι, δακρυσμένο σίγουρα, την Αφροδίτη της Μήλου.

Η απάντηση στο ερώτημα τι απέγιναν τα χέρια της, που τα είχε άθικτα όταν βρέθηκε το 1820, θα ερχόταν από τις σελίδες του Σιμόπουλου με εικόνες φρίκης από τους βανδαλισμούς των Γάλλων ληστών, όπως καταγράφονται σε ντοκουμέντα της εποχής:

«... Αν από θαύμα ζωντάνευε η Αφροδίτη, θα έκλαιγε πικρά βλέποντας να τη σέρνουν, να την αναποδογυρίζουν και να την κατρακυλούν στη βραχουριά (...). Οι Έλληνες έσκουζαν απελπισμένοι ζητώντας βοήθεια από το Θεό. Κόπηκε ένα αυτί, το αίμα κυλούσε. Και μέσα στην αναστάτωση, οι ναύτες τραβολογούσαν το κασόνι, που τραμπαλιζόταν κι έπεφτε δεξιά και αριστερά και το μετέφεραν στο πολεμικό. Εκεί έχασε η Αφροδίτη το αριστερό της χέρι...».

Αθεράπευτα αφελής και ελληνολάτρης, θα 'θελα αυτή τη χρονιά η επέτειος της εθνικής παλιγγενεσίας να ξέφευγε από τα τετριμμένα, τους φλύαρους πανηγυρικούς, τις ανιαρές αναλλοίωτες σχολικές γιορτές, τα άρπα κόλλα τηλεοπτικά αφιερώματα: Να υπηρετούσε με όλα τα μέσα προβολής τον ίδιο στόχο — *τον επαναπατρισμό των αρχαιοτήτων μας*.

Να μάθαιναν επιτέλους οι νεοέλληνες (εννιά στους δέκα δεν έχουν προσκυνήσει τον Παρθενώνα και ασχολούνται με τις αρχαιότητες στο βαθμό που η μικροπολιτική προβάλλει τα της συλλογής Μητσοτάκη...) πώς νοιάζονταν για την κληρονομιά μας οι αγωνιστές του 1821, αυτοί που με το αίμα τους ελευθέρωσαν την πατρίδα.

Με επιστολή του προς τον Μαυροκορδάτο από το Παρίσι (20 Σεπτεμβρίου 1823) ο Αδ. Κοραής, τονίζει ότι πρώτο μέλημα της επαναστατικής κυβέρνησης πρέπει να είναι «η συνάθροισις και φυλακή (φύλαξις) των λειψάνων της ελληνικής αρχαιότητος».

Το 1825 ο Παπαφλέσσας, ως υπουργός Εσωτερικών (υπενθυμίζει ο καθηγητής Αρχαιολογίας Μιχ. Τιβέριος, *Βήμα* 20-3-94), καθιστά όλους τους επάρχους, δημογέροντες, επιτρόπους και δάσκαλους υπεύθυνους για την προστασία των αρχαιοτήτων. Προτιάζει ακόμα να μαζεύονται τα αρχαία στα σχολεία «δια να αποκτήσει με τον καιρόν, παν σχολείον το Μουσείον του, πράγμα αναγκαιότατον δια την Ιστορίαν...».

Με το νέο πολίτευμα, που ψηφίσθηκε στην Γ' Εθνική Συνέλευση της Τροιζήνας και επικυρώθηκε το 1829 στην Δ' Εθνοσυνέλευση του Άργους, το ελληνικό κράτος προνοεί για την προστασία των αρχαιοτήτων και *απαγορεύει ρητά την εξαγωγή και πώλησή τους*.

Στους νεοέλληνες αρχαιοκάπηλους θα μπορούσε να αφιερωθεί τούτο το απόσπασμα από τα *Απομνημονεύματα* του Μακρυγιάννη:

«Είχα δύο αγάλματα περίφημα, μια γυναίκα κι ένα βασιλόπουλο, ατόφια — φαίνονταν οι φλέβες, τόσην εντέλεια είχαν. Όταν χάλασαν τον Πόρον, τάχαν πάρει κάτι στρατιώτες και εις τ' Άργος θα τα πουλούσαν κάτι Ευρωπαίων· χίλια τάλαρα γύρευαν. Άντεσα κι εγώ εκεί πέρναγα· πήρα τους στρατιώτες και τους μίλησα. Αυτά και δέκα χιλιάδες τάλαρα *να σας δώσουν να μην το καταδεχτήτε να βγουν από την πατρίδα μας. Δι' αυτά πολεμήσαμεν.* Βγάζω και τους δίνω τριακόσια πενήντα τάλαρα».

Αθεράπευτα αφελής και ελληνολάτρης σκίρτησε η καρδιά μου τον περασμένο Σεπτέμβριο στο Λονδίνο, καθώς διάβαζα στις εκεί εφημερίδες τη διδακτική ιστοριούλα:

Ο εβδομηντάχρονος κηπουρός Eric Lawes στο Suffolk, ψάχνοντας με ανιχνευτή μετάλλων για ένα χαμένο σφυρί, έπεσε πάνω στο μεγαλύτερο αρχαιολογικό θησαυρό που ανακαλύφθηκε ποτέ στη Βρετανία: 14.780 χρυσά και ασημένια ρωμαϊκά νομίσματα, κοσμήματα, επιτραπέζια μικροαντικείμενα κ.ά. Ως νομοταγής πολίτης έσπευσε και παρέδωσε το θησαυρό στην πλησιέστερη αρχή. Οι αρμόδιες αρχές του σοβαρού κράτους συνήλθαν, εξετίμησαν και απετίμησαν το θησαυρό και αποφάσισαν ότι αυτός μεν ανήκει στο Βρετανικό Μουσείο, ο δε τυχερός κηπουρός θα εισπράξει από το κράτος *ολόκληρη την αξία του* — με βάση τις τιμές της αγοράς (πάνω από πέντε εκατομμύρια λίρες).

Να το, σκέφτηκα, το αβγό του Κολόμβου. Γιατί, τάχα, θα θορυβούσαμε για τους αρχαιοκάπηλους και τους (συχνά συνεργούς τους) ιδιώτες συλλέκτες, αν είχαμε σοβαρό κράτος που:

Θα έθετε αυστηρά *εκτός συναλλαγής* τις αρχαιότητες·

θα αγόραζε ό,τι αρχαίο ανακαλύπτεται στην τρέχουσα τιμή του της αγοράς· θα έθετε πρώτο μέλημά του την προστασία της πολιτιστικής κληρονομιάς μας· θα οργάνωνε σε κάθε πόλη μουσεία, άρτια εξοπλισμένα και προστατευμένα· *θα μετέτρεπε τη χώρα σ' ένα απέραντο εργαστήρι τέχνης και αρχαιολογικό πάρκο*· θα δεχόταν τουρίστες προσκυνητές — στην πιο ανεπτυγμένη προστατευτική για το περιβάλλον και προσοδοφόρο τουριστική βιομηχανία· θα διέθετε για την παιδεία και τον πολιτισμό όσα τώρα για αμυντικές δαπάνες· θα φρόντιζε να διασφαλιστούν με διεθνείς εγγυήσεις τα σύνορα της *χώρας-μνημείου*· θα αγωνιζόταν (μαζί με όλους τους λαούς και όλα τα κράτη, που ληστεύτηκε η πολιτιστική τους κληρονομιά) να επαναπατριστεί ο προγονικός μας πλούτος — και θα αναμόρφωνε τότε, βεβαίως, ριζικά την άθλια περί αρχαιοτήτων νομοθεσία μας, για να καταστήσει *κακούργημα* ειδεχθές την αγοραπωλησία και *εξαγωγή* αρχαίων αντικειμένων και να καταργήσει όλες τις ιδιωτικές συλλογές...

Αθεράπευτα αιθεροβάμων, ονειρεύομαι με τα μάτια ανοιχτά. Πότε, ποιοι ηγέτες μας σ' αυτό τον τόπο είχαν οράματα;

Δευτέρα 28 Μαρτίου 1994

ΟΙ ΧΑΡΤΟΠΑΙΚΤΕΣ

ΜΑΣ ΠΡΟΪΔΕΑΣΕ, κάπως, λίγα λεπτά πριν, ο ιστορικός τέχνης Μάνος Στεφανίδης γι' αυτό που θα βλέπαμε, που θα βιώναμε. Γι' αυτό που κληθήκαμε να παραστούμε μάρτυρες. Τελειώνοντας μια σύντομη αναδρομή στο έργο του Κώστα Τσόκλη, μας θύμισε, αναπάντεχα, τους *Χαρτοπαίκτες* του Σεζάν — με τη σκόπιμη, πρόσθετη, επισήμανση:

Πολ Σεζάν, 63 χρόνων, τρία χρόνια πριν από το θάνατό του, Aix-en Provence, 1903 — στο κατώφλι του αιώνα μας.

Κώστας Τσόκλης, 63 χρόνων, Σαντορίνη, 1993 — στο λυκόφως του εικοστού αιώνα.

Μας προδιέθεσαν ότι μετέχουμε σε μυστικιστική, λες, τελετουργία, ο χώρος, η ατμόσφαιρα: Έντεχνο χωριό, μέσα στο χωριό, η VEDEMA, οι κάναβες (αυτά τα υπόσκαφα λαγούμια) το καινούριο φεγγάρι στη φέξη του, το σκοτάδι. Δαυλοί, ο μόνος φωτισμός, μπηγμένοι στους θεοσκότεινους τοίχους από μαύρη πέτρα. Καμιά φωνή — ψίθυροι μόνο.

Μας προειδοποιούσαν, θα 'λεγες, στην έξοδό τους, όσοι προπορεύθηκαν — καθώς η είσοδος στο μικρό χώρο ήταν για δυο δυο, τρεις τρεις, σαν σε προσκύνημα: Συσπασμένα πρόσωπα, άφωνα χείλη, δακρυσμένα μάτια.

Κι ωστόσο, μ' όλα αυτά τα προμηνύματα, μόλις ο Γιάννης Τσεκλένης παραμέριζε να περάσεις, το σοκ σε καθήλωνε, αναπότρεπτα.

Κρύπτη, τέμενος, τάφος;

Διάχυτος ο θάνατος στον αυστηρά δομημένο χώρο. Όλα μαύρα. Ο θόλος και οι τοίχοι. Στο δάπεδο, θρυμματισμένο πια, το διάπυρο κάποτε μάγμα. Η σιγή. Το δέος.

Στο βάθος, αντικριστά, *οι Χαρτοπαίκτες* του Κώστα Τσόκλη. Μορφές απολιθωμένες, απρόσιτες, σε μακάβρια σμίκρυνση. Ασάλευτες, αδρές φιγούρες, ο δημιουργός και ο συνεργάτης του Αντώνης Σταθόπουλος. Ένα στρώμα από ξανθωπή, χρυσαφιά τέφρα, από την πανάρχαιη λάβα, τα καλύπτει όλα: Το τραπέζι. Τα τραπουλόχαρτα. Το μπουκάλι. Το κηροπήγιο. Τους χαρτοπαίκτες — τα ρούχα, τα κορμιά, τα πετρωμένα πρόσωπα. Ακινησία παγερή, νεκρική. Ούτε ανάσα. Αλλά υπάρχουν οι σκιές τους στον μαύρο τοίχο — σε συνεφέρνει η λογική. Οι νεκροί δεν έχουν σκιά...

Κάπως έτσι θα βρεθούν κάποτε οι χαρτοπαίκτες της επόμενης Πομπηίας — ή της Θήρας;

Πασχίζαμε, αργότερα, να εκλογικεύσουμε το συναισθηματικά βιωμένο. Τέχνη παραστατική. Action, τη λένε, «δρώμενο» τη μεταφράζουν — κενές και φτωχές οι λέξεις.

Διαφορετικά όλα κι απρόσμενα: Το έργο. Ο χώρος δημιουργίας. Ο ρόλος του δημιουργού. Η σχέση με το χρόνο. Η σχέση του έργου με τον αποδέκτη, το κοινό — ποιο κοινό;

Παιχνίδι με το θάνατο ή η χλεύη του; Πρόκληση στην αιωνιότητα — αλλά σ' ένα έργο εφήμερο, πού είναι τάχα η πάγια φιλοδοξία του καλλιτέχνη να κυριαρχήσει στο χρόνο; Η αδυσώπητη μοίρα του ανθρώπου; Η παράλογη κι εκ των προτέρων χαμένη πάλη του να δαμάσει την ανυπέρβλητη (μάρτυρας η Σαντορίνη) φύση; Η μηδαμινότητά μας πάνω στη μάνα Γη;

Τι, τάχα, απ' όλα αυτά; Ή μήπως όλα;

Ελάχιστα διαφωτιστικός ο δημιουργός:

«Παίζω με τις αισθήσεις σας», λέει. «Με μέσα ταπεινά και λιτό το προσδοκώμενο αποτέλεσμα — πέρα από το δραματικό ή το γελοίο. Τη συγκίνησή σας επιδιώκει μονίμως ο καλλιτέχνης. Την πετυχαίνει; Αυτό είναι όλο...».

Τον ακούω προσεκτικά, αλλά δεν τον πολυπιστεύω. Άλλωστε έχει αυτοαποκαλυφθεί άλλοτε ειλικρινέστατα:

«Την ώρα που τα λέω, πίστεψέ με, είμαι βέβαιος ότι το δίκιο μου είναι απόλυτο. Μόλις όμως η φράση μου τελειώσει, είμαι εξίσου βέβαιος ότι τα πράγματα είναι αλλιώς...».

Άλλωστε, δεν αποζητάς, ως αποδέκτης, το μαγικό κλειδί της μύησης — δεν υπάρχει.

Τι μένει λοιπόν; Ό,τι βιώσαμε με όλες τις αισθήσεις μας. Η εύνοια της τύχης να είμαστε εκεί, μακριά από την τύρβη, παρόντες, αυτόπτες μάρτυρες. Σαντορίνη, 18 Σεπτεμβρίου 1993, Σαββατόβραδο. Ένας Τσόκλης φωλιασμένος μέσα μας. Ένας Τσόκλης οικείος και απρόσιτος. Δικός μας και οικουμενικός. Σε συνεχή ανησυχία, σε μόνιμη αγωνία, σε αέναη αναζήτηση.

Πρόλαβε και το είπε, τις προάλλες, η Μελίνα:

«Κώστα Τσόκλη, σ' ευχαριστούμε, σ' ευχαριστώ, που υπάρχεις σ' αυτό τον τόπο»...

Σάββατο 25 Σεπτεμβρίου 1993

Δ΄
ΤΟ ΠΕΡΙΘΩΡΙΟ

«ΡΕΒΕΓΙΟΝ»
ΜΕ ΤΟΝ ΙΣΟΒΙΤΗ ΚΑΙ ΤΗ ΜΑΝΑ ΤΟΥ

«... ιδού διατί η πτωχή γραία εφόρει την ημέρα των Χριστουγέννων καινουργή "άδολην" μανδήλαν...»
ΑΛ. ΠΑΠΑΔΙΑΜΑΝΤΗΣ

ΤΟΥΣ ΒΡΗΚΑ όλους στο πόδι, έκδηλα νευρικούς, έτσι όπως έφτασα καθυστερημένος κατά δύο και πάνω ώρες στις φυλακές του Αγίου Στεφάνου της Πάτρας.

Ύστερα από πολύμηνες προσπάθειες, ταλαντεύσεις, υπαναχωρήσεις, διαβεβαιώσεις κι ανεκπλήρωτες υποσχέσεις, δόθηκε επιτέλους η πενθήμερη άδεια στον τριανταπεντάχρονο ισοβίτη Γιάννη Παπαδόπουλο — εκείνον ντε που μας κατέστησαν οικείο οι κάμερες, τέτοιες μέρες, πριν από τέσσερα χρόνια, όταν έμπαινε με ένα μπουκέτο λουλούδια στο γραφείο του υπουργού Δικαιοσύνης Αθ. Κανελλόπουλου· εκείνον που κουβαλούσε την ευθύνη (και τις ελπίδες) χιλίων διακοσίων εξεγερμένων του Κορυδαλλού...

Ευγενέστατοι και φιλικοί μαζί μου ο διευθυντής Μαν. Γαλάνης, η γραμματέας, ο πρώην διευθυντής, δυο τρεις σωφρονιστικοί υπάλληλοι, οι φρουροί — ανταλλάξαμε χειραψίες κι ευχές για τα Χριστούγεννα.

«Μην ανησυχείτε. Σε πέντε εικοσιτετράωρα ακριβώς θα τον ξαναφέρω. Ο Γιάννης είναι υπεύθυνος άνθρωπος...».

«Ειδικά γι' αυτόν ήταν πολύ δύσκολο να δοθεί η άδεια. Ρισκάρουμε όλοι. Και πρέπει να γυρίσει. Για τους άλλους, που περιμένουν τη σειρά τους για άδεια. Και για τον ίδιο, για να φύγει κάποτε οριστικά. Να πάει επιτέλους στο σπίτι του...».

Πιο αδύνατος και με μεγαλύτερα μάτια από την τελευταία φορά που τον είδα, ο Γιάννης, κοντοστέκεται στην αυλή.

«Να εκεί στη γωνία είναι οι αποθήκες, όπου μείναμε τρεις στην απομόνωση δυόμισι χρόνια. Μεσανυχτιάτικα με είχαν φέρει από τον Κορυδαλλό, όπου με είχαν σαπίσει στο ξύλο. Με μάτια πρησμένα και γεμάτος αίματα, μόλις που έβλεπα. Ήταν Χριστούγεννα και τότε...».

«Τώρα, ελπίζω, δεν δέρνουν».

«Δεν δέρνουν, πράγματι».

«Να που κάτι αλλάζει, προς το καλύτερο».

«Όχι, πολλά. Μη σε ξεγελούν οι ασπρισμένοι τοίχοι και οι καναπέδες στο γραφείο του διευθυντή. Τα δώδεκα δισεκατομμύρια της ΕΟΚ για τα σωφρονιστικά καταστήματα εκεί πήγαν: Σε μέτρα ασφαλείας και σε έργα καλλωπισμού — για τη *μόστρα του μαγαζιού*. Για τους κρατούμενους τίποτα...».

Λίγο παρακάτω μας περίμενε η Κατερίνα Ιατροπούλου, η δικηγόρος — η Αγία Αικατερίνη των φυλακισμένων. «Τι θα 'θελες να κάνεις, αυτές τις μέρες, Γιάννη;» λέω.

«Να δω τη μάνα μου πρώτα. Με περιμένει ετοιμοθάνατη, με την ψυχή στο στόμα. Έπειτα το 'χω τάμα να πάω να πιω το καφεδάκι μου στην πλατεία Συντάγματος, εκεί στην καρδιά του κράτους — αλλά άσ' το αυτό, όταν θα 'μαι πραγματικά ελεύθερος. Και *θέλω να ανεβώ στην Ακρόπολη*, για προσκύνημα — δεν ανέβηκα ποτέ...».

Θέλει — και τι δεν θέλει... Καταχωνιασμένες χρόνια επιθυμίες βγαίνουν στην επιφάνεια. Τα έχει στερηθεί όλα. Πάνω από τη μισή ζωή του πίσω από τα κάγκελα — τ' αναμορφωτήρια στην εφηβεία, από τα δεκαεννιά του ισοβίτης, σπίτι του όλες οι φυλακές της χώρας. Τι θα πρωτοπρολάβει; Η ψευδαίσθηση της ελευθερίας μετρημένη σε μερικά αμείλικτα εικοσιτετράωρα. Αυστηρά ορισμένος ο χρόνος — δεν είναι λάστιχο, δεν μεγαλώνει, δεν τα χωράει όλα.

Μιλάει ασταμάτητα. Λιγότερο για τα παιδικά χρόνια στην εργατούπολη της Ελευσίνας, στο σπίτι του εργάτη πατέρα με τα τρία αγόρια. Ο πρώτος, ο Θωμάς («ο καλύτερός μας», λέει όλη η οικογένεια) έφυγε νωρίς, από τροχαίο. Ο Ταξιάρχης, ο δεύτερος, δουλευτής και νοικοκύρης, με τη φαμίλια του, γυναίκα και δύο παιδιά, περιθάλπει τη μάνα. Πιο ανήσυχος κι ευαίσθητος ο «μικρός», ο Γιάννης, δεν αρκείται στα λίγα, τα θέλει όλα. Πρώιμος άνδρας, ωραίος, έξυπνος, ζωηρός, ανυπότακτος, απροσάρμοστος, με φυσική επιβολή στους ομήλικους και στη γειτονιά, με νταηλίκι και μαγκιά — προσωποποιημένο *το πρότυπο της χαμοζωής*, με τους ανελέητους ιστούς, που δεν επιτρέπουν ξεπετάγματα.

Για τη φυλακή μιλάει κυρίως. Αυτή είναι η ζωή του, εκεί υπάρχει, από αυτή οι ζωντανές μνήμες. Εικόνες φρίκης, κτηνωδίας, ταπείνωσης, μαρτυρίου, αφηγημένες γλαφυρά.

Και η *αντίσταση στη συστηματική αποκτήνωση* — με μόνο όπλο την περηφάνια, το φιλότιμο, την αντοχή του κορμιού. Σκληροί και αδυσώπητοι οι άτυποι αλλά ρυθμιστικοί κανόνες στη ζωή του κρατούμενου, άγρια κοινότητα, οι καλοί και οι κακοί, οι πονηροί και τα ανθρωπάκια, οι λεβέντες, οι νταήδες, τα καρφώματα, οι κιοτήδες, οι βολεψάκηδες, αλλά και μοναδικές σχέσεις αλληλεγγύης, αλτρουισμού, ανθρωπιάς. Ο αδιάκοπος αγώνας να σταθείς όρθιος. Οι δραπετεύσεις. Οι εξεγέρσεις. Το εκρηκτικό μείγμα απελπισίας κι ελπίδας...

Θέλει, οπωσδήποτε, να περάσουμε κι από *εκεί*, από τον τόπο του εγκλήματος.

Να, εδώ η γειτονιά, το σπίτι, ο Άγιος Κωνσταντίνος, το λιμάνι, οι αρχαιότητες, όπου ο Κουν ανέβασε τα *Αισχύλεια* — ήθελε ο Γιάννης να μπει, να δει τις πρόβες, «από περιέργεια περισσότερο, παρά από ενδιαφέρον», δεν τον άφησαν.

Από εκείνο το μπαρ βγήκε με τους φίλους, περασμένα μεσάνυχτα. Πιωμένος, με μπαταρισμένο το κεφάλι (είχε πέσει με τη μηχανή) ξάπλωσε στο παγκάκι και οι άλλοι κάλεσαν το ταξί. Τι το 'θελαν; Ένα χιλιόμετρο όλο κι όλο ως την «καφετέρια», θα μπορούσαν να περπατήσουν. Λογομαχία με τον ταξιτζή, η μια βαριά κουβέντα έφερνε την άλλη, τους σταμάτησε στην πιάτσα των ταξί να «λογαριαστούνε». Το μαχαίρωμα, ο νεκρός βιοπαλαιστής... «*Μέσα σε δύο λεπτά χάθηκαν δυο ζωές*. Νεκρός εκείνος, θάφτηκα στη φυλακή εγώ...». Το κακό δεν αργεί να γίνει. Είναι να μη σου 'ρθει η κακιά ώρα — δεν την προγραμματίζεις, δεν την περιμένεις...

Ξεσηκώθηκε η μικρή κοινωνία κατά του νεαρού φονιά. Με κομουνιστή δήμαρχο, το δημοτικό συμβούλιο απαίτησε, με ψήφισμα, την αμείλικτη τιμωρία του — για να σταματήσει, λέει, η διαφθορά και ο κατήφορος της νεολαίας με τα μπαρ, τα ύποπτα νυχτερινά κέντρα, τον «αμερικάνικο τρόπο ζωής». Ο μεροκαματιάρης πατέρας, η αντάρτισσα μάνα, η αδιέξοδη χαμοζωή, τα παρεχόμενα πρότυπα και η μαζική νεύρωση στην κοινωνία του καταναλωτισμού και της τηλεόρασης, ξεχάστηκαν...

Ακόμα πιο άγριος ο Τύπος, ζητούσε το κεφάλι του «νεαρού κακούργου», του «αιμοσταγούς δολοφόνου».

Το Κακουργιοδικείο απλώς *επεκύρωσε την ειλημμένη από την κοινωνία αμετάκλητη καταδίκη σε ισόβια δεσμά.*

Δεν μέτρησαν ούτε η μετεφηβική ηλικία ούτε το «εν θερμώ» μαχαίρωμα, ούτε η έλλειψη προμελέτης. Δεκέμβριος 1979. Μόνος κι ανυπεράσπιστος ο Γιάννης, δεν είχε καν τον καλοπληρωμένο μεγάλο δικηγόρο να ζητήσει και να πετύχει ολιγοήμερη αναβολή της δίκης, για να έχει το *δικαίωμα της έφεσης*, που ίσχυσε από 1-1-80...

Μόνη εξαίρεση στην κοινωνία της Ελευσίνας ο μακαρίτης τώρα πατήρ Πηρουνάκης επισκέφθηκε τον Γιάννη στη φυλακή.

«Μου έφερε την Καινή Διαθήκη. Έτσι άρχισα να διαβάζω. Μου άρεσαν οι παραβολές στον ευαγγελικό λόγο. Έμαθα *να μη σταματάει το μάτι μου στην ακίδα, να βλέπω το δοκάρι*. Κατάλαβα πόσο λάθος είχα πάρει τη ζωή μου — και τη χάλασα. Κατάλαβα ότι δεν μου φταίει ο πλαϊνός μου. Άλλοι μας διαμορφώνουν έτσι, μας θέλουν έτσι. Είναι το κράτος της βίας. Είναι το σύστημα της κοινωνικής αδικίας (...). Όταν ζήτησα από τον πατέρα Πηρουνάκη να μου φέρει το *Κράτος κι Επανάσταση* του Λένιν, ξαφνιάστηκε, αλλά το 'φερε. Έκτοτε διάβασα πολύ...».

Έγκλημα και τιμωρία. *Αυταξία* ο άνθρωπος, αναπαλλοτρίωτο το δικαίωμα στη ζωή, αλλά και αναφαίρετο το δικαίωμα στην ελευθερία. Άλυτο ανά τους αιώνες το ποινικό πρόβλημα.

Δράστης και θύμα — ή μόνο θύματα;

Βέβαια θύματα, πάντως, οι *μανάδες*, οι οικογένειες και των δύο...

Σκελεθρωμένη η μάνα Ζωή, κατάκοιτη, με το ζόρι τη στήνουν στο τραπέζι το χριστουγεννιάτικο — εκεί στο Περιστέρι, στη φαμίλια του Ταξιάρχη.

Κουρνιάζει στην αγκαλιά του Γιάννη — κανένας τους δεν λέει να ξεκολλήσει. Την πειράζει ο Ταξιάρχης:

«Άντε, ρε μάνα. Εγώ σε ανεβοκατεβάζω στην αγκαλιά μου, μέρα παρά μέρα, στην κλινική, για την αιμοκάθαρση, εγώ σε κανακεύω χρόνια τώρα και σε φροντίζω κι εσύ καρφωμένο στον Γιάννη το νου σου...».

«Ε, ντε... Δύο φορές με καταδίκασαν οι γιατροί. Ζάρωνα. Κλώθωμαν. Αλλά άντεχα. Πάαινε από 'δω γιε μου, τού 'λεγα. Δεν φεύγω ακόμα. Δεν βγαίνει η ψυχή απ' το κορμί μου αν δεν δω τον Γιάννη μου, τον Γιαννάκο μου, το βλαστάρι μου...».

Ο μόσχος ο σιτευτός δεν ήταν χριστουγεννιάτικη γαλοπούλα: κουνέλι στιφάδο, κρητικό κρασί, τυρί από το χωριό, κάπου από την Καρδίτσα.

Και θύμησες και «οι δίσκοι με τα τραγούδια του Γιάννη» και ιστορίες ατελείωτες από τα παλιά και γέλια και δάκρυα...

Αμίλητος ο Γιάννης, ξεκολλάει από τη μάνα μόνο για το τηλέφωνο — τον ζητούν συνέχεια. Οι συγγενείς. Αλλά και οι συγκρατούμενοι. Απ' όλες τις φυλακές. Από τη Χαλκίδα, τα Τρίκαλα, τη Λάρισα, τον Κορυδαλλό. Οι της Πάτρας με αγωνία: «Έφτασες καλά; Είσαι καλά; Μας λείπεις...».

Η άδεια του Γιάννη αναθερμαίνει και τις δικές τους ελπίδες. Για μια σταγόνα ελευθερίας — με μια άδεια. Για περισσότερη ελευθερία — με την αποφυλάκιση (καιρός πια είναι. Πάνω από δεκαπέντε χρόνια στη φυλακή είναι απάνθρωπο, είναι κτηνωδία, είναι έγκλημα, ψυχρό και προμελετημένο...).

Και να την κερδίσουν, θα την αντέξουν; Ποια ζωή έξω από τη φυλακή; Ποια κοινωνία περιμένει να τους περιθάλψει;

Ξεχασμένοι οι απόκληροι, οι κολασμένοι, συχνά και γιατί μας βολεύει, αφού μας απενοχοποιεί. Κάπου κάπου μόνο κάποιος απελπισμένος ηρωοποιείται, γίνεται ανάγνωσμα, γίνεται θρίλερ. Ο Βενάρδος, ο ληστής με τις γλαδιόλες, νεκρός πια. Ο Κοεμτζής έγινε τραγούδι, βιβλίο, ταινία — ποιος Λιάνης, τώρα κοτζάμ υπουργός, ποιος Νιόνιος Σαββόπουλος να σκεφτεί ότι ο Κοεμτζής έκανε Χριστούγεννα χωρίς τσιγάρα... Ο «σκληρός» Ρωχάμης γράφει κι άλλο βιβλίο. Ο Πετρόπουλος έλιωσε το κορμί του, το πολύπαθο, με την απεργία πείνας, ζητώντας την έφεση που του έδωσε ο νόμος (Βουλή και Κυβέρνηση) και την αρνήθηκαν στενόκαρδα τα δικαστήρια — *να του δοθεί πια η χάρη*, εδώ και τώρα...

Και ο Γιάννης Παπαδόπουλος, ο ηγέτης της εξέγερσης των κολασμένων, που πρέπει να σφίξει την καρδιά, να επιστρατεύσει όλες του τις δυνάμεις για την αυριανή επιστροφή πίσω από τα κάγκελα.

Συγγνώμη, αδερφοί εν Χριστώ, αν σε κάποιους χάλασε τη χώνεψη της γαλοπούλας τούτο το ασυνήθιστο χριστουγεννιάτικο «ρεβεγιόν».

Δευτέρα 27 Δεκεμβρίου 1993

ΜΙΑ ΗΜΕΡΑ ΤΟΥ ΙΒΑΝ ΝΤΕΝΙΣΟΒΙΤΣ

«... Το ερώτημα δεν είναι αν είσαστε ή όχι ένοχος, αλλά αν είσαστε ή όχι αθώος. Θέλω να είμαι σαφής. Αθώος είναι εκείνος που έχει να επιδείξει θετική δράση υπέρ του καθεστώτος...».

ΑΝΤ. ΣΑΜΑΡΑΚΗΣ: *Το λάθος*

Η ΣΥΖΗΤΗΣΗ, κατά τη δεξίωση στη Θεσσαλονίκη για τα δεκαπεντάχρονα της *Ελευθεροτυπίας*, προσείλκυε όλο και περισσότερους ακροατές. Ήταν πραγματική η έκπληξη για τον υπογράφοντα να διαπιστώνει ότι *ανώτεροι* και *ανώτατοι δικαστές* περιλαμβάνονται στους πιο τακτικούς και προσεκτικούς αναγνώστες του.

«Με ξαφνιάζετε, που εκφράζεσθε κολακευτικά για τη δουλειά μου. Όταν γράφω για τον τρόπο που δικάζετε, αφήνω να πλανάται το ερώτημα πώς μπορείτε να κοιμόσαστε ήσυχοι τις νύχτες... Υπάρχουν στις φυλακές περίπου τέσσερις χιλιάδες κρατούμενοι. Σε ποσοστό 90% ανήκουν στα λαϊκά στρώματα, όπου βεβαίως δεν είναι μεγαλύτερη η εγκληματικότητα απ' όση στο χώρο των επωνύμων και των μεγάλων εισοδημάτων...».

«Δεν συλλαμβάνουμε εμείς τους παραβάτες των νόμων. Δικάζουμε όσους φθάνουν στα δικαστήρια».

«Αλλά και σ' αυτούς οι διακρίσεις είναι σαφείς. Δεν είναι βέβαια ιδεώδεις, αν δεν είναι άθλιες, οι συνθήκες δουλειάς σας — όταν συχνά δεν προλαβαίνετε να ξεφυλλίσετε μια δικογραφία. Είχε ένα ενδιαφέρον σχετικό άρθρο στην *Ελευθεροτυπία* πρόσφατα ο εισαγγελέας Λογοθέτης...».

«Υπάρχουν και δικαστές που φροντίζουν να κάνουν ντόρο γύρω από το όνομά τους. Δεν σημαίνει ότι είναι οι καλύτεροι...».

«Ας επανέλθουμε. Δεν μπορείτε να αρνηθείτε ότι δεν αντιμετωπίζετε με τον ίδιο τρόπο στο εδώλιο τον *ανώνυμο φουκαρά*, που τα έχει χαμένα μπροστά σας, δεν έχει ικανό δικηγόρο και η κοινή γνώμη (στις πιο εντυπωσιακές περιπτώσεις) είναι στραμμένη εναντίον του, και τον *μεγαλόσχημο*, τον επώνυμο, με τους χρυσοπληρωμένους δικηγόρους και τους προβολείς της δημοσιότητας πάνω του».

«Να δεχθούμε ότι αυτά επηρεάζουν κυρίως το λαϊκό δικαστή, των μεικτών δικαστηρίων».

«Και εσάς; Τους εξ επαγγέλματος; Θα μπορούσα να φέρω πολλά παραδείγματα επωνύμων που πέρασαν ανώδυνα από το εδώλιο».

«Και ποιος συνέβαλε τα μέγιστα ώστε να είναι "επώνυμοι"; Ποιος διαμόρφωσε υπέρ αυτών την περίφημη κοινή γνώμη, που ενδεχομένως αποσπά το δικαστή από την προσήλωσή του στο νόμο; Ποιος τους εξασφαλίζει τη δημοσιότητα και την προβολή; Ποιος άλλος, αν όχι εσείς, οι *δημοσιογράφοι*»;

Το αριστερό «ντιρέκτ» του αντεπιτιθέμενου δικαστή τερμάτισε τη συζήτηση υπό το σεληνόφως (εξυπακούεται ότι δεν αποδίδεται κατά λέξη). Δεδομένη η *συνενοχή*, έγινε και ομολογημένη...

Αλλά η επωνυμία δεν εξασφαλίζει πάντοτε την επιείκεια ή και την ατιμωρησία στην παραβατικότητα. Κάποτε, όταν πρέπει να εξυπηρετηθούν συγκεκριμένες σκοπιμότητες, συμβαίνει το ακριβώς αντίθετο.

Να δούμε, λόγου χάρη, ποια τύχη θα έχει η γνωστή για τους αγώνες υπέρ των κρατουμένων δικηγόρος Κατερίνα Ιατροπούλου, που δικάζεται σήμερα σε βαθμό *κακουργή-*

ματος. Το «έγκλημά» της, ενδεχομένως, ήταν ότι περιέθαλψε τους πελάτες της ισοβίτες Γιάννη Παπαδόπουλο, Γιάννη Πετρόπουλο και Χάρη Τεμπερεκίδη, όταν δραπέτευσαν από το «Νταχάου» της Κέρκυρας. (Μιλάμε για τους πιο απελπισμένους από τους κολασμένους: καταδικάστηκαν σε πρώτο και τελευταίο βαθμό, προ του 1980 — οπότε θεσμοθετήθηκε ο δεύτερος βαθμός και για τα κακουργήματα. Η άρση της κατάφωρης αδικίας, με το να παρασχεθεί η δυνατότητα του δεύτερου βαθμού και σε όσους καταδικάστηκαν ως το 1980, δεν κατέστη δυνατή — ούτε κι όταν το Υπουργείο Δικαιοσύνης είχε «καλών προθέσεων» αριστερή ηγεσία, με τον Φώτη Κουβέλη υπουργό και τον Αντ. Ρουπακιώτη γενικό γραμματέα).

Επειδή λοιπόν η συνδρομή του συνηγόρου στους δραπέτες πελάτες του δεν είναι αδίκημα που εξασφαλίζει την εξουδετέρωση (εξόντωση;) μιας Κατερίνας Ιατροπούλου, έστειλαν στο σπίτι της να τη συλλάβουν άνδρες της... Δίωξης Ναρκωτικών — οι οποίοι και δεν δυσκολεύτηκαν να «βρουν» δέκα γραμμάρια ηρωίνης...

Κατά σύμπτωση (;) περί τα ναρκωτικά και τη δίωξή τους έχουμε, το τελευταίο δίμηνο, τις πιο σκανδαλιστικές και σκανδαλώδεις περιπτώσεις επωνύμων, που πιάνονται στη μέγγενη του κατασταλτικού μηχανισμού — και σπεύδει πρόθυμος αρωγός του ο τρομολάγνος Τύπος, που τους κατασπαράζει πριν καν φθάσουν στο εδώλιο.

Γιατί, ειδικά, κάποιοι επώνυμοι συλλαμβάνονται σωρευτικά, τώρα, για αδικήματα περί τα ναρκωτικά;

— *Κατά την επιεικέστερη* εκδοχή, οι επιφορτισμένοι με τη Δίωξη Ναρκωτικών δίνουν εξετάσεις στη νέα εξουσία, μετά την κυβερνητική μεταβολή. Ικανοποιούν μια κυβέρνηση με ομολογημένη ευαισθησία για τα ναρκωτικά και επιδεικνύουν ζήλο υπερβάλλοντα — για να μη χάσουν τη θέση τους ή να πετύχουν καλύτερη. Δείχνουν δραστήριοι και αντικειμενικοί — αφού δεν ορρωδούν μπροστά στους επωνύμους. Κι αφού οι άτρωτοι έμποροι ναρκωτικών εκτός από λεφτά έχουν και «πλάτες» (μαζί πάνε αυτά) κι αφού ο πασίγνωστος «ντίλερ» είναι συνήθως και πληροφοριοδότης της αστυνομίας, με την πρόθυμη συνδρομή του Τύπου δημιουργούνται άλλες «επιτυχίες» των διωκτικών αρχών: Από παιδί χρήστης χασίς ο μπασκετμπολίστας του «Άρη» Τζόουνς εμφανίζεται ως επικίνδυνος τοξικομανής (του έλαχε να γεννηθεί και αράπης...). Θύμα των ναρκωτικών η τραγική μάνα δύο γιων τοξικομανών Κατερίνα Γιομπρέ («ύαινα-μάνα έγινε "βαποράκι" των παιδιών της» θα γράψουν...) παρουσιάζεται ως έμπορος-θύτης. Και οργιάζει ο Τύπος με τη σύλληψη και προφυλάκιση του ζωγράφου Μηνά Σεμερτζιάν, περιστασιακού χρήστη χασίς, που βαφτίζεται έμπορος ναρκωτικών (η τηλεοπτική «ενημέρωση» τον ήθελε να διαφεύγει τη σύλληψη επί εξάμηνο, όταν δύο εβδομάδες πριν τη σύλληψη είχε δημόσια έκθεση των έργων του, και τα εφημεριδογραφήματα για «το ατελιέ των παραισθήσεων» και το «πλακιώτικο-κολωνακιώτικο δίκτυο αργού θανάτου» έδωσαν και πήραν...).

— *Υπάρχει και χειρότερη* εκδοχή για τον ξαφνικό υπερβάλλοντα ζήλο των διωκτικών αρχών: Οι «επιτυχίες» με τους επώνυμους υποδαυλίζουν τη συστηματικά καλλιεργούμενη *μαζική υστερία* περί τα ναρκωτικά. Δημιουργείται, έτσι, πρόσφορο κλίμα για το πραγματικό *πογκρόμ*, που έχει εξαπολυθεί ειδικά κατά των *χρηστών χασίς* — διευκολύνοντας, έτσι, το «σπρώξιμο» των σκληρών ναρκωτικών στην αγορά του θανάτου...

Δεν είναι, βέβαια, ο Ιβάν Ντενίσοβιτς για να περιγράψουμε «μια ημέρα» του. Δεν έζησε τη φρίκη του «γκουλάγκ». Είναι ο γνωστός ζωγράφος με την κοινωνική καταξίωση. Είναι ο υπεράνω πάσης υποψίας πολίτης, που αναπάντεχα, από τη μια στιγμή στην άλλη, μπλέκεται στα γρανάζια του τερατώδους μηχανισμού της καταστολής — μέσα σε συνθήκες νομιμότητας και λειτουργίας των δημοκρατικών θεσμών.

Αφήνουμε τον Μηνά Σεμερτζιάν να περιγράψει την ολιγοήμερη «σωφρονιστική» εμπειρία του. Η αφήγηση έχει γενικότερη αξία: Ο ανυποψίαστος πολίτης, που ξαφνικά βρίσκεται στα μπουντρούμια, δεν κυριαρχείται από το προσωπικό του πάθος — ρίχνει ματιές στην ανατριχιαστική αθλιότητα γύρω του...

Μου θυμίζει τον υπόδικο, κρατούμενο ένα χρόνο τώρα στις φυλακές της Πάτρας, για οικονομικό αδίκημα, που ξεχνάει, όταν μου γράφει, το προσωπικό του δράμα και ασχολείται αποκλειστικά με τους συγκρατουμένους του, θύματα συχνά αδικίας και αυθαιρεσίας. Πολύτεκνος, πτυχιούχος Νομικής και συντηρητικών αρχών και πεποιθήσεων, γράφει: «... Μπορώ να πω σήμερα ότι, αν δεν πέρναγα από τη φυλακή, θα ήμουν κοινωνικά *μισός άνθρωπος*. Εδώ απέκτησα το μεγαλύτερο και σημαντικότερο κομμάτι της ανθρώπινης υπόστασής μου...».

Αφηγείται ο Μηνάς Σεμερτζιάν:

«Από την Παρασκευή 4 Μαΐου έως τη Δευτέρα, περιμένοντας να συμπληρωθεί η κλούβα για τη Χαλκίδα, τέσσερις μέρες στο Τμήμα Μεταγωγών της οδού Νοταρά, στην Τρούμπα του Πειραιά. Κόλαση. Βρώμα και δυσωδία. Τέσσερα μισογκρεμισμένα κελιά μέσα σε μια ελεεινή αυλή. Αρουραίοι παντού. Ξερά και νωπά σκατά, κάτουρα παντού πάνω στα στρώματα. Καθημερινοί ξυλοδαρμοί σε ψυχασθενείς μέσα στα κελιά. Τον Ιταλό ψυχασθενή Μαουρίτσιο, αφού τον ξυλοφορτώνανε για να τον αγριέψουν, τον ξαμολούσανε στα κελιά των κρατουμένων —κάθε μέρα σε άλλο— για "*να τους χέσει, να τους κατουρήσει*", και, προφανώς, να τους παραδειγματίσει... Βασανιστικά καψώνια τα βράδια. Παραπειστικές αναφορές κι αναγγελίες κάθε πρωί ότι "ετοιμάσου, σήμερα φεύγεις". Προσπαθώ να μιλήσω σ' ανθρώπους που μ' επισκέπτονται μέσα από ένα τριπλό κοτετσόσυρμα.

»*Χαλκίδα. Φυλακή-στρατόπεδο.* Μια μικρή ανάσα μετά την κόλαση της Νοταρά. Εξευτελιστικές στερήσεις. Ένα τηλέφωνο την εβδομάδα. Για το δεύτερο χρειάζεται ακρόαση από το διευθυντή, με δέκα τοις εκατό πιθανότητες... Οι φυλακισμένοι γονείς δεν επιτρέπεται να βλέπουν τα παιδιά τους σ' ελεύθερο επισκεπτήριο. Τους μιλούν μέσ' από τη σίτα. Παρατηρώ τους συγκρατούμενους. Η πλειοψηφία: υπερήλικες, ογδοντάρηδες με ανίατα κουσούρια. Σέρνονται, ανήμποροι να περπατήσουν. Επικίνδυνοι, προφανώς, κακοποιοί. Όπως και μερικοί άλλοι: δύο Ιταλοί "αλητοτουρίστες" υπόδικοι, με ένα χρόνο προφυλάκιση, με βάση τη "μαρτυρία" του περιπτερά ότι του κλέψανε μια κούτα τσιγάρα. Δεν φαίνεται να έχουν δικηγόρο, δεν τους έχει αναζητήσει κανείς κι έχουν ξεμείνει εκεί μέσα.

»*Παρασκευή 25 Μαΐου.* Αποφυλακίζομαι με εγγύηση πεντακόσιες χιλιάδες δραχμές και με απαγόρευση εξόδου από τη χώρα. Εκκρεμεί η δίκη μου για... τέσσερα γραμμάρια χασίς. Προσπαθώ να ξαναπιάσω τη ζωγραφική...».

«Στις φυλακές συμβαίνουν ανατριχιαστικά πράγματα...», παραδέχτηκε (συνέντευξη στην *Κυριακάτικη Ελευθεροτυπία* 27-5-90) ο υπουργός Δικαιοσύνης Αθ. Κανελλόπουλος.

Ακριβώς ένα χρόνο πριν (13-4-89), μιλώντας στη Βουλή για το νέο Σωφρονιστικό Κώδικα (με την παρατεινόμενη περιπέτεια ως προς την πλήρη εφαρμογή του — αναλυτικά, στο εξαιρετικά χρήσιμο βιβλίο των καθηγητών

Στ. Αλεξιάδη και Γ. Πανούση *Βασικοί Κανόνες για τη μεταχείριση των κρατουμένων*, «Εκδόσεις Σάκκουλα») ο σημερινός υπουργός Δικαιοσύνης, με το γνωστό γλαφυρό λόγο, έλεγε:

«Για να κάνεις ένα σωφρονιστικό σύστημα, πρέπει να αποδείξεις στην πρακτική ότι αγαπάς. *Χωρίς αγάπη*, σωφρονιστικό σύστημα δεν υπάρχει...».

Καλείται τώρα να αποδείξει στην πρακτική του αν αγαπάει — όχι μόνο στα λόγια...

Δευτέρα 18 Ιουνίου 1990

ΤΙ ΚΥΟΦΟΡΕΙ Η ΕΚΕΧΕΙΡΙΑ ΣΤΙΣ ΦΥΛΑΚΕΣ

«Όσο υπάρχει μια τάξη κατώτερη, εγώ θα 'μαι δικός της. Όσο υπάρχει μια τάξη που ξεπέφτει σε υπόκοσμο, εγώ θα 'μαι δικός της. Όσο υπάρχει έστω και μια ψυχή στη φυλακή, εγώ δεν θα 'μαι ελεύθερος».

ΤΖΩΝ ΝΤΟΣ ΠΑΣΟΣ

ΣΤΗΝ ΑΥΡΙΑΝΗ ΣΥΣΚΕΨΗ στο Υπουργείο Δικαιοσύνης θα καταστεί σαφές κατά πόσο υπάρχουν ελπίδες να έχει αίσια έκβαση η μεγαλύτερη (σε διάρκεια και έκταση) εξέγερση που σημειώθηκε ποτέ στις ελληνικές φυλακές.

Οι καθηγητές πανεπιστημίου (Αντ. Μανιτάκης και Ν. Παρασκευόπουλος) και οι δικηγόροι (Χρ. Αργυρόπουλος, Κατερίνα Ιατροπούλου, Σωτ. Πολύδωρας, πρόεδρος του ΔΣΑ και Αντ. Ρουπακιώτης), που ορίστηκαν από τους εξεγερμένους του Κορυδαλλού να τους εκπροσωπήσουν στο διάλογο, θα συνοψίσουν εγγράφως τα βασικά αιτήματα των κρατουμένων.

Γνωστές οι νομοθετικές ρυθμίσεις που έχουν ήδη εξαγγελθεί από το Υπουργείο Δικαιοσύνης (16-10-90) και αποσκοπούν στην αποσυμφόρηση των φυλακών, με μείωση των κρατουμένων κατά 1.500 περίπου (σε σύνολο 4.900):

Αυξάνεται από δεκαοχτώ σε είκοσι τέσσερις μήνες το όριο ποινής, που μπορεί να μετατραπεί σε χρηματική ή να ανασταλεί η εκτέλεσή της. Αναστολή εκτελέσεως ποινών από δύο μέχρι τριών ετών υπό όρους και υπό την επιτήρηση κοινωνικού λειτουργού. Δυνατότητα αναστολής ποινής μέχρι τριών ετών σε *αλλοδαπούς*, αν δεν τους έχει χορηγηθεί πολιτικό άσυλο και έχει διαταχθεί η απέλασή τους (αφορά, προφανώς, τους λαθρομετανάστες κυρίως). Και δυνατότητα στους ισοβίτες να υποβάλουν αίτηση για απόλυση υπό όρους, *αφού εκτίσουν δεκαεφτά χρόνια* από την ποινή τους και συμπληρώσουν το μέχρι είκοσι ετών υπόλοιπο και με ημέρες εργασίας.

Παρά τα επιμέρους θετικά στοιχεία τους, τα μέτρα αυτά κρίθηκαν από τους κρατούμενους από *ανεπαρκή* ως *απαράδεκτα*.

Είναι, συνεπώς, δεδομένο και αγεφύρωτο το χάσμα, ώστε να προεξοφλείται το ναυάγιο του διαλόγου;

Ασφαλώς όχι.

Το πρώτο μεγάλο βήμα, για μια προσέγγιση, έγινε ήδη *με την αποδοχή του διαλόγου* ως μόνης διεξόδου. Χρειάστηκε γι' αυτό:

— *Οι εξεγερμένοι* επί εβδομάδες σε όλες σχεδόν τις φυλακές να επιδείξουν μια *υποδειγματική αυτοσυγκράτηση και υπευθυνότητα*, μέσα σε άθλιες συνθήκες, που επιδείνωναν οι *προβοκάτσιες* και το *όργιο της παραπληροφόρησης* από τον φιλοκυβερνητικό, κυρίως, Τύπο (είναι εκπληκτικές οι διαστάσεις που προσέλαβε η κατευθυνόμενη έντυπη μυθοπλασία: καταστροφές και λεηλασίες, λαγούμια που σκάβονται, όπλα, βιασμοί ανηλίκων, απόπειρες μαζικών αποδράσεων, σχέσεις των «αρχηγών» Γιάννη Πετρόπουλου και Γιάννη Παπαδόπουλου με τρομοκράτες κ.ά.). Είναι αποκαλυπτική, σχετικά, η μαρτυρία του πρώην προέδρου της ΕΒΟ Στ. Καμπάνη (ο μόνος από τους κρατούμενους της «κάθαρσης», που πήρε μέρος στην εξέγερση): «Αισθάνομαι υπερήφανος γιατί βρίσκομαι ανάμεσα σε σωστούς ανθρώπους, σ' αυτό τον καταφρονεμένο χώρο της Ελλάδας... Οι φυλακισμένοι είναι άνθρωποι ικανοί να συμπεριφερθούν, σε ορισμένες περιπτώσεις πολύ καλύτερα από μερικούς που έχουν το προνόμιο της ελευθερίας... Οι κρατούμενοι, που έχουν παραμείνει στους χώρους της εξέγερσης, συναισθάνονται βαθιά τη μοναδικότητα της ιστορικής στιγμής, που οι ίδιοι δημιούργησαν, και επιδεικνύουν μια παραδειγματική υπευθυνότητα, οργάνωση και αλληλεγγύη...».

— *Ο υπουργός Δικαιοσύνης* Αθ. Κανελλόπουλος χρειάστηκε *να αντισταθεί* σε όσους (μέσα από την κυβέρνηση και τις φιλικές της εφημερίδες) τον προέτρεπαν να δώσει λύση με τα ρόπαλα των ΜΑΤ, με τη βίαιη καταστολή της εξέγερσης (όπως συνηθιζόταν, άλλωστε, στο παρελθόν επί νεοδημοκρατικών και ΠΑΣΟΚικών κυβερνήσεων). Εκτός από τη σύνεση, χρειάστηκε ακόμα να επιδείξει (αψηφώντας την οργή του Δημ. Ρίζου στον *Ελεύθερο Τύπο* ή τις λοιδορίες του Μαν. Μαθιουδάκη στα *Νέα*) *τόλμη, γενναιοφροσύνη* και *ανθρωπιά*, για να καθίσει στο τραπέζι του διαλόγου με τους ισοβίτες και να δεχτεί τους εκπροσώπους των εξεγερμένων στη νομοπαρασκευαστική επιτροπή.

Αφού έγινε το πρώτο και μεγάλο, είναι δυνατά και τα επόμενα βήματα. Αλλά χρειάζεται να αποσαφηνιστούν ορισμένα πράγματα για το αντικείμενο και την ουσία του τωρινού διαλόγου:

1. *Τα αιτήματα* της εξέγερσης είναι *συγκεκριμένα* και ανθρωποκεντρικά. Αφορούν σε επείγουσες ρυθμίσεις, *για όλους* τους φυλακισμένους. Υπ' αυτή την έννοια, αναμοχλεύουν και αναζωπυρώνουν, αλλά δεν μπορεί να εξαφανιστούν μέσα σε μια ατέρμονη θεωρητικολογία για συνολική αναμόρφωση του σωφρονιστικού συστήματος (όπως πλειοδοτούν, εκ του ασφαλούς, ορισμένοι — λόγου χάρη, Γ. Λακόπουλος, *Βήμα* 21-10-90). Μια τέτοια φιλολογία οδήγησε πριν ενάμιση χρόνο στη θεσμοθέτηση του νέου Σωφρονιστικού Κώδικα, που παραμένει, στα πιο σημαντικά

σημεία του, *ανεφάρμοστος* και ουδόλως ωφέλησε τους φυλακισμένους ή βελτίωσε τις συνθήκες στις φυλακές.

2. *Τα εξαγγελθέντα* μέτρα για αποσυμφόρηση των φυλακών είναι ευεργετικά αποκλειστικά για τους *ελαφροποινίτες*. Αν και ευρύτερα, κινούνται στην ίδια λογική των μέτρων που πήρε στις αρχές του 1982 ο τότε υπουργός Δικαιοσύνης Στ. Αλεξανδρής. Οι εξεγερμένοι ζητούν να γίνει η αποσυμφόρηση των φυλακών, με μέτρα *για όλους* τους φυλακισμένους: Με εφάπαξ αναλογική μείωση των ποινών — όπως έκανε πριν από δέκα χρόνια στη Γαλλία η κυβέρνηση Μιτεράν.

3. Αποσυμφόρηση μπορεί να επιτευχθεί εδώ και τώρα και με εφαρμογή της κείμενης νομοθεσίας, χωρίς νέες νομοθετικές ρυθμίσεις. Με τους κρατούμενους *τοξικομανείς*, για παράδειγμα. Σωστά επισημαίνουν, σε εμπεριστατωμένο υπόμνημά τους προς τον υπουργό Δικαιοσύνης εξήντα κρατούμενοι της Πάτρας, ότι *δεν είναι σύννομη* η κράτηση τοξικομανών στις ποινικές φυλακές, αφού ο νόμος (1729/87) ορίζει ότι εισάγονται *μόνο* σε θεραπευτικά ιδρύματα.

4. *Νομοθετικά* μπορεί να κατοχυρωθεί η σωστή εφαρμογή της κειμένης νομοθεσίας (άρθρο 105 Π.Κ. σε συνδυασμό με το Ν. 2058/52) για την *υπό όρους* απόλυση κρατουμένων. Ο θεσμός των δικαστικών συμβουλίων όχι μόνο δεν απέδωσε την πιστή εφαρμογή των νόμων, αλλά και ενισχύει τα βρώμικα κυκλώματα συναλλαγής και διαφθοράς. Είναι γι' αυτό που οι εξεγερμένοι ζητούν την *αυτόματη* απόλυση των κρατουμένων όταν συμπληρώνουν τα δύο τρίτα της ποινής — και μόνο σε ακραίες περιπτώσεις πειθαρχικών παραπτωμάτων κατά συρροήν να επιλαμβάνεται το δικαστήριο εκτέλεσης ποινών ή το τοπικό Πλημμελειοδικείο.

5. *Η εξαγγελθείσα* ρύθμιση για τους *ισοβίτες* (δυνατότητα για απόλυση υπό όρους, ύστερα από έκτιση *δεκαεφτά χρόνων* πραγματικής ποινής) είναι *αυστηρότερη* από τα ισχύοντα τώρα (παράδειγμα: με αυτήν ο Χρ. Ρούσσος δεν θα μπορούσε να απελευθερωθεί). Ανταποκρίνεται στις σύγχρονες σωφρονιστικές αντιλήψεις, να θεωρούνται ως τα δύο τρίτα της ποινής των ισοβίων τα δεκαπέντε χρόνια, με συνυπολογισμό των ευεργετημάτων από ημέρες δουλειάς σε αγροτικές και βιοτεχνικές φυλακές. Και είναι αυτονόητα δίκαιο να έχουν το δικαίωμα να δικαστούν και *σε δεύτερο βαθμό*, όσοι καταδικάστηκαν σε πρώτο και τελευταίο βαθμό πριν από το 1980.

Πολλά απ' αυτά, αν όχι όλα, μπορούν να ρυθμιστούν τώρα — με τον διεξαγόμενο στο Υπουργείο Δικαιοσύνης διάλογο.

Από κει και πέρα υπάρχει ευρύτατο πεδίο δράσης για τον υπουργό Δικαιοσύνης Αθ. Κανελλόπουλο, που φιλοδοξεί να εγκαινιαστούν επί των ημερών του *«νέες σχέσεις κράτους και κρατουμένων»*: Υποδομή για να εφαρμοστούν επιτέλους οι διατάξεις του Σωφρονιστικού Κώδικα που έχουν ανασταλεί. Περισσότερα κονδύλια και ανθρώπινες συνθήκες διαβίωσης στις φυλακές. Κατάργηση των φυλακών ανηλίκων. Οι προφυλακίσεις να αποτελούν την εξαίρεση κι όχι τον κανόνα. Απομάκρυνση των αποδεδειγμένα βασανιστών κι επιλογή κατάλληλων σωφρονιστικών υπαλλήλων, θεραπευτών και κοινωνικών λειτουργών. Πάταξη της διακίνησης ναρκωτικών μέσα στις φυλακές. Μέτρα για να μην τσαλαπατιέται η αξιοπρέπεια και να μην εξουθενώνεται η προσωπικότητα των κρατουμένων. Εξάρθρωση των κυκλωμάτων εμπορίας του πόνου και της ελπίδας...

Ο υπουργός Δικαιοσύνης χρησιμοποιεί τον (πρωτότυπο, αν και αδόκιμο) όρο *επαναπολιτοποίηση* των κρατουμένων, για να προσδιορίσει τους φιλόδοξους στόχους του. Εκτίοντας, δηλαδή, τη στερητική της ελευθερίας του ποινή ο κρατούμενος, να παραμένει *πολίτης* με σεβαστά *όλα* τα δικαιώματά του. Ας προχωρήσει προς αυτή την κατεύθυνση — κι ελάχιστη σημασία έχει πώς θα βαφτίσει τα σχέδιά του...

Έτσι κι αλλιώς μόνο στη συνείδησή του έχει να δώσει λόγο. Το θέμα δεν προσφέρεται για δημαγωγία και πολιτικά οφέλη. Εβδομάδες τώρα μια κοινωνία ολόκληρη δεν έδειξε να αφουγκράζεται, να ανατριχιάζει, να συγκλονίζεται από τις οιμωγές των κολασμένων.

Μια κοινωνία ολόκληρη καμώνεται ότι δεν την αφορά η φρίκη πίσω από τα κάγκελα. Καμώνεται ότι δεν ξέρει ότι οι φυλακές (αυτός ο αποτρόπαιος μηχανισμός καταρράκωσης της ανθρώπινης αξιοπρέπειας, αυτό το διαβολικό εργαστήρι σταδιακής αποκτήνωσης και αργού θανάτου, αυτό το εκτροφείο εγκληματιών, υποτακτικών και χαφιέδων) υπάρχουν και για *να απενοχοποιείται η ίδια* — για να διατηρεί τη συνοχή της. Καμώνεται ότι δεν ξέρει ότι στις φυλακές δεν βρίσκονται οι χειρότεροι, αλλά οι πιο αδύναμοι: Είναι δα στατιστικό δεδομένο, ότι στην ποινική καταστολή και στη φυλακή φτάνει μόλις *το 10% της εγκληματικότητας* και ότι οι εννέα στους δέκα κρατούμενους προέρχονται από τα χαμηλότερα κοινωνικά στρώματα.

Μια κοινωνία με στομωμένη ευαισθησία, που κλείνει τα μάτια για να μη δει τα *προκλητικά δείγματα ανθρωπιάς*, αλτρουισμού και αυταπάρνησης πίσω από τα κάγκελα από τους απόβλητους, τους κολασμένους: τον Χρ. Ρούσσο στον Κορυδαλλό, τον Χρ. Διαμαντόπουλο στην Πάτρα να μη δέχονται τα αποφυλακιστήρια, για να μην εγκαταλείψουν τους δικούς τους όσο διαρκεί η εξέγερση· τον δραπέτη ισοβίτη Γιάννη Πετρόπουλο, που γυρίζει από το εξωτερικό, ρισκάροντας τη ζωή του, για να σώσει από το «Νταχάου» της Κέρκυρας τον πιο δικό του άνθρωπο, το φίλο του, τον ισοβίτη Γιάννη Παπαδόπουλο (αυτόν, ντε, με το κόκκινο πουλόβερ και τα λουλούδια...).

Κι ωστόσο, αυτή η εξέγερση δεν πρέπει να πάει χαμένη...

Δευτέρα 29 Οκτωβρίου 1990

ΕΝΑ ΒΗΜΑ ΕΜΠΡΟΣ, ΔΥΟ ΠΙΣΩ, ΣΤΑ ΣΩΦΡΟΝΙΣΤΙΚΑ

ΧΡΗΜΑΤΙΣΤΗΡΙΟ αξιών ο πόλεμος —όσο παρατείνεται μπαίνει όλο και πιο βαθιά στη ζωή μας— επηρεάζει καθοριστικά την καθημερινότητά μας, μονοπωλεί το ενδιαφέρον μας, αιχμαλωτίζει τις ευαισθησίες μας, μας αλλάζει.

Ποιο το μικρό και ποιο το μέγιστο, πια;

Με το αίμα φθηνότερο από το πετρέλαιο, πώς να παραμείνει η *ζωή* στις αναλλοίωτες αξίες; Με το δίκαιο του ισχυροτέρου να περιβάλλεται το μανδύα της διεθνούς νομιμότητας, ποιο το αίτημα για *δικαιοσύνη*; Στη μέγγενη των σκοπιμοτήτων, πού ο χώρος για *ελευθερία*; Στο θρίαμβο της αφροσύνης, πού ο *λόγος*;

Ποια τα *δικαιώματα* πια και ποιο το χρέος;

Γλωσσοδέτης σε πιάνει, έτσι και θελήσεις να μιλήσεις για τα καθημερινά του μικρόκοσμού μας. Για γεγονότα, που θα ήταν άλλοτε (προπολεμικά!) σημαδιακά, που θα προκαλούσαν την κραυγή, αν δεν ερέθιζαν την κατακραυγή, και περνούν πλέον απαρατήρητα.

Άντε τώρα, με διάχυτη τη βαρβαρότητα παγκοσμίως, να επικαλεσθείς τον ουμανισμό, για να καταγγείλεις, ας πούμε, τον ανελέητο *κατατρεγμό* που υφίστανται οι Βορειοηπειρώτες και Αλβανοί φυγάδες. Άντε να διαδηλώσεις δημοσίως τον αποτροπιασμό σου για την *κτηνωδία*, που προκάλεσε το θάνατο από ξυλοδαρμό και βασανιστήρια του εικοσιπεντάχρονου Σουλεϊμάν Ανκιάρ (και τα ένστολα κτήνη να επιβραβεύονται με την ατιμωρησία — ένας Τούρκος λιγότερος, στο κάτω κάτω...). Άντε να στιγματίσεις την *πρόκληση*, με ασαράντιστο ακόμα τον Νίκο Τεμπονέρα, σύσσωμη η ΟΝΝΕΔ της Πάτρας να συμπαρατάσσεται με τον κατηγορούμενο για το φόνο του — να τον θεωρεί δηλαδή παράδειγμα προς μίμηση. Κι άντε να κραυγάσεις ότι με την παρατεινόμενη πάνω από δύο μήνες ο-*μηρία*, με στερημένα τα στοιχειωδέστερα δικαιώματα, του Κογιάννη, της Μπέργκνερ και του Μπουκετσίδη, χαλκεύονται δεσμά για όλους μας.

«Αλλότριον αγαθόν» (ήτοι, *διανεμητική*) η Δικαιοσύνη, θα μας θυμίσει το αριστοτέλειον ο αρεοπαγίτης Αλέξανδρος Τζένος (*ΑΝΑΓΝΩΡΙΣΗ ΤΟΥ ΑΝΘΡΩΠΟΥ μέσα από το Δίκαιο και τη Γλώσσα*), πού να βρει χώρο στην υπαρξιακή μας αγωνία;

Τέρμα η εισαγωγή — δεν χρωστάει τίποτα ο αναγνώστης να ασχολείται με τις αναστολές ενός επαγγελματία γραφιά.

Περί Δικαιοσύνης λοιπόν ο λόγος και πάλι — όπως εκδηλώνεται ειδικότερα στα σωφρονιστικά μας.

Σε όσα πέρασαν απαρατήρητα αυτές τις ημέρες (ένα σχόλιο στο *Βήμα* και μια νύξη στον *Οικονομικό Ταχυδρόμο*, όλα κι όλα, το επιβεβαιώνουν) περιλαμβάνεται και η κυβερνητική *υπαναχώρηση* σε ειλημμένες αποφάσεις και διακηρυγμένες δεσμεύσεις προ τριμήνου — όταν τερματίσθηκε η μακρότερη και πιο εκτεταμένη εξέγερση στις φυλακές.

Η κυβερνητική επιτροπή, που συνεδρίασε στις 23 Ιανουαρίου, χωρίς τη συμμετοχή, λόγω ασθενείας, του υπουργού Δικαιοσύνης Αθ. Κανελλόπουλου, ανέτρεψε προηγούμενη απόφασή της και αφαίρεσε από το (κατατεθειμένο ήδη) νομοσχέδιο για τροποποίηση διατάξεων του Ποινικού Κώδικα τη ρύθμιση, που προβλέπει ότι οι καταδικασμένοι σε ισόβια κάθειρξη μπορούν να ευεργετηθούν με *απόλυση υπό όρο*, αφού εκτίσουν πραγματικά *δεκαέξι χρόνια*.

Δύο εκδοχές για την κυβερνητική υπαναχώρηση:

— *Η πρώτη*, την αποδίδει στις δεδομένες εσωκυβερνητικές συγκρούσεις ανάμεσα στην παραδοσιακή Δεξιά και τη «φιλελεύθερη» πτέρυγα της ΝΔ. Κατ' αυτήν, οι εκφραστές της πρώτης (Έβερτ, Βαρβιτσιώτης κ.ά.) βρήκαν την ευκαιρία να εκθέσουν, να «αδειάσουν» ή και να σπρώξουν σε παραίτηση τον αντιπρόεδρο της κυβέρνησης και υπουργό Δικαιοσύνης Αθ. Κανελλόπουλο, τον οποίο (εκτός των πάγιων διαφορών) κατηγορούν: ότι προκάλεσε το κοινό αίσθημα, με τη διαλλακτικότητά του κατά την εξέγερση των κρατουμένων και με τις ομαδικές αποδράσεις. Ότι απέτυχε παταγωδώς στην αποφυλάκιση των χουντικών. Και ότι, αντί αυτών, ετοιμάζεται τώρα «να αφήσει ελεύθερους τους φονιάδες».

— *Κατά τη δεύτερη* εκδοχή, πρόκειται για συνολική κυβερνητική *συμπαιγνία*, που κατέτεινε στην ανώδυνη εκτόνωση της εξέγερσης των κρατουμένων. Κατ' αυτήν, έχουν ήδη ληφθεί όλα τα μέτρα, που αποτρέπουν μια νέα εξέγερση (τρομοκρατικές επιδρομές των ΜΑΤ, μαζικές μεταφορές και διασκορπισμός των «σκληρών» σε διάφορες φυλακές, ποινικές και πειθαρχικές διώξεις, περιοριστικά διοικητικά μέτρα κ.ά.).

Πλησιέστερα στα πράγματα η πρώτη εκδοχή. Αλλά όποια κι αν ισχύει, το γεγονός είναι ότι μένει μεσοδρομίς η απόπειρα να εξανθρωπισθεί στοιχειωδώς το σωφρονιστικό μας σύστημα.

Γιατί περί αυτού ακριβώς πρόκειται: για *στοιχειώδη εξανθρωπισμό των θεσμών* — και τα δημαγωγικά φληναφήματα, ότι θα αφεθούν ελεύθεροι οι φονιάδες, είναι για να τρομάξουν τους αφελείς.

Όσο παραμένει ηθική βάση του ποινικού συστήματος η μέσω του σωφρονισμού ανάπλαση και *επανένταξη* των εγκληματιών στην κοινωνία, η ποινή της ισόβιας κάθειρξης δεν μπορεί να ισοδυναμεί με σταδιακή *εξόντωση* των καταδίκων — να είναι δηλαδή χειρότερη και από τη θανατική.

Το να στοιχειοθετείται για τους ισοβίτες δικαίωμα να ζητούν την *υπό όρους απόλυσή* τους, αφού εκτίσουν πραγματικά δεκαπέντε χρόνια (και όχι δεκαέξι που έθετε το αρχικό κυβερνητικό νομοσχέδιο):

1. Αποτελεί κοινό τόπο για την ευρωπαϊκή νομοθεσία, προς την οποία τείνει να εναρμονισθεί γενικά η δική μας. Μοναδική εξαίρεση στην Ευρώπη αποτελεί η ιταλική νομοθεσία — κι αυτή τελεί υπό αναθεώρηση. Κατά τα άλλα, τα δεκαπέντε χρόνια εκτιτέας ποινής για την υπό όρους απόλυση των ισοβιτών προβλέπονται, ενδεικτικά, από το γερμανικό και αυστριακό Ποινικό Κώδικα και το γαλλικό Κώδικα Ποινικής Δικονομίας. Στη Μεγάλη Βρετανία οι ισοβίτες εκτίουν από οχτώ έως είκοσι χρόνια, αφού τα δικαστήρια δύνανται να κρίνουν κατά περίπτωση. Έχει σημασία να σημειωθεί ότι η Επιτροπή Υπουργών του Συμβουλίου της Ευρώπης, με απόφασή της την 17-2-1976, συνέστησε στα κράτη-μέλη να αναθεωρήσουν τη νομοθεσία τους, ώστε η υπό όρους απόλυση των ισοβιτών να είναι δυνατή, αφού έχουν εκτίσει οχτώ έως δεκατέσσερα χρόνια.

2. Αποτελούσε κοινό τόπο για τη νομολογία μας ως το 1987. Με βουλεύματα των Συμβουλίων Πλημμελειοδικών δεκάδες ισοβίτες είχαν ευεργετηθεί με απόλυση υπό όρο, ακόμα κι αν δεν είχαν εκτίσει δεκαπεντάχρονη φυλάκιση. Τη νομολογία αυτή, που ίσχυσε κάπου τριάντα πέντε χρόνια, ανέτρεψε με την υπ' αριθμόν 84/1987 απόφασή της η Ολομέλεια του Αρείου Πάγου, με πρόεδρο τον Α.

Στασινό και εισηγητή τον Α. Παπαθανασίου. Κατά την απόφαση αυτή (δεσμευτική έκτοτε για τα κατώτερα δικαστήρια) και με διαφωνία του εισαγγελέως Δ. Ευθυμιάδη, ορίζονται τα «είκοσι τουλάχιστον έτη» και χωρίς «τον ευεργητικό υπολογισμό των ημερών εργασίας» ως προϋπόθεση για να χορηγηθεί στους ισοβίτες υπό όρον απόλυση. Η τότε κυβέρνηση του ΠΑΣΟΚ ουδόλως ενδιαφέρθηκε να αποτρέψει νομοθετικά αυτή την επί τα χείρω ερμηνεία κι εφαρμογή της κειμένης νομοθεσίας — κι άλλο τόσο αδιάφορος έμεινε ο πολιτικός και ο νομικός κόσμος.

Ο υπουργός Δικαιοσύνης Αθ. Κανελλόπουλος διαβεβαιώνει τώρα ότι η νομοθετική ρύθμιση για τους ισοβίτες θα περιληφθεί —οριστικά— στο νέο Σωφρονιστικό Κώδικα, που «είναι σχεδόν έτοιμος» (βασικά στοιχεία του δημοσίευσε στη χθεσινή *Κυριακάτικη Ελευθεροτυπία* η Γιάννα Παπαδάκου) κι «ελπίζεται» να κατατεθεί στη Βουλή μέσα στο Φεβρουάριο.

Χωρίς να εξηγεί πώς αυτή τη φορά η ευεργετική ρύθμιση θα περάσει από τις συμπληγάδες των εσωκυβερνητικών διενέξεων, θέτει σε νέα δοκιμασία την αξιοπιστία του.

Μακάρι να μη διαψευσθεί για μια ακόμα φορά. Γιατί από εκεί και πέρα το λόγο θα έχουν πάλι οι ισοβίτες — οι πιο απελπισμένοι από τους κολασμένους. Δεν έχουν να περιμένουν τίποτε από μια κοινωνία με στομωμένες ευαισθησίες — σε στιγμές, μάλιστα, που ο ανθρωπισμός δοκιμάζεται δεινώς, σε παγκόσμια κλίμακα. Και δεν έχουν να χάσουν τίποτα, ξαναβιώνοντας τις συγκινήσεις μιας νέας εξέγερσης...

Δευτέρα 4 Φεβρουαρίου 1991

ΝΑΡΚΩΤΙΚΑ: ΠΡΩΤΟ ΒΗΜΑ Η ΕΝΗΜΕΡΩΣΗ

ΜΕ ΑΣΗΜΑΝΤΑ μονόστηλα και, πάντως, υποβαθμισμένα, ο ελληνικός Τύπος κάλυψε τις δραστηριότητες αυτές τις ημέρες στην Αθήνα του υπευθύνου του Στέιτ Ντιπάρτμεντ για τα ναρκωτικά Κάλβι Λεβίτσκι. Ο Αμερικανός αξιωματούχος δεν πρόλαβε να εγκαινιάσει προσωπικά στις 13 Νοεμβρίου την τράπεζα πληροφοριών για τα ναρκωτικά, που εγκατέστησε στην Αθήνα η εδώ πρεσβεία των ΗΠΑ. Συναντήθηκε όμως με πολλούς κυβερνητικούς παράγοντες, μεταξύ των οποίων και οι υπουργοί Υγείας και Δημοσίας Τάξεως. Και δεν έχασε την ευκαιρία, αφού —όπως είπε— επισκέπτεται το λίκνο της Δημοκρατίας, να τονίσει ότι οι *χρήστες ναρκωτικών είναι «εχθροί της δημοκρατίας»*.

Απαρατήρητη πέρασε και μια εξόχως σημαδιακή δήλωση αξιωματούχου τού επί της Δημοσίας Τάξεως Υπουργείου μας (*Το Βήμα* 18-11-90):

«Η χώρα μας —είπε— θα επιδιώξει *να ενταχθεί στη στρατηγική των ΗΠΑ* για τα ναρκωτικά».

Υιοθετείται δηλαδή ανεπιφύλακτα από την ελληνική κυβέρνηση, ως πλέον ενδεδειγμένη για να αντιμετωπισθεί το μέγα πρόβλημα των ναρκωτικών, η με στατιστικά δεδομένα αποδεδειγμένη ως αναποτελεσματική, αδιέξοδη κι επικίνδυνη, η *κατ' εξοχήν κατασταλτική* αμερικανική πολιτική.

Αν δεν ταρακουνηθούν τώρα κάποιες συνειδήσεις (και το forum της LIA μπορεί να αποτελέσει ισχυρό ερέθισμα), είναι βέβαιο πως προς αυτή την κατεύθυνση, πολύ σύντομα, θα αναθεωρηθεί επί τα χείρω η ήδη αναχρονιστική νομοθεσία μας.

Εξίσου υποτονικά (με ελάχιστες εξαιρέσεις, όπως αυτή της *Ελευθεροτυπίας*) αντιμετώπισαν τα μέσα ενημέρωσης τη συνέντευξη Τύπου, που έδωσαν τον περασμένο Μάρτιο στην Αθήνα ο κοινωνιολόγος Πέτερ Κοέν και ο αστυνομικός διευθυντής Λέο Ζάαλ, υπεύθυνοι για το φιλελεύθερο *«πείραμα του Άμστερνταμ»*, που βρίσκεται στον αντίποδα της επίσημης αμερικανικής πολιτικής.

Να σημαίνουν όλα αυτά ότι τα μέσα ενημέρωσης στη χώρα μας ασχολούνται ελάχιστα με τα ναρκωτικά; Κάθε άλλο. Το αντίθετο ακριβώς συμβαίνει: Με εκτεταμένα δημοσιεύματα και εκπομπές, Τύπος, τηλεόραση και ραδιόφωνο, συναγωνίζονται σε *τρομολαγνεία*, συμβάλλοντας τα μέγιστα στη δημιουργία κλίματος μαζικής ψύχωσης, που προετοιμάζει και ευνοεί αντιδραστικά νομοθετικά και διοικητικά μέτρα.

Δύο πολύ πρόσφατα και εύγλωττα παραδείγματα — και τα δύο από την εφημερίδα με τη μεγαλύτερη κυκλοφορία στην Ελλάδα:

1. Την 1η Νοεμβρίου, ολόκληρη σχεδόν την πρώτη σελίδα της καλύπτει ο πηχιαίος τίτλος: «*Δασκάλα λευκού θανάτου*, SOS για τα παιδιά μας». Το δισέλιδο ρεπορτάζ για την εικοσιεξάχρονη τοξικομανή δασκάλα από την επαρχία, που συνελήφθη έχοντας στην τσάντα της οχτώ γραμμάρια ηρωίνης και τριάμισι γραμμάρια κοκαΐνης, αρχίζει έτσι:

«Την ημέρα δασκάλα των αθώων παιδικών ψυχών, που της είχαν εμπιστευθεί η Πολιτεία και οι γονείς... Τη νύχτα, με μια ανατριχιαστική μεταμόρφωση, στυγνή έμπορος του "λευκού θανάτου" με βρωμερές συναλλαγές...»

Χρησιμοποίηση όλων των συγκινησιακών στοιχείων για

να προκληθεί σοκ στον αναγνώστη. Η *διαπόμπευση*, ο κοινωνικός αποτροπιασμός και η *κοινωνική καταδίκη* προηγούνται, για να προετοιμάσουν μια αμείλικτη, σίγουρα, δικαστική απόφαση. Αδίστακτη η παραμόρφωση των πραγματικών στοιχείων, επιδιώκει και πετυχαίνει τον αποπροσανατολισμό της κοινής γνώμης. *Το θύμα γίνεται θύτης*. Τοξικοεξαρτημένη η δυστυχής δασκάλα, από «βαποράκι» για να εξασφαλίσει τη δόση της, βαφτίζεται «στυγνός έμπορος» — μια και ο διακινητής παραμένει πάλι ασύλληπτος και ο έμπορος απρόσιτος στην καταστολή.

2. Μια εβδομάδα αργότερα, στις 7 Νοεμβρίου, νέος τρομοκρατικός τίτλος με δύο εξίσου τρομοκρατικές φωτογραφίες καλύπτουν ολόκληρη την πρώτη σελίδα της ίδιας εφημερίδας: «*Φρίκη στον Κορυδαλλό*. Φωτογραφικά ντοκουμέντα-σοκ μέσα από τις φυλακές».

Τρεις σελίδες με φωτογραφίες μέσα, υποτίθεται, από τις φυλακές, όπου οι σύριγγες και τα ημίγυμνα ανθρώπινα κορμιά, σε γκρο πλαν, συνθέτουν ένα τρομακτικό θέαμα. Τις φωτογραφίες συνοδεύει μια *πλαστή*, πιθανότατα, επιστολή κρατουμένων, που ανακαλύπτει την πυρίτιδα: Ότι ανθεί το εμπόριο ναρκωτικών μέσα στις φυλακές, όπου στοιβάζονται φύρδην μίγδην, με τους άλλους κρατούμενους, *και τοξικομανείς*, αφού τα θεραπευτικά ιδρύματα που προβλέπει γι' αυτούς ο νόμος παραμένουν στις προθέσεις του νομοθέτη.

Εδώ η έντυπη τρομολαγνεία δεν κατατείνει μόνο στο να παρουσιάσει στο μετριοπαθή, συντηρητικό και απληροφόρητο πολίτη τα ναρκωτικά σαν ένα φοβερό μπαμπούλα, σαν ένα φρικιαστικό φάντασμα. Εξυπηρετεί και τρέχουσες σκοπιμότητες:

Εκείνες τις ημέρες η μεγαλύτερη εξέγερση στις ελληνικές φυλακές είχε φθάσει στο πιο κρίσιμο σημείο της: το

Υπουργείο Δικαιοσύνης διαπραγματευόταν ουσιαστικές αλλαγές στο σωφρονιστικό σύστημα, για αποσυμφόρηση και στοιχειώδη εξανθρωπισμό των φυλακών. Όσοι αντιτάχθηκαν σ' αυτές τις αλλαγές κι ελεεινολόγησαν το Υπουργείο Δικαιοσύνης για τις διαπραγματεύσεις με τους εξεγερμένους των φυλακών, επιστράτευσαν πιο αποτελεσματικά όπλα για να «ντοπάρουν» και παρασύρουν την κοινή γνώμη. Τα «ντοκουμέντα της φρίκης» δείχνουν τι σόι άνθρωποι είναι οι κρατούμενοι στις φυλακές (όπου, πράγματι, το ένα τρίτο των φυλακισμένων έχουν καταδικασθεί ή είναι υπόδικοι για αδικήματα σχετικά με ναρκωτικά): Περιθωριακοί, υπόκοσμος, κοινωνικά απροσάρμοστοι κι επικίνδυνοι — και συνεπώς, απόβλητοι και αποδιοπομπαίοι. Παράλληλα, εδραιώνεται έτσι το στερεότυπο ότι και ο απλός χρήστης ναρκωτικών (καίτοι *αυτοπροσβάλλεται και δεν αδικοπραγεί* με τη χρήση) είναι αυταπόδεικτα *εγκληματίας* —άρα η θέση του είναι τουλάχιστον στη φυλακή, αφού δεν λειτουργεί πια ο Καιάδας.

Στα πολύπλοκα προβλήματα, όπως αυτό των ναρκωτικών, δεν υπάρχουν απλές λύσεις και μαγικές συνταγές.

Στην αφετηρία, ωστόσο, κάθε απόπειρας για ολοκληρωμένο προβληματισμό, βρίσκεται η διαπίστωση ότι η *άγνοια*, εκτεταμένη και παχυλή, οδηγεί στη μυθοπλασία και εκτρέφει την προκατάληψη και τη δαιμονοπληξία.

Είναι ανατριχιαστικό, περισσότερο ίσως και από το ίδιο το πρόβλημα των ναρκωτικών, το στατιστικό δεδομένο ότι σε ένα φοβερό ποσοστό 80% η κοινή γνώμη στην Ευρώπη και στην Ελλάδα *ευνοεί ακόμα πιο σκληρή κατασταλτική πολιτική*. Κι έτσι εξηγείται, σε μεγάλο βαθμό, γιατί η κυρίαρχη διεθνώς πολιτική στην αντιμετώπιση των ναρκωτικών έρχεται σε διάσταση και με την επιστήμη και με τη λογική — με συνέπεια, σ' ένα συνεχώς αναπαραγόμενο φαύλο κύκλο, να διογκώνεται το πρόβλημα και να προσλαμβάνει τις διαστάσεις κοινωνικής μάστιγας.

Για να εξοικειωθεί η κοινή γνώμη με τις ριζοσπαστικές προτάσεις της LIA (να *αποποινικοποιηθεί* η χρήση, να περάσει και στη νομοθεσία ο επιστημονικά δεδομένος *διαχωρισμός* των ψυχοτρόπων ουσιών και *να χορηγείται* στους αποδεδειγμένα ηρωινομανείς η ηρωίνη υπό κρατικό υγειονομικό έλεγχο και *με ελεύθερη επιλογή* προγραμμάτων αποτοξίνωσης) προϋποτίθεται η ενημέρωσή της.

Μια ενημέρωση *απομυθοποιητική*, *τεκμηριωμένη* και *πολυδιάστατη*· που θα αποκαλύπτει τη ρίζα του κακού: τα μυθώδη κέρδη, από το παράνομο εμπόριο, της *πολυεθνικής των ναρκωτικών*, που χρηματοδοτεί, στηρίζει κι εξαπλώνει διεθνώς το οργανωμένο έγκλημα· που θα αποκαλύπτει την αυθαιρεσία και υποκρισία της απαγορευτικής πολιτικής, όταν ορίζει ως «ναρκωτικά» τις απαγορευόμενες μόνο ψυχοτρόπες ουσίες (το αλκοόλ και τα *ψυχοφάρμακα*, που κάνουν θραύση διεθνώς και στη χώρα μας, μένουν απ' έξω...) και αρνείται ετσιθελικά τον επιστημονικό διαχωρισμό τους, ανάλογα με το βαθμό επικινδυνότητας· που θα αποκαλύπτει, με στατιστικά δεδομένα, πόσο αδιέξοδη, ανορθολογικά πολυδάπανη αλλά και επικίνδυνη για τη δημόσια υγεία, τη δημόσια τάξη και τις ατομικές ελευθερίες είναι η κατασταλτική πολιτική· που θα αποκαλύπτει τη σύγκρουση της απαγορευτικής πολιτικής με βασικές αρχές του δικαίου και συνταγματικά κατοχυρωμένα δικαιώματα· που θα αποκαλύπτει, τέλος, την αδίστακτη εμπορία της επιθυμίας, του πόνου, της υγείας, της ζωής του ανθρώπου και τα κοινωνικά αίτια εξάπλωσης των ναρκωτικών.

Να κατακτήσει λοιπόν η γνώση τα μέσα ενημέρωσης, που διαμορφώνουν την κοινή γνώμη. *Να ενημερώσουμε τους καλοπροαίρετους απ' αυτούς που ενημερώνουν:* Να το πρώτο βήμα που προέχει...

ΥΓ: Το κείμενο αυτό ήταν η παρέμβαση του υπογραφόμενου στο φόρουμ της Διεθνούς Αντιαπαγορευτικής Ένωσης (LIA) στο Ζάππειο Μέγαρο, 22-24 Νοεμβρίου.

Δευτέρα 26 Νοεμβρίου 1990

ΝΑΡΚΩΤΙΚΑ: ΕΠΙΤΕΛΟΥΣ, ΑΣ ΤΟΛΜΗΣΟΥΜΕ!

ΜΙΑ από τις τελευταίες συνεδριάσεις του υπουργικού συμβουλίου, η κυβέρνηση Τζ. Τζαννετάκη την είχε αφιερώσει στα *ναρκωτικά* και την καταπολέμησή τους. Αμέσως μετά τη συνεδρίαση, ο τότε Πρωθυπουργός έκανε τη μελαγχολική διαπίστωση ότι το οξύ κοινωνικό πρόβλημα είναι δυσεπίλυτο διεθνώς, διότι η διακίνηση ναρκωτικών συνδέεται με *τεράστια οικονομικά συμφέροντα* και πολυεθνικά κυκλώματα, που εξαγοράζουν και διαφθείρουν κρατικούς λειτουργούς σε όλες τις βαθμίδες της ιεραρχίας.

Η εύστοχη πρωθυπουργική επισήμανση απέληγε σ' ένα απογοητευτικό «διά ταύτα»: Από παχυλή άγνοια, χρόνια προκατάληψη και πλήρη αδυναμία για σύλληψη μιας αποτελεσματικής κοινωνικής πολιτικής, προσφυγή στην πεπατημένη — στον ατελέσφορο, αδιέξοδο και πολλαπλώς ζημιογόνο δρόμο της *καταστολής*.

Με μικρές αποκλίσεις, με τον ίδιο πάνω κάτω τρόπο, δείχνουν να προσεγγίζουν το πρόβλημα και οι συντριπτικά περισσότεροι από όσους ασχολούνται μαζί του. Οι κατεστημένες *πολιτικές δυνάμεις* και οι ποικιλώνυμες (και κομματικά ελεγχόμενες συχνά) *οργανώσεις* κατά των ναρκωτικών· οι αρμόδιες *κρατικές υπηρεσίες* και κρατικοί λειτουργοί σε όλο το φάσμα τους — υπουργεία και δικαστήρια, αστυνομικοί και ψυχίατροι, δεσμοφύλακες και κοινωνικοί λειτουργοί· *Τύπος και τηλεόραση*, που συναγωνίζονται σε τρομολαγνεία, δαιμονολογία και εξορκισμούς·

και αυτόκλητοι *σταυροφόροι*, που ανέλαβαν να σώσουν τη νεολαία και την κοινωνία μας.

Η ίδια προσέγγιση παρατηρείται και τώρα, προεκλογικά, που η ΝΔ περιέλαβε τα ναρκωτικά ως ένα από τα πέντε κεντρικά σημεία της εκλογικής καμπάνιας της. Στο μεγαλύτερο κόμμα, μάλιστα, φαίνεται να κυριαρχούν οι *θαυμαστές* του «πολέμου κατά των ναρκωτικών», που εγκαινίασε στις ΗΠΑ η Νάνσυ Ρίγκαν και οδήγησε σε δραματική κορύφωση ο πρόεδρος Μπους (ως αρχηγός της CIA είχε προσωπική γνώση και ανάμειξη στα διαπλεκόμενα κυκλώματα εμπορίας ναρκωτικών και όπλων) με την ωμή στρατιωτική επέμβαση στον Παναμά και τη σύγκρουση με τα καρτέλ της κοκαΐνης στην Κολομβία. Από τους εγχώριους θαυμαστές της, η αμερικανική πολιτική κατά των ναρκωτικών προβάλλεται απροσχημάτιστα και ως πρότυπο μίμησης για την Ευρώπη, όταν — κατά τα επίσημα στοιχεία (*Financial Times* 4-9-89):

— Οι ετήσιες πωλήσεις ναρκωτικών στη μαύρη αγορά των ΗΠΑ εκτιμώνται σε ογδόντα δισεκατομμύρια δολάρια — το ένα τρίτο περίπου του διεθνούς «τζίρου».

— Πάνω από διακόσιες πενήντα χιλιάδες Αμερικανοί τοξικομανείς είναι φορείς του AIDS (ο ανεξακρίβωτος πραγματικός αριθμός τους υπολογίζεται στο διπλάσιο).

— Τοξικομανείς είναι οι δράστες στο 40% των αδικημάτων κατά της ιδιοκτησίας.

Η αναποτελεσματικότητα της κατ' εξοχήν *κατασταλτικής* πολιτικής των ΗΠΑ κατά των ναρκωτικών είναι φανερή και μόνο από το γεγονός ότι οι εφιαλτικοί αυτοί αριθμοί συνεχώς μεγαλώνουν.

Με βασικό άξονα το διαχωρισμό *χρηστών* και *εμπόρων* ναρκωτικών και τη διαφορετική αντιμετώπισή τους, την τελευταία δεκαετία έγιναν ουσιαστικές μεταβολές στη νομοθεσία πολλών ευρωπαϊκών χωρών, αλλού πιο τολμηρές (Δανία, Ισπανία, Αγγλία, Ιταλία), αλλού δειλές και συγκεχυμένες (Ελλάδα).

Αλλά η πιο ριζοσπαστική πολιτική, στον *αντίποδα* ακριβώς της αμερικανικής, εφαρμόζεται στην Ολλανδία, με το περίφημο *«πείραμα του Άμστερνταμ»*. Με αφετηρία την αντίληψη ότι δεν αρκεί η νομοθετική αλλαγή, αν δεν συνδυάζεται με μία ολοκληρωμένη *κοινωνική πολιτική* (λόγου χάρη, ο ιταλικός νόμος 685 θεωρείται λιγότερο αυστηρός από την ολλανδική νομοθεσία), η Ολλανδία προσπαθεί να χτυπήσει το κακό στη ρίζα του: να γλιτώσει τους χρήστες ναρκωτικών από τα πλοκάμια των *εμπόρων* — και τις παρενέργειες, όπως το AIDS, οι θάνατοι από νοθευμένες ουσίες και η εγκληματικότητα. Βασικά στοιχεία της πολιτικής της:

— *Διαχωρισμός* των ναρκωτικών στα *παράγωγα της ινδικής κάνναβης* από τη μια μεριά, των οποίων δεν απαγορεύεται η χρήση και η κρατικά ελεγχόμενη εμπορία, και στα λεγόμενα *«σκληρά»* (ηρωίνη, κοκαΐνη, LSD, βαρβιτουρικά και αμφεταμίνες).

— *Πλήρης κοινωνική περίθαλψη* των τοξικομανών (ως και χρηματοδότησής τους σε μηνιαία βάση) και ελευθερία τους *να επιλέγουν μεθόδους αποτοξίνωσης* (στις οποίες περιλαμβάνεται και η ελεγχόμενη χορήγηση υποκαταστάτων, όπως η μεθαδόνη).

— *Αμείλικτη δίωξη* της μαύρης αγοράς ναρκωτικών.

Τα αποτελέσματα αυτής της πολιτικής, αν δεν είναι θαυματουργά, είναι πάντως *μοναδικά* σε παγκόσμιο επίπεδο και αποτελούν πηγή αισιοδοξίας.

Σε συνέντευξη Τύπου, που οργάνωσε τις 2 Μαρτίου το ελληνικό τμήμα της LIA (Διεθνής Αντιαπαγορευτική Ένωση, που ιδρύθηκε τον Απρίλιο του 1989 από πενήντα επιστήμονες απ' όλο τον κόσμο και διαθέτει ήδη έναν,

Ιταλό, ευρωβουλευτή), παρουσίασαν στην Αθήνα αυτά τα αποτελέσματα και ανέλυσαν την ολλανδική πολιτική ο διευθυντής του πειράματος καθηγητής Πέτερ Κοέν και ο αστυνομικός διευθυντής Δίωξης Ναρκωτικών του Άμστερνταμ Λέο Ζάαλ.

Κάθετη πτώση της εγκληματικότητας, της συνδεδεμένης με τη χρήση ναρκωτικών. Μείωση των θανάτων από ηρωίνη κατά 20%. Μείωση των χρηστών ηρωίνης τα τελευταία πέντε χρόνια από έντεκα χιλιάδες σε εξήμισι χιλιάδες. Σημαντική πτώση του ποσοστού ανηλίκων και νέων μεταξύ των χρηστών κ.ά.

Παριστάμενος στη συνέντευξη Τύπου, μαζί με άλλους συναδέλφους του, ο ψυχίατρος Γιάννης Τσέγκος, είπε στους Ολλανδούς:

«Ως πολίτης θέλω να σας ευχαριστήσω για τα τόσα ενδιαφέροντα που μας είπατε και να εκφράσω τη ζήλια μου γιατί αυτά γίνονται στο Άμστερνταμ και όχι, δυστυχώς, στην Αθήνα. Και ως ψυχίατρος θέλω να σας συγχαρώ που, παρ' ότι είσαστε ο ένας ψυχίατρος και ο άλλος αστυνομικός, κάνετε ό,τι είναι δυνατόν για να δείξετε ότι *το πρόβλημα των ναρκωτικών δεν είναι της αρμοδιότητας ούτε της ψυχιατρικής ούτε της αστυνομίας»*.

Σ' αυτή τη συνέντευξη Τύπου ήταν παρόντες ακόμα και δημοσιογράφοι (μικρή προβολή της στις εφημερίδες και στο ραδιόφωνο, με φωτεινές εξαιρέσεις, καμιά στην τηλεόραση). Από τον πολιτικό κόσμο παρών μόνο ο γραμματέας του ΚΚΕ εσωτ. Γ. Μπανιάς. *Ουδείς* από τις ποικιλώνυμες οργανώσεις κατά των ναρκωτικών. *Ουδείς* από τα υπουργεία Δικαιοσύνης και Υγείας, από τους συλλόγους δικαστών και δικηγόρων, από την αστυνομία, από την εκπαίδευση...

Με τέτοια απτά δείγματα ανύπαρκτης ευαισθησίας για

το μεγάλο πρόβλημα, δεν είναι περίεργο ότι παρέμεινε «βοών εν τη ερήμω» ο ψυχίατρος Κλεάνθης Γρίβας που, υπό τον τίτλο *Ναρκωτικά: Επιτέλους, ας τολμήσουμε* (τον δανειζόμαστε σήμερα και μακάρι να ξαναχρησιμοποιηθεί), συνέταξε και δημοσίευσε (*Ελευθεροτυπία* 7-3-90) πλήρες σχέδιο νόμου για μια ριζοσπαστική πολιτική κατά των ναρκωτικών, με κεντρικούς άξονες:

1. *Την αποποινικοποίηση* της χρήσης των μη τοξικομανιογόνων ουσιών (ινδική κάνναβη και παράγωγά της).
2. *Τη χορήγηση*, στους αποδεδειγμένα τοξικομανείς, υποκαταστάτων μέσα σε κρατικά νοσηλευτικά ιδρύματα.
3. *Την αποσύνδεση* της θεραπευτικής αντιμετώπισης των τοξικομανών από το σωφρονιστικό σύστημα και τα ψυχιατρικά νοσοκομεία.
4. *Τη δημιουργία* κέντρων αποτοξίνωσης, ανοικτού ή κλειστού χαρακτήρα, καθένα από τα οποία θα εφαρμόζει το δικό του πρόγραμμα.

«Επιτέλους, ας τολμήσουμε να κάνουμε δημόσια μια σοβαρή συζήτηση γύρω απ' αυτό το θέμα», προτρέπει ο Κλεάνθης Γρίβας. Ποιος τον ακούει;

Ύστερα από παλινωδίες πέντε χρόνων, ψηφίσθηκε ο νόμος 1729/87 για τα ναρκωτικά από ένα εγκληματικά ανίδεο και αδιάφορο Κοινοβούλιο — όπως αποκαλύφθηκε κατά τη συζήτησή του. Ένας νόμος άτολμος κι αντιφατικός υπέρ των χρηστών, υποτίθεται, και κατά των εμπόρων. Αποτέλεσμα: στα τρία χρόνια εφαρμογής του οι θάνατοι αυξάνουν, τα πρεζόνια πολλαπλασιάζονται, οι τοξικομανείς στοιβάζονται κατά χιλιάδες στις φυλακές και στα ψυχιατρεία. Και μόνοι ωφελημένοι βγήκαν οι έμποροι, τους οποίους νέα κυκλώματα κερδοσκοπίας (από ψυχιάτρους, δικαστές, δικηγόρους και δεσμοφύλακες) μασκαρεύουν σε χρήστες...

Ας τολμήσουμε λοιπόν. Ποιοι να τολμήσουμε;

Στο εμπόριο του θανάτου έρχονται συνειδητά ή αθέλητα αρωγοί η πολιτική που εξομοιώνει θύτες και θύματα, η δημαγωγία (τώρα και η ψηφοθηρία), οι προκαταλήψεις και η δαιμονολογία των καλοθελητών, η μαζική ψύχωση, η έλλειψη σοβαρού προβληματισμού.

Είναι εύκολες αλλά και εθελότυφλες οι άναρθρες κραυγές του τύπου *«οι μπάτσοι πουλάνε την ηρωίνη»* — αφήνοντας έξω από τα κυκλώματα της αδίστακτης κερδοσκοπίας δικαστές και ψυχιάτρους, δικηγόρους και δημοσιογράφους, μανδαρίνους και δεσμοφύλακες, πολιτικούς και στρατηγούς.

Είναι εύκολο, αλλά και υποκριτικό, να κραυγάζεις *«θάνατος στους εμπόρους του θανάτου»* — και να συναγελάζεσαι μαζί τους στα σαλόνια ή να κλείνεις τα μάτια, όταν τους βλέπεις να *πρωτοστατούν* στη «σταυροφορία» τάχατες κατά των ναρκωτικών, ως καλοί Σαμαρείτες κι έντιμοι πολίτες.

Το δύσκολο είναι να τολμήσουμε να παραδεχθούμε ότι η ανθρωπότητα *συμβιώνει* σ' όλη την ιστορία της με τα ναρκωτικά, που γίνονται κίνδυνος και απειλή και αιτία πολέμων και κοινωνική μάστιγα μόλις στον αιώνα μας — *με την απαγόρευση*, που δημιούργησε τη μαύρη αγορά και μετέτρεψε τα ναρκωτικά στο *πιο κερδοφόρο* εμπόρευμα (12.000% το κέρδος στην κοκαΐνη — από το κόστος παραγωγής, ως τον τελευταίο αγοραστή...)

Το δύσκολο είναι να συνειδητοποιήσουμε ότι καμιά πολιτική κατά των ναρκωτικών δεν μπορεί να είναι αποτελεσματική, αν δεν έχει αυτή την παραδοχή ως αφετηρία της.

Ας τολμήσουμε λοιπόν. Ποιοι;

Δευτέρα 19 Μαρτίου 1990

ΝΑΡΚΩΤΙΚΑ: ΠΕΙΡΑΜΑ ΣΤΗ ΘΕΣΣΑΛΟΝΙΚΗ

ΓΙΑ τον απλό πολίτη, όπου γης, που προκαλείται από ποικίλα ερεθίσματα να προβληματιστεί για τα *ναρκωτικά*, ένα απλό και μέγα ερώτημα πλανάται *αναπάντητο*:

Με την καταπολέμησή τους ασχολούνται διεθνώς όλο και περισσότεροι: αδαείς και επαΐοντες, πολιτικοί και επιστήμονες, υπουργοί και δικαστές, δημοσιογράφοι και αστυνομικοί, παιδαγωγοί και ιερωμένοι... Με τη συμβατική παραδοχή ότι στην πλειονότητά τους είναι *καλοπροαίρετοι* και όχι ύποπτοι, πώς γίνεται να μην μπορούν να συγκλίνουν σε μια *κοινώς αποδεκτή πολιτική*;

Πριν επιχειρηθεί μια απάντηση, να επισημάνουμε τους δύο, σε γενικές γραμμές, πόλους των συγκρουομένων απόψεων, τα δύο συστήματα ιδεών, τις δύο εφαρμοζόμενες ή προτεινόμενες πολιτικές:

1. Αφετηριακή αντίληψη για το πρώτο σύστημα ιδεών είναι το κοινωνικά επιβεβλημένο *να σταματήσει με κάθε τρόπο η χρήση ναρκωτικών*. Ανεδαφική στη σύλληψή της (αφού παραβλέπει ότι η χρήση ψυχοτρόπων ουσιών παρατηρείται σε ολόκληρη την ιστορία της ανθρωπότητας) η αντίληψη αυτή έχει λογική απόληξη την *κατασταλτική πολιτική*· που έχει ως φορείς τα υπουργεία Δικαιοσύνης για το νομοθετικό πλαίσιο και Δημόσιας Τάξης για τη δίωξη· που αντιμετωπίζει ως *αδιαίρετο σύνολο* όλες τις ουσίες, χωρίς να τις διακρίνει σε τοξικομανιογόνες και μη· που *τιμωρεί το χρήστη*, κατά παραβίαση θεμελιωδών αρχών του δικαίου, οι οποίες κατοχυρώνουν την ελεύθερη α-

νάπτυξη της προσωπικότητας κάθε ατόμου ή εδράζουν την ποινικώς κολάσιμη παραβατικότητα στην προσβολή εννόμων αγαθών *των άλλων* — και όχι, βεβαίως, του δράστη· που θεωρεί τους χρήστες καρκινώματα, σάπια μέλη, απόβλητους της κοινωνίας — τους περιθωριοποιεί, τους διαπομπεύει, τους στιγματίζει, τους αφήνει έκθετους στα νύχια των εμπόρων, τους σπρώχνει στο έγκλημα και στο θάνατο... Κυρίαρχη στη χώρα μας, και σε παγκόσμια κλίμακα, η πολυδάπανη και πολυπλόκαμη κατασταλτική πολιτική αναπαράγει και διογκώνει, αντί να περιστείλει, το πρόβλημα, δεν καταπολεμά αλλά τονώνει τα αίτια, που είναι οι κοινωνικές διακρίσεις και τα τρομακτικά κέρδη της μαύρης αγοράς — είναι μια πολιτική, κατά τη διεθνή πείρα πλέον, *αδιέξοδη, επικίνδυνη, εγκληματική*.

2. Στον αντίποδα της καταστολής, εκφράζονται οι σχετικά νέες αντιλήψεις, κατά τις οποίες μια πολιτική για τα ναρκωτικά οφείλει:

— *Να διασφαλίζει* τη δημόσια υγεία. Κύριος φορέας της, άρα, το Υπουργείο Υγείας, με τα υπουργεία Δικαιοσύνης και Δημόσιας Τάξης, και πρωτίστως την τοπική αυτοδιοίκηση, σε ειδικό επιβοηθητικό ρόλο.

— *Να περιορίζει* μέχρις εκμηδενισμού τους κινδύνους από την κατανάλωση ναρκωτικών, για τους ίδιους τους χρήστες, τον περίγυρό τους και την κοινωνία ολόκληρη.

— *Να σέβεται* και να προστατεύει την αξία του ανθρώπου, σε μια αέναη προσπάθεια βελτίωσης γενικά των κοινωνικών συνθηκών.

— *Να αναθέτει* στο κράτος την ευθύνη για την περίθαλψη των εξαρτημένων, με παροχή όλων των διευκολύνσεων, που διασφαλίζουν την *υγεία*, τη *ζωή* και την *αξιοπρέπειά* τους (χορήγηση ουσιών ή υποκαταστάτων σε κρατικά νοσηλευτικά ιδρύματα, ποικίλα προγράμματα αποτοξίνωσης σε θεραπευτικές κοινότητες ελεύθερης επιλογής κ.ά.) και κατατείνουν στην κοινωνική επανένταξή τους.

— *Να απομυθοποιεί* τις διαστάσεις του προβλήματος, ενημερώνοντας υπεύθυνα και με βάση τα επιστημονικά δεδομένα για τα ναρκωτικά, τη φύση και την ποικιλομορφία τους, χωρίς ταμπού και προκαταλήψεις, χωρίς κραυγές υστερικές και συγκινησιακά σοκ, με τρομοκρατικές εκπομπές και δημοσιεύματα.

Και, βεβαίως,

— *Να αποποινικοποιεί* τη χρήση όλων ανεξαιρέτως των ουσιών και να εξαντλεί την καταστολή, νομοθετικά και διωκτικά, *αποκλειστικά στη μαύρη αγορά* των ναρκωτικών — στην αδίστακτη εμπορία του ανθρώπινου πόνου, της ανθρώπινης δυστυχίας, της ζωής του ανθρώπου, στην ασύδοτη κερδοσκοπία που έδωσε στο πρόβλημα τις διαστάσεις κοινωνικής μάστιγας.

Αν έτσι έχουν τα πράγματα, η απάντηση στο αρχικό μας ερώτημα, γιατί δεν συγκλίνουν σε μια κοινώς αποδεκτή πολιτική οι προβληματισμοί όσων ασχολούνται με την καταπολέμηση των ναρκωτικών, είναι μία:

Οι δύο αυτοί δρόμοι έχουν διαμετρικά αντίθετες αφετηρίες και διαφορετικές κατευθύνσεις: δεν τέμνονται, δεν συναντώνται, δεν συγκλίνουν. Ο ένας αποκλείει τον άλλο.

Στη δεκαετία που πέρασε και ιδιαίτερα τα δύο τελευταία χρόνια, οπότε αναπτύσσεται η δραστηριότητα της LIA (Διεθνής Αντιαπαγορευτική Ένωση), η πολιτική της καλούμενης *αντιαπαγόρευσης* κερδίζει συνεχώς έδαφος, όλο και περισσότεροι ακολουθούν το δεύτερο δρόμο — στον πολιτικό κόσμο, στα μέσα ενημέρωσης, στα πανεπιστήμια, στην τοπική αυτοδιοίκηση.

Διότι τα ολέθρια αποτελέσματα της κατασταλτικής

πολιτικής είναι αυταπόδεικτα και χειροπιαστά· όταν οι εξαρτημένοι από δύο χιλιάδες το 1980 υπολογίζονται σε ογδόντα χιλιάδες ή και εκατό χιλιάδες το 1990 (κατ' αναλογική εκτίμηση, σε σχέση με τους θανάτους, αφού δεν υπάρχουν επίσημα, υπεύθυνα στοιχεία)· όταν το 35% των φυλακισμένων είναι για αδικήματα συναφή με τη χρήση ναρκωτικών και τις παρενέργειες από την παράνομη εμπορία τους· όταν οι χρήστες, τα θύματα, υφίστανται ανελέητο διωγμό, διαπομπεύονται, στιγματίζονται ανεξίτηλα και στοιβάζονται απάνθρωπα στις φυλακές και στα ψυχιατρεία· όταν η νομοθεσία μένει στα χαρτιά ως προς τις προοδευτικές ρυθμίσεις και ουσιαστικά γίνεται σκληρότερη — με κορύφωση το διαβόητο «τρομονόμο», που περιλαμβάνει ειδική διάταξη με δρακόντειες ποινές για τα ναρκωτικά· όταν η τρομολαγνεία, η σκόπιμη συσκότιση, η υποκρισία, η ψύχωση, η υστερία, οι προκαταλήψεις, η δαιμονολογία κυριαρχούν, αντί για την *προληπτική* υπεύθυνη ενημέρωση· όταν τα θεραπευτικά προγράμματα, με το σταγονόμετρο, καλούνται να εξωραΐσουν την ατελέσφορη κρατική πολιτική· και όταν υπουργοί και υπηρεσίες δίωξης αλληλοσυγχαίρονται και αλληλοβραβεύονται, μπροστά στις κάμερες, κάθε σπάνια φορά που συλλαμβάνεται ένας πραγματικός λαθρέμπορος ναρκωτικών, ο οποίος κατά κανόνα μπαίνει στη φυλακή από τη μία πόρτα και βγαίνει από την άλλη...

Κερδίζει έδαφος η αντιαπαγορευτική πολιτική και διότι πείθει με την επιχειρηματολογία της, που στηρίζεται στην επιστημονική γνώση και απευθύνεται στον κοινό νου, στην απλή λογική και στην κοινωνική εμπειρία — για όσους δεν φορούν παρωπίδες και δεν συνδέονται με τα πανίσχυρα κυκλώματα της μαύρης αγοράς, που εξαγοράζουν συνειδήσεις σε όλη την κλίμακα της κοινωνικής ιεραρχίας, σε όλο το πλέγμα των κρατικών λειτουργιών, σε τόσο επικίνδυνο βαθμό, ώστε να απειλούνται οι ίδιοι οι δημοκρατικοί θεσμοί.

Η πιο σημαντική τελευταία εξέλιξη στη χώρα μας είναι η προσπάθεια να μπουν σε πρακτική εφαρμογή οι νέοι προβληματισμοί:

Με τα πειραματικά βήματα του Δήμου Καλλιθέας. Με την ελληνική συμμετοχή στην *πανευρωπαϊκή διαδημοτική κίνηση*, για διαμόρφωση κοινών προγραμμάτων και συνεργασία. Και τώρα, με την επικείμενη εφαρμογή στη Θεσσαλονίκη ενός *πολυπαρεμβατικού προγράμματος*, με τη συμπαράσταση και την εποπτεία του Ψυχιατρικού Νοσοκομείου Θεσσαλονίκης.

Το πρόγραμμα θα έχει, βέβαια, ως πρότυπο την εμπειρία της Ολλανδίας, την οποία ήδη επισκέφθηκαν για άμεση αντίληψη και εξοικείωση οχτώ γιατροί και μία νοσοκόμα από τη Θεσσαλονίκη.

Όπως μας πληροφορεί ο γνωστός ειδικός μελετητής Κλεάνθης Γρίβας (στο υπό έκδοση νέο βιβλίο του, με τίτλο *ΝΑΡΚΩΤΙΚΑ: Το τίμημα της καταστολής*, αντιπαραθέτει λεπτομερώς τον ολλανδικό δρόμο στο ελληνικό αδιέξοδο), το πρόγραμμα της Θεσσαλονίκης, στην πρώτη φάση εφαρμογής του, θα περιλαμβάνει.

— *Ένα συμβουλευτικό σταθμό.*

— *Ένα τμήμα σωματικής απεξάρτησης* (θα λειτουργήσει ως ιδιαίτερη πτέρυγα της παθολογικής κλινικής του Ψυχιατρικού Νοσοκομείου, με δύναμη δέκα έως δεκαπέντε κλινών).

— *Μία θεραπευτική κοινότητα*, σε έτοιμες ήδη εγκαταστάσεις στην περιοχή Καρτερές, με αρχική δυνατότητα να δεχθεί είκοσι έως τριάντα εξαρτημένους. Στο πρόγραμμα, που διασφαλίζει τη δημοκρατική λειτουργία της κοινότητας, η συμμετοχή θα είναι εθελοντική και θα διαρκεί ένα χρόνο.

— *Μία μονάδα* «δουλειάς στο δρόμο» (κατά τα πρότυπα του Άμστερνταμ και του Λίβερπουλ), με στόχο να παρέχεται κάθε είδους δυνατή βοήθεια στους χώρους όπου εκδηλώνεται το πρόβλημα.

Τέλος και κυρίως,

— *Ένα τμήμα χορήγησης υποκαταστάτων*, με δύο υποτμήματα: το πρώτο θα διασφαλίζει αξιοπρεπή *συντήρηση* στους εξαρτημένους που δεν επιθυμούν να απεξαρτηθούν, και το δεύτερο θα βάζει σε προγράμματα *σταδιακά μειουμένων δόσεων* τους εξαρτημένους που επιθυμούν να απεξαρτηθούν.

Εξυπακούεται ότι για να αποτραπεί ο «ναρκω-τουρισμός», που ευλόγως θα έθετε σε κίνδυνο ολόκληρη την προσπάθεια, το πρόγραμμα θα αφορά αποκλειστικά κατοίκους της Θεσσαλονίκης.

Αν όλα πάνε καλά (η κτιριακή υποδομή υπάρχει, ενώ ο υπουργός Υγείας Γ. Σούρλας έχει ήδη εγκρίνει σαράντα περίπου θέσεις εργασίας), το πείραμα της Θεσσαλονίκης θα τεθεί σε εφαρμογή στις αρχές του 1992.

Από την απρόσκοπτη εφαρμογή του και από την επιτυχία του θα κριθεί σε μεγάλο βαθμό κατά πόσο μπορούμε να προσδοκούμε και για τη χώρα μας μια πραγματικά ριζοσπαστική πολιτική στο μέγα πρόβλημα των ναρκωτικών.

ΥΓ: Το κείμενο αυτό ήταν η εισήγηση του υπογράφοντος στη διεθνή συνάντηση για τα ναρκωτικά που οργάνωσαν (10 και 11 Οκτωβρίου) ο Δήμος Καλλιθέας και το Πρόγραμμα Κοινωνικής Επανένταξης «Θησέας».

Δευτέρα 14 Οκτωβρίου 1991

ΑΝΕΓΚΕΦΑΛΟΙ ΥΠΟΔΑΥΛΙΖΟΥΝ ΤΟ ΡΑΤΣΙΣΜΟ

ΞΕΝΟΙ ανταποκριτές στην Αθήνα εξέφραζαν την απορία τους γιατί οι εφημερίδες μας καταχώνιασαν στα μεσόφυλλα τις μαζικές απελάσεις λαθρομεταναστών («επιχείρηση σκούπα»), που προανήγγειλε την περασμένη Τρίτη ο υπουργός Δημοσίας Τάξεως Ν. Γκελεστάθης.

«Θα εξαπολυθεί ένα χωρίς προηγούμενο *ανθρωποκυνηγητό* — μου έλεγε ένας τους. Στόχος είναι μισό, περίπου, εκατομμύριο άνθρωποι. Φοβερό το θέμα, είναι δυνατό να μη σας ενδιαφέρει;»

Νόμισε ότι αστειευόμουν όταν παρατήρησα ότι για να διεκδικήσει ένα θέμα τα πρωτοσέλιδα, στον καθ' έξιν και αμετανοήτως (με δεδομένο τον κορεσμό τού αναγνώστη) πολιτικολογούντα ελληνικό Τύπο, θα πρέπει να ενταχθεί στην κομματική διαμάχη, να συναντηθούν σ' αυτό τα διασταυρούμενα πυρά κυβέρνησης και αντιπολίτευσης.

Αφού λοιπόν κανένα κόμμα δεν αντέδρασε σε όσα *ανατριχιαστικά* είπε ο επί της Δημοσίας Τάξεως υπουργός και συλλήβδην η αντιπολίτευση σιώπησε συναινετικά, το θέμα ταξινομήθηκε στα ήσσονος σημασίας...

Και με άκουγε έκπληκτος όταν έσπευσα να προσθέσω ότι, από μία άποψη, ευτυχώς που δεν υπήρξε εντυπωσιακή προβολή των υπουργικών δηλώσεων.

Ευτυχώς, λόγου χάρη, που δεν μιμήθηκαν και άλλες εφημερίδες αρθρογραφικά την *Απογευματινή* (3-2-93), όπου διαβάσαμε και τα εξής:

«Ανακούφιση προκάλεσαν στην κοινή γνώμη οι ανακοινώσεις του υπουργού Δημοσίας Τάξεως κ. Νίκου Γκελεστάθη (...). Οι Αλβανοί, αλλά και οι Ασιάτες λαθρομετανάστες, έχουν καταντήσει *τρόμος και φόβος* για τους φιλήσυχους Έλληνες (...). Η Αθήνα, οι ακριτικοί νομοί της βορείου Ελλάδος, ακόμα και τα νησιά μας, γνωρίζουν τις συνέπειες της εισβολής των Αλβανών προσφύγων, *σημαντικό μέρος των οποίων ανήκει στην ομώνυμη εθνική μαφία* (...) που είναι πολύ πιο σκληρή από την ιταλική μαφία...».

Κάθε μελαψός και, εν δυνάμει, κακούργος λοιπόν. Κάθε Αλβανός φυγάς και γκάνγκστερ... Λίγο ακόμα και θα γράψουν και θα πουν να αγιάσουν τα χέρια αυτού του στυγερού δολοφόνου της Πρέβεζας, που σκότωσε πρωτοχρονιάτικα τα τρία εικοσιπεντάχρονα παλικάρια, επειδή γύρεψαν δουλεμένα, ξίκικα, μεροκάματα, για να γυρίσουν χρονιάρες μέρες, καζαντισμένοι, οι έρμοι στα σπίτια τους, στην Αλβανία, να ταΐσουν τις φαμίλιες τους. (Αναγκαία η παρένθεση: *μόνο ύστερα από καταγγελία άλλου ταλαίπωρου Αλβανού* εξιχνιάστηκε το έγκλημα. Όταν βρέθηκαν τα πτώματα, η Αστυνομία απεφάνθη, στο τσάκα τσάκα, ότι πρόκειται για «ξεκαθάρισμα λογαριασμών» — τρεις Αλβανοί λιγότεροι στο κάτω κάτω...).

Ευτυχώς, έτσι, που οι κραυγαλέοι τίτλοι δεν διασάλπισαν την αμετροέπεια και τα μεγαλόπνοα σχέδια του επί της Δημοσίας Τάξεως υπουργού· που απέδωσε την αύξηση της εγκληματικότητας, τα τελευταία δύο χρόνια, αποκλειστικά στους λαθρομετανάστες· που τους θεώρησε λίγο πολύ υπεύθυνους για την ανεργία, τη μιζέρια και τα τρία κακά της μοίρας μας· που επεκαλέσθη ακόμα και λόγους εθνικούς για να τονίσει ότι η λαθρομετανάστευση πρέπει να παταχθεί. Και που ζήτησε τη *συνδρομή των πολιτών* σ' αυτή τη γιγαντιαίας κλίμακας αστυνομική επιχείρηση των μαζικών απελάσεων (θα τεθεί συντομότατα —είπε— σε εφαρμογή «ανεξαρτήτως κόστους». Δεν διευκρίνισε, πάντως, αν θα υπάρξει και αμοιβή, κατά κεφάλι, για τους *κεφαλοκυνηγούς*...).

Ευτυχώς που οι καλές μας εφημερίδες δεν φρόντισαν να τραβήξουν την προσοχή και του πιο επιπόλαιου αναγνώστη, και του τελευταίου πολίτη, σε όσα είπε ο κ. Γκελεστάθης.

Διότι τα υπουργικά κηρύγματα συνιστούν απροκάλυπτη *επίσημη ενθάρρυνση και υποδαύλιση του ρατσισμού.*

Διότι, έτσι, κινδυνεύουμε να πάθουμε ό,τι είχαμε αποφύγει ως τώρα: Παρ' ότι μέγα μέρος, αναλογικά, από το κύμα της προσφυγιάς, τις στρατιές των πεινασμένων από τις ανατολικές και τριτοκοσμικές χώρες, αναζήτησε στον ήλιο μοίρα στην Ελλάδα, ο από παράδοση φιλόξενος λαός μας, λαός προσφύγων και μεταναστών, αντέδρασε ανθρωπιστικά. Ελάχιστα τα κρούσματα της ρατσιστικής βίας κάνουν τη χώρα μας *τιμητική εξαίρεση* στην Ευρώπη.

Διότι, ωστόσο, η πανούκλα του ρατσισμού πλήττει κι εξαπλώνεται *υποδόρια*. Ο λανθάνων ρατσισμός ενδημεί και μάλιστα εκτεταμένα και εδώ — όπως αποκαλύπτουν οι σφυγμομετρήσεις. Μία ρατσιστική κυβερνητική πολιτική (όπως, λόγου χάρη, με τα αστυνομικά γιουρούσια στους καταυλισμούς των τσιγγάνων) ή το ρατσιστικό ντοπάρισμα από τα μέσα ενημέρωσης, μπορεί να ανασύρουν αυτό τον λανθάνοντα ρατσισμό στην επιφάνεια, να του προσδώσουν επιθετική, επιδημική μορφή.

Διότι η παρατεινόμενη οικονομική κρίση, η αυξανόμενη ανεργία, η δοκιμασία αρχών και η έκπτωση αξιών, η φοβία, η ανασφάλεια και η αβεβαιότητα για το αύριο, δημιουργούν πρόσφορο έδαφος για εκτρωματικές ρατσιστικές εκτροπές στην κοινωνική μας συμπεριφορά.

Και, τέλος,

Διότι, με τις πραγματικές και υποθετικές απειλές στα σύνορά μας, ζούμε, ένα χρόνο τώρα, μέσα στην παραζάλη του εθνικιστικού παροξυσμού. Σιαμαίοι, στη φασιστική τερατογένεση, ο *εθνικισμός και ο ρατσισμός δημιουργούν μείγμα εμπρηστικό και εκρηκτικό.*

Ουδείς αντιλέγει ότι το κύμα της προσφυγιάς στη χώρα μας είναι ήδη ένα πρόβλημα πολυδιάστατο και πολύπλοκο — δυσεπίλυτο για όλη τη δυτική Ευρώπη.

Το μέγα θέμα είναι πώς αντιμετωπίζεται.

Η προσφιλής στους κυβερνώντες πολιτική της καταστολής με τα διοικητικά και αστυνομικά μέτρα (αυστηρές ποινές στους δουλεμπόρους και στους παρανόμως παρέχοντες εργασία σε λαθρομετανάστες, περίπολοι στα σύνορα, απελάσεις κτλ.) ουδόλως απέδωσε. Ελεγχόμενος για τη συνταγματικότητά του και την εναρμόνισή του με διεθνείς συμβάσεις ο «δρακόντειος» νόμος 1975/91 παραμένει, εν πολλοίς, ανεφάρμοστος.

Με δεδομένη την αποτυχία αυτής της πολιτικής είναι να απορεί κανείς ποιοι ανεγκέφαλοι στην κυβέρνηση επιμένουν στη συνέχισή της και μάλιστα επί το δραστικότερον — με το αναγγελλόμενο ανθρωποκυνηγητό και τις μαζικές απελάσεις.

Η κυβερνητική πολιτική (όχι ότι περίσσεψαν οι ολοκληρωμένες προτάσεις από την αντιπολίτευση) επιμένει να αγνοεί επιδεικτικά τη σημαντικότερη, ίσως, παράμετρο του προβλήματος:

Βασικός παράγων για την αυξανόμενη ροή αλλοδαπών εργαζομένων στη χώρα μας είναι η *ζήτηση φθηνού εργατικού δυναμικού*, που συνδυάζεται με την επέκταση της *παραοικονομίας* (μόνο η εισφοροδιαφυγή από την παράνομη απασχόληση αλλοδαπών υπολογίζεται σε εκατό δισεκατομμύρια δραχμές το χρόνο — όπως αναφέρει στη σημαντική μελέτη του επί του θέματος, για λογαριασμό της ΓΣΕΕ, ο Π. Λινάρδος-Ρυλμόν) και την *καταπάτηση* στοιχειωδών προστατευτικών διατάξεων της εργατικής νομοθεσίας.

Κάποιοι επωφελούνται, κάποιοι *θησαυρίζουν ασύδοτα* από την απασχόληση αλλοδαπών εργαζομένων, που τη θέλουν παράνομη για να είναι φθηνή.

Από εκεί και πέρα, αυτή ακριβώς η παρανομία, τα άθλια μεροκάματα του τρόμου, η ανασφάλεια, η απελπισία και το γκέτο του κοινωνικού περιθωρίου είναι που γεννούν την κατακόρυφα αυξημένη (κατά τη μεζούρα του κ. Γκελεστάθη) *εγκληματικότητα* — και όχι τα γονίδια των λαθρομεταναστών.

Άρα η αναζήτηση μιας αποτελεσματικής πολιτικής πρέπει να γίνει προς τη διαμετρικά αντίθετη από την ακολουθούμενη πολιτική:

Ο πρόεδρος της ΓΣΕΕ Λ. Κανελλόπουλος, το ΕΚΑ και άλλα συνδικάτα έχουν ήδη εισηγηθεί μια πολιτική *κοινωνικής προστασίας και εκτεταμένης νομιμοποίησης* των μεταναστών και των προσφύγων, ανάλογη με αυτή που έχει θεσπιστεί στην Ιταλία και στην Ισπανία.

Κυβέρνηση και κόμματα καλούνται να αναλάβουν τις ευθύνες τους, πριν το πρόβλημα προσλάβει εκρηκτικές διαστάσεις.

Δευτέρα 8 Φεβρουαρίου 1993

Ε΄
Η ΤΡΟΜΟΚΡΑΤΙΑ

ΑΚΟΥ ΜΕ, ΕΝΟΠΛΕ ΣΥΝΤΡΟΦΕ...
(Ανοιχτό γράμμα στην «Ε.Ο. 17 Νοέμβρη»)

ΝΑ ΜΟΥ ΕΠΙΤΡΕΨΕΙΣ, ένοπλε σύντροφε της «Ε.Ο. 17 Νοέμβρη», μ' αυτό το ανοιχτό γράμμα, να σου ταράξω κάπως την αυτοϊκανοποίηση και ευφορία, που είμαι βέβαιος ότι νιώθεις αυτές τις μέρες. Ευφορία, γιατί και το νέο σου χτύπημα ήταν θεαματικό και αποτελεσματικό, άψογα σχεδιασμένο και εκτελεσμένο. Ευφορία, γιατί, όταν όλοι γύρω σου βολοδέρνουν μέσα στη γενικευόμενη αμφισβήτηση, εσύ επιδεικνύεις μια εκπληκτικά αταλάντευτη σιγουριά στο δρόμο που επέλεξες και τον ακολουθείς τόσα χρόνια με συνέχεια και συνέπεια. Ευφορία, γιατί κατάφερες πάλι να ασχολούνται όλοι με σένα: κόμματα και Κυβέρνηση, Τύπος και τηλεόραση, διωκτικές αρχές κι απλοί πολίτες. Ευφορία, γιατί ξαναπέτυχες να διαδώσεις πλατιά τις επαναστατικές σου ιδέες. Ευφορία, τέλος, γιατί υποθέτεις ότι αποτελείς το αντικείμενο θαυμασμού — δικαιούσαι, συνεπώς, να αυτοθαυμάζεσαι.

Αν σ' ενοχλεί η προσφώνηση «σύντροφε», γιατί ενδεχομένως με κατατάσσεις σ' αυτούς που (όπως λες στην τελευταία προκήρυξή σου) «επαγγέλονται τον αντιεξουσιαστή, ενώ βρίσκονται μέχρι τα μπούνια στα κέντρα της αυταρχικής καπιταλιστικής εξουσίας», ξέχνα την. Τον οικείο τόνο όμως τον δικαιούμαι, μια και τόσα χρόνια με έχουν συνδέσει μαζί σου: με διώξεις, παρακολουθήσεις κι ενέδρες με εξαναγκάζουν να απολογούμαι —σαν, τουλάχιστον, απολογητής σου— ασφαλίτες, ανακριτές και δικαστές, πρεσβευτές και πολιτικοί, ΚΥΠατζήδες και δημοσιογράφοι, συγγενείς και φίλοι θυμάτων.

Στο κάτω κάτω όλο το ρίσκο μιας τέτοιας δημόσιας επικοινωνίας είναι με το μέρος μου: Με καθιστά πολλαπλώς ευάλωτο η επωνυμία, ενώ εσύ μπορείς να νιώθεις άτρωτος στα κρησφύγετα της ανωνυμίας.

Σπεύδω να συμφωνήσω μαζί σου. Όχι, βέβαια, στις κοινότοπες αναλύσεις και την ηχηρή συνθηματολογία, που θα 'λεγα ότι αποκαλύπτουν εμμονή σε αναχρονιστικές αντιλήψεις μάλλον, παρά πνευματική εγρήγορση. Συμφωνώ μαζί σου όταν απεικονίζεις άλλοτε την ιμπεριαλιστική εξάρτηση και τώρα την καπιταλιστική κτηνωδία — ακόμα κι όταν την προσωποποιείς.

Στο *διά ταύτα* διαφωνούμε ριζικά. Στη βόμβα και στο κουμπούρι.

Εδώ και δεκατρία χρόνια ακολουθείς το μοναχικό δρόμο της ένοπλης δράσης, αναλαμβάνοντας διττό ρόλο: του (αυτόκλητου) *λαϊκού τιμωρού κι εκδικητή* που, διακινδυνεύοντας την ίδια τη ζωή του, λειτουργεί παραδειγματικά — παρέχει πρότυπο συμπεριφοράς σε προσδοκώμενους μιμητές· και το ρόλο της (επίσης αυτόκλητης) *επαναστατικής πρωτοπορίας*, που, με εντυπωσιακά χτυπήματα σε συμβολικούς στόχους κι εξασφαλισμένη, ως εκ τούτου, την πλατιά προπαγάνδα, θέλει να λειτουργήσει σαν *ξυπνητήρι* για την αλλοτριωμένη συνείδηση των καταπιεσμένων.

Έχεις αποτύχει τραγικά και στους δύο ρόλους — και δεν μπορούσε να γίνει διαφορετικά.

Με έντεκα επίλεκτα πτώματα και πολλαπλάσια τραυματισμένα κορμιά στον απολογισμό της δράσης σου, παραμένεις απελπιστικά μόνος — βρήκες πιθανόν θαυμαστές, αλλά όχι και μιμητές.

Μπορεί να παγιδεύτηκες, ναρκισσευόμενος από την επιτυχία σου, στο ξεκίνημα: Είναι αλήθεια ότι πολλοί είδαν με αγαλλίαση νεκρούς έναν πράκτορα της CIA, σύμβολο της αμερικανικής επικυριαρχίας κι έναν πατενταρισμένο δήμιο της δικτατορίας.

Αλλά η αγαλλίαση, για τον παθητικό θεατή, είναι πολύ κοντά στον αποτροπιασμό. Δεν άργησαν τα ερωτήματα (και δεν μιλώ για τη σκόπιμη προβοκατορολογία και πρακτορολογία των κομμάτων και του Τύπου): Ποιος σε όρισε εκφραστή της λαϊκής οργής; Όταν οι ίδιοι οι βασανισμένοι, με μια βάναυση ταπείνωση της ανθρώπινης αξιοπρέπειας, που θα μπορούσε να γεννήσει και μίσος (έχεις διαβάσει αλήθεια την αυτοδικία στην *Αψίδα του θριάμβου* του Έριχ Μαρία Ρεμάρκ;) και με δεδομένη την παλικαριά τους στην αντιμετώπιση της πιο ωμής κρατικής βίας, δεν ορμούν με νύχια και με δόντια ή και με πιστόλια στους δήμιούς τους, ποιος σου έδωσε το δικαίωμα να λειτουργήσεις για λογαριασμό τους;

Ερωτήματα, που τα έκανε βασανιστικά η ανησυχία για το «ποιος έχει σειρά» και το «πού το πας», όταν οι στόχοι έγιναν λιγότερο επίλεκτοι κι έπεφταν από τις σφαίρες σου δύο αστυνομικοί της σειράς, ο Πέτρου κι ο Σταμούλης — για να ακολουθήσουν ο εκδότης, ο γιατρός, οι βιομήχανοι...

Μπορεί να ανοίγεις διάλογο με υπουργούς, να γεμίζεις με τα μανιφέστα σου σελίδες εφημερίδων και να μπαίνεις, έτσι, κι εσύ στο πολιτικό παιχνίδι — σε σημείο ώστε κάποιοι να θεωρούν σοβαρό και φερέγγυο το λόγο σου. Αλλά μη βαυκαλίζεσαι ότι καταξιώθηκες σαν επαναστατική πρωτοπορία: Οι εργαζόμενοι, στους οποίους υποτίθεται ότι απευθύνεσαι, εξακολουθούν να στρατολογούνται στα κόμματα και στα συνδικάτα και να προσβλέπουν στις κάλπες.

Κάτι περισσότερο: θεωρούν ξένη προς αυτούς, αν όχι εχθρική και ύποπτη τη δράση σου, που δεν έχει καμιά σχέση με την *κοινωνική βία*, όπως την ξέρουν να εκδηλώνεται στο πεδίο της ταξικής πάλης — στο εργοστάσιο, στο μεταλλείο, στην άγρια απεργία, στην κατάληψη, στη διαδήλωση (όπως πριν από έντεκα ακριβώς χρόνια, για παράδειγμα, στα εξεγερμένα μαντεμοχώρια της Χαλκιδικής, που τα θυμήθηκες τώρα).

Και δεν έχουν άδικο, μια και η «παραδειγματική» ένοπλη δράση ανακυκλώνεται με την κρατική βία. Απ' όπου κι αν προέρχεται, όποιος κι αν την ασκεί (κράτος, κόμμα, χούντα, επαναστατική ομάδα ή φασιστική συμμορία), η *πολιτική βία* υπηρετεί, τελικά, την ίδια λογική: την επιβολή και τον πειθαναγκασμό σε κανόνες συμπεριφοράς, που εντάσσονται και υπηρετούν μια στρατηγική — την κατάληψη ή τη διατήρηση της εξουσίας.

Δεν σε έχει προβληματίσει, αλήθεια, ότι τα ίδια χρόνια της δικής σου δράσης οι νεκροί πολίτες από αστυνομικά περίστροφα είναι πολύ *περισσότεροι* από τα δικά σου θύματα — και κανείς δεν τους μνημονεύει;

Δεν σε έχει προβληματίσει η μπροστά στα μάτια εκατομμυρίων τηλεθεατών, εν ψυχρώ εκτέλεση («νομιμοποιημένη» πια, αφού επρόκειτο για «τρομοκράτη») του Πρέκα — χωρίς κανείς να αντιδράσει;

Δεν σε έχει προβληματίσει ότι με πειστικό για τους πολλούς πρόσχημα και τη δική σου δράση μπήκε και η χώρα μας στο χορό της κατευθυνόμενης «αντι»-τρομοκρατικής υστερίας και της διακρατικής συνεργασίας στα πλαίσια της διεθνούς της καταστολής; Ότι κάθε φορά που χτυπάς, *όλα τα κόμματα* συγκλίνουν, υποδαυλίζοντας την κατακραυγή, ότι αποσταθεροποιείς το δημοκρατικό πολίτευμα; Ότι η δράση σου όχι μόνο δεν αποσταθεροποιεί, αλλ' αντίθετα ενισχύει και θωρακίζει το καθεστώς; Ότι, μετά τη Γερμανία, τη Γαλλία και την Ιταλία θεσμοθετείται κι εδώ έκτακτη νομοθεσία και αναγορεύεται ο «τρομοκράτης» σε υπ' αριθμόν ένα εχθρό του κοινωνικού συνόλου, ώστε να προβάλλεται και η τάξη και ασφάλεια ως ύψιστο πολιτικό και κοινωνικό αγαθό;

Και επιτέλους, στην έλλειψη σοβαρής πολιτικής σκέψης, ποια λεβεντιά, ποια παλικαριά, ποια αποκοτιά αντιπαραβάλλεις, όταν δεν δίνεις στα θύματά σου τη δυνατότητα της απολογίας και της άμυνας; Εκείνη τύπου «βεντέτας» — με την ενέδρα και το πισώπλατο χτύπημα; Ή μήπως εκείνο τον ηρωισμό, όπου τις συνέπειες από τη δράση σου τις πληρώνουν (πολλαπλασιαστικά) άλλοι — και μάλιστα αυτοί για τους οποίους υποτίθεται ότι θυσιάζεσαι και παλεύεις;

Αλλά να που αρχίζεις να πελαγοδρομείς ιδεολογικά — και μακάρι να είναι σημάδι ότι συνειδητοποιείς σιγά σιγά το αδιέξοδο της δράσης σου.

Στην τελευταία προκήρυξή σου υπάρχει μια κραυγαλέα αντίφαση· κάτι περισσότερο: η *αυτοαναίρεσή σου*. Για πρώτη φορά (αν δεν απατώμαι — γιατί δεν είμαι και επιμελής μελετητής των κειμένων σου) ασκείς κριτική στις γραφειοκρατικές κοινωνίες και ευαγγελίζεσαι ένα άλλο μοντέλο σοσιαλιστικό, με βάση τα *εργατικά συμβούλια* και την *άμεση δημοκρατία*. «Είμαστε —λες— υπέρ ενός σοσιαλισμού, με διαδικασίες άμεσης δημοκρατίας στη βάση, όπου οι υπεύθυνοι θα εκλέγονται, θα ανακαλούνται, θα λογοδοτούν».

Σοβαρά μιλάς; Εσύ —το άκρον άωτον του συγκεντρωτισμού— που μόνος σου αποφασίζεις, μόνος σου δικάζεις και καταδικάζεις, μόνος σου σκοτώνεις και λογαριασμό δεν δίνεις;

Αν με κάτι η άμεση δημοκρατία κονταροχτυπιέται, είναι η όποια έννοια *ιεραρχίας* και *πρωτοπορίας*. Στον πράγματι δύσβατο δρόμο για άλλη θεσμική συγκρότηση της κοινωνίας, για την αυτοοργάνωση και την αυτοδιεύθυνση, δεν έχουν θέση ούτε μεσσίες, ούτε κομματικές πρωτοπορίες, ούτε εξουσιαστές της ειδικής γνώσης, ούτε κουμπουροφόροι προστάτες και πληρεξούσιοι. Η κομματική πρωτοπορία εξελίσσεται σε γραφειοκρατικό εκφυλισμό — λέει η Ιστορία. Και η ένοπλη πρωτοπορία δεν οδηγεί σε επανάσταση, αλλά σε πραξικόπημα.

Πώς, ξαφνικά, εσύ, μέσα από την ερμητικά κλειστή, στρατιωτικού τύπου οργάνωσή σου, που στηρίζει την ύπαρξή της, συντηρεί και αναπαράγει την ιεραρχία και την πειθαρχία, άφησες να σου ξεφύγουν τέτοια αντιεξουσιαστικά οράματα;

Η Ιστορία έχει και σ' αυτό οριστικά απαντήσει: Κάθε ιεραρχικά δομημένη «επαναστατική» οργάνωση εμπεριέχει ως πρόπλασμα το μοντέλο οργάνωσης της κοινωνίας, που θα επιβάλει μετά την κατάκτηση της εξουσίας. Ή όχι;

Και για να τελειώνουμε:

Καταγγέλλοντας την αυταπόδεικτη καπιταλιστική κτηνωδία, την καταπίεση, την εκμετάλλευση, τον εκμαυλισμό και την καταρράκωση της ανθρώπινης αξιοπρέπειας, ποια ηθική, ποια δικαιοσύνη, ποιον ουμανισμό αντιπαραθέτεις, με το πρότυπο που παρέχει η δράση σου;

Ποιο σεβασμό στις πρωτογενείς ανάγκες του ανθρώπου, που γεννούν τα πρωταρχικά δικαιώματα *στη ζωή* και *στην ελευθερία;*

Αν δεχτούμε ότι ο επαναστάτης, που αγωνίζεται για την ελεύθερη κοινωνία, εναρμονίζει πρωτίστως στους σκοπούς του τα μέσα που χρησιμοποιεί, ποιος *δολοφόνος* μπορεί να διεκδικήσει τον τίτλο;

Χωρίς κάποια προσδοκία, σίγουρα δεν θα σε προκαλούσα για μια αυτοκριτική θεώρηση και ένα σοβαρό προβληματισμό. Διαθέτεις και ευαισθησία για τα κοινωνικά προβλήματα και μυαλό και τόλμη αδιαμφισβήτητη. Λείπει η γενναιότητα της παραδοχής ότι ο δρόμος σου είναι *λάθος*...

Δευτέρα 7 Μαρτίου 1988

«17 ΝΟΕΜΒΡΗ» ΚΑΙ ΦΑΙΑ ΠΡΟΠΑΓΑΝΔΑ

ΤΡΙΒΟΥΝ τα χέρια τους κάποιοι, με όσα φορτίζουν επικίνδυνα το πολιτικό κλίμα, μετά τη στυγνή δολοφονία του Παύλου Μπακογιάννη.

Η σύνεση επιδείχθηκε μόνο την πρώτη μέρα, στη Βουλή — όπου φάνηκε ότι ο άδικος θάνατος μπορεί να ενώνει και να μη διχάζει.

Η αυτοσυγκράτηση ήταν μόνο για τα πλήθη — στην πάνδημη οδύνη της Ευρυτανίας, στους χιλιάδες που ξεπροβόδισαν το νεκρό βουλευτή στην Αθήνα.

Από εκεί και πέρα άρχισαν να εκδηλώνονται, όλο και πιο ανησυχητικά, η σύγχυση και η σπασμωδικότητα στις κυβερνητικές ενέργειες, η απόπειρα να πυροδοτηθεί ο φανατισμός και εκλογικά οφέλη, κάποιες διαθέσεις καπηλείας (τώρα που και η Δεξιά απέκτησε τον πρώτο της νεκρό-μάρτυρα) και, προπαντός, η αναβίωση επικίνδυνων μεθόδων και η επανεμφάνιση σκοτεινών μηχανισμών — όλα αυτά, δηλαδή, που πρώτος θα αποδοκίμαζε και θ' αντιμαχόταν, αν ζούσε, ο Παύλος Μπακογιάννης.

Από ηλιθιότητα ή μικροκομματική υστεροβουλία οι πιο θερμοκέφαλοι, οι πιο ανεγκέφαλοι στον χώρο της ΝΔ (με τον Τύπο της, με δηλώσεις στελεχών της, με το άθλιο «ντοκιμαντέρ» της ΕΤ-1 κ.ά.) πασχίζουν να επιχειρηματολογήσουν, ότι οι κουμπουροφόροι της «17 Νοέμβρη» ανήκουν ή κατευθύνονται από το ΠΑΣΟΚ — που ενώ τα έχει κάνει «μπάχαλο» σε όλους τους τομείς, ενώ είναι διάτρητο και διακεκορευμένο ως τα πιο κλειστά όργανά του, εμφανίζεται να λειτουργεί με εκπληκτική ακρίβεια, μυστικότητα, συνωμοτικότητα κι αποτελεσματικότητα, μόνο στον τομέα της τρομοκρατίας! Είναι μια επιχειρηματολογία ισάξιας σοβαρότητας με τους προ τριετίας ισχυρισμούς του Ανδρέα Παπανδρέου, που δαχτυλοδεικτούσε ως εγκέφαλο της «17 Νοέμβρη» τον πρώην συνεργάτη του καθηγητή Τσεκούρα. Μια επιχειρηματολογία ελάχιστα σοβαρή, αλλά πολύ επικίνδυνη, όταν μια ολόκληρη παράταξη, ένα κόμμα, προσφέρεται ως λεία στο «κυνήγι των μαγισσών» — και είναι χαρακτηριστικό το παράδειγμα με την επιδρομή στο διαμέρισμα του Μιχ. Ζιάγκα.

Μέσα σ' αυτό το, προσφερόμενο για ποικίλες ακρότητες, κλίμα εμφανίζεται να λυπάται, γιατί η σημερινή Βουλή δεν προλαβαίνει να ψηφίσει ειδική, ιδιώνυμη, «αντιτρομοκρατική νομοθεσία», ακόμα και ο πράος πρωθυπουργός Τζ. Τζαννετάκης. Και η, κατά τα άλλα, σοβαρή Άννα Ψαρούδα-Μπενάκη εκτίθεται με τους οραματισμούς της (ως καθηγήτρια του Ποινικού Δικαίου προφανώς) για σκληρή νομοθεσία και αποτελεσματικούς μηχανισμούς καταστολής.

Ευτυχώς που βρέθηκε υπουργός Δικαιοσύνης ο Φώτης Κουβέλης, για να ακουσθεί και η συνετή άποψη, ότι το ποινικό οπλοστάσιο είναι ήδη επαρκές και ότι η απάντηση στους υπονομευτές της δημοκρατίας δεν είναι ο αυταρχισμός, αλλά η ουσιαστική λειτουργία των θεσμών — η περισσότερη δημοκρατία.

Τρίβουν κάποιοι τα χέρια τους αυτές τις μέρες.

Και πρωτίστως:

1. *Τα κυκλώματα φαιάς προπαγάνδας* και οι μηχανισμοί πολιτικών σκευωριών και κατασκευής ενόχων. Μηχανισμοί ανεξέλεγκτοι, που φωλιάζουν μέσα σε κρατικές υπηρεσίες και συνθέτουν ένα *παρακράτος* με σκοτεινές

δραστηριότητες και αδίστακτες μεθοδεύσεις — όμοιες ή παραπλήσιες, όσο κι αν αλλάζουν οι κυβερνήσεις.

Και, βεβαίως,

2. *Οι ψευδεπίγραφοι «επαναστάτες» της «17 Νοέμβρη»*, που με το πιο στυγερό έγκλημά τους, ως τώρα, πέτυχαν να φορτίσουν επικίνδυνα το πολιτικό κλίμα — αλλά και να αναδειχθούν στο επίκεντρο του γενικού ενδιαφέροντος, όπως επιδιώκουν.

Με διαφορετικά κίνητρα και αφετηρία, αλλά με εξίσου αδίστακτες μεθόδους κι επίδοση στη φαιά προπαγάνδα, ΚΥΠατζίδικο παρακράτος και νοεμβριανοί κουμπουροφόροι συγκλίνουν στο πολιτικό αποτέλεσμα των ενεργειών τους: Υπονόμευση των ομαλών πολιτικών εξελίξεων, αποπροσανατολισμός από τα μεγάλα πολιτικά και κοινωνικά προβλήματα, υποδαύλιση των κομματικών αντιθέσεων, καλλιέργεια κλίματος μαζικής φοβίας, καχυποψίας και ανασφάλειας, πρόκληση για πιο αυταρχική λειτουργία του κράτους.

Η αλλαγή φρουράς στην ΕΥΠ διαφοροποίησε και τους στόχους του ΚΥΠατζίδικου παρακράτους, που σπεύδει να επωφεληθεί μετά από κάθε τρομοκρατική ενέργεια: Επί κυβερνήσεων του ΠΑΣΟΚ το «κυνήγι των μαγισσών» είχε μόνιμο στόχο τον μετά τη Μεταπολίτευση διαμορφωμένο χώρο της εξωκοινοβουλευτικής Αριστεράς — το χώρο της αμφισβήτησης και της ριζοσπαστικής αντιπολίτευσης. Οι επανακάμψαντες στις μυστικές υπηρεσίες δεξιοί έχουν απωθημένα και παλαιότερους ανοιχτούς λογαριασμούς: με όσους αντιστάθηκαν ενεργά στη δικτατορία — όχι όλους, αλλά όσους έκτοτε δεν αναζήτησαν κομματική στέγη και επιμένουν σε πολιτική δράση με ριζοσπαστικές θέσεις.

Δεν είναι, έτσι, τυχαία η επιλογή των μηχανισμών φαιάς προπαγάνδας να υποδείξουν δημόσια και κραυγαλέα (με το πρωτοσέλιδο του *Έθνους*) σαν δολοφόνο του Παύλου Μπακογιάννη το συγγραφέα Περ. Κοροβέση, που ανταποκρίνεται σε όλες τις προδιαγραφές τους: αιρετικός της Αριστεράς, με έντονη πολιτική δράση, κυρίως κατά, αλλά και μετά τη δικτατορία, διαμονή και συνεχείς μετακινήσεις σ' ευρωπαϊκές χώρες και μονίμως περιλαμβανόμενος στις γνωστές λίστες «υπόπτων» για συμμετοχή στη «17 Νοέμβρη», που επανειλημμένα έχουν διοχετευθεί στον Τύπο.

Από εκεί και πέρα αρχίζουν τα πλέον εξοργιστικά:

— *Αμετανόητο* και προκλητικό το *Έθνος*, επιχειρεί να παρουσιάσει το θύμα της επικίνδυνης πολιτικής προβοκάτσιας σαν θύτη (υποκινούμενο, έγραφε αδιάντροπα χθες, από το... ΠΑΣΟΚ).

— *Όχι μόνο* ο κυβερνητικός εκπρόσωπος Αθ. Κανελλόπουλος, αλλά και ο κατ' εξοχήν αρμόδιος υπουργός Δημοσίας Τάξεως Ι. Κεφαλογιάννης αρνούνται να πάρουν ξεκάθαρη θέση, δηλώνοντας ότι δεν σχολιάζουν δημοσιεύματα. Αλλά ποιος τους είπε να «σχολιάσουν»; Να δράσουν όφειλαν. Ένας επώνυμος πολίτης, δαχτυλοδεικτούμενος δημόσια σαν δράστης στυγερού πολιτικού εγκλήματος, μένει έκθετος σε κινδύνους, ακόμα και για τη ζωή του. Πώς θα προστατευθεί στοιχειωδώς, αν η κυβέρνηση δεν πει υπεύθυνα και καθαρά, ότι οι μυστικές υπηρεσίες της έχουν ή δεν έχουν τις πληροφορίες που τους αποδίδει το προβοκατόρικο δημοσίευμα; Και πέραν αυτού: Έχουμε άλλη μια σκαστή περίπτωση λειτουργίας κυκλωμάτων *μέσα σε κρατικές υπηρεσίες*, που επιδίδονται συστηματικά σε επιχειρήσεις *αποπροσανατολισμού* — ακόμα και των ανακρίσεων και των ερευνών. Τους τρομοκράτες είναι δύσκολο να τους πιάσουν. Αυτά τα κυκλώματα πόσο δύσκολο είναι να επισημανθούν και να ξηλωθούν;

— *Περίεργη αδράνεια* επιδεικνύει και η εισαγγελική αρχή. Η Αγγελική Νικολούλη, που συνέταξε και υπέγραψε το δημοσίευμα, δεν είναι η πρώτη φορά που δίνει χειροπιαστά δείγματα αγαστής συνεργασίας μυστικών υπηρεσιών και ορισμένων δημοσιογράφων. Η ίδια (σύζυγος αστυνομικού, που τώρα, λένε, δουλεύει στην ΕΥΠ), από τις στήλες του *Ελεύθερου Τύπου* στις 30 Ιουνίου 1987, υπεδείκνυε σαν δράστες της δολοφονικής επίθεσης κατά του τότε γενικού γραμματέα της ΓΣΕΕ Γ. Ραυτόπουλου τους επίσης επώνυμους στο χώρο της εξωκοινοβουλευτικής Αριστεράς Γ. Σερίφη και Μιχ. Κασσίμη. Ποιοι της διοχετεύουν σκόπιμα αυτές τις παραπλανητικές «πληροφορίες» — όπως και τις βρωμερές κασέτες υποκλοπών, που αξιοποίησε πρόσφατα; Είναι τόσο δύσκολο να βρεθεί, γιατί τάχα είναι οχυρωμένη πίσω από το «δημοσιογραφικό απόρρητο»; Αλλά το δημοσιογραφικό απόρρητο υπάρχει (και σωστά υπάρχει) υπέρ της ελευθεροτυπίας — και όχι, ασφαλώς, για να ενισχύει την κατευθυνόμενη παραπληροφόρηση και τη δημοσιογραφική αγυρτεία.

Όσο η κυβέρνηση δεν παίρνει θέση και ουσιαστικά *συνεργεί* σ' αυτή την άθλια προβοκάτσια, η ζωή του Περ. Κοροβέση διατρέχει κίνδυνο. Διότι μπορεί να καταστεί:

— *Στόχος* εκδίκησης — αν κάποιοι, με θολωμένα μυαλά από την οργή για το χαμό του Π. Μπακογιάννη, αποφασίσουν «να πάρουν το αίμα του πίσω».

— *Στόχος* του ανεξέλεγκτου παρακράτους των μυστικών υπηρεσιών — για να επιδεινωθεί το κλίμα ανασφάλειας και φοβίας.

Και, βεβαίως,

— *Στόχος* των τρομοκρατών (δεν είναι απαραίτητη η υπογραφή της «17 Νοέμβρη»), που έχουν κάθε λόγο να επιτείνουν τη σύγχυση και τον αποπροσανατολισμό.

Υπερβολές; Όχι δα.

Οικείο το παράδειγμα — το αναφέρει ο πράκτορας της ΚΥΠ Ντάνος Κρυστάλλης, που τον πρόβαλλε προχθές η κρατική τηλεόραση σαν «εξπέρ» στα θέματα τρομοκρατίας:

Όταν τον Ιανουάριο του 1980 οι δολοφονικές σφαίρες της «17 Νοέμβρη» ξάπλωσαν νεκρούς τους πρώτους εν ενεργεία αστυνομικούς, τον Πέτρου και τον Σταμούλη, κάποιοι θερμόαιμοι αστυνομικοί, συγκρότησαν ομάδα εκδικητών για να «ξεπλύνουν» το αίμα τους.

Πρώτο τους στόχο —κατά τον Κρυστάλλη πάντοτε— επέλεξαν τον γράφοντα («εγκέφαλο» τότε των τρομοκρατών, κατά τους ανεγκέφαλους των μυστικών υπηρεσιών) και του έστησαν τη γνωστή δολοφονική ενέδρα έξω από το σπίτι του, από την οποία μόλις κατάφερε να ξεφύγει.

Τον ίδιο χρόνο, στη μεγάλη διαδήλωση για το Πολυτεχνείο, η «ομάδα εκδικητών» επωφελήθηκε από τις συγκρούσεις αστυνομικών και διαδηλωτών και χτύπησε: Δύο νέοι, η Κανελλοπούλου και ο Κουμής, έπεσαν νεκροί, χωρίς ποτέ να βρεθούν οι δολοφόνοι τους.

Λυτά λέει ο Κρυστάλλης. Για όποιους λόγους κι αν τα λέει, τα γεγονότα παραμένουν: η ενέδρα και οι νεκροί...

Θα έτριβαν, υποθέτω, και τότε τα χέρια τους αυτάρεσκα οι κουμπουροφόροι της «17 Νοέμβρη», για τον αποπροσανατολισμό των ερευνών — και γιατί οι ίδιοι παρέμεναν άτρωτοι, ενώ κάποιοι άλλοι πλήρωναν τις συνέπειες της εγκληματικής δράσης τους.

Αδίστακτοι και χωρίς ίχνος ηθικής αναστολής, όπως αποκαλύπτονται με το δεκαπεντάχρονο έργο τους, συναγωνίζονται το ασύδοτο παρακράτος σε όλες τις μεθόδους.

Και στη *φαιά προπαγάνδα:*

Χαρακτηριστικό δείγμα, ο τρόπος που εμφανίζουν στην

προκήρυξή τους το τελευταίο θύμα τους, τον Παύλο Μπακογιάννη.

Είναι συνήθως πρακτική τους να πλαστογραφούν την προσωπικότητα των θυμάτων τους· να αποσιωπούν τα θετικά τους στοιχεία· να αφυδατώνουν τα ανθρώπινα χαρακτηριστικά τους· να τα παρουσιάζουν σαν *σκιάχτρα αποκρουστικά* — για να δικαιολογήσουν το συμβολικό χαρακτήρα των εγκλημάτων τους, να δικαιώσουν τον «καθαρτήριο» ρόλο της δράσης τους (σαν «πρωτοπόροι», πρότυπα επαναστατικής καθαρότητας και με την απόλυτη αλήθεια στην κωλότσεπη).

Αλλά με τον Παύλο Μπακογιάννη ξεπέρασαν κάθε όριο.

Δεν περίμενε κανείς, ασφαλώς, από τους δολοφόνους, όταν σκιαγραφούσαν το πορτρέτο του θύματος, να τον παρουσιάσουν σε αδρές γραμμές, όπως πραγματικά ήταν:

— *Ως πολιτικός:* Κεντρώος δημοκράτης από τα νιάτα του. Μέλος του Γερμανικού Σοσιαλδημοκρατικού Κόμματος. Αδιάλλακτος πολέμιος της δικτατορίας, που του αφαίρεσε την ιθαγένεια. Μετριοπαθής και με ανοιχτούς προβληματισμούς στα δημοσιογραφικά κείμενα και στην πολιτική πρακτική του. Διώχνεται το Νοέμβριο του 1986 από πολιτικός σύμβουλος του Μητσοτάκη, με αξίωση των σκληροπυρηνικών της Δεξιάς — μετά τη δημοσίευση άρθρου του για τη φεουδαρχική δομή και τα τζάκια της ΝΔ. Επωφελείται από τη συγγενική σχέση με τον αρχηγό του κόμματος για να τον σπρώξει προς τον κεντρώο και φιλελεύθερο χώρο. Δεν ήταν απλώς από τους πρωτεργάτες: Ήταν ο *αρχιτέκτονας* του ελληνικού «ιστορικού συμβιβασμού» — με την προσέγγιση και τελικά την κυβερνητική σύμπραξη ΝΔ και Συνασπισμού.

— *Ως άνθρωπος:* Προσηνής και απλός, ανοιχτόκαρδος

και τρυφερός, πράος κι αισιόδοξος, γενναιόδωρος και λεβέντης. Με εχθρούς αποκλειστικά στο χώρο της Δεξιάς, όπου υποτίθεται ότι ανήκε — απ' αυτούς ακριβώς που επιχειρούν τώρα να καπηλευτούν το θάνατό του. Και με στενούς φίλους κατ' εξοχήν από το Κέντρο και την Αριστερά — αυτούς που έκλαψαν και περισσότερο το χαμό του...

Κάνοντας το άσπρο μαύρο, οι ένοπλοι προπαγανδιστές, εμφανίζουν (γιατί έτσι τους βολεύει τώρα, που αποφάσισαν να επιβάλουν την «κάθαρση» με τις σφαίρες) αυτό τον άνθρωπο ως τον κατ' εξοχήν υπεύθυνο για το σκάνδαλο Κοσκωτά.

Κακοποιώντας βάναυσα την απλή αλήθεια: ότι για να γίνει ο Κοσκωτάς από άσημος μικροκομπιναδόρος, περιώνυμος μεγαλοαπατεώνας, με τις πλάτες και τις αγκαλιές του ΠΑΣΟΚικού κράτους, αναγκαία προϋπόθεση (και όρος;) ήταν να διώξει —όπως και έκανε— «το γαμπρό του Μητσοτάκη».

Αλλά και *αυτοαποκαλυπτόμενοι ψευδολογούντες:*

Αντλούν και παραθέτουν «στοιχεία» εις βάρος του Παύλου Μπακογιάννη, αποκλειστικά από την αναφορά του εισαγγελέα Εφετών Ευθυμιάδη, με ημερομηνία (οι ίδιοι στην προκήρυξή τους την υπενθυμίζουν) 1 Ιουνίου 1989. Στην ίδια προκήρυξη, ισχυρίζονται ότι είχαν αποφασίσει να σκοτώσουν τον Μπακογιάννη όταν χτύπησαν και τον Πέτσο — δηλαδή έναν ολόκληρο μήνα πριν δημοσιευτεί η αναφορά Ευθυμιάδη.

Αλλά, τότε, με ποια επιβαρυντικά στοιχεία θα σκιαγραφούσαν το θύμα τους; Αντλώντας, μήπως, *από τον οχετό της Αυριανής;*

Προκαλούν πάλι τον γράφοντα, στο ακροτελεύτιο τμήμα της προκήρυξής τους, οι αυτόκλητοι «επαναστάτες» της «17 Νοέμβρη». Τον αποκαλούν «αντιεξουσιαστή» (σε εισαγωγικά), αγύρτη και μασκαρά (χωρίς εισαγωγικά), που πέταξε τη μάσκα του όταν κατηγόρησε τον Ανδρέα Παπανδρέου για πρόκληση προς τους θεσμούς και την ομαλή πορεία του τόπου. «Έχουμε να κάνουμε —λένε— όχι με έναν αντιεξουσιαστή, αλλά με έναν μασκαρά και αγύρτη, του οποίου ο ρόλος είναι να σκορπάει σύγχυση στο χώρο της άκρας Αριστεράς και σε ορισμένους αγνούς, αλλά αφελείς, αντιεξουσιαστές και αναρχικούς».

Αν δεν τον προβάλλουν ως στόχο τους, σίγουρα προκαλούν τον γράφοντα *για διάλογο*. Αλλά δεν θα τον έχουν...

Διάλογος δεν γίνεται όταν ο ένας μιλάει με την πένα και οι άλλοι με τα κουμπούρια.

Διάλογος δεν νοείται ανάμεσα σ' έναν που εκφράζει τις απόψεις του ανοιχτά, καθαρά κι επώνυμα και σε μασκοφορεμένους (αυταπόδεικτα μασκαράδες), που πασχίζουν να πείσουν ότι, εκτός από το να δολοφονούν *πισώπλατα* ως κοινοί γκάνγκστερ, ξέρουν και να σκέφτονται.

Τι να (ξανα)πείς, άλλωστε, μαζί τους;

Για τη σχέση τους με την... επανάσταση; Μόλις προχθές, από πλαϊνή στήλη, την περιέγραψε, θεμελιωμένα και πειστικά, ο Κλεάνθης Γρίβας (*Ελευθεροτυπία* 29-9-89).

Για τις μονότονα ανιαρές κι αναχρονιστικές οικονομικές «αναλύσεις» τους; Τη δογματική τους αγκύλωση αποκαλύπτουν.

Ή, μήπως, για τους θεωρητικούς σαλταδορισμούς τους, που τους κάνει να χτυπούν τάχα το σταλινισμό, αντιπαραθέτοντας (και υμνώντας) το λενινιστικό μακιαβελισμό, πασπαλισμένο με συνθήματα υπέρ της... άμεσης δημοκρατίας;

Για μας, που (κατά τον Κέστλερ) δεν καλούμαστε να διαλέξουμε, σήμερα, ανάμεσα στον καπιταλισμό ή την επανάσταση, αλλά *αν θα διασώσουμε «μερικές από τις α-*

ξίες της δημοκρατίας και του ανθρωπισμού ή θα τις χάσουμε όλες», δεν υπάρχουν περιθώρια διαλόγου με τα σταλινικά αποβράσματα, που ασχημονούν στο όνομα της επανάστασης, που περιφρονούν και καταλύουν κάθε έννοια δημοκρατίας, δικαιοσύνης και ανθρωπισμού.

Μας χωρίζει χάος. Και το αίμα...

Δευτέρα 2 Οκτωβρίου 1989

ΤΡΟΜΟΚΡΑΤΙΑ: ΠΟΙΟΙ ΟΙ ΕΧΘΡΟΙ ΚΑΙ ΠΟΙΟΙ ΟΙ ΦΙΛΟΙ ΤΗΣ;

«Δεν είναι δίκαιη, παρά μόνο η βία που επαναφέρει τη Δικαιοσύνη, το Κράτος Δικαίου, την Ισχύ του δημοκρατικού νόμου. Η βία, δηλαδή, που δίνει λόγο στους πολίτες κι όχι στα όπλα».

ΧΟΡΧΕ ΣΕΜΠΡΟΥΝ: *Η επιστροφή του Νετσάγιεφ*

ΓΕΜΑΤΟΣ απορίες εμφανίζεται ο αρχηγός της αξιωματικής αντιπολίτευσης ως προς τη σκοπιμότητα της αποψινής συζήτησης στη Βουλή για την *τρομοκρατία*:

«Τι θα κάνουμε στη Βουλή; Θα ορκιστούμε όλοι μαζί ότι είμαστε εναντίον της τρομοκρατίας; *Τι νόημα έχει;*»

Έλα ντε! Ασφαλώς και δεν έχει νόημα να επαναλάβουν οι πολιτικοί αρχηγοί τα χιλιοειπωμένα: ότι ομοφρονούν στον αποτροπιασμό τους για την τρομοκρατία, που συνιστά κίνδυνο για την κοινωνία και απειλή για τους δημοκρατικούς θεσμούς· και ότι όλες οι πολιτικές δυνάμεις είναι έτοιμες και πρόθυμες να συμβάλουν στην καταπολέμησή της — και είναι δευτερεύον θέμα αν κάπως διαφωνούν στη μεθόδευση.

Αλλά η κυβέρνηση, όσο κι αν θέλει να συντηρεί την τρομοκρατολογία, δεν προκάλεσε χωρίς ειδικό λόγο την αποψινή συζήτηση. Οι δημόσιοι διαξιφισμοί της με την αντιπολίτευση στην υπόθεση Σκυφτούλη και οι δηλώσεις κορυφαίων στελεχών της (Κ. Μητσοτάκης, Σ. Κούβελας, Ανδρέας Ανδριανόπουλος, Θ. Αναγνωστόπουλος, Ντ. Μπακογιάννη) προϊδεάζουν ότι ο Πρωθυπουργός απόψε στη Βουλή:

— *Θα επιρρίψει* στην αντιπολίτευση και σε μερίδα του Τύπου την ευθύνη για την αναποτελεσματικότητα των διωκτικών αρχών στις προσπάθειες για εξάρθρωση της τρομοκρατίας, αφού (κατά το τρίπτυχο Κούβελα) *«η αστυνομία λοιδορείται, η Δικαιοσύνη κατηγορείται και οι τρομοκράτες έχουν συμπαραστάτες και υπεράσπιση»*.

Και, βεβαίως,

— *Θα ζητήσει* από τα κόμματα της αντιπολίτευσης *να αποδείξουν έμπρακτα* την αντιτρομοκρατική νομιμοφροσύνη τους: Με το να αποφεύγουν τις επιθέσεις στις διωκτικές αρχές και τις εκδηλώσεις συμπαράστασης στους συλλαμβανόμενους υπόπτους. Με τη συναίνεσή τους στον *«εκσυγχρονισμό»* και την *ενίσχυση* του διωκτικού μηχανισμού. Και με το να στέρξουν, ενδεχομένως, στην (κατά τα πρότυπα του «τρομονόμου») *αναθεώρηση της νομοθεσίας*, ώστε, ειδικά για τους υπόπτους για τρομοκρατική δράση, να περισταλούν κάποιες ακόμα δικονομικές εγγυήσεις που «δένουν τα χέρια της αστυνομίας».

Αν η συζήτηση απόψε στη Βουλή εξαντληθεί στη φραστική πλειοδοσία των πολιτικών αρχηγών ως προς την αντιτρομοκρατική τους νομιμοφροσύνη, ούτε σοφότερους θα μας κάνει ούτε θα κατασιγάσει τις εύλογες ανησυχίες από τη συνεχιζόμενη τρομοκρατική δράση, αλλά και τη συστηματική υποδαύλιση της τρομοκρατολογίας.

Θα μπορούσαν, ωστόσο, οι πολιτικοί αρχηγοί, αν ήσαν ειλικρινείς στις διακηρύξεις τους, να καταστήσουν τη συζήτηση για την τρομοκρατία ενδιαφέρουσα, διαφωτιστική, πολιτικά εποικοδομητική και, τελικά, κοινωνικά ωφέλιμη. Διότι δεν είναι ανυποψίαστοι. Δεν είναι απληροφόρητοι. Δεν είναι αδαείς. *Αυτοί ξέρουν* — τόσα, τουλάχιστον, ώστε να μπορούν να απαντήσουν σε μερικά καίρια ερωτήματα, ρίχνοντας κάποιο φως στη σκόπιμη ιδεολογική σύγχυση:

1. *Τι είναι, επιτέλους, τρομοκρατία* και ποιους αποκαλούμε, σε μια κοινή γλώσσα, *τρομοκράτες*; Είναι, γενικά, η άσκηση της πολιτικής με τη (συνηθέστατα ένοπλη και πάντοτε εγκληματική) βία; Περιλαμβάνει, δηλαδή, τόσο την κρατική τρομοκρατία όσο και την οργανωμένη αντικρατική βία; Ή μήπως στις μέρες μας συρρικνώνεται η έννοια, για να προσδιορίσει αποκλειστικά την ένοπλη αντίσταση σε δικτατορικά καθεστώτα, τη βίαιη πρακτική εθνικοαπελευθερωτικών κινημάτων και την εγκληματική δράση αυτόκλητων (και πάντοτε ακροαριστερών) επαναστατικών ομάδων και οργανώσεων;

Μερικά παραδείγματα για να γίνουμε σαφέστεροι:

Τρομοκράτες στη Δυτική Γερμανία αποκαλούνται βεβαίως τα μέλη, λόγου χάρη, της RAF (Μπάαντερ – Μάινχοφ). Και οι «σκίνχεντς», οι ρατσιστικές συμμορίες των νεοναζί με τη διευρυνόμενη επικίνδυνα τρομοκρατική δράση, γιατί δεν αποκαλούνται τρομοκράτες;

Οι *«ερυθροταξιαρχίτες»* στην Ιταλία προσωποποιούσαν την τρομοκρατία. Οι *μαφιόζοι*, φόβος και τρόμος στη γειτονική χώρα, οι *νεοφασίστες*, που χρησιμοποιήθηκαν στη δεκαετία του '70 στη «στρατηγική της έντασης», με πολύνεκρες τρομοκρατικές ενέργειες, εντάσσονται ή όχι στην τρομοκρατία;

Το τελευταίο, από τη δική μας μικροκλίμακα: Ως τρομοκράτης καταδικάστηκε ο Κυρ. Μαζοκόπος, αυταποδείκτως, αφού η βόμβα έσκασε στα χέρια του. Και τα τσογλανόπαιδα, με τη *γιάφκα με βόμβες* στο Νέο Κόσμο και τα εθνικιστικά συνθήματα (τι απέγιναν αλήθεια;), γιατί τα διαχώρισαν, διωκτικές αρχές και μέσα ενημέρωσης, από την τρομοκρατία;

Στο βιβλίο τους *Η ΒΙΟΜΗΧΑΝΙΑ ΤΗΣ «ΤΡΟΜΟΚΡΑΤΙΑΣ»* (ελληνική έκδοση «Το Ποντίκι») οι Αμερικανοί

Εντ. Χέρμαν και Τζερν Ο'Σάλιβαν αποδεικνύουν πως «ο κυβερνητικός στρατός στη Γουατεμάλα και η αστυνομία του Σαλβαδόρ έχουν σκοτώσει στη δεκαετία του '80 πολύ περισσότερους *άοπλους πολίτες* απ' όσους η ΟΑΠ, οι Ερυθρές Ταξιαρχίες, η ομάδα Μπάαντερ – Μάινχοφ, ο Αμπού Νιντάλ, ο Καντάφι και ο Κάρλος μαζί». Και εξηγούν πώς και γιατί το Στέιτ Ντιπάρτμεντ, υπό τον Αλεξάντερ Χέιγκ, χαρακτηρίζει «περιβόητη τρομοκρατική οργάνωση» το Αφρικανικό Εθνικό Κογκρέσο, ενώ το ενισχυόμενο από τη Νότιο Αφρική RENAMO, με εκατό χιλιάδες θύματα σε τρία χρόνια στη Μοζαμβίκη, αποκαλείται «τοπική ανταρτική οργάνωση»· πώς ταξινομούνται στα κράτη που υποθάλπουν κι ενισχύουν την τρομοκρατία η Λιβύη, η Συρία, η Νότιος Υεμένη και κάπου κάπου η Σοβιετική Ένωση, αλλά ποτέ η Νότιος Αφρική, η Αργεντινή, το Σαλβαδόρ, το Ισραήλ ή η Τουρκία.

Η οργουελική προφητεία για το πολιτικό σύστημα, στο οποίο *το νόημα των λέξεων καθορίζεται από το κράτος*, έχει ήδη επαληθευθεί ως προς την έννοια της τρομοκρατίας.

Αλλά ας συνεχίσουμε με τα μεγάλα ερωτήματα που ζητούν απάντηση:

2. *Ποιος ο ρόλος* των (κρατικών) μυστικών υπηρεσιών στην τρομοκρατία; Στις έξοχα διατυπωμένες, έστω αξιωματικά, *«25 θέσεις* (του) *για την τρομοκρατία»* (*Ελευθεροτυπία* 1-10-92) ο Κλ. Γρίβας υποστηρίζει ότι «η τρομοκρατία είναι ο λόγος ύπαρξης και το πεδίο δράσης διαφόρων αυτονομημένων τμημάτων των μυστικών υπηρεσιών». Είναι έτσι;

Η δυτική (αμερικανική κυρίως) προπαγάνδα μάς πιπίλιζε (ολόκληρη τη δεκαετία του '80) το μυαλό ότι τα νήματα της διεθνούς τρομοκρατίας τα κινούν αποκλειστικά η

KGB και οι μυστικές υπηρεσίες της Βουλγαρίας, της Κούβας, της Αν. Γερμανίας ή της Λιβύης (λόγου χάρη, Ρ. Ζακάρ *Οι μυστικοί φάκελοι της τρομοκρατίας*, «Εκδόσεις Βιβλιορροές»). Αν ήταν μόνο έτσι, τώρα που δεν έχει μείνει τίποτα όρθιο στο ανατολικό μπλοκ και οι πράκτορες της KGB και των άλλων μυστικών υπηρεσιών, άνεργοι, συνεδριάζουν στη Σόφια σε αναζήτηση νέων αφεντικών, το πρόβλημα θα είχε αυτομάτως λυθεί και η διεθνής τρομοκρατία *θα είχε ήδη εξαρθρωθεί.*

Μπορεί η διαβόητη ανατολικογερμανική «Στάζι» να ενίσχυε τη δυτικογερμανική RAF, αλλά επικεφαλής στους «Μαχόμενους Κομουνιστικούς Πυρήνες» του Βελγίου, που έβαζε βόμβες στο κέντρο τηλεπικοινωνιών του ΝΑΤΟ (!) ήταν ο Πιερ Καρέτ, γιος πράκτορα της κρατικής ασφάλειας και αδερφός μέλους ακροδεξιάς παραστρατιωτικής οργάνωσης. Μπορεί η βασκική ΕΤΑ να τίναξε στον αέρα το 1973 τον φρανκικό πρωθυπουργό Καρέρο Μπλάνκο, αλλά η CIA γνώριζε και ενίσχυε την επιχείρηση, όπως αποκαλύπτει ο πρώην πράκτοράς της Γκονζάλες Μάτα (η σοβιετική προπαγανδιστική εκδοχή, στο βιβλίο του Λ. Ζαμοΐσκι: *Τα κρυφά ελατήρια της διεθνούς τρομοκρατίας*, «Εκδόσεις Σύγχρονη Εποχή»). Κανείς δεν αμφιβάλλει πια ότι ο πρόεδρος Τζων Κέννεντι υπήρξε θύμα των αμερικανικών μυστικών υπηρεσιών και μέλλει να αποδειχθεί πλήρως η συμμετοχή τους στη δολοφονία από τις «Ερυθρές Ταξιαρχίες» του Ιταλού πρωθυπουργού Άλντο Μόρο, δεδηλωμένου εχθρού της Μαφίας και της Στοάς Ρ-2 και θεμελιωτή του «ιστορικού συμβιβασμού». Άλλο τόσο θα αποδειχθεί, ίσως κάποτε, ποιοι υπόγειοι μηχανισμοί κατέστησαν στόχο των κουμπουροφόρων της «17 Νοέμβρη» τον Παύλο Μπακογιάννη, εμπνευστή και πρωτεργάτη του «ιστορικού συμβιβασμού» στη χώρα μας.

Με δύο λόγια, είναι αναμφισβήτητο ιστορικό δεδομένο ότι οι μυστικές υπηρεσίες όπου γης (CIA, KGB, «Στάζι», MIT, Μοσάντ κτλ.) *παίζουν χοντρά το χαρτί της τρομοκρατίας*, με την κάλυψη ή και εν αγνοία της πολιτικής εξουσίας.

Να θυμηθούμε μόνο, για να επιστρέψουμε στα καθ' ημάς, πόσα αποκαλύφθηκαν το 1985, όταν αλληλοσπαράχθηκε το εύοσμο τρίγωνο Αλεξάκης – Μποσινάκης – Κρυστάλλης: οι *κρατικές* μυστικές υπηρεσίες μας *βάζουν βόμβες, φτιάχνουν τρομοκρατικές οργανώσεις, κατασκευάζουν «επαναστατικές» προκηρύξεις, φυτεύουν* στις διαδηλώσεις *προβοκάτορες* που σπάζουν βιτρίνες και άλλα πολλά και λαμπρά.

Να θυμηθούμε ακόμα ότι οι μυστικές υπηρεσίες μας, σε συνεργασία με αμερικανικές, γερμανικές και γαλλικές υπηρεσίες (σ' αυτές ακριβώς που οι κυβερνήσεις του ΠΑΣΟΚ και της ΝΔ εναποθέτουν τις ελπίδες τους για την... εξάρθρωση της τρομοκρατίας!), επιδόθηκαν με ζήλο στην απόπειρα κατασκευής ενόχων σαν ηγετών της τρομοκρατίας: το παράδειγμα του Μιχ. Ράπτη και του Π. Κοροβέση είναι πρόσφατο, του υπογραφόμενου και άλλων, κάπως παλαιότερο.

Θα ήταν εξόχως ενδιαφέρον, πράγματι, οι πολιτικοί αρχηγοί, κυβερνώντες και κυβερνήσαντες, να εξηγήσουν απόψε στη Βουλή πώς και γιατί ο υπόκοσμος των *κρατικών* μυστικών υπηρεσιών μας αποδεδειγμένα *παράγει τρομοκρατία* ή *αποπροσανατολίζει σκοπίμως* τη δίωξή της κατασκευάζοντας κάθε τόσο ενόχους.

Στην πολυσυζητημένη εκπομπή *Άσπρο-Μαύρο* η Ντόρα Μπακογιάννη έδειξε να θαυμάζει ως αποτελεσματική και αξιομίμητη τη γερμανική και ιταλική «αντιτρομοκρατική» νομοθεσία.

Ουδείς της αντέτεινε ότι με βάση την περιβόητη παράγραφο α΄ του άρθρου 129, που διώκει και όσους συμπαρίστανται σε τρομοκράτες ή εγκωμιάζουν τη δράση τους, *ενάμισι εκατομμύριο κρατικοί υπάλληλοι στη Γερμανία υπέστησαν έλεγχο νομιμοφροσύνης* και τελικά τέσσερις χιλιάδες απολύθηκαν.

Δεν μας φτάνει ο «τρομονόμος», θέλουμε και τέτοια νομοθεσία μαζικών διώξεων, όπου δεν θα υπάρχει πολίτης υπεράνω πάσης υποψίας και ο καθένας θα υποχρεούται να αποδεικνύει την αθωότητά του;

Αν αυτό είναι το ζητούμενο, έτσι εξηγείται:

— *Το τρομοκρατικό υπερθέαμα* κάθε φορά που συλλαμβάνεται, ακόμα και χωρίς αποδεικτικά στοιχεία, κάποιος ύποπτος: να πεισθεί ο πολίτης ότι κορυφαίο πρόβλημα της κοινωνίας μας είναι η τρομοκρατία και ότι το κράτος ως αυταξία οφείλει να πάρει τα μέτρα του — από *κράτος δικαίου* δηλαδή να γίνει *κράτος ασφαλείας*.

— *Έτσι εξηγείται η κυβερνητική περιφρόνηση* προς όλο το σύστημα εγγυήσεων και προστασίας του πολίτη από την κρατική αυθαιρεσία (τεκμήριο της αθωότητας, που λένε και οι αρεοπαγίτες μας, σεβασμός της προσωπικότητας και της αξιοπρέπειας του πολίτη, που λέει το Σύνταγμα κ.ά).

— *Έτσι εξηγείται η κυβερνητική επιμονή* να επικρίνει (όταν δεν ενοχοποιεί) την αντιπολίτευση, ότι συμπαρίσταται στους τρομοκράτες: η αυτοαναίρεση της δημοκρατίας, με την περιστολή δικαιωμάτων, ελευθεριών και δικονομικών εγγυήσεων πρέπει να προέλθει *από τη συναίνεση όλων των πολιτικών δυνάμεων*.

Αλλά, ω θεοί, έχω μια πολύ αφελή απορία:

Αν για να καταπολεμήσουμε, τάχα μου, την πολυπλόκαμη τρομοκρατία, δεδηλωμένο εχθρό της δημοκρατίας, *κουτσουρέψουμε, κολοβώσουμε, ευνουχίσουμε, ακρωτηριάσουμε* οι ίδιοι τη δημοκρατία μας, τι χειρότερο μπορούν να κάνουν οι τρομοκράτες; Τους πολεμούμε ή συμπορευόμαστε μαζί τους;

Παραείναι αφελής η απορία για να ασχοληθούν μαζί της οι πολιτικοί αρχηγοί στην αποψινή σοβαρή συζήτησή τους στη Βουλή...

Δευτέρα 12 Οκτωβρίου 1992

ΣΤ΄
Η ΑΡΙΣΤΕΡΑ

ΜΕ ΜΑΤΙΑ ΠΡΟΣ ΤΗΝ ΚΟΙΝΩΝΙΑ Ή ΠΡΟΣ ΤΗΝ ΕΞΟΥΣΙΑ;

«Ο μόνος αξιόπιστος μάρτυρας ότι ζήσαμε, είναι η απουσία μας».

ΚΙΚΗ ΔΗΜΟΥΛΑ: *Χαίρε ποτέ*

ΕΙΝΑΙ τελικά ατύχημα, γενικά για τα πολιτικά μας πράγματα, συνολικά για την κοινωνία μας, ότι ο Συνασπισμός έμεινε εκτός Βουλής;

Η εύκολη καταφατική απάντηση θα μπορούσε να εξαντλείται σε επισημάνσεις όπως: Ότι με τη σύνθεσή της να αντανακλά μια κατ' εξοχήν *πολωτική* εκλογική αναμέτρηση (οι δύο μεγάλοι πολιτικοί σχηματισμοί κατέλαβαν τις διακόσιες ογδόντα μία από τις τριακόσιες έδρες) η νέα Βουλή είναι λιγότερο πολυφωνική — κατά τεκμήριο, άρα, λιγότερο δημοκρατική, αφού δεν απεικονίζει πιστά τις πολιτικές δυνάμεις στην πολυμορφία και στις πραγματικές διαστάσεις τους· ή ότι, όπως και να το κάνουμε, ένα *θεσμικά ευνουχισμένο* Κοινοβούλιο δεν έχει την πολυτέλεια να στερείται τη φωνή και τις παρουσίες της Μαρίας Δαμανάκη, του Φ. Κουβέλη, του Ν. Κωνσταντόπουλου, του Γρ. Γιάνναρου, του Π. Σκοτινιώτη και βεβαίως του Λ. Κύρκου.

Το εκλογικό αποτέλεσμα, με την εναγώνια ολονύχτια κυοφορία, προκάλεσε, αρχικά, συναισθηματικά φορτισμένες αντιδράσεις — ένα κράμα οδύνης, πίκρας και οργής:

«Το ότι η ανανεωτική Αριστερά έμεινε έξω από τη Βουλή —είπε ο Νίκος Κούνδουρος— είναι *ντροπή για όλη την Ελλάδα*».

Οργή μάλλον, παρά ανακούφιση, σε επώνυμους ψηφοφόρους του ΣΥΝ προκάλεσαν και οι *εκδηλώσεις λύπης*, πραγματικές ή υποκριτικές, από όλες τις πλευρές — ακόμα και από αυτούς που λεηλάτησαν τις ψήφους του ή παγίδευσαν τους ψηφοφόρους του σε εκβιαστικά διλήμματα:

«Δικαιούνται να λυπούνται μόνο όσοι ψήφισαν Συνασπισμό», λέει ο εκδότης Θαν. Καστανιώτης. «Και εν πάση περιπτώσει, η Αριστερά, σε όποια φάση και σε όποια εκδοχή της, *δεν προσφέρεται για συμπόνοια...*».

Μαθημένα τα βουνά από τα χιόνια — και μακάρι τέτοια να ήταν όλα κι όλα τα παθήματα της Αριστεράς σ' αυτό τον τόπο.

Τροβαδούρος της επί δεκαετίες ο Διονύσης Σαββόπουλος θα πει (*Αυγή* 12-10-93):

«Πιστεύω πως στο ΣΥΝ υπάρχει αληθινή σπίθα, που μπορεί να γίνει φλόγα. Σ' αυτές τις περιπτώσεις *η ήττα μπορεί να είναι ευλογία*, διότι ανάβουν επιτέλους τα αίματα και οι δεσμοί. Μην πετάξετε τίποτα. Μεταμορφώστε τα όλα!»

Επιλέγουμε σκοπίμως φωνές ειδικής ευαισθησίας — εκτός κομματικών επιτελείων και μηχανισμών.

Διότι, πιθανότατα, είναι αυτές ακριβώς που θα λείψουν ή δεν θα βαρύνουν, τώρα που τα κομματικά στελέχη του ΣΥΝ, σε όλα τα συλλογικά όργανα ως το συνέδριο του Δεκεμβρίου, αναλώνονται στη σχολαστική αναζήτηση των αιτίων της ήττας.

Διότι, σ' αυτή την εσωστρεφή αναζήτηση, οι νοητικές αγκυλώσεις από το χρόνιο ιδρυματισμό θα επικεντρώσουν το ζητούμενο στο *πώς*, από ποια επιπόλαιη προεκλογική κίνηση ηγετικών στελεχών και από ποια *λαθεμένη τακτική επιλογή* των τελευταίων χρόνων χάθηκαν οι χίλιες ψήφοι — και η εκπροσώπηση στη Βουλή.

Διότι είναι αμφίβολο κατά πόσο θα υπάρξει προβληματισμός αν και σε τι ποσοστό τα διακόσιες χιλιάδες ψηφοδέλτια προέρχονται από κομματικούς οπαδούς και διαφοροποιούνται πράγματι από τα *λευκά*, τα *άκυρα* και τη συνειδητή *αποχή*.

Παίρνοντας ως δεδομένο (διαφορετικά, το πρόβλημα θα ήταν λυμένο) ότι υπάρχει χώρος πολιτικός ανάμεσα στο ΠΑΣΟΚ και το ΚΚΕ για *μια άλλη Αριστερά*, το καίριο, κατά τη γνώμη μας, ερώτημα είναι:

Μια Αριστερά στραμμένη προς την εξουσία ή προς την κοινωνία;

Η ως τώρα λειτουργία, τακτική και πολιτική πρακτική του ΣΥΝ τον αποκαλύπτει να καταφάσκει στο πρώτο σκέλος του διλήμματος. Κάτι χειρότερο: Εδώ και τέσσερα χρόνια έδινε και δίνει την εικόνα νάνου, που με ξυλοπόδαρα παριστάνει το γίγαντα. Την εικόνα ενός επιτελείου χωρίς στρατό, ενός εσμού ηγητόρων χωρίς οπαδούς, ενός φυτωρίου υπουργησίμων που αυτοπλασάρεται αυτάρεσκα στην πολιτική αγορά σαν παράγοντας εξουσίας.

Ενδεχόμενη εμμονή σ' αυτό τον προσανατολισμό, κατά την τωρινή αναζήτηση των αιτίων της ήττας, θα έχει πιστεύουμε δύο συνέπειες:

1. *Η αυτοκριτική* για το παρελθόν να περιοριστεί στην επισήμανση «λαθών» αποκλειστικά ως προς την τοποθέτηση του ΣΥΝ απέναντι στο ΠΑΣΟΚ, προς το οποίο υπήρξε και η μεγαλύτερη διαρροή ψηφοφόρων. Θα εμφανιστούν, έτσι, δικαιωμένοι ο Ανδρουλάκης και ο Γαλανός (και οι προηγηθέντες Γλέζος και Μπριλλάκης), θα συνομολογηθεί το «βρώμικο 1989» και θα θεωρηθεί ολέθριο λάθος ότι αποκρούστηκαν τα προεκλογικά ανοίγματα του Ανδρέα Παπανδρέου προς την Αριστερά.

2. *Προοπτικά* θα συνεχιστεί αναπότρεπτα η πορεία

προς την περαιτέρω συρρίκνωση, προς τον εκφυλισμό και τη διάλυση, προς την πολιτική *αυτοκτονία.* Διότι ο ΣΥΝ σαν *«τσόντα εξουσίας»* δεν έχει μέλλον — αυτός ο ρόλος του ακριβώς αποδοκιμάστηκε στις κάλπες. Και διότι ένας ΣΥΝ που συμπορεύεται με το ΠΑΣΟΚ, σαν αριστερό του συμπλήρωμα, *δεν έχει λόγο αυτόνομης ύπαρξης:* Διαθέτει και το ΠΑΣΟΚ αριστερούς και αριστερή πτέρυγα, ικανά ή και ικανότερα στελέχη, προοδευτικοφανείς ή και προοδευτικές προγραμματικές θέσεις.

Μια Αριστερά στραμμένη προς την κοινωνία σημαίνει:

Ότι δεν έχει θολά και ασαφή όρια με τους άλλους πολιτικούς σχηματισμούς — δεν τους αντιγράφει στη δομή και στη λειτουργία, δεν μαϊμουδίζει τα καμώματά τους στην πολιτική πρακτική, διακρίνεται και ξεχωρίζει εμφανώς στην πολιτική σκηνή.

Ότι υπηρετεί με συνέπεια *αρχές* και δεν καθορίζουν την πολιτική και τακτική της οι σκοπιμότητες.

Ότι διδάσκει ήθος.

Ότι αμφισβητεί εμπράκτως ένα πολιτικό σύστημα *δομικά αυταρχικό, θεσμικά αντιδημοκρατικό* και *λειτουργικά εξαχρειωμένο,* που δυναστεύει την κοινωνία, αυτονομεί τους μηχανισμούς εξουσίας, παθητικοποιεί και αδρανοποιεί τους πολίτες.

Ότι υπηρετεί τη χειραφέτηση και τον αυτοπροσδιορισμό της κοινωνίας και *παρέχει πρότυπα δημοκρατικής οργάνωσης και λειτουργίας.*

Η αναζήτηση και συγκρότηση αυτής της *άλλης Αριστεράς* δεν είναι προνομιακή υπόθεση του Συνασπισμού. Αφορά και το Συνασπισμό, στο βαθμό που προσβλέπει στο μέλλον.

Δευτέρα 18 Οκτωβρίου 1993

Η ΑΒΑΣΤΑΧΤΗ ΒΑΡΥΤΗΤΑ ΤΗΣ ΕΝΟΧΗΣ

«Τίποτα δεν είναι πιο θλιβερό από το θάνατο μιας αυταπάτης».
ΑΡΘΟΥΡ ΚΕΣΤΛΕΡ

ΜΕΣΑ σ' αυτό το γενικό χαλασμό, που έμελλε να ζήσουμε, σ' αυτό το σαρωτικό γκρέμισμα μύθων και ειδώλων, πίστης και ιερατείων, αρχών και οραμάτων, ψάχνει και ψάχνεται και η ελληνική Αριστερά.

Με πραγματική *αγωνία* επαναπροσδιορισμού και αναζήτησης της χαμένης ταυτότητας όσοι δεν νιώθουν την ανάγκη να απολογηθούν· όσοι δεν έχουν λόγο να σηκώνουν την αβάσταχτη βαρύτητα της ενοχής· όσοι δεν μετέχουν στο μαζικό μαζοχισμό, δεν γελοιοποιούνται με όψιμες εκδηλώσεις αυτοσαρκασμού· όσοι δεν σπεύδουν να συνταχθούν με τους απέναντι, που επαίρονται χαιρέκακα ότι είχαν δίκιο, ενώ υποστήριζαν το άδικο· *όσοι δεν ντρέπονται για τις ιδέες τους, δεν μετανιώνουν για τους αγώνες τους*, δεν θα άλλαζαν ούτε μια στιγμή τους· όσοι δεν έτρεφαν αυταπάτες, για να τους αιφνιδιάσει η *αποκάλυψη τώρα.*

Η *αμηχανία* είναι έκδηλη στις κομματικές ηγεσίες, στους κομματικούς μηχανισμούς, στην κομματική γραφειοκρατία — σ' αυτή την εμβρυακή εγχώρια εκδοχή των τυραννικών καθεστώτων που ξεθεμελιώνονται.

Σύγχυση φρενών από την αδυναμία να δικαιολογήσουν τ' αδικαιολόγητα. Δεν μπορούν να επικαλεσθούν καν την *άγνοια*. Η άγνοια είναι άλλοθι του πλήθους — που ανακαλύπτει τα κρεματόρια μετά τη συντριβή του ναζισμού, που μαθαίνει στην Ελλάδα, για τα βασανιστήρια, μετά την κατάρρευση της δικτατορίας, που χρειάζεται έναν Χρουστσόφ για να πιστέψει στην κτηνωδία των σταλινικών εκκαθαρίσεων, έναν Γκορμπατσόφ για να ανατριχιάσει με τη φρίκη του γκουλάγκ, τις εκατόμβες της Τιμισοάρα για να δει γυμνό έναν Τσαουσέσκου.

Άλλοθι του πλήθους η άγνοια — ποτέ των ηγητόρων. Των πιστών — ποτέ των αρχιερέων.

Αμηχανία λοιπόν κι όχι αυτοκριτική συντριβή και αγωνία — γιατί τότε δεν θα είχαμε μόνο ομαδικές παραιτήσεις, αλλά και αυτοκτονίες. Αμηχανία για το πώς θα περισωθούν οι κομματικοί μηχανισμοί, πώς θα εξασφαλισθεί η πολιτική επιβίωση — η συμμετοχή στο παιχνίδι της εξουσίας. Γι' αυτό και τα ψελλίσματα και τ' αντιφατικά μισόλογα. Γι' αυτό και η σπουδή για προσφυγή σε εύκολες λύσεις.

Μια πρώτη εύκολη λύση, για τους αθεράπευτα *«τοξικομανείς του μύθου»*, είναι να χαλυβδώσουμε πάλι την πίστη, με νέους μύθους ή με ανάπλαση των παλαιών.

Η πιο προκλητική απόπειρα έγινε από τον εκφραστή της «ανανέωσης» στο ΚΚΕ Μίμη Ανδρουλάκη με την ομιλία του στο «Σπόρτιγκ», με θέμα: *Τι σημαίνει νέος κομουνιστής στη δεκαετία του '90.*

Με επιδεικτικά εικονοκλαστική διάθεση διακήρυξε ότι «οι αιώνιες αλήθειες πεθάνανε» και ότι «κανείς σοφός, καμιά ηγεσία, κανένα κόμμα, καμιά χώρα δεν διαθέτουν το μονοπώλιο της αλήθειας».

Αλλά, αναθεματίζοντας το «γραφειοκρατικό μοντέλο» του «υπαρκτού σοσιαλισμού», δεν δυσκολεύθηκε να το αποδώσει αποκλειστικά στο *σταλινικό δογματισμό*:

«Αυτός δεν είναι λόγος —είπε— να πούμε "πέθανε ο μαρξισμός". Το δικό μας χρέος είναι να ανακαλύψουμε εκ νέου τον Μαρξ, να επιχειρήσουμε μια "νέα ανάγνωσή" του, αλλά και να πάμε πολύ πιο πέρα από τον Μαρξ. Το χρέος το δικό μας είναι να αποκαταστήσουμε οριστικά τον μαρξισμό σαν επιστήμη».

Ακόμα χειρότερα. Μπορεί να χάσαμε τον μπούσουλα, αλλά *και ιδεολογία διαθέτουμε και ηγέτη* που την εκφράζει με παγκόσμια ακτινοβολία:

«Ρωτήστε —είπε— τους ανθρώπους. Με ποιον είστε; Με τη Θάτσερ ή με τον Γκορμπατσόφ; Ο Γκορμπατσόφ, ένας 100% κομουνιστής, είναι ο δημοφιλέστερος ηγέτης και στη Δύση και στην Ανατολή... Η *περεστρόικα* είναι η πιο δημοφιλής ιδέα της εποχής μας, η ιδέα "περισσότερη δημοκρατία, περισσότερος σοσιαλισμός" βρίσκεται στα χείλη εκατομμυρίων ανθρώπων, είναι η ζωντανή ελπίδα της εποχής μας».

Παραστατική η αναπαλαίωση των μύθων και η αναστήλωση νέων ειδώλων πάνω στα συντρίμμια των παλαιών.

Μια δεύτερη, εκ των ενόντων, εύκολη λύση είναι να προσωποποιηθούν ευθύνες κι ενοχές, να αλλάξει η φρουρά στα ηγετικά πόστα.

Το να αποσυρθεί ο Φλωράκης, ο Φαράκος και ο Τσολάκης από την ηγεσία του ΚΚΕ ή ο Κύρκος και ο Φιλίνης από την ηγεσία της ΕΑΓ, είναι αυτονόητη εξέλιξη και δείγμα στοιχειώδους ευαισθησίας — όταν οι ομόλογοι και ομότιτλοί τους στα σαρωμένα καθεστώτα της Ανατολής απειλούνται με λιντσάρισμα, κλείνονται στις φυλακές ή αντιμετωπίζουν το εκτελεστικό απόσπασμα.

Και λοιπόν;

Με τον Ανδρουλάκη στη θέση του Φαράκου (ή και τη Μαρία Δαμανάκη, το δημοφιλέστερο πολιτικό πρόσωπο της Αριστεράς, που δεν αναδεικνύεται ούτε αναπληρωματικό μέλος του Πολιτικού Γραφείου...) σε τι θα αλλάξει το

ΚΚΕ, ως μηχανισμός, ως γραφειοκρατία, ως οργανωτική δομή, ως αντίληψη για την οργανωμένη «πρωτοπορία»;

Όσοι εξαντλούν τις «ανανεωτικές» διαθέσεις τους στην αλλαγή ηγεσίας, καμώνονται ότι δεν θέλουν να καταλάβουν ότι στα συντρίμμια των ανατολικών καθεστώτων κείτεται πρώτα πρώτα το λενινιστικού τύπου κόμμα, με το «δημοκρατικό» συγκεντρωτισμό του, που εκτρέφει την αυταρχική θέσμιση στην κοινωνική οργάνωση και την απολυταρχία της κομματικής γραφειοκρατίας. Επιμένουν να μιλάνε για σταλινικές «διαστρεβλώσεις» και «παραμορφώσεις» του λενινιστικού προτύπου — από κάποιους διεστραμμένους και βιτσιόζους, προφανώς, τύπου Χόνεκερ, Ζίβκοφ, Χούζακ, Καντάρ ή Τσαουσέσκου. Και δεν βλέπουν ή δεν θέλουν να δουν ότι τα κομουνιστικά κόμματα στη Δύση δεν είναι δυνατό να επιζήσουν, όταν το κοινωνικό σύστημα, που κυοφορούν κι ευαγγελίζονται, το γκρεμίζει στην Ανατολή η επί δεκαετίες σωρευμένη οργή των καταπιεσμένων.

Στο ανανεωτικό τμήμα της παραδοσιακής Αριστεράς, όπως εκφράζεται κυρίως με την ΕΑΡ, διαπιστώνεται η σπουδή για την αποδοχή μιας *τρίτης*, έτοιμης λύσης: τη στροφή προς τη σοσιαλδημοκρατία.

Στην εισήγηση του Εκτελεστικού Γραφείου της ΕΑΡ, κατά τη σύνοδο της Κεντρικής Επιτροπής της το Σαββατοκύριακο, τονίζεται:

«Επειδή στο χώρο της Δυτικής Ευρώπης, στον οποίο ανήκει η Ελλάδα, οι βασικές δυνάμεις της Αριστεράς συγκεντρώνονται στη Σοσιαλιστική Διεθνή, η ΕΑΡ θα διερευνήσει άμεσα δυνατότητες και τρόπους συνεργασίας με αυτό το διεθνή οργανισμό».

Είναι μια φυσιολογική εξελικτική πορεία εκείνων των δυνάμεων της παραδοσιακής Αριστεράς, που από χρόνια τήρησαν (επι)κριτική στάση απέναντι στον «υπαρκτό» σοσιαλισμό και που, αφού πέρασαν από το ατυχές πειραματικό στάδιο του ευρωκομουνισμού, στρέφονται τώρα ρεαλιστικά στο δοκιμασμένο πρότυπο της σοσιαλδημοκρατίας.

Η παραδοχή, με αυτή τη στροφή, των ιστορικών λαθών (από το σχίσμα στο Συνέδριο του Λονδίνου το 1903, ως τη μονοπώληση της εξουσίας από τους μπολσεβίκους το 1917 κι ως τις καταγγελίες της Τρίτης Διεθνούς για «σοσιαλφασίστες» που εμπόδισαν το ενιαίο μέτωπο κατά του φασισμού) είναι το έλασσον.

Το μείζον είναι *η αποδοχή του ρεφορμιστικού ρόλου της Αριστεράς*. Διότι η σοσιαλδημοκρατία δεν κρίνεται τώρα από την επιλογή του δημοκρατικού δρόμου προς το σοσιαλισμό — σε αντιδιαστολή με τη μονοκομματική απολυταρχία του «υπαρκτού» σοσιαλισμού. Είχε ήδη την ιστορία της δεκαετιών στην εξουσία, με μεταρρυθμιστικά επιτεύγματα (κράτος προνοίας), που δεν αναιρούν (αν δεν στηρίζουν) το καπιταλιστικό σύστημα και σίγουρα δεν θεμελιώνουν βάσεις για σοσιαλιστικό μετασχηματισμό της κοινωνίας. Με πεπερασμένα όρια στο σκανδιναβικό πρότυπο η σοσιαλδημοκρατία, έτσι, ευνοείται από τη σύγκριση με τα χρεοκοπημένα καθεστώτα της Ανατολής, αλλά και δεν προσφέρει το όραμα του σοσιαλισμού.

Και η τρίτη έτοιμη λύση δεν ελκύει εκείνες τις δυνάμεις της Αριστεράς που θέτουν στον προβληματισμό τους τα πάντα επί τάπητος και προτιμούν να πασχίζουν μέσα στα πραγματικά αδιέξοδα από το να χρησιμοποιούν τη *βαρβαρότητα* του «υπαρκτού σοσιαλισμού» σαν άλλοθι για να εξωραϊσθεί η *υπαρκτή κτηνωδία* του καπιταλισμού.

Δευτέρα 15 Ιανουαρίου 1990

Η ΧΑΜΕΝΗ ΤΙΜΗ
ΚΑΙ ΕΥΚΑΙΡΙΑ ΤΗΣ ΑΡΙΣΤΕΡΑΣ

«Μέσα στα σκληρά όχι
Που σηκώνω οργισμένος
Κινδυνεύω απ' τη νοσταλγία
Ενός οποιουδήποτε ναι»
Ν. ΑΝΤΩΝΑΤΟΣ: *Δέδυκεν*

ΤΗ ΜΕΓΑΛΗ ΕΥΚΑΙΡΙΑ την (ξανα)έχασε η αναμορφούμενη στον εκλογικό στίβο «Μεγάλη Αριστερά» του Συνασπισμού: Να συντρίψει την αριθμητική λογική των σφυγμομετρήσεων· να υψωθεί η φωνή της δυνατότερη από τα φάλτσα μεγάφωνα των «μονομάχων»· να πείσει ότι μέσα στα πελάγη της ευτέλειας και του αμοραλισμού παραμένει σ' αυτό τον τόπο η μεγάλη *ηθική δύναμη*. Όχι με το εξαγνιστικό άλλοθι ότι σέρνει πίσω της ατέλειωτα χρόνια αγώνων και θυσιών· όχι με την εύνοια της αντιδιαστολής, ότι αυτή παραμένει αδιάφθορη στο βόρβορο των σκανδάλων — απόμακρη, έτσι κι αλλιώς, από τον μπεζαχτά της εξουσίας· όχι με ό,τι υπήρξε, αλλά με ό,τι όφειλε να είναι και φιλοδοξεί να γίνει: η *αντίσταση* του σήμερα, το *όραμα* του αύριο.

Δύο μόλις εβδομάδες πριν στηθούν οι κάλπες τής δόθηκε η ευκαιρία της υπέρβασης — με μια πολύ απλή κίνηση: Την επομένη του ματωμένου Σαββατοκύριακου στο Πεκίνο να αναστείλει, για μια έστω μέρα, όλες τις εκλογικές δραστηριότητες. Και να καλέσει τα πλήθη τής πράγματι μεγάλης Αριστεράς να κατεβούν παντού στους δρόμους, να διαδηλώσουν αλληλέγγυα με τα εξεγερμένα νιάτα της Κίνας. Να βροντοφωνάξει «όχι» στα τανκς της ωμής φασιστικής βίας. Να στήσει στον τοίχο της Ιστορίας τον Ντενγκ Χσιάο Πινγκ, για το Πεκίνο και τη Σαγκάη του '89 — όπως έστησε τον Τσανγκ Κάι Σεκ, για την Καντώνα του '27. Να καταδείξει και να αποδείξει ότι η κτηνωδία του σταλινισμού είναι εφιάλτης της του παρελθόντος και όχι και σημερινό σαράκι και καρκίνωμα του κορμιού της.

Δέσμια των εσωτερικών αντιθέσεών της η «Μεγάλη Αριστερά» του Συνασπισμού (ξανα)έχασε την ιστορική ευκαιρία. Και την ψήφο μας...

(«Μας»; «Εμείς, δηλαδή πληθυντικά εγώ», όπως λέει κι ο Νίκος Αντωνάτος. Εμείς, δηλαδή η επί δεκαετίες παρέα μου του Σαββατόβραδου. Εμείς οι φολκλορικοί «πενηντάρηδες», που προκαλούμε «αηδία» στους σισιλιάνους της «17 Νοέμβρη» — ου μην αλλά και στους διάττοντες, κάπηλους του «Πολυτεχνείου». Εμείς οι της προδικτατορικής ΕΔΑ —οι στερνοί της ΕΠΟΝ— που ανδρωθήκαμε στο πεζοδρόμιο, θύματα της μετεμφυλιακής βίας, αντίπαλοι του καραμανλισμού και της ΕΚΟΦ, της στρατο κρατικής δικτατορίας, της εκμαυλιστικής μεταπολίτευσης του εξαχρειωμένου παπατζιδισμού και μονίμως του αυταρχισμού — όπως και όπου εκφράζεται. Εμείς, που λειτουργεί η καρδιά μας με τους πολλούς, που τα οράματά μας είναι για τους πολλούς, αλλά μοιραζόμαστε τις στιγμές μας και τις σκέψεις μας με τους λίγους. Εμείς οι «ανένταχτοι» — δηλαδή οι συνειδητά ταγμένοι...).

Διότι δεν μας εκφράζει η χικμετική μικρούτσικη αλήθεια ότι «η άλλη μισή (καρδιά μας) στην Κίνα βρίσκεται». Μισή και κρύα μπροστά στην κάλπη. Ακέρια και φλεγόμενη στην Κίνα.

Μίζερη και κακομοίρα, του οίκτου κι όχι του οίστρου, η κατ' αυτόκλητον ευφημισμόν «Μεγάλη Αριστερά» του Συνασπισμού δεν είχε δα εξασφαλισμένη την ψήφο μας με μισή καρδιά, την εκβιαστική ψήφο του μικρότερου κακού — όφειλε να την κερδίσει.

Δεν την είχε εξασφαλισμένη όχι (μόνο) γιατί ο αριστερός ψηφοφόρος ψάχνει ν' ακούσει την Αριστερά στον προεκλογικό λόγο, να την ανακαλύψει στις κάλπες· όχι (μόνο) για το βιαστικό κουκούλωμα και «ρετουσάρισμα» των αβυσσαλέων αντιθέσεων στους κόλπους της· όχι (μόνο) γιατί το τάχατες εκσυγχρονιστικό πρόγραμμά της λειτουργεί συμπληρωματικά στα «αναπτυξιακά» προγράμματα· όχι (μόνο) για την ενσωμάτωση με τη συναινετική της πολιτική· όχι (μόνο) γιατί γελοιογραφεί, όταν ευαγγελίζεται την κοινωνία των πολιτών, λειτουργώντας με στεγανά κέντρα αποφάσεων και ιεραρχημένη οργανωτική δομή· όχι (μόνο) γιατί στα ψηφοδέλτιά της, εκτός από τους ευκαιριακούς εταίρους, φρόντισε στενόκαρδα και υπολογιστικά να βολέψει, ως εκλόγιμους, αποκλειστικά τα επαγγελματικά στελέχη της, για να γίνει πιο στέρεος ο γραφειοκρατικός μηχανισμός της — και πώς έτσι να χωρέσουν, τάχα, καταξιωμένοι στον κοινωνικό χώρο, όπως ο δικηγόρος Αντ. Ρουπακιώτης στη Β' Αθηνών, ο συνεταιριστής Γ. Καριώτης στα Τρίκαλα, ο δημοσιογράφος Δήμος Μαυρομμάτης στο Μεσολόγγι, η καθηγήτρια Γιώτα Κραβαρίτου στο Επικρατείας· όχι (μόνο) για τα «κλισέ» της αναχρονιστικής σκέψης και τη χρόνια αρτηριοσκλήρωση, που τη διατηρούν ξένη προς τα μηνύματα και τις αγωνίες των καιρών· και όχι (μόνο) γιατί της λείπει η γενναιότητα της αυτοκριτικής, που θα θέρμαινε την ελπίδα για το μέλλον.

Δεν την είχε εξασφαλισμένη τη με κρύα καρδιά ψήφο μας, για όλα τα παραπάνω, αλλά και κυρίως για τη μετεκλογική στρατηγική της. Όσο κι αν προσπαθεί να την καμουφλάρει με το όψιμο εφεύρημα της τέταρτης (προεδρικής) εντολής (για σχηματισμό κυβέρνησης «κάθαρσης»), η σπουδή της ηγεσίας του Συνασπισμού να μπει στο παιχνίδι της εξουσίας, την αποκαλύπτει:

Ταυτόχρονα και ταυτόσημα μίλησαν προχθές ο Χ. Φλωράκης στη Θεσσαλονίκη και ο Λ. Κύρκος στην Πάτρα για «κυβέρνηση συνεργασίας των προοδευτικών δυνάμεων, με αριστερή κατεύθυνση». Που σημαίνει — όχι πονηρά και πολιτικάντικα, αλλά καθαρά και απλοελληνικά: Διώχνουν οι ψηφοφόροι το ΠΑΣΟΚ από την πόρτα (της κάλπης) και το ξαναφέρνει ο Συνασπισμός στην εξουσία, από το παράθυρο...

Για να θεμελιώσει αυτή τη στρατηγική του ο Συνασπισμός, χρησιμοποιεί επικουρικά, στην απροκάλυπτη φιλοδοξία του να συνδιαχειρισθεί την εξουσία, και τον τεχνητό διαχωρισμό των ηγετικών (κυβερνητικών και κομματικών) στελεχών του ΠΑΣΟΚ σε αναμεμειγμένους στα σκάνδαλα (απατεώνες) και μη αναμεμειγμένους (εντίμους). Διαχωρισμός πλασματικός, αυθαίρετος και ύποπτος.

Ποιος, τάχα, της Αριστεράς είχε απαίτηση από τον γνωστό (για τη φιλοχρηματία, την κτηματολαγνεία, αλλά και το πολιτικό παρελθόν) Μένιο Κουτσόγιωργα να επιδείξει «σοσιαλιστικό ήθος»; Οι απαιτήσεις *υπήρχαν* για όσους στην ηγεσία του ΠΑΣΟΚ χρησιμοποιούσαν αριστερή γλώσσα και αριστερό παρελθόν για να καλύπτουν την αντιδραστική πολιτική του με αριστερό προσωπείο, να καπηλεύονται αγώνες και θυσίες, να πλαστογραφούν ιδέες και οράματα, να σκυλεύουν νεκρούς. Γιατί, τάχα, είναι ανέντιμοι μόνο οι κλέφτες, σ' αυτό το χωρίς προηγούμενο πλιάτσικο, και όχι όσοι τους κάλυπταν, συνεργαζόμενοι μαζί τους; Γιατί επιτέλους είναι χειρότεροι οι *κλέφτες* από τους *κλεπταποδόχους* — και ως προς τα χρηματικά κλοπιμαία, που μέρος τους εισέρρεε στα κομματικά ταμεία, και ως προς τα ιδεολογικά (του «λαϊκισμού»), που καρπωνόταν συνολικά το κόμμα;

Όσοι ακόμη (από υποταγή, καιροσκοπισμό ή υστεροβουλία) ξεσκονίζουν την καρέκλα και λουστράρουν το προσωπείο του Ανδρέα Παπανδρέου, γιατί δεν πρέπει να τον ακολουθήσουν στην κατάρρευση και στη συντριβή του;

Αλλά, αν κάτι θα όφειλε να επιδιώκει πρωτίστως η Αριστερά σ' αυτές τις κάλπες, είναι να τελειώνουμε πια με τον ηγεμόνα (με τις αυλές, τους σφογγοκωλάριους και τη δυναστεία του), *να κλείσει οριστικά ο κύκλος του ΠΑΣΟΚικού μικρομεσαίωνα.*

Και γιατί ρήμαξαν, ευτέλισαν και εκχυδάισαν τα πάντα σ' αυτό τον τόπο· και γιατί μας έκλεψαν οράματα και μας στέρησαν την ελπίδα· και, κυρίως, γιατί ήδη έχουν επιτύχει *το νέο διχασμό* — της μεγάλης προοδευτικής παράταξης αυτή τη φορά: μετέτρεψαν το χθεσινό ενθουσιώδη νέο, τον πρωτοστάτη σε ιδέες και αγώνες στη Μεταπολίτευση, το συναγωνιστή, σε άκριτο οπαδό, σε φανατικό προσωπολάτρη, σε τυφλό φανατικό, σε αυταρχικό εξουσιαστή, σε κρυπτοφασίστα.

Παραδεχόμενη η Αριστερά του Συνασπισμού ότι πράγματι «το ΠΑΣΟΚ είναι εδώ», όφειλε να μην προσφέρει δεκανίκια και σωσίβια στην έκθετη και υπόλογη ηγεσία του, αλλά να προσβλέπει στην οργανωμένη και εκλογική βάση του, στους καλοπροαίρετους πολίτες που το ακολουθούν και το ψηφίζουν.

Αλλά αυτό δεν γίνεται με στρατηγική για συνδιαχείριση της εξουσίας — με συμφωνίες κορυφής και πολιτικάντικα τερτίπια. Γίνεται με επιλογή της *ριζοσπαστικής α-*

ντιπολίτευσης σε όποιο μετεκλογικό κυβερνητικό σχήμα. Γίνεται *στο στίβο των κοινωνικών αγώνων*, όπου και μόνο δοκιμάζεται, διαπαιδαγωγείται και διαμορφώνεται η Αριστερά...

Κι εμείς λοιπόν που δεν επενδύουμε τις ελπίδες μας στις 18 Ιουνίου, τι κάνουμε στην κάλπη; Τη Δεξιά εξυπακούεται ότι δεν τη συζητούμε — ένα το κρατούμενο (όσο κι αν δικαιούνται ο Μίκης Θεοδωράκης, ο Διονύσης Σαββόπουλος και άλλοι να χρησιμοποιούν όπως θέλουν τη δυνατή φωνή που κατέκτησαν και κανείς δεν τους χάρισε).

Να ψάξουμε, όσοι έχουν το κουράγιο, την «άλλη Αριστερά», στα εκλογικά σχήματα. Να ενισχύσουμε, ενδεχομένως, τις μικρότερες φωνές. Να αρνηθούμε συμμετοχή στις κάλπες, με άκυρο και αποχή (όσοι δεν νοιάζονται ότι έτσι, εξ αντικειμένου, ενισχύονται τα δύο μεγαλύτερα σχήματα, αφού με λιγότερες ψήφους εξασφαλίζουν μεγαλύτερα ποσοστά). Να δώσουμε με μισή καρδιά ψήφο ανοχής και αναμονής στο Συνασπισμό. Και, πάντως, να παλέψουμε για την εγκυρότητα της *λευκής* ψήφου, που δεν πριμοδοτεί τα μεγάλα κόμματα και δίνει την ευκαιρία να καταμετρηθούμε.

Χωρίς ψευδαίσθηση όλα αυτά, ότι όταν είμαστε επί 1.454 ημέρες παθητικοί θεατές, δεν μεταβαλλόμαστε σε μια μέρα, με τη συμμετοχή μας στις κάλπες, σε ενεργούς πολίτες.

Δευτέρα 12 Ιουνίου 1989

ΠΟΙΑ ΑΡΙΣΤΕΡΑ
ΣΤΗΝ ΚΟΙΝΩΝΙΑ ΤΗΣ ΑΦΑΣΙΑΣ;

«Γερνώντας όσο καλοί
Ήταν να γίνουμε γίναμε
Το υπόλοιπο κακοί».
ΝΙΚΟΣ ΑΝΤΩΝΑΤΟΣ: *Αγρός Κεραμέως*

ΣΤΑ ΜΕΣΑ ΙΟΥΝΙΟΥ κάποια σεμνά *μονόστηλα* στο διεθνή Τύπο πληροφορούσαν τους ενδιαφερόμενους ότι το ΚΚ Ολλανδίας *αυτοδιαλύθηκε*, ελλείψει πελατείας και αντικειμένου. Τις ίδιες ημέρες άλλα *μονόστηλα* πληροφορούσαν το ίδιο κοινό ότι το ΚΚ Γερμανίας έχασε το τελευταίο δεκαοχτάμηνο το 90% των μελών του. Αυτή η ασήμαντη πια περιπτωσιολογία μέσα στην *καθολική κατάρρευση* του «σοσιαλιστικού» ολοκληρωτισμού ούτε ευτυχέστερους, ούτε πιο ανήσυχους έκανε τους Ευρωπαίους.

Στην Ελλάδα τα μέσα ενημέρωσης διέθεσαν αφειδώς τους προβολείς τους για να φωτίσουν, ως τις πιο ανούσιες λεπτομέρειες, τη νέα διάσπαση, το νέο αλληλοσπαραγμό του ΚΚΕ και, κατ' επέκταση, της παραδοσιακής Αριστεράς όπως εκφράζεται με το Συνασπισμό. Πολύστηλα ρεπορτάζ, κάμερες, φλας, σχοινοτενείς συνεντεύξεις, δηλώσεις, (αλληλο)καταγγελίες, όψιμες «αποκαλύψεις», ακατάσχετο μπλα μπλα. Χαράς ευαγγέλια για το αυτάρεσκο τεμπελχανιό των κομματικών «απαράτ», που ένιωσε ομφαλός της ελληνικής κοινωνίας, που βρήκε να δικαιώνεται στην *προβολή* η ύπαρξή του — αφού δεν δοκιμάστηκε ποτέ στην εκτός των κομματικών τειχών κοινωνική καταξίωση.

Τις ίδιες ακριβώς ημέρες, θεόρατα βουνά τα πραγματικά μας προβλήματα, διεκδικούν δικαιωματικά την προβολή τους: *τανκς και αίμα* στα Βαλκάνια — την πυριτιδαποθήκη των εθνικισμών. Όργιο παρασκηνίου στα εθνικά μας θέματα — με απειλή *τερατογενέσεων*. Υπό ΕΟΚική *κηδεμονία* η καταρρέουσα οικονομία μας — ασφυκτικότερη, δηλαδή, η εξάρτηση. Απροκάλυπτος ο εμπαιγμός μισθωτών και συνταξιούχων *στη φοροδιαφυγή* — ο Παλαιοκρασσάς κυνηγάει, τάχα μου, με την απόχη τους πατενταρισμένους φοροφυγάδες. Λεονταρισμοί αλλά και άτακτη κυβερνητική υποχώρηση μπροστά στις πανίσχυρες *συντεχνίες*. Πλημμύρισαν τα νοσοκομεία με τις πρώτες ζέστες από το *φονικό νέφος* — και το περιαστικό μας πράσινο, με πολιτική και κοινωνική συναίνεση, θα γίνει τσιμέντο και άσφαλτος και τα απομεινάρια των δασών μας βγαίνουν στο σφυρί, αν δεν γίνουν στάχτη και κουρνιαχτός...

Προς τι η τόση προβολή; Μπας και αιφνιδίως η κοινωνία μας παρακολουθεί με κομμένη ανάσα τα τεκταινόμενα στους κόλπους της Αριστεράς;

Ποια κοινωνία; Της παθητικότητας και της αφασίας, που αναζητεί Μεσσίες και σωτήρες, που βλαστημάει νυχθημερόν, αλλά κι εναποθέτει εσαεί τις ελπίδες της στο κράτος και στους πολιτικούς;

Μπας και ξαφνικά ο νεοέλληνας του *«να τη βρούμε»* πλούτισε το ενδιαφέρον και το λεξιλόγιό του με «δογματικούς» και «αναθεωρητές», «παλαιολιθικούς» και «εκσυγχρονιστές», «ορθόδοξους» και «λικβινταριστές»;

Α, μπα. Για χάζι πρόκειται. Για την *αυταπάτη* της πολιτικής συμμετοχής, με την κουτσομπολική διείσδυση στα άδυτα των κομματικών μηχανισμών. Για επίδειξη, ίσως, *ανατολίτικης αισθητικής* — με επιλογές ανάμεσα στη σεναριοσμένη Μαρία και τα πλούσια ελέη της Αλέκας. Για *«υπερπολιτικοποίηση» του καφενέ* — μια και, σ' αυτή τη φάση, δεν είμαστε αγελαίοι χειροκροτητές στα εκλογικά πανηγύρια.

Αν ήταν διαφορετικά τα πράγματα, αν μιλούσαμε για άλλη πολιτική κουλτούρα, αν εκδηλώνονταν συλλογικές ευαισθησίες και άμυνες της κοινωνίας μας, αν, με τόση γνώση, είχαμε φθάσει *στον ύψιστο διαχωρισμό ανάμεσα στους εμφανείς και καλυμμένους θιασώτες* του ολοκληρωτισμού *και τους μέχρι θανάτου πολέμιούς* του, τότε:

— *Δεν θα χαχανίζαμε*, αλλά θα ανατριχιάζαμε με τα βλαχομπαρόκ χωρατά του αρειμάνιου Φλωράκη, που μόλις καλύπτουν μια αποτρόπαιη σταλινική νοοτροπία.

— *Δεν θα τολμούσε* καμιά Κεντρική Επιτροπή κανενός ΚΚΕ να βγάζει ντιρεκτίβες, όπως, λόγου χάρη, ότι οι δημοσιογράφοι, μέλη του κόμματος, στα μέσα επικοινωνίας που εργάζονται, δεν μπορούν να εκφράζουν απόψεις αντίθετες με τις αποφάσεις του κόμματος.

— *Δεν θα μπορούσε*, ας πούμε, καμιά Λιάνα Κανέλλη να παρουσιάσει στο πανελλήνιο σαν σεμνή Αρσακειάδα την Αλέκα Παπαρήγα. (Δεν χρειαζόταν καν να αποκαλυφθεί ως προσωποποίηση του αυταρχισμού. Εκεί που έλεγε, χαμηλοβλεπούσα, ότι την κόρη της, που σπουδάζει στο Αμερικανικό Κολλέγιο, δεν τη βλέπει —ούτε την έβλεπε καθόλου, τη φροντίζει η γιαγιά, όπως επιβάλλουν οι κομματικές υποχρεώσεις— να την κόψει: Τι λες, μωρή; Άθλια μάνα, πρότυπο προς αποφυγήν και βάλθηκες να μας σώσεις;)

Με μια άλλη πολιτική κουλτούρα, άλλο τόσο:

— *Θα το σκεφτόταν* πολύ κάθε Μητσοτάκης να πει, απευθυνόμενος στους αστυνομικούς: *«Εσείς είσθε το κράτος»*.

Και, βεβαίως,

— *Θα ορρωδούσε* ακόμα κι ένας Ανδρέας Παπανδρέου να διακηρύξει από το προεκλογικό μπαλκόνι της Κοζάνης, μπροστά σε παραληρούντα πλήθη: «*Κανένας θεσμός*. Μόνο ο λαός».

Με μια άλλη πολιτική κουλτούρα, δεν θα ζούσαμε μέσα στην τραγελαφική αντίφαση το 72% των πολιτών να δηλώνουν απογοητευμένοι συνολικά από τα πολιτικά κόμματα (κατά τη σφυγμομέρηση της ΔΗΜΕΛ, που δημοσίευσε η *Ελευθεροτυπία*) και να δυναστεύεται η ελληνική κοινωνία από την *κομματοκρατία* — με κόμματα μάλιστα που, με την εσωτερική λειτουργία τους, κάθε άλλο παρά διδάσκουν και εγγυώνται δημοκρατία.

Αλλά, μήπως, η «ανανέωση» της Αριστεράς, με τη διάσπαση του ΚΚΕ, γεννά την ελπίδα; Μήπως η Αριστερά ξαναγίνεται το αλάτι της γης;

Ποια διάσπαση; Δεν έφυγαν με επιλογή τους από το οστεοφυλάκιο του Περισσού. *Τους έδιωξαν* (κι όχι γιατί εισήγαγαν καινά δαιμόνια· η μανία τους να ανασκαλεύουν τα εφτασφράγιστα *αρχεία* του κόμματος, με τις θηριωδίες και τα εγκλήματα και σημερινών πρωταγωνιστών, και να χώνουν τη μύτη τους στις *οικονομικές* δραστηριότητες του κόμματος, τους έφαγε). Και κακώς δεν έφαγαν ξύλο από τους «αγανακτισμένους» συντρόφους τους. Για να δουν τι γλύκα έχει και πόσο δημοκρατικό είναι το μπερντάχι, που και οι ίδιοι ως προχθές επιδαψίλευαν στους αντιφρονούντες — με τα ΚΝΑΤ στο Χημείο και στο Πολυτεχνείο.

Μα παλεύουν την αρτηριοσκλήρωση ως *εκσυγχρονιστές*. Πώς, αλήθεια; Τι κάνουν τώρα με τα στελέχη τους, στην απεργία, λόγου χάρη, των δικηγόρων; Διαχωρίζουν, τάχα, την «πλέμπα» των δικηγόρων, που έχει όντως ανάγκη από προστασία και στην επαγγελματική στέγη και στη φορολογία ή υπερασπίζονται τους *προκλητικά φοροφυγάδες* μεγαλοεισοδηματίες δικηγόρους;

Ή, μήπως, στον πολιτικαντισμό αντιπαραθέτουν το

δημοκρατικό ήθος; Πώς; Με το να προεξοφλούν, οπορτουνιστικά, επιταγές για την αυριανή πολιτική τους επιβίωση στη δίκη για το σκάνδαλο Κοσκωτά;

Κάποτε, σε όχι και τόσο μακρινά χρόνια, το να είσαι *αριστερός* σ' αυτό τον πολύπαθο τόπο σήμαινε πολλά. Ήταν πόνος και πάθος. Ήταν ανθρωπιά και φιλαλληλία. Ήταν παρόρμηση και αποκοτιά. Ήταν λυγμός και τραγούδι. Ήταν αξιοπρέπεια και περηφάνια. Ήταν ευαισθησία και ήθος. Ήταν αντίσταση και αντοχή. Ήταν απαντοχή κι ελπίδα...

Τώρα;

«Όλοι μαζί συμφωνήσαμε...» — έτσι άρχισε η Μαρία Δαμανάκη εφτά συναπτές παραγράφους με προγραμματικές αρχές, μιλώντας στην πανελλαδική συνέλευση του κουτσουρεμένου Συνασπισμού.

Αλλά αν όλοι συμφώνησαν ήδη σε *τόσο πολλά*, ο δρόμος τους είναι προδιαγεγραμμένος: Θα πασχίσουν, χωρίς μηχανισμούς και οργανωμένα πλήθη, να διατηρηθούν στην κεντρική πολιτική σκηνή, ωσότου αποτελέσουν την τσόντα του αυριανού σοσιαλδημοκρατικού σχηματισμού.

Δύσβατος και άγνωστος ο άλλος δρόμος, απομακρύνει μάλλον παρά φέρνει στην εξουσία: άνοιγμα στην κοινωνία, για τη χειραφέτηση κι όχι την ποδηγέτησή της — για μια *κοινωνία των πολιτών*. Σ' αυτόν ίσως ανταμώσουν, για να συμπορευθούν, τους κομματικά άστεγους αριστερούς, τους πολλαπλάσιους από τους ενταγμένους, τους χαμένους στη δυσπιστία και στην αμφισβήτηση.

Στην αφετηρία μιας τέτοιας πορείας η διαπίστωση ότι η τωρινή *κρίση ταυτότητας* της Αριστεράς ελάχιστη σχέση έχει και με τον «ευρωπαϊκό εκσυγχρονισμό» και με το εκλογικό μέλλον της...

Δευτέρα 1 Ιουλίου 1991

«ΞΥΛΙΝΗ ΓΛΩΣΣΑ» ΚΑΙ ΔΟΓΜΑΤΙΣΜΟΣ ΓΛΩΣΣΟΠΟΛΙΤΙΚΟΣ

ΤΟ ΑΡΘΡΟ του Μάκη Μαΐλη για το 14ο Συνέδριο του ΚΚΕ (*Ριζοσπάστης* 22-12-91) αρχίζει έτσι:

«Μετά από τέσσερις μέρες υπεύθυνης συζήτησης, οι εφτακόσιοι ογδόντα εκλεγμένοι αντιπρόσωποι των κομματικών οργανώσεων *κατέληξαν* στα ντοκουμέντα που θ' αποτελέσουν τον μπούσουλα δράσης του Κόμματος, *έκλεξαν* τη νέα Κεντρική Επιτροπή...».

Αν ο συντάκτης του άρθρου χρειαζόταν το ρήμα *εκλέγω* στον παρατατικό κι όχι στον αόριστο, η εκδίκηση της κακοποιημένης γλώσσας θα ήταν φοβερή: θα έγραφε δηλαδή «*έκλεγαν* τη νέα Κεντρική Επιτροπή», με αναπότρεπτη, ηχητικά, τη διασκεδαστική παρερμηνεία.

Κάτι παρεμφερές αναφέρει, ανεκδοτολογικά, ο Αχ. Τζάρτζανος στο, δυσεύρετο πια, δοκίμιό του *Το γλωσσικό μας πρόβλημα* («Εκδόσεις Ιωάν. Δ. Κολλάρος και Σία», 1934) — όπως του το είχε διηγηθεί ο διευθυντής του Μαρασλείου Διδασκαλείου Ζ. Ζαμάνης:

«Σε μια τάξη του προτύπου δημοτικού σχολείου διάβαζαν τα παιδάκια στο Αναγνωστικό τους, γραμμένο στην ορθόδοξη δημοτική, τη φράση "οι πολίτες *έκλεγαν* το δήμαρχο". Φυσικό ήταν το *έκλεγαν* αυτό να το πάρουν για το *έκλαιγαν*, κι έτσι ρώτησαν το δάσκαλό τους: "τι είχε πάθει, κύριε, ο δήμαρχος και τον εκλαίγανε;"».

Εντελώς συμπτωματικά πήραμε το δείγμα (κακής) γραφής από το *Ριζοσπάστη*. Παραδείγματα με ποικίλες κακοποιήσεις της γλώσσας παρέχονται καθημερινά και αφειδώς σε όλα τα επίπεδα του λόγου: στα εφημεριδογραφήματα και στις αγορεύσεις της Βουλής· στα σχολικά εγχειρίδια και στα επιστημονικά συγγράμματα· στις ομιλίες σε απεργιακές συγκεντρώσεις και σε ραδιοτηλεοπτικές συνεντεύξεις· στο θέατρο και στις κομματικές συνελεύσεις.

Η τωρινή εκδοχή του *γλωσσικού μας προβλήματος* είναι και η πλέον ανησυχητική: Είναι εκπληκτικό πώς, σε μικρό σχετικά χρονικό διάστημα, μια γλώσσα χυμώδης, πλούσια σε αποχρώσεις και ποικιλόμορφη, μια γλώσσα δυναμική, εύρυθμη, ανυπότακτη και παραγωγική, κινδυνεύει, κάτω από τον ισοπεδωτικό οδοστρωτήρα του «*γλωσσοπολιτικού δογματισμού*», να μείνει φτωχή, μονοπαγής, στεγνή, κακόηχη, ανάπηρη και στείρα.

«Μείζον εθνικό» χαρακτηρίζεται επισήμως το πρόβλημα, όλο και περισσότεροι και συχνότερα εκφράζουν ανησυχίες, αλλά συστηματικά ασχολούνται μ' αυτό μόνο οι ειδικοί.

Ο πιο μαχητικός, ασφαλώς, από τους ειδικούς, ο Γιάννης Μ. Καλιόρης, με το τελευταίο βιβλίο του *Η ΞΥΛΙΝΗ ΓΛΩΣΣΑ* («Εκδόσεις Αρμός») δίνει την αφορμή για το σημερινό σημείωμά μας — με πρόθεση του συντάκτη *απροκάλυπτα διαφημιστική* για το συγκεκριμένο βιβλίο.

Γνωστός ευρύτερα από τις μαχητικές παρεμβάσεις του στη συζήτηση για τη νεοελληνική γλώσσα (τα περισσότερα δοκίμιά του είναι συγκεντρωμένα στον τόμο *Παρεμβάσεις ΙΙ ΓΛΩΣΣΙΚΑ*, «Εκδόσεις Εξάντας», 1986) ο Γιάννης Μ. Καλιόρης στο νέο βιβλίο του:

— *Επανέρχεται* στην τεκμηριωμένη πολεμική του κατά του *αριστεροκομματικού ιδιώματος* («ανέραστη γλώσσα πολιτικού ιερατείου», «γλώσσα στερεότυπη και αυτοματική, γνωστή διεθνώς ως ξύλινη γλώσσα», που ο ρόλος της είναι «να διαπορθμεύει μια σκέψη ετοιμοπαράδοτη»), για να προχωρήσει στη διαπίστωση ότι τα τελευταία δεκαπέντε χρόνια στη χώρα μας «άρχισε να υπερβαίνει το γκέτο του γενέθλιου χώρου» και *«επεκτείνεται στη θεσμική γλώσσα* της εξουσίας... στο δημοσιογραφικό ρεπορτάζ, στα θεωρητικά και επιστημονικά κείμενα, στις ραδιοτηλεοπτικές ειδήσεις και στη λογοτεχνική κριτική, κάποτε μάλιστα και στην ίδια τη λογοτεχνία, με μόνη εξαίρεση την ποίηση».

— *Αναλύει* τη γραμματική υφή της ξύλινης γλώσσας, η οποία «κατά την ελληνική της εκδοχή παίρνει τη μορφή μιας καθαρεύουσας μεταμφιεσμένης σε δημοτική, τόσο κατά τη συντακτική της δομή, όσο και κατά το γενικότερο εκφραστικό ήθος», και αυτό από την καθαρά γραμματική άποψη «συντελείται γενικά με δύο κυρίως τρόπους: τις *υβρίδιες μικροδομές* (Σ.Σ.: σε παλαιότερα κείμενά του ο συγγραφέας μιλάει γενικότερα για *"άτεγκτη μονοτυπία"*) και την *ονοματοποίηση της ρηματικής φράσης*» (που «συμπορεύεται με ακολουθία αλληλεξαρτημένων ουσιαστικών σε πτώση γενική»).

— *Επισημαίνει* τα τρία χαρακτηριστικά στην ελληνική παραλλαγή του αριστεροκομματικού ιδιώματος, που είναι: Πρώτον, «η λεξιπενία, η χαλαρότητα περί την γραμματικοσυντακτικήν ορθοέπεια και η αδιαφορία για την αισθητική του λόγου»· δεύτερον, η μορφολογική ομοιογένεια· και τρίτον, «η συντακτική ακαμψία».

— *Ερευνά* την ιστορική διαδρομή και πραγμάτωση και αναπτύσσει πώς *«ιδεολογία, οργάνωση* (κόμμα) και *γλώσσα* ("τρεις συνιστώσες του ίδιου σύμπαντος") συνενεχόμενες λειτουργικά και αλληλαίτιες, συνέχονται αδιάσπαστα σε όλον ενιαίο και ο σπασμωδικά συσπειρωτικός κι εσωστρεφής χαρακτήρας των δύο πρώτων βρίσκει την οικεία του έκφραση στον συνεστραμμένο και ροζώδη χαρακτήρα της τρίτης».

— *Επιτρέπει* στον εαυτό του (και στον αναγνώστη) την *αισιοδοξία ότι:* α) Γενικά «*η κομουνιστική ξυλόγλωσσα, χωρίς να ανήκει εντελώς στο παρελθόν, διανύει τη λυκοφωτική της ώρα*, ακολουθώντας την τύχη των δύο άλλων στοιχείων με τα οποία συνάπτεται: Του πλήρους συστήματος ιδεών και του κομματοκρατικού μορφώματος, όπως αυτά εμφανίζονται παγκοσμίως μετά την παταγώδη κατάρρευση των κομουνιστικών καθεστώτων, που παρουσιάζουν πλέον εικόνα σεληνιακού τοπίου». β) Ειδικά «στην Ελλάδα, αν το παρελθόν της "κλασικής" ξύλινης γλώσσας υπήρξε ανθηρό, το παρόν της είναι μάλλον ισχνό και το μέλλον της προβλέπεται ακόμα ισχνότερο — και εν πάση περιπτώσει η δυναμική της ακολουθεί φθίνουσα πορεία, σε μια νέα κατάσταση, όπου τα όρια διαχέονται και ποικίλες ωσμώσεις συντελούνται, και όπου, λόγου χάρη, ούτε οι δεξιοί είναι ακριβώς δεξιοί ούτε και οι κομουνιστές είναι ακριβώς κομουνιστές».

Αισιοδοξία την οποία ο συντάκτης αυτού του σημειώματος δυσκολεύεται να συμμεριστεί, καθώς:

— *Ως επαγγελματίας* γραφιάς ασφυκτιά όλο και περισσότερο μέσα στην περιρρέουσα γλωσσική *ρύπανση* των μέσων μαζικής ενημέρωσης. Κάτι ακόμα χειρότερο: Αισθάνεται να παρασύρεται στη δίνη της και να υποτάσσεται στις αγκυλώσεις που επιβάλλει ο «γλωσσοπολιτικός δογματισμός» και στο δημοσιογραφικό λόγο.

— *Ως πολίτης* νιώθει απέραντη θλίψη όταν ερωτά το σημερινό υπουργό Παιδείας Γ. Σουφλιά με τις έντιμες προθέσεις και το εγνωσμένο ήθος, αν γνωρίζει τα κείμενα του Γιάννη Μ. Καλιόρη και παίρνει αρνητική απάντηση·

και όταν διαβάζει, λόγου χάρη, το βιβλίο τού, επίσης προσοντούχου, προκατόχου του (Β. Κοντογιαννόπουλου: *ΠΑΙΔΕΙΑ – εκσυγχρονισμός υπό αναστολή*) και το βρίσκει διάστικτο από επιρροές της ξύλινης γλώσσας (σελ. 201: «Η απόπειρα θεωρητικοποίησης των καταλήψεων και δικαίωσής τους ως φαινομένου...» κ.ά.).

— *Ως πατέρας* αγανακτεί όταν φυλλομετράει τα σχολικά βιβλία των παιδιών του και μάλιστα τα ειδικά για τη διδασκαλία της γλώσσας (*Έκφραση – Έκθεση* Β' Λυκείου) και στέκεται άναυδος μπροστά σε κηρύγματα λεξιπενίας και «άτεγκτης μονοτυπίας», όπως το ακόλουθο (ανυπόγραφο είναι, αλλά πιθανότατα το έχει γράψει ο πρώην σύμβουλος του ΚΕΜΕ Δ. Τομπαΐδης, που ως υπεύθυνος για τη διδασκαλία της γλώσσας στη Μέση Εκπαίδευση είχε υποστηρίξει δημόσια ανάλογες απόψεις — *Βήμα* 26-5-82):

«... Πρέπει να φτάσει κανείς σε διαστρεβλωμένη αντίληψη της γλωσσικής λειτουργίας, όπως με τη νεοελληνική καθαρεύουσα, για να θεωρηθεί επιθυμητή η ύπαρξη απόλυτων συνώνυμων, που δεν διαφοροποιούν σε τίποτα το νόημα και αυτό να ονομαστεί "πλούτος" (π.χ. μάτιον-ομμάτιον, όμμα-οφθαλμός, ψωμίον-άρτος και μάλιστα με αποκλεισμό των *μόνων πραγματικών λέξεων* μάτι, ψωμί). Πρόκειται για "πλούτο", που *στην πραγματικότητα είναι σαβούρα, βλαβερή επιβάρυνση της μνήμης...*».

Θα ξαναδώσουμε το λόγο στον Γιάννη Μ. Καλιόρη — με το ερώτημα, που ολοκληρώνει τον επίλογο στο βιβλίο του *Παρεμβάσεις ΙΙ ΓΛΩΣΣΙΚΑ*:

«Θ' αφήσουμε τη γλώσσα να λειτουργήσει σε όλο τον πλούτο των αποχρώσεων και της ομορφιάς της ή, αντίθετα, η δογματική στενοκεφαλιά της συρρικνωτικής μονοκαλλιέργειας και της φετιχιστικής τυπολατρείας, ο ολοκληρωτισμός της φορμαλιστικής ομοιογένειας και το πνεύμα του μαζόφρονος λαϊκισμού θα συνεχίσουν να την ισοπεδώνουν σε τύπο φτωχό και μονοπαγή, εν ονόματι μιας λαϊκοδημοτικής καθαρότητος, αφύσικης και ανεδαφικής;»

Ανεξάρτητα από το τι (θα) κάνουν οι άλλοι, οι δημοσιογράφοι, από τη μεριά τους, θα μπορούσαν να απαντήσουν στην πρόκληση με μια ή πολλές «ημερίδες» *(πρωτοβουλία και οργάνωση της ΕΣΗΕΑ)* με αποκλειστικό θέμα το *δημοσιογραφικό λόγο*, που επηρεάζει διαμορφωτικά τη νεοελληνική γλώσσα. Αν μη τι άλλο, τουλάχιστον για να δικαιολογήσουν, κάπως, κάποτε, τον (αυτο)χαρακτηρισμό της δουλειάς τους ως «λειτουργήματος».

Δευτέρα 30 Δεκεμβρίου 1991

ΑΠΟΛΟΓΗΤΙΚΑ ΕΝΟΣ ΑΡΙΣΤΕΡΟΥ ΑΜΕΤΑΝΟΗΤΟΥ

«Ποιος θα βρεθεί να κλάψει;»
ΑΡΗΣ ΑΛΕΞΑΝΔΡΟΥ

«*ΥΣΤΕΡΑ απ' όλα* αυτά, εξακολουθείς να δηλώνεις *αριστερός;*» Ειλικρινής η απορία του παπα-Γιάννη προσωποποιούσε πια τη συζήτηση — στην περιστασιακή συντροφιά των διακοπών, μια απ' αυτές τις εκμαυλιστικές φεγγαρόλουστες νύχτες, που τις μόλυνε η πολιτικολογία αναπότρεπτα, μετά το πραξικόπημα της Μόσχας.

«Ναι, παπα-Γιάννη. Και δεν ντρέπομαι, αν και αισθάνομαι την ανάγκη πια να απολογηθώ...».

«Μαζί, δηλαδή, με την Παπαρήγα και τον Φλωράκη»;

«Ασφαλώς όχι. Αυτοί είναι με τους πραξικοπηματίες, που πολύ σωστά ο Γκορμπατσόφ απεκάλεσε *δεξιούς*. Αν όλοι οι εξουσιαστές και οι εξουσιομανείς είναι, για μένα, δεξιοί, οι πιο μαύροι ανάμεσά τους είναι οι θιασώτες και οι απολογητές του ολοκληρωτισμού».

«Και αν ήσουν στην εφημερίδα εκείνη τη φοβερή νύχτα του πραξικοπήματος κι έβλεπες στην τηλεόραση τα μειδιάματα ευφροσύνης της Παπαρήγα και τον Φλωράκη να δικαιολογεί τα τανκς, τι θα έγραφες;»

«Ότι είναι τυχεροί που ζουν σε μια δημοκρατία *ανεκτική* ακόμα και για τους απροκάλυπτους εχθρούς της. Ότι πρέπει να ευγνωμονούν το Θεό που δεν συμμερίζονται στο κελί τη μοίρα του συντρόφου Ζίβκοφ, με τις τριάντα τέσσερις βίλες ως χθες, και του άλλου συντρόφου Χόνεκερ, με το ιδιόκτητο νησάκι στη Βαλτική. Ότι αν μπούχτισαν από την καπιταλιστική βαρβαρότητα κι οραματίζονται το σοσιαλισμό των γκουλάγκ, δεν έχουν παρά να πάνε να τον βρουν, όπου ακόμα επιβιώνει. Κι άλλα τέτοια...».

Κάπου, φαίνεται, τον μπέρδεψα τον καλοπροαίρετο ιερέα. Και δεν επέμεινε.

Τι να (του) πρωτοπείς; Άντε να εξηγήσεις ότι για πολλούς, και κυρίως *μη στρατευμένους* πια, *Αριστερά* είναι κάτι πολύ περισσότερο, πιο προσωπικό και καθολικό από την ιστορική διάκριση δύο αιώνων. Κάτι πιο σημαντικό από βιωματική φόρτιση. Είναι η σχέση σου με τον εαυτό σου, με τον πλαϊνό σου, με τον κοινωνικό περίγυρο, με την ανθρωπότητα. Είναι συνειδητή επιλογή κι εξατομικευμένη ευθύνη. Είναι *στάση ζωής*.

Να ξεκινήσεις με την προσωπική σου (άλλη μια πονεμένη) ιστορία, την έχεις κιόλας πατήσει — αρχίζεις την απολογία.

Για τον πατέρα σου, το δάσκαλο, μαθητή της Ιμβριώτη και του Παπαμαύρου και θαυμαστή του Γληνού, του Βάρναλη και του Δελμούζου — απ' αυτή τη φουρνιά των δασκάλων που πλούτισε το ΕΑΜικό κίνημα (τη μεγάλη εθνική ανάταση, που βλασφήμως οικειοποιείται και μονοπωλεί το ΚΚΕ). Ένα κράμα περίεργο, αριστερού, χριστιανού, πατριώτη και νομοταγούς πολίτη, άφησε γυναίκα και τέσσερα παιδιά για την Αντίσταση. Να σου τον παίρνουν χαράματα, Γερμανοί και γερμανοντυμένοι, σ' αυτό το εφιαλτικό μπλόκο στη γειτονιά, με τα σκυλιά να αλυχτούν, τις γυναίκες να σκούζουν, τους ταγματαλήτες να χτυπούν και να βρίζουν. Από τύχη να βγαίνει ζωντανός από το κολαστήριο της Μέρλιν. Από τύχη να γλιτώνει (κι εμείς μαζί του) χρονιάρες μέρες, Χριστούγεννα του '44, από τα εγγλέζικα μυδράλια στη μεγάλη υποχώρηση (φάλαγγα τα γυναικόπαιδα μπροστά και πίσω ΕΛΑΣίτες να δίνουν το σύνθημα, πριν τη «συμμαχική» αεροπορική εφόρμηση, να πέφτουμε με τα μούτρα στις λάσπες και δέκα-είκοσι κάθε φορά να μη σηκώνονται ποτέ). Κι αργότερα στον Εμφύλιο, με τους άκαπνους, τους απόντες, τους μαυραγορίτες και τους δωσίλογους να 'χουν το πάνω χέρι, να χαρακώνεται η παιδική μνήμη από τη μορφή του πίσω από τα κάγκελα. Κουρεμένος, ισχνός, με φωτεινά μάτια, θανατοποινίτης (αυτή τη φορά δεν γλίτωσε από τύχη το εκτελεστικό απόσπασμα: τρις εις θάνατον ο δικός μας, πεντάκις εις θάνατον ο πρώτος της ομάδας μεγαλοεπιχειρηματίας Καπραμάτος, «έσκασε», λένε, η οικογένειά του δύο χιλιάδες χρυσές λίρες στη Φρειδερίκη, τη σκαπούλαραν με ισόβια όλοι...).

Τέρμα αυτά — στον Εμφύλιο τραυματικές εμπειρίες έχει και η άλλη πλευρά. Στον Εμφύλιο, που άφησε στέρφα την ελληνική γη, ορφανεμένη απ' ό,τι καλύτερο είχε γεννήσει.

Να συνεχίσεις τις επεξηγήσεις με την ατομική σου πορεία είναι σαν να θέλεις, εξυπνακίστικα, να διαχωρίσεις οψίμως τη θέση σου.

Και είναι αλήθεια, ωστόσο, η έγκαιρη (μόλις στα δεκαοχτώ) απέχθεια για «τη θανατηφόρα παραφροσύνη του μπολσεβικισμού», που λέει κι ο Σεμπρούν. Από τις ερπύστριες των σοβιετικών τανκς πάλι η αφύπνιση — στη Βουδαπέστη το '56. Ψηλαφιστό το γκρέμισμα των μύθων. *Οι τελευταίοι ΕΠΟΝίτες έμελλε να γίνουν οι πρώτοι αμφισβητίες* αρχικά, *αντιφρονούντες κι αιρετικοί* αργότερα, ανένταχτοι στο τέλος — και πάντοτε *αριστεροί.*

Από αριστερά, βήμα βήμα, και η αναζήτηση. Η Κροστάνδη, η Ουκρανία, η Βαρκελώνη — πριν από τη Βουδαπέστη. Η βίαιη κολεκτιβοποίηση, οι εκκαθαρίσεις, τα γκουλάγκ — οι πιο ματωμένες σελίδες στην ιστορία της ανθρωπότητας. Ο Κέστλερ και ο Καστοριάδης. Ο Πουλιόπουλος, ο Στίνας. Η Αριστερή Αντιπολίτευση, η κόκκινη Ρόζα, ο εκτός εξουσίας Τρότσκι, ο προφήτης της πρώτης διεθνούς Μπακούνιν. Ο Μάχνο, ο Σερζ, ο Ντουρούτι...

Για μας ούτε «γραφειοκρατική εκτροπή» ούτε «παρέκκλιση» ούτε «απόφυση» ο στυγνός *σταλινισμός*: Φυσιολογική προέκταση και συνέπεια του *λενινιστικού* «δημοκρατικού συγκεντρωτισμού» και του «κόμματος της πρωτοπορίας» της *μαρξικής* δικτατορίας του προλεταριάτου και της καθολικής τάξης.

Ἀτρωτοι, έτσι, από την πλημμυρίδα του μαοϊσμού, που νόθευσε το Γαλλικό Μάη. Κι έτοιμοι για ισχυρή κόντρα με την κομματική ηγεσία, όταν ήρθε (με τις πιτζάμες...) να επιβάλει (και τα κατάφερε) καθοδήγηση στη νηπιακή αντίσταση στην απριλιανή δικτατορία.

Χωρίς μύθους, δίχως είδωλα, χωρίς ουτοπικές αυταπάτες, θρησκευτική πίστη και κομματικό φανατισμό, χωρίς τύψεις κι ενοχές, με τεντωμένες κεραίες, έτοιμοι να αμφισβητήσουμε σήμερα ό,τι πιστέψαμε χθες, οι έσχατοι βιγλάτορες στην αριστερή όχθη.

Δεν είναι δικό μας δίλημμα να επιλέξουμε μεταξύ της καπιταλιστικής βαρβαρότητας και της κομουνιστικής κτηνωδίας.

Θεάρεστη η κατάρρευση του κομουνιστικού ολοκληρωτισμού. Αλλά αυτός ο κόσμος πρέπει να αλλάξει...

Διότι, ο πλανήτης μας κινδυνεύει από την ασύδοτη παραφροσύνη των κερδοσκόπων.

Διότι οι κοινωνικές ανισότητες διευρύνονται, οι ελευθερίες περιστέλλονται και τα τρία τέταρτα της ανθρωπότητας λιμοκτονούν (με τους αμείλικτους αριθμούς του ο καλός μας Τάκης Φωτόπουλος θα μας πει απ' αυτή τη στήλη ότι «ο Βορράς με το 15% περίπου του παγκόσμιου πληθυσμού απορροφά το 80% του παγκόσμιου εισοδήματος»).

Διότι δεν υπάρχει θέμα μόνο αναδιανομής του κοινωνικού πλούτου. Ο τρόπος παραγωγής του έχει πρωταρχική σημασία.

Διότι «το κοινωνικό πρότυπο (θα πει ο Κων. Τσουκαλάς στον Δημ. Κουμάνταρο) παραμένει εγγενώς ανταγωνιστικό, μεγιστοποιητικό και καταναλωτικό».

Διότι ο πολιτισμός μας αφυδατώνεται από την κυριαρχία των τεχνοκρατών, την εξαφάνιση της κοινότητας στις τερατουπόλεις, την ανατροπή κι έκπτωση αξιών, την καταστροφή της φύσης, την απανθρωποποίηση της εξατομίκευσης, το γιγαντισμό και συγκεντρωτικό έλεγχο των media, την υποκουλτούρα και την παραπληροφόρηση.

Διότι ο χαύνος καταναλωτής δεν είναι ελεύθερος, συνειδητός κι ενεργός πολίτης.

Διότι η πολιτική αυτονομείται από μία όλο και επαχθέστερα χειραγωγούμενη κοινωνία.

Διότι μας κυβερνούν οι πολιτικάντες, οι καπάτσοι και οι κομπιναδόροι.

Διότι η δημοκρατία έμεινε καρικατούρα και παραπλανητικός επενδύτης του αυταρχισμού.

Διότι διαφεντεύουν τον ελεύθερο χρόνο μας, τη σκέψη μας, τη ζωή μας.

Διότι όλα αυτά τα ηχηρά και τετριμμένα, που όμως ισχύουν...

Αμετανοήτως *αριστερά* λοιπόν. Από ευαισθησία. Από

αγωνία. Από εγρήγορση. Από αγάπη για τον άνθρωπο και τη ζωή. Διότι *δεξιά* είναι μονίμως η εξουσία — πολιτική εξουσία, εξουσία του πλούτου, των όπλων, της γνώσης, του λόγου.

Μια και στην ιστορία της ανθρωπότητας δεν βρέθηκε ακόμα σύστημα διακυβέρνησης που να συνεπάγεται (για τους κυβερνώντες) μόνο ανάληψη καθηκόντων και όχι συσσώρευση προνομίων.

Είναι, πάντως, ευτύχημα για την ανθρωπότητα ότι ο *αιώνας του ολοκληρωτισμού* φεύγει, παίρνοντας μαζί του το αίμα, τον πόνο, τη στάχτη και τον κουρνιαχτό, που προκάλεσε (ο ολοκληρωτισμός) σε όλες του τις παραλλαγές — φασισμός, ναζισμός, κομουνισμός.

Ο θρίαμβος της δημοκρατίας δεν εξυπακούεται, εξ αντιδιαστολής. Το περιεχόμενο και η θέσμισή της παραμένουν, περισσότερο από ποτέ, το ζητούμενο...

Δευτέρα 2 Σεπτεμβρίου 1991